天道与超越性：当代儒学前沿问题研究丛书

赵法生　李洪卫　主　编

究天人之际

JIU TIANRENZHIJI

儒家超越性问题探研

RUJIA CHAOYUEXING WENTI TANYAN

赵法生◎编

河北出版传媒集团
河北人民出版社
石家庄

图书在版编目（CIP）数据

究天人之际 ： 儒家超越性问题探研 / 赵法生编. --
石家庄 ： 河北人民出版社, 2022.11
（天道与超越性 ： 当代儒学前沿问题研究丛书 / 赵法生，李洪卫主编）
ISBN 978-7-202-15960-6

Ⅰ. ①究… Ⅱ. ①赵… Ⅲ. ①儒学一研究 Ⅳ. ①B222.05

中国版本图书馆CIP数据核字(2022)第182722号

丛 书 名	天道与超越性：当代儒学前沿问题研究丛书
丛书主编	赵法生 李洪卫
书 名	究天人之际——儒家超越性问题探研
编 者	赵法生
策划编辑	王斌贤 李成轩
责任编辑	甄 洁 王 琳 沈鸿雁
美术编辑	王 婧
责任校对	付敬华
出版发行	河北出版传媒集团 河北人民出版社 （石家庄市友谊北大街330号）
印 刷	河北新华第一印刷有限责任公司
开 本	787毫米×1092毫米 1/16
印 张	28.75
字 数	397 000
版 次	2022年11月第1版 2022年11月第1次印刷
书 号	ISBN 978-7-202-15960-6
定 价	77.00元

总序

“周虽旧邦，其命惟新”，这句话依然适合于2500多年的儒学的当下命运。而新旧古今之间，也依然是当代儒学发展所要面对的主要课题。

儒学在20世纪经历过两次历史风雨的洗礼，甚至遭遇过严厉的批判，人们对儒家的态度也经历了“过山车式”的变化，我们这代人的儒学理解似乎就在两极轮转中沉浮出没。儒家构成了传统价值观的底色，传统社会的几乎所有方面，都无一例外地浸透着浓郁的儒家色彩。儒学不仅是传统知识分子的人生信仰，更是普罗大众日常的生活方式，它也比其他所有的传统思想更深地卷入了古典政治，毫无争议地成为传统文化的主体，以至于传统社会不同行业的人格理想之前，统统会加上一个儒字：儒生、儒商、儒将、儒医等，而通过科举考试晋身的儒家士大夫，早已经成为古代官员的代名词。所以，每当大历史转折到来之际，儒家必然首当其冲，无可选择地被卷入历史漩涡的中心，经受近代理性的严厉审视与考问。这种冲击不仅仅是思想性的，更是现实性的。当儒学的命运否极泰来并再度受到社会尊重之时，极目望去，数千年间累积起来的儒家教化的民间载体，已成过眼烟云。

孔子逝世于公元前479年，他并非此后2500多年历史的参与者，也无法对于这一漫长的历史负责，作为思想家他甚至无法主宰其思想的后世命运。但是，既然儒学已经成为传统文化的主流，有关传统文化的一切反思性批判最终便统统落到他的头上，孔家店成为反动落后的代名词，甚至连他的墓地也被毁弃。如果孔子还活着，我们问他此刻的感想，他大抵会用《论语》中的一句话作答："求仁而得仁，又何怨？"但是儒家思想终于不可能被完全打倒，因为孔子确立了中华民族最早的人道法则与人文精神，这些人道法则又是基于深远的天道。孔子生前已经清楚地意识到，这些法则"虽之夷狄，不可弃也"。社会可能在某一段时期里步入反人道与人性的曲折，但这种状况终究无法长期持续。孔子说过："鸟兽不可与同群。"人类社会终究要行走于人道和仁道之路上，这是儒家对于历史中某些无道时刻的深刻警示，人类应当避免这样的前途。

儒家思想的当代复兴并非偶然，它具有文明史的必然性。但是，这并不意味着传统儒家的思想可以毫无保留地适用于今天。对此，孔子当年已经以损益与常变的哲学予以提醒。作为第一个完成从卜筮《易经》到《易传》哲学典范转移的哲人，与时俱进的易的观念早已深植于孔子思想深处，而民国一代学人有关古今之变和体用哲学的讨论，也已经为儒学的现代转型提供了重要的思想参照。能否在汲取儒家基本价值观念的同时，建立起与现代社会相适应的思想理论与教化形态，决定着儒学的当代命运。儒学史的发展证明儒家思想具有这种应时通变的潜质，但现代转型必然是一个长期和艰难的妊娠孕育过程，我们将有幸成为这一历史的见证者。

儒学发展面临的前所未有的现代挑战，促其产生了归根复命的内在思想冲动。作为华夏文明轴心期最重要的思想成果，儒学被赋予了恒久的价值，它的力量源自那个伟大的古典时代，那是其生命力的源头所在。儒学史的创新需要一次又一次地返回到那个伟大的思想原点，将今天的问题意识与永恒的原点智慧打通，完成返本开新的现代涅槃。汉儒如此，宋明儒如此，现代新儒家同样如此，今天的儒学发展需要继续完成先贤未竟的事业。我们所期待的不仅仅是现代儒家哲学的诞生，更是新儒家教化体系的重构，完成这一轴心文明重要思想成果的现代重光。当然，许多学者对于儒家克服现代性危机寄予厚望，这样的想法无可非议。但前提是儒家需要重新恢复自身的生命力，完成在现代社会的灵根再植。当代儒学发展目前努力的重点依然是现代学术思想体系与教化体系的建构。“有诸己然后求诸人，无诸己然后非诸人”，儒学首先是为己之学，然后才能去谋求为人之道。

儒学从其学术脉络的展开来说，特别展现为思想与学问之间的统一性，展现为时代脉搏跳动的节律。对于儒学的时代价值及其局限性的考量，以及儒学与多学科之间的交叉构造，构成了当代中国思想和学术场域中色彩斑斓的画面。无论从批评还是深入阐发的不同角度说，当代儒学在某种程度上已经居于今天中国学术场域的中心位置，把握当代儒学发展的轨迹、动向和潮流趋势是今天中国思想学术发展的必然要求。曾几何时，“有思想的学问与有学问的思想”成为一个话题以回应两种重要的倾向，即偏重思想的阐发与偏重学问理路的展开。其实这两者在现实世界均不可偏废，各有自己的属地，在思想学术领域也各有自己的位置，它在不同历史时期的具体性一定是与那个时代的需求密切相关的。“天道与超越性：当代儒学前沿问题研究丛书”作为哲学维度的学术巡礼，基于近30年中国哲学发展的学术积累，同时又立足于当代学者对中国和人类社会未来可能性问题的研究，将深层次的学术研究与现实关怀统一起来，强调有思想、有关怀，同时又以扎实的学术品格为基础的呈现。以此，古代与现代、思想与学术之互相交错与融通，就成为这套丛书的主要选材维度。

本丛书是一项关于中国当代儒学最新研究成果的呈现。它的历史坐标是中国社会发展在融入世界40年后进入一个新的特殊历史阶段：世界现代化进程以全球化的面貌前进虽步履略有迟滞但仍在持续发展，且新的技术发展之速度不可预期或仍有加速度前进的趋势，同时人类在新的技术时代的前途命运也充溢着很多不确定性。从这些复杂性和多元性因素来思考中国的发展，是一个现实的实践问题，同时也是一个思想和学术问题，这是当代中国儒学发展的历史背景，也是对其后续发展的现实规定性和要求。面对这些历史境况作哲学层面的思想把握是“前沿”的面相之一；基于儒学自身学术理路中有争议和具有时代意义的学术课题的申发是“前沿”的面相之二；基于论证和说理将是中国学术逐步成熟的一个标志，对于儒学研究来说也是如此，此谓“前沿”的面相之三。“天道与超越性：当代儒学前沿问题研究丛书”是基于这样一个基本理念，构筑呈现当代儒学发展最新成果的一次努力和尝试。

序言

本书是近30年来学界对于儒家超越性问题的讨论集，大多数文章都涉及现代新儒家的内在超越说，表明这一学说在学术界延续至今的巨大影响力，它依然处于当代儒学形上讨论的中心位置。以牟宗三、唐君毅为代表的现代新儒家所建构的内在超越说，伊始就具有高远的致思趋向，就是要论证儒家思想绝不仅仅是一些庸常的伦理教条，而具有足以安顿人的生命的终极关怀。同时，现代新儒家深刻的忧患意识，会通中西哲学的宏阔思想视野，以及杰出的思想创造力，使内在超越说成为一种新的儒学研究典范，成为儒学现代转型最为重要的思想资源。但是，内在超越说能否成立，从提出之日起就引发了学术界的争论。

本书共收入20世纪80年代末以来，学者讨论儒家超越性的论文24篇，已发表的论文按照发表时间排序。论文作者既有汤一介、李存山、李明辉、杨泽波、韩星、梁涛、丁为祥、李洪卫、李祥俊、盛珂、常会营、蔡祥元、郭萍、吴倩等中国哲学学者，又有傅有德、黄裕生、张汝伦等西方宗教与哲学学者。从论文发表的时间序列看，20世纪八九十年代只有4篇，21世纪后的头十年1篇，第二个十年4篇，2020年到2022年15篇，论文数量呈明显递增态势，说明此问题日益受到学界重视。在民族信仰与生命精神日益式微的时代，通过深入探究儒家形上思想内涵，重建儒家的终极关怀及其与人伦日用的联系，乃是超越性讨论的关切所在。

中国大陆学界有关内在超越的讨论始于20世纪80年代末。1988年8月，汤一介在新加坡的一次儒学研讨会上，发表论文《论儒家哲学中的内在性和超越性》，肯定内在超越是儒家哲学的特征，同时指出了内在超越存在超越动力不足，不利于发展科学民主。文中还肯定孔子思想中有外在超越的因素，并建议中国哲学应吸收外在超越的思想因素以适合现代社会的要求。此文对内在超越说的评论主要从其社会影响入手，反映了20世纪80年代学术界的理性启蒙意识，也对后来大陆学界对此问题的讨论产生了影响。

1993年，李存山先生发表《"一心二门"与"一本多级"》，认为牟宗三的自由无限心和由内圣开出新外王，从思路上主要受佛教一心开二门影响，未能正视中国哲学史上气本论的成果，无法与佛教本心说区别开来，其泛道德主义倾向也无法开出知识理性，不利于科学发展。此文是大陆学者最先从气论立场反思牟宗三道德形而上学局限的文章，最近几年来对学界于内在超越说与气的关系的研究成果才逐渐增多起来。此文基于儒释之辨对于自由无限心的批评，也颇具特色。据李先生文后附记，文章曾得到张岱年先生的肯定。

在2000年前的讨论中，还收入了李明辉回应郝大维、安乐哲批评内在超越说的两篇论文。郝大维、安乐哲认为超越性与现代新儒家的内在超越是彼此矛盾的概念，内在超越说无法成立。他们认为孔子持有彻底内在性的宇宙观，在一个内在性宇宙中，"天"或"道"不可能具有独立性和永恒性，也就不可能真正具有超越性。李明辉通过对于中西哲学思想的考察，证明超越与内在可以兼容。文中引用了唐君毅早年的一段话，以泛神论比喻内在超越说，表明新儒家早期关于超越性问题的理解中，具有比单纯心性论更为丰富的内涵，后来的讨论对此关注较少。

本书中的论文大部分发表于21世纪以后，进入新世纪的超越性研究呈现出以下特点：

第一，内在超越说成为中西哲学与宗教学界共同关注的问题。

张汝伦通过梳理“超越”概念在西方思想史上的含义源流，认为“内在超越”论误用了来自西哲的“超越”概念，暴露出以西释中的缺陷与问题。傅有德通过中西宗教观念比较，认为外在超越、内在超越和半外在、半内在三种超越形式，均可见于东西方文明，内在超越并非中国所独有。他认为牟宗三内在超越说的真正问题在于从逻辑上置换了“超越者”和“超越的”，并过于夸大了主观心性的作用。黄裕生解析康德的自由与超越之间的关系，认为并不存在自我轮回式的内在超越。鉴于牟宗三内在超越本来就是中西哲学比较会通后建立的学说，西哲专家的论文无疑推进了此一问题的讨论，也厘清了一些重要的基本概念。

第二，对内在超越说的反思研究深化。任剑涛认为，内外在超越说不足以用来界定中西两种文化的特质，内在超越说将对于现代中国产生两个重要的文化阻断：神对人的规范与约束与物对人的独立与价值。黄玉顺指出现代新儒家认为中国哲学与文化的基本特征是“内在超越”，断言它优越于西方哲学与文化的“外在超越”，构成了其关于中西文化比较的两个教条，是需要反思和校正的。他担心“内在超越”试图以超验取代超凡，这必然导致人的僭越，在凡俗世界的权力格局中则必然导致权力的僭越。二位教授的研究客观上延续了当年汤一介先生反思内在超越说的理路而予以深化发展。

第三，试图就儒家超越精神作出新的归纳。赵法生提出孔子的超越并非内在超越，而是包括上下、内外和左右三个向度的中道超越，它具体落实为儒家的修身工夫，代表了儒家轴心突破的成果，也是儒家超越精神的代表。牟宗三的内在超越说，实际上是将上下问题归结为内外问题，又将内外问题过于内在化，与本来意义上的儒家超越思想有较大差异。梁涛在中西超越群讨论中道超越时，提出孔子的双向超越说，文集收入梁涛和常会营论双向超越的两篇论文。不管是中道超越还是双向超越，都是力图通过回归轴心期重新阐发儒家的终极关怀与超越精神。

近期学界关于内在超越说的新的研究成果，也引发了学界关注，本书收入了李洪卫、吴倩和郭萍的研究评述文章。

当代儒学发展的核心问题有二：其一是古老的儒学是否对于当代中国人依然具有安身立命的功效，第二是当今儒学如何消化西方哲学以重构自身的思想体系。内在超越说均与这两个问题息息相关，就此而论，这一论题切中了现代儒学发展的核心，成为古今中西思想融通的交汇点。在可以预见的将来，它将会继续成为儒家哲学的讨论热点，并为当代儒学提供新的思想突破口和生长点。

赵法生

2022 年 10 月 8 日

于北京忧乐斋

目录

论儒家哲学中的内在性和超越性

汤一介

一个民族的哲学有它的源起，就像一个民族的文化有它的源起一样。但是，一个民族的哲学的源起又和一个民族的文化的源起不同。有这个民族就有了这个民族的文化，然而并不是有了这个民族就有了这个民族的哲学。有些民族很可能一直处于没有创造出它自身的哲学体系的阶段，甚至可以在这个民族还没有自己的民族哲学时就完全衰落以至于灭亡了，或者完全接受其他民族的哲学而继续存在着。中华民族是一个包含着许多民族的广泛名称，这个民族从野蛮进入文明时期至少有四五千年了，但是这个民族的哲学，特别是形成较为完整体系的哲学应是产生在春秋末期。

春秋末期，中国产生了几个伟大的哲学家，孔子、老子、墨子等。照说老子是早于孔子，但《老子》这部书又是形成于战国时期，因此把孔子看成中国最早的一个真正哲学家也许是可以成立的。在现存的《论语》一书中包含着许多长期影响着中国哲学发展的哲学问题。我认为其中有一个很重要的问题就是关于“超越性和内在性”的问题。照我看这个问题应是一个真的哲学问题，有了真的哲学问题才可能有为解决这个问题的哲学理论体系。

在《论语》中记载了子贡的一段话：“夫子之言性与天道，不可得而闻也。”（《论语·公冶长》）这句话非常重要，因为它是一个真正的哲学问题。为什么孔子的“天道”与“性命”的问题不可得而闻呢？这就是因为所谓“天道”的问题是个宇宙人生的“超越性”的问题，而所谓“性命”的问题则是一个宇宙人生的“内在性”的问题，这两个问题本来都是形而上的哲学问题，照中国哲学的说法它是“超言绝象”的。“超言绝象”自然不可说，说了别人也不懂，所以子贡才说了上面引用的那段话。那么超越性的“天道”如何去把握，内在性的“性命”如何去体证，这两者的关系究竟如何，就成了中国哲学的重要课题。儒家从孔孟一直到程朱陆王，他们的哲学大体上都是在解决或说明这两个相互联系的问题。儒家哲学是如此，中国传统哲学的另一大系道家何尝不是如此。老子《道德经》五千言所言“道”“德”，所谓“道”是一超越性的本体，而所谓“德”则是指得之于“道”的“内在性”，当然庄子更是如此了。关于道家不是本文讨论的范围，这里就不去讨论了。

儒家哲学中的“超越性”和“内在性”指什么，当然可以有各种各样的解释，但据上引子贡的那段话看，所谓“内在性”应是指“人的本性”，即人之所以为人者的内在精神，如“仁”，如“神明”等；所谓“超越性”应是指宇宙存在的根据或宇宙本体，即“存在之所以存在者”，如“天道”“天理”“太极”等。而儒家哲学的“超越性”和“内在性”是统一的，或者说是在不断论证着这两者是统一的，这样就形成了“内在的超越性”或“超越的内在性”的问题。“内在的超越性”或“超越的内在性”就成为儒家哲学“天人合一”的思想基础，是儒家所追求的一理想境界，也是儒家之所以为儒家的精神所在。我这样说，正是因为子贡把孔子关于“性命”与“天道”问题同时提出来，所以这两个问题实为一个问题的两面。

子贡说：“夫子之文章，可得而闻也；夫子之言性与天道，不可得而闻也。”（《论语·公冶长》）其实《论语》一部所讲的许多都是和“天道”与“性命”有关的问题，大概子贡还没有真正了解孔子和孔子哲学。孔子说：“古之学者为己，今之学者为人。”（《论语·宪问》）这句话非常重要，“为己之学”应是一内在性问题，即“做人”应发挥其内在的精神来实现其自我完善；“为人之学”是表现在外的，它带有很大的功利性。荀子说：“古之学者为己，今之学者为人。君子之学也，以美其身；小人之学也，以为禽犊。”（《荀子·劝学》）《论语集注》：“程子曰：为己欲得之于己也，为人欲见知于人也。”可见“为己之学”是一种内在精神的体现，它可以不受外在环境的影响，所以孔子说：“为仁由己，而由人乎哉！”（《论语·颜渊》）孔子曾经称赞他的弟子颜回说：“贤哉，回也！一箪食，一瓢饮，在陋巷，人不堪其忧，回也不改其乐。贤哉，回也！”（《论语·雍也》）这是说的一种内在的精神境界，它可以不受客观条件的影响。这种“为己之学”不仅是内在的，而且是超越的。照孔子看，“为己之学”就是“尧舜之道”，他说：“唯天为大，唯尧则之。”（《论语·泰伯》）所以尧舜的精神是神圣的、永恒的，因此也是超越的。但儒家思想中的“超越性”并非不与世事，并非外在于世间的，而是超世间又即世间的。孔子说：“朝闻道，夕死可矣。”（《论语·里仁》）“道”是超越的，但闻道的人可以为“道”而舍弃一切，这正是一种“内在的超越精神”，是可以做到的。也许最能代表孔子的内在超越精神的，应该是他说的他自己实现其“为己之学”的过程，他说：“吾十有五而有志于学，三十而立，四十而不惑，五十而知天命，六十而耳顺，七十而从心所欲不逾矩。”（《论语·为政》）“知天命”是知“天道”之超越性，故仍以“天”为知的对象；“六十而耳顺”，朱熹注说：“声入心通，无所违逆，知之之至，不思而得。”“知之之至”是说“知”达到了顶点而至于“不思而得”的境界，此乃是发挥其“内在性”的体现。郭象《庄子序》中说庄周虽“可谓知本”，但仅仅是达到“应而非会”的境地，所以庄子只是把“道”看成是“知”的对象，而还达不到与“天道”会合的地步，孔子至六十而可与“天道”会合了。至“从心所欲不逾矩”则达到了完全的“内在的超越”的境界了，或者说这就是儒家哲学所体现的“内在的超越性”精神所在。“天道”不仅是超越的，而且是内在的，因此它本身就是“内在超越的”；“人性”同样不仅是内在的，而且是超越的，因此它本身也是“内在超越的”。由此可见，我们说孔子的哲学是中国传统哲学的源头，从这方面看也许不为过当。

当然本来在孔子思想中也有若干“外在超越”的因素，不过这方面没有得到发挥。例如孔子说：“君子有三畏：畏天命，畏大人，畏圣人之言。”（《论语·季氏》）此处的“畏天命”实是把“天”看成一种外在的超越力量。但是我们从《论语》中可以看到，在孔子思想中这种以外在超越形式出现的“天”多半是以一种情绪化的语言表达出来的，没有多少理论上的意义，如他说：“获罪于天，无所祷也。”（《论语·八佾》）“天生德于予，桓魋其如予何？”（《论语·述而》）“不怨天，不尤人，下学而上达，知我者其天乎？”（《论语·宪问》）据《论语》记载：“颜渊死，子曰：噫，天丧予，天丧予”（《论语·先进》），“子见南子，子路不说，子矢之曰：予所否者，天厌之，天厌之”（《论语·雍也》），如此等等。从这些情绪化的言语中，我们可以看出孔子并非认真地把“天”看成是对人有绝对影响的外在的超越力量。当然孔子思想中还有所谓“命”的问题，最典型的就是“死生有命，富贵在天”（《论语·颜渊》）这句话了。所谓“死生有命”无非是说生和死是一客观存在的事实，人是无能为力的；而“富贵在天”，此“天”可以理解为“天生如此”，这正是当时中国社会的宗法等级制度的体现。因此，我们说孔子思想的基本方面是一种以伦理道德为基础的人生哲理或人文思想，而非一种典型意义的宗教，只能说他的思想带有某种宗教性。总之，孔子哲学是以“内在超越”为特征的。

继孔子之后有孟子，孟子充分发挥了孔子哲学中“内在性”的思想，他说：“尽其心者，知其性也。知其性，则知天矣。”（《孟子·尽心上》）这表现了孟子由知“人”的“内在性”而推向知“天”之“超越性”。照孟子看，人人都有“恻隐之心”“羞恶之心”“辞让之心”“是非之心”，此四端为人之内在所具有的，发挥它就可以达“仁”“义”“礼”“智”等人之本性，这是“天”所付与的，而“天”是至高无上的，故为超越性的。所以孟子又说：“存其心，养其性，所以事天也。”又说：“莫之为而为者天也，莫之致而至者命也。”（《孟子·尽心上》）非人力所能作成的是“天”，非人力所能达到的是“命”。盖“天命”是一超越的力量。这里或者可能产生一个问题，是否可以说孟子认为有一个外在超越性的“天”？我想也许并非如此。我们知道，古希腊哲学有这样的问题。在柏拉图和亚里士多德那里大体上是把世界二分为超越性的本体与现实的世界。其后基督教更是如此，有一外在的超越性的上帝。在孟子哲学中至少这个问题没有那么突出。

照孟子看，“天”虽然是超越的，但并非与人对立而外在于人，这点我们可以从以下两方面来看：第一，孟子把“天道”和“人道”看成是统一的，他说：“诚身有道，不明乎善，不诚其身矣。是故诚者，天之道也；思诚者，人之道也。至诚而不动者，未之有也；不诚，未有能动者也。”（《孟子·离娄上》）使自己完成“诚”的方法首先要明白什么是“善”，所以“诚”虽然是“天之道”，但追求“诚”则是“人之道”，能实现“诚”就能动天地。这里的关键在“明乎善”，“善”乃“天道”和“人道”之本，朱熹说“天理乃至善之表德”盖此之谓也。第二，由《万章上》“万章曰：尧以天下与舜有诸”一节可见。孟子引《泰誓》“天视自我民视，天听自我民听”以说明超越性的“天”并不脱离现实性的“人”，此可谓“超越性寓于现实性”之中。而“民”之所以接受舜，是在于他们都有一内在的“善性”，所以归根到底“天道”的超越性与“人性”的内在性是统一的。因此，“天道”与“人性”均为“内在超越”的。孟子的哲学也是一种以“内在超越”为特征的思想体系。

《易经》的《系辞传》长期以来虽有以其为先秦道家思想之发展，但我认为从总体上看仍当属儒家，至少以后的儒家多发挥《系辞》以建立和完善其形上学体系，故《系辞》仍应属儒家哲学系统。《系辞》中说：“一阴一阳之谓道，继之者善也，成之者性也，仁者见之谓之仁，知者见之谓之知，故君子之道鲜矣。”此说“天道”变化深不可测，故仁者见仁，智者见智。虽深不可测，但“顺继此道，则为善也；成之在人，则为性也”。它仍为人性之内在根据。盖“人性”从“道”而来，所以从根本上说它是善的。由此“天道”之超越性而之“人性”之内在性（善）。《系辞》又说：“形而上者谓之道，形而下者谓之器，化而裁之谓之变，推而行之谓之通，举而错之天下之民谓之事业。”这里的“道”就是“一阴一阳之谓道”的“道”，把“道”和“器”相对用“形上”“形下”提出，就更肯定了“道”的超越性。《易经》系统可以说建构了一种宇宙存在的模式，它“范围天地之化而不过，曲成万物而不遗”，所以它是超时空的，是天地的准则，“易与天地准，故能弥纶天地之道”。这就是说，“易”的系统中的形而上的原则和自然社会的原则是一一相当的，所以它包罗了“天地之道”，任何事物都不能离开“道”，都不能违背“道”。因此，照我看《易传》哲学和孟子哲学相比，它是由“天道”的超越性推向“人性”的内在性，而不是像孟子那样由“人性”的内在性推向“天道”的超越性。但两者都认为，“天道”的超越性和“人性”的内在性从根本上说是统一的，是不能分开的，所以《易传》仍是一以“内在超越”为特征的思想体系。

宋明理学是儒家思想发展的第二期，从根本上说它是在更深一层次上解决着孔子关于“性与天道”的问题，从而使儒家哲学“内在超越性”的特点更加系统和理论化了。程朱的“性即理”和陆王的“心即理”，虽入手处不同，但所要解决的问题仍是一个。程朱是由“天理”的超越性而推向“人性”的内在性，陆王则由“人性”的内在性而推向“天理”的超越性，以证“性即理”或“心即理”，而发展了儒家哲学“内在超越性”的特征。

如果说先秦的儒家大体上是求证“天道”的超越性和“人性”的内在性是一致的，那么到宋明理学中“天理”和“人性”都表现为“内在的超越性”，而成为同一问题的两面了。因此，在宋明理学中说“超越性”即是说“内在的超越性”，说“内在性”即是说“超越的内在性”，这样中国儒家哲学的特征就更为突出了。

程朱的“性即理”的理论是建立在“天人非二”的基础上的，程颐说:“天有事理，圣人循而行之，所谓道也。”(《二程遗书》卷二十一）故“道一也，未有尽人而不尽天地也，以天人为二非也”。(《二程粹言》)“天理”不仅是超越的，而且是内在的，这是因为它不仅是一超越的客观标准，“所以阴阳者道”，“所以开阖者道”：而且是一内在的主体精神，“穷理尽性至命，只是一事”(《河南程氏遗书》卷十五)，“性即理也，所谓理，性是也。天下之理，原其所至，未有不善”。程颐又说:“在天为命，在义为理，在人为性，主于身为心，其实一也。”这就是说，存在于人身上的理就是心性，心性与天理是一个。天理是客观的精神，心性是主观的精神，客观的精神与主观的精神只是一个内在的超越精神。朱熹虽认为“天理”从原则上说是可以先于天地万物而存在的，如说：“未有天地之先，毕竟也只是先有是理，便有此天地。若无此理，便亦无天地，无人，无物，都无该载。”但是，“天理”并不外在于人物，故朱熹说：“理无情意，计度，无造作，只此气凝聚处，理便在其中。”所以“天理”虽为超越性的，却并非外在超越性的，而为内在超越性的。朱熹又说：“性只是理，万理之总名。此理亦只是天地间公共之理，禀得来，便为我所有。”钱穆《朱子新学案》中说：“此是说天理禀赋在人物为性。”所以“性即理”。朱熹更进一步认为：“心、性、理，拈著一个，则都贯穿。”这就是说，从“心”、从“性”、从“理”无论哪一说，都可以把其他二者贯通起来，这是因为“性便是心之所有之理”，“心便是理之所会之地”。“心”“性”“理”从根本上说实无可分，理在性而不离心，所以“天理”既为内在超越的，“人性”亦为内在超越的。

“心即理”是陆象山的根本命题，他在《与李宰书》中说：“人皆有是心，心皆具是理，心即理也。”“心”何以是“理”？他证论说：“心，一心也；理，一理也。至当归一，精义无二，此心此理实不容有二。”这就是说，人人的心只是一个“心”，宇宙的理只是一个“理”，从最根本处说只是一个东西，不可能把心与理分开，所以心就是理。那么什么是“心”？陆象山所谓的“心”又叫“本心”，他解释“本心”说：“恻隐，仁之端也；羞恶，义之端也；辞让，礼之端也；是非，智之端也，此即是本心。”“本心”即内在的善性。“本心”不仅是内在的善性，而且是超越的本体。照象山的弟子看“象山之学”是“道德、性命、形上的”，所以如此，盖因象山以“人心至灵，此理至明，人皆有是心，心皆具是理”。因此，“本心”并不受时空的限制，“万物森然于方寸之间，满心而发，充塞宇宙，无非此理”。“心”既是内在的又是超越的，故“理”亦既是内在的又是超越的。

王阳明继象山之后，倡“心外无理”，此当亦基于其以“心”为内在而超越的，“理”亦为内在而超越的，如他说：“心即理也，此心无私欲之蔽，即是天理，不须外面添一分。”人之心如不被私欲所蒙蔽，即可充分发挥其内在的本性（良知）而达到超越境界，这是不需要任何外在超越力量所强制的。盖儒家学说无非教人如何“成圣成贤”，即寻个所谓“孔颜乐处”。照王阳明看，如果人能致其良知，则可达到圣人的境界，他说：“自己良知原与圣人一般，若体认得良知明白，即圣人气象不在圣人而在我矣。”“体认得良知”即可超越自我与圣人同，所以他说：“良知是造化的精灵，这些精灵，生天生地，成鬼成帝，皆从此出，真是与物无对，人若得他完完全全，无少亏欠，自不觉手舞足蹈，不知天地间更有何乐可代。”充分发挥良知、良能即是圣人，即入天地境界（借用冯友兰先生《新原人》用语），此天地境界是既世间又超世间的。如何达到此超越的天地境界，照王阳明看，盖因“知（按：指‘良知’）是心之本体，心自然会知，见父母自然知孝，见兄自然知弟，见孺子入井自然知恻隐，此便是良知，不假外求”。“良知”是人之所以为人者的内在本质，不是由外在力量给予的，因此必须靠自己的力量来使之充分发挥作用，这样才能达到圣人的悟道的超越境界，王阳明说：“道之全体，圣人亦难与人语，须是学者自修自悟。”（以上王阳明语均见《传习录》）可见王阳明的“心外无理”，亦当基于其“心”为内在而超越的，故其“理”亦为内在而超越的，其哲学体系也是以“内在超越”为特征的。

总上，程朱与陆王学说入手虽不同，然其所要论证者均为天道与性命合一的以内在超越为特征的哲学体系。

据以上所说，我们或可得出以下结论：

（1）儒家哲学是一种以“内在超越”为特征的思想体系，这一思想体系对中国社会影响甚巨。盖因儒家哲学虽也提倡“礼”这一外在的规范作用，但它从来就认为“礼”这种外在规范必须以内在的道德修养或内在的本心的作用为基础，孔子说：“人而不仁，如礼何？”（《论语·八佾》）即此意也。《大学》首章中说：“物格而后知至，知至而后意诚，意诚而后心正，心正而后身修，身修而后家齐，家齐而后国治，国治而后天下平。自天子以至庶人，壹是皆以修身为本，其本乱而末治者否矣。”照儒家看，道德修养为一切之根本。社会之兴衰治乱均以道德之兴废为转移。为什么儒家特别强调人的内在的心性修养，我想这很可能和中国古代社会是以亲亲的宗法制为基础的社会，一切社会关系都是从亲亲的宗法关系推演出来的，《论语》载有孔子说："孝弟也者，其为仁之本与。"（《论语·学而》）儒家所要求维护的人际关系从根本上说是要用道德来维系的，而不是由法律维系，因而在中国长期的封建专制社会里儒家思想就表现为一种泛道德主义的倾向，它往往把政治道德化，也把道德政治化，维系社会主要靠"人治"。因此，我们是否可以说，一种以"内在超越"为特征的哲学思想体系是不利于建立维系社会的客观有效的政治法律制度的。

（2） 400 百多年前西方的一位传教士利玛窦曾经评论过儒家学说之得失，他说过不少赞美儒家道德学说的话，但他同时提出："吾窃贵邦儒者，病正在此常言明德之修，而不知人意易疲，不能自勉而修；又不知瞻仰天主，以祈慈父之祐，成德者所以鲜见。"如上所述，儒家哲学与西方哲学与宗教很不相同，古希腊哲学在柏拉图、亚里士多德那里大体上把世界二分为超越性的本体与现实世界，其后基督教更要有一个外在超越性的上帝，而儒家哲学则是以"内在超越"为特征的。利玛窦认为，仅仅靠人们自身的内在道德修养是很难达到完满的超越境界，必须有一至高无上的外在的超越力量来推动，因此要有对上帝的信仰。这里我们不想来评论中西哲学的高下，中西哲学自各有其价值，都是人类文化中的宝贵财富。但西方社会为什么比较容易建立起客观有效的政治法律制度，我认为不能说和西方哲学及基督教无关。

（3）如果说宋明理学为儒学在中国的第二期发展，那么儒家思想可不可能有第三期发展呢？ 21 世纪 20 年代后，中国一些学者提倡儒学，这是在中国传统哲学受到西方思想的冲击后，又是在人类社会走向科学与民主的时代的背景下，他们希望找到儒家在现代社会中的价值所在。对这些学者所继承和发挥或建立现代的儒学是否可以视为第三期儒家姑且不论，因为这个问题太大，太难作出判断。我只是想说，儒家如果可以有第三期发展，就必须解决两个问题：即能否由此以"内在超越"为特征的"内圣之学"开出适应现代民主社会要求的

"外王之道"来，和能否由此以"内在超越"为特征的"心性之学"开出科学的认识论体系来。照我看也许困难很大，因为以"内在超越"为基础的"天道性命"之学基本上是一种泛道德主义，它把道德性的"善"作为"天道性命"的根本内容，过分地强调人自身的觉悟的功能和人的主观精神和人的内在善性，要求人由其内在的自觉性约束自己。这样的结果可以导致"圣王"的观念，以为靠"圣王"就可以把天下治理好。但人并不能仅仅靠其内在的善性就自觉，多数人是很难使其内在的超越性得到充分发挥的，所以"为由"之学只是一种理想，只能是为少数人设计的。而且实际上也不可能有什么"圣王"，而往往造就了"王圣"，即以其在"王"（最高统治者）的地位就自己认为或被别人推崇是有最高道德和最高智慧的"圣人"，这样势必造成不重"法治"而重"人治"的局面。当然我无意否认这一"为己"之学对人类文化的贡献，更无意否定以内在超越为特征的哲学的特殊价值，因为它终究是人类的一个美好理想。但是，我们面对现实社会，是否也应要求一种"外在超越"的哲学呢？我想也是必须的。对于人类社会来说，要求有一种外在超越的力量来约束人，例如相信外在超越力量的宗教和西方哲学中外在的超现实世界的理论，以及与这种宗教、哲学相适应的政治法律制度，这套政治法律制度的哲学基础也是根据其外在超越性的。如果以"内在超越"为特征的中国传统哲学能充分吸收并融合以外在超越为特征的宗教和哲学以及以此为基础的政治法律制度，使中国传统哲学能在一更高的基础上自我完善，也许它才可以适应现代社会发展的要求。我认为，这个问题也许应是可以认真讨论的一个问题。

附记：此文为1988年8月在新加坡召开的儒学讨论会所写，除收入该会论文集，并刊于1990年《中西哲学与文化》中，1990年10月又作了修改补充。

（原载汤一介著：《儒道释与内在超越问题》，江西人民出版社，1991年版，第1—12页）

“一心二门”与“一本多级”

李存山

一

在中国传统哲学如何实现现代转型这一重要问题上，现代新儒家牟宗三先生提出了“内圣开出新外王”的理论格局，这一格局是基于佛教“一心二门”的思维方式。

“一心二门”的“一心”，源于佛教的一切众生皆有“自性清净心”和“万法唯识”的思想，“二门”则包容了瑜伽行派的“染净”说和中观学派的真俗二谛说。“一心二门”的完整表述出于佛典《大乘起信论》（此论旧题“马鸣菩萨造”，有梁、唐两个译本，近人多疑其是中国僧人所伪托），其云：“依一心法有二种门。云何为二？一者心真如门，二者心生灭门。是二种门皆各总摄一切法。”所谓“心真如”，是指心本体自身，它“不生不灭”，“离言说相，离名字相，离心缘相”；它有“如实空”和“如实不空”二义，“如实空”是说它无染、无念、无言、无动，显示其清净本然的真如自体，“如实不空”是说它具足清净功德，含藏一切善法，因而又称“如来藏”。所谓“心生灭”，是指心本体变现为有生有灭的状态，“依如来藏故有生灭心”，它是动与静、染与净的和合，“名为阿黎（赖）耶识”；它有“觉”和“不觉”二义，由“觉”而“不觉”即所谓“无明风动”而派生出世间一切现象（“染法”），由“不觉”而“觉”则“心体离念”，出离世间，返归清净真如本体。在《大乘起信论》看来，“三界虚伪，唯心所作”，“以心生则种种法生，心灭则种种法灭故”。这一“真如（心）缘起论”在中国佛教的发展中产生了重要影响，天台宗的“一念三千”、华严宗的“法界缘起”、禅宗的“见性成佛”等都是在此论的基础上发展起来的。

牟宗三在提出“内圣开出新外王”“良知坎陷”说时，袭用了佛教“一心二门”的思维方式。“内圣开出新外王”要借助“一心开二门”来实现，所谓“良知坎陷”也就是《大乘起信论》的“因熏习镜，谓如实不空，一切世间境界，悉于中现”。牟宗三用儒家的“良知”“本心性体”或“知体明觉”诠释、改造康德的“自由意志”，使其成为绝对、普遍的“自由无限心”，“它不但创造吾人的道德行为，使吾人的道德行为纯亦不已，它亦创生一切而为一切存在之源”[①]。他打通道德界与存在界，打通康德的“实践理性”与“纯粹理性”，实际上是用“一心开二门”来整合康德哲学。牟宗三说：“一心开二门……是哲学思想上一个很重要的格局。这个格局非常有贡献，不能只看作是佛教内的一套说法。我们可以把它视为一个公共的模型，有普遍的适用性，可以拿它来对治一个很重要的哲学问题。”[②]

牟宗三所谓“一心开二门”也就是由“自由无限心”开出“两层存有论”，一者“本体界的存有论”，此亦曰“无执的存有论”，二者“现象界的存有论”，此亦曰“执的存有论”。“自由无限心”是“体”，其“用”有“经用”与“权用”之分。“经用”就是“于智的直觉中，物如如地呈现即是物以‘在其自己’之身分而存在”[③]，也就是知体明觉创生出康德所谓“物自身”。此“物自身”是知体明觉的“神感神应”，“不与心对”，因而属于“无执的”“本体界的存有”。“权用”就是知体明觉“经由自我坎陷转为知性”，也就是“识心之执”，有了这一“执”，物之在其自己遂被“推出去”、被“挑起或绉起”而成为对象或现象。牟宗三认为，经由这一“自我坎陷”，良知本体“始能解决那属于人的一切特殊问题”[④]，亦即开出科学与民主的“新外王”事业。

① 牟宗三:《智的直觉与中国哲学》，台湾商务印书馆，1971 年版，第 191 页。
② 牟宗三:《中国哲学十九讲》，台湾学生书局，1983 年版，第 291 页。
③ 牟宗三:《现象与物自身》，台湾学生书局，1982 年版，第 99 页。
④ 同上书，第 122 页。

二

牟宗三把“一心开二门”视为一个“有普遍的适用性”的“公共的模型”。以此来对治中国传统哲学和文化的现代转型问题。牟宗三的一些弟子对这一理论格局十分推崇，而另有一些学人则对此表示了怀疑或否定。笔者亦在后者之列。

我认为这一理论格局主要有以下几种困难：

其一，它不能保证作为“两层存有论”之本原的“一心”必是儒家的道德良知、本心性体。牟宗三在“证成”心本体的存在时说：“不执着者，我们名之曰无执的无限心，此在中国哲学中有种种名，如智心（佛家），道心（道家），良知之明觉（儒家）等皆是。”[①]这就是说，心本体的内涵有多种，当其“呈现”时是佛家的“智心”还是道家的“道心”抑或是儒家的“良知之明觉”，还要依不同的个人所承受的不同的学养而决定。牟宗三在论证良知坎陷的“辩证的必然性”时，诉诸黑格尔历史哲学的“精神之内在有机发展”[②]；他在说到“实践理性充其极而达至‘道德的形上学’之完成”时，认为其“在中国是儒家的形态，在西方是（康德之后）德国理想主义的形态”，二者虽在“高明圆熟”和“思辨入路”上有不同，但“其基本义理最后方向之属于同一类型”[③]。然而，牟宗三不免夸大了儒家义理与德国理想主义的同一性，儒家的“良知”与黑格尔的“绝对精神”虽然都是精神本体，但二者在哲理、道德的内涵上是有相当大的差别的（这一点对于多数学者不难承认）。“心本体”的差别依于社会、历史、文化以及所受学养的差别，因而它是“有对”而不是“绝对”的。如果承认其“绝对”，那么也就只能忽略它们的差别，因而也就难保它必是儒家的良知本体。陆九渊说：“千万世之前有圣人出焉，同此心同此理也；千万世之

① 牟宗三：《现象与物自身》，台湾学生书局，1982 年版，第 17 页。

② 牟宗三：《历史哲学》，台湾学生书局，1984 年版，自序。

③ 郑家栋编：《道德理想主义的重建——牟宗三新儒学论著辑要》，中国广播电视出版社，1992 年版，第 347—348 页。

后有圣人出焉，同此心同此理也；东南西北海有圣人出焉，同此心同此理也。”（《陆九渊集·杂说》）实际上，这只是儒家心学派的一厢情愿，并不符合思想史、文化史的实际。如果必欲成其“同此心同此理”之说，那么也就只能通过“判教”把真正的“圣人”只归属于儒家心学派。

牟宗三特别重视20世纪30年代熊十力先生与冯友兰先生的一次对话，冯友兰认为王阳明所讲的良知是一个假设，熊十力说“良知是呈现”[①]。牟宗三当然是以此轩轾熊、冯二先生之学，但实际上这只能说明“良知呈现”要依于心学派的学养；冯先生的“新理学”当然可以批评，但以是否“良知呈现”判别其高低并不能成为学术上的公论。退一步说，把“良知呈现”作为道德的基础，起码是“陈义太高”了。如傅伟勋所说：“如果良知论者随着熊十力老唱‘良知是真实，是呈现’的老调，而不去同情地了解非良知论者（或非性善论者）的人性（以及伦理道德的）看法，就很容易变成孤芳自赏的极端内向型，而良知论者特有的‘单元简易心态’由于曲高和寡，容易恶化而为‘自我闭锁心态’。”[②]余英时更在《钱穆与新儒家》一文中说，新儒家有可能成为一种宗派性的“致良知教”[③]。

其二，把良知作为“自由无限心”、作为“两层存有”的本原，难以实现儒家道德学说亦即“内圣”本身的现代转型。儒家的道德学说有种种范畴，“仁、义、礼、智、信”谓之“五常”，“君臣、父子、夫妇、兄弟、朋友”谓之“五伦”，“君为臣纲、父为子纲、夫为妻纲”谓之“三纲”……其中虽然含有道德普遍意义的内容，但更多地反映了中国特定历史时代的社会关系，这对于多数学者恐怕毋庸讳言。孔子说“为仁由己”“我欲仁，斯仁至矣”，这只是点明了道德自律、“意志自由”的形式方面的意义；但“仁者爱人”“克己复礼为仁”，仍反

① 郑家栋编：《道德理想主义的重建——牟宗三新儒学论著辑要》，中国广播电视出版社，1992年版，第339—340页。

② 傅伟勋：《从西方哲学到禅佛教》，东大图书公司，1986年版，第253页。

③ 余英时：《钱穆与新儒家》，载《中国文化》第6期，1992年9月。

映了普遍的和特殊的社会道德内容。牟宗三把儒家的仁心、性体、良知诠释为“自由无限心”，强调其“自我立法”，这当然带有一种提升、转化儒家道德学说的现代意向；但如果“自由无限心”超绝于社会历史的发展，它也就无改于历史上的儒家道德传统，也无能真正实现儒家道德学说的现代转型。牟宗三把儒家道德学说诠释为“方向伦理”“展现伦理”或“理想主义的伦理”，而否认其有“本质伦理”或“规范伦理”的意义，这是有违儒家伦理的真实内容和社会作用的。牟宗三在用阳明心学的“意之所在为物”来解释知体明觉涵润、创生“物自身”时说：“当事亲这一孝行实现而系属于知体明觉，在知体明觉中一体而化时，我们即有一无执的存有论。”“感应于亲，而有事亲之行；感应于兄，民，书，君，讼，等等，而有从兄，治民，读书，事君，听讼，等等之事。”[①] 在这里，有些“物”、有些“事”是由古代延续到现代的，但“君”和“事君”已经是中国历史的陈迹了；而这一陈迹却仍旧在知体明觉中如如地呈现、创生，我们又怎能祈望其实现儒家道德的转型并开出民主呢？

其三，由“一心”开出“两层存有”并不符合儒家一贯的思维方式，由此并不能为道德实践确立坚实的哲学基础。“一心二门”的模式尽管可能受到儒家性善论的影响，但其哲学基础仍是佛教特有的“缘起论”，儒家学说与佛教的“缘起论”本来无缘（唐释宗密曾谓：“古来诸德皆判，儒宗五常，道宗自然，释宗因缘也。”见《圆觉经略疏钞》卷四）。孔子揭橥仁学，对宇宙论、存有论的问题较少涉及，但他积极入世的精神实际上是以承认我们所面对的“现象”世界的真实存在为前提的。当“子在川上曰：逝者如斯夫”时，他绝不会想到他所面对的“境”（包括时空）是其“识心之执”所“挑起或绉起”的。孟子提出性善论，提出“尽心、知性则知天”，心、性、天虽然在内容上相通，但孟子说“心之官则思，思则得之，不思则不得也。此天之所与我者”，“心”仍处于“天”之下属的地位。儒家之“天”有主宰、义理、自然等义。“主宰之天”主要出于《尚书》《诗经》，在后来的

① 牟宗三：《现象与物自身》，台湾学生书局，1982年版，第441页。

儒家思想中不占主要位置；“义理之天”起于思孟，但思孟在“义理之天”下并不否认自然的真实存在；“自然之天”则主要含涉与仁学一并兴起的气论自然观的内容，承认“气”（阴阳）及其所化生的世界万物的真实存在，这是儒家的积极入世精神之所以能稳固、中国文化之所以不陷于宗教一途的真实哲学基础。战国末期，阴阳五行家将“五行”说纳入气论体系，形成“阴阳—五行”模式。汉代，“阴阳—五行”模式与仁学进一步融合（战国时期的《易传》已有阴阳、刚柔与仁义的融合），从而形成经学的宇宙论模式。此为现代新儒家所谓“儒学第一期发展”。

中国传统哲学或以“义理之天”为本，或以“气”或以“无”为本，但皆强调本末、体用一源，皆否认本体实而不现、现象现而不实的“自然之二分”。当“一心二门”的模式在唐代极其兴盛之时，华严宗五祖宗密即在《原人论》中将儒道两家的“元气生天地，天地生万物”思想指斥为“迷”；他在《圆觉经大疏》中更把佛与儒道在思维方式上的对立归结为：“元亨利贞，乾之德也，始于一气；常乐我净，佛之德也，本乎一心。”在“儒学第二期发展”中，周敦颐的《太极图说》在叙述了“无极之真，二五之精，妙合而凝”之后说“形既生矣，神发知矣”，“神”即心，这是继续坚持了气论哲学的“形具而神生”的思想。张载更明言：“由太虚有天之名，由气化有道之名，合虚与气有性之名，合性与知觉有心之名。”（《正蒙·太和》）“心”显然处于派生的位置。张载虽主张“大其心”“尽其心”，但他认为“思尽其心者，必知心所从来而后能”（《正蒙·大心》），也就是要明确心性的渊源在于“太虚（气）”，这正是张载哲学的一个基本命题。牟宗三在划分宋明儒学之“三系”时，无视张载的这一基本思想，而其以“一心”的“有执”和“无执”开出“两层存有”，却正是张载所批判的“释氏不知天命而以心法起灭天地，以小缘大，以末缘本”（《正蒙·大心》）。

程朱一系在儒释之辨上有“圣人本天，释氏本心”（《程氏遗书》卷二十一下）之说。大程虽言“只心便是天”（《遗书》卷二上），小程亦言“在天为命，在人为性，论其所主为心，其实只是一个道”（《遗书》卷十八），但这只是在心、性、天之义理相通的意义上横讲，而不是将它们在宇宙论、存有论的意义上并列，更不是将天（理）、心的关系颠倒。当大程在吟咏“万物静观皆自得”“思入风云变态中”时，他决不会去辨别哪些是“无执”的“物之在其自己”，哪些是“有执”而被“挑起或绉起”的现象。

陆王一系认为“心即性”“心即理”，“心”即处于世界本原的位置，这诚有受于佛教的影响。但在陆象山的眼中，“心”与“宇宙”亦可视为同一；在王阳明的眼中，“心”与天地万物亦是“一气流通”。也就是说，他们对世界并不作真实与虚妄的区别。陆象山云：“且如世界如此，忽然生一个谓之禅，已自是无风起浪，平地起土堆了。”（《陆九渊集·语录上》）这里的“世界如此”是统“心”“理”“宇宙”俱为“一实”而言，所谓“无风起浪，平地起土堆”正是指斥禅宗的妄分虚实而为其“欲脱离生死”张本。牟宗三把“认知主体”及其所面对之境说成是由于“识心之执”而“平地起土堆”①，并不符合陆象山的原意；将世界分成“两层存有”，倒似是陆象山所批评的“起炉作灶”。

牟宗三的“一心开二门”，在强调“道德的优先性”上诚然是继承了儒家的传统；其以“心”（良知）为本体，更倾向于儒家中的陆王一系。但牟宗三在梳理、诠释儒学的历史发展时，无视或忽视了儒学与佛教在宇宙论、存有论上还有“始于一气”和“本乎一心”的对立（明儒刘宗周虽有“释氏之本心，吾儒之学亦本心”之说，但其云“盈天地间一气而已矣”，“心以物为体，离物无知”，“释氏言心便言觉……亦只是虚空圆寂之觉，与吾儒体物之知不同”，见《读易图说》《学言》上。其所谓儒之“本心”与佛教之“本心”意义有不同）。张灏在“当代新儒家与中国的现代化”座谈会上曾指出，“气化的宇宙观”（又“姑且叫它‘宇宙论式的神话’”，这后一称呼有片面性，因其还有非神话的一面），“在儒家自始至终保有一重要的地位”，而新儒家“有意无意地把这东西避开不谈，或者不像从前那么强调，有的时候甚至完全不提”，这在新儒家理论上“是一个突破”，但是“不谈这个东西，就

① 牟宗三：《现象与物自身》，台湾学生书局，1982 年版，第 125—129 页。

无法正视中国儒家传统的一些基本命题，因为哲学的突破，可能是哲学很好的一个发展，但在思想史方面则很可能产生一种误解”[①]。笔者认为，这的确点出了新儒家学说的一个重要缺陷，而正是因为有这一缺陷，其“一心开二门”的哲学“突破”在思维方式上更倾向于佛学而不是儒学，因而也就难以为道德实践确立坚实的哲学基础。

道德实践，作为社会实践的一种，从本质上说它是有“对象性”的，也就是说它是有主客体分别的。只有确信道德实践之客体的真实存在，也才会有真正的“道德心”之“诚”“敬”，它也才不至于孤悬在精神领域而不落实在实践。大乘佛教虽主张“普渡众生”，但因其出离世间的“涅槃”目标和修为方式与社会实践毕竟隔着一层，所以程朱陆王等仍指斥其为“私”。陈来在以现象学的意象性理论诠释阳明心学的“心外无物”命题时说：“心外无物的提出……是着眼于实践意向对于‘事’的构成作用，因而心外无物本来与那种认为个体意识之外什么都不存在的思想不相干，至少对于一个儒家学者，决不可能认为父母在逻辑上后于我的意识而存在，也更不可能认为我的‘意之所在’不在父母时父母便不存在。”[②]这一诠释的确化解了阳明心学在道德实践上可能陷入的困境。然而，牟宗三的“自由无限心”却非要开出“存在界”：“心外无事，心外亦无物。一切盖皆在吾良知明觉之感应的贯彻与涵润中。事在良知之感应的贯彻中而为合天理之事……物亦在良知之感应的涵润中而如如地成其为物……”他在此段之前谈到“事亲”的“孝行”时说：“亲之为存在物是在事亲中被带进来的。……良知是实现孝行底‘形式因’与‘动力因’，只此还不够，还需有一‘材质因’……我们注意亲之为存在物是认知地注意之，这样注意之，以为实现事亲这一孝行提供一经验的条件，即，提供一材质因，而此是附属的。在此附属层上，我们有一现象界，有一认知的活动，有一执的存有论。”[③]“亲”之“在其自己”（物自身）是良知之涵润、创生，“亲”

①《中国论坛》第15卷第1期，1982年10月。
② 陈来：《有无之境——王阳明哲学的精神》，人民出版社，1991年版，第57页。
③ 牟宗三：《现象与物自身》，台湾学生书局，1982年版，第442、441页。

之成为对象是良知之“执”所“挑起或绉起”。尽管牟宗三的“良知”可理解为非个体的“绝对精神”，但在具体的道德实践中它必是“吾良知”即个体的良知。“亲”在“吾良知”中处于派生和“附属”的地位，这又怎能确立真正的孝心和孝行？

其四，“两层存有论”贬抑科学，不能促进和指导科学的发展。现代新儒家指出，在“内圣之学”的笼罩下，科学精神“毕竟为中国先哲之所缺”，而科学又为中国现代化所必需，这一观点是符合中国历史的实际并有进步意义的。但牟宗三又认为科学是“卑之无高论”，中国没有出现科学“乃是超过的不能，不是不及的不能”[①]，这又反映了新儒家对科学的贬抑和虚骄态度。在“两层存有论”的格局中，认知主体和认知对象都属于“现象界的存有”，“外而现象，内而逻辑性，皆是识心之执之痉挛或抽搐”，科学真理是“俗谛性的真理”[②]。在牟宗三看来，只有良知的“呈现”和“朗照”才是“真谛”，“我们的感性和知性所搅扰而扭曲的人生与宇宙不是人生与宇宙之本来面目。这是人生与宇宙之僵滞”[③]。一方面说科学为中国现代化所必需，另一方面又如此地贬抑科学，这怎能激起中华民族向科学进军而实现现代化的热情呢？

科学需要积极地向外探索，需要不断地发现和创造新事物，并不断地改进思维范畴、认识工具。然而，这一切在“两层存有论”的格局中都有待于良知的如如呈现、创生，有待于良知的“坎陷”“痉挛或抽搐”。如果说科学的发展是有规律、有逻辑可循的，那么良知能否有规律、有逻辑可循地不断创生新事物，并不断将其“推出去”，使其成为新的认知客体，而且相应地为主体提供新的范畴、逻辑，这是“两层存有论”没有解决的问题。

依“两层存有论”，良知的“自我坎陷”也就是良知的自觉的“自我否定”，其中“有无明之成分”，尽管是“明的无明”“‘难得糊涂’

① 牟宗三:《政道与治道》，台湾学生书局，1983 年版，第 52 页。
② 牟宗三:《现象与物自身》，台湾学生书局，1982 年版，第 210、285 页。
③ 同上书，第 30 页。

的执”。“它一执持，即不是它自己，乃是它的明觉之光之凝滞而偏限于一边。”良知“只直接对物自身负责，不直接对现象负责”[①]。在现代自然科学与社会人文科学日益紧密结合、自然科学亟须社会价值学说指导的今天，执持这样的“两层存有论”并不能有效地规范、指导科学技术发展的方向。现代科学技术正以其巨大的能量迅速改变着我们周围的客观世界，它绝不是“权而生弊，则一念警策”就会“有而能无”的。“烦恼即菩提，菩提即烦恼”，这样的观点可能有益于佛教僧徒的修持，但无益于人们正视并改变现代科学技术已经和可能造成的弊端。牟宗三主张“德”“福”一致的“圆善论”。但由“德”而实现“福”的“自然王国”却只是“物自身层之自然，非现象层之自然”[②]。这对于非向往彼岸世界的“俗世”大众来说是远远不够的。

三

“一心开二门”的模式引起学术界不同的思考和评价，有些学者亦着手对其进行补充。例如傅伟勋认为应把“一心开二门”扩充为“一心开多门”，即在“心真如门”和“心生灭门”之下，“至少应设纯属现实自然而价值中立的‘心性实然门’，以及暴露整个生命完全陷于昏沉埋没状态的所谓‘心性沉没门’”[③]。“心性实然门”包括中国古代告子的“生之谓性”和西方现代的心理分析等学说，“心性沉没门”则包括基督教的“原罪”和佛教的“无明”之类。这一补充对于克服良知论者的“单元简易心态”、完善儒家心性学说的内容当然是有意义的。然而，此论一出立即遭到一些学者的反驳：“一心开二门之二非任意的、不决定的，此乃相应于有限理性存有之直觉而设……一心开二门之超越区分乃定然不可移者。……傅先生所谓心性实然门与心性沉没门若

① 牟宗三:《现象与物自身》，台湾学生书局，1982年版，第122—123、319页。

② 牟宗三:《圆善论》，见郑家栋编:《道德理想主义的重建——牟宗三新儒学论著辑要》，中国广播电视出版社，1992年版，第655页。

③ 傅伟勋:《从西方哲学到禅佛教》，东大图书公司，1986年版，第274页。

有地位亦只能归于心生灭门下，决不能四者并列。夫一心开二门亦有其所开之之道，岂可任意开设耶！”[①]这一反驳也确有道理，因“一心开二门”并非只限于讲儒家心性论，而是统“道德界”和“存在界”而言之，其“所开之之道”即本体界与现象界的“自然之二分”。如果承认此“二分”，那么就难免“一心开二门”的模式。

依笔者之见，中国传统哲学的主流是主张本末一源、体用胥有，是反对以本体为实、以现象为幻的“自然之二分”的。张岱年先生早在20世纪30年代初即指出此义：“中国哲人言本根与事物之别，不在实幻之谓，而在本末、源流、根枝之辨。万有众象同属实在，不惟本根为实而已。自印度哲学传入，乃渐有以实义言本根者。”[②]儒家学说之所以没有确立知识理性的地位（新儒家所谓没有开出“学统”），没有开出近现代意义的科学，不是因其良知未能“坎陷”，而是因其误把“义理之天”“天理”“本心”“良知”作为世界的本原，天地万物之“性”皆由此出；以“自然之天”（气）为本原者（如张载）亦未能免于把“太虚”作为“性之渊源”、认为“凡物莫不有是性”（《张子语录·后录下》）；主张“明于天人之分”者（如荀子）却也提出“唯圣人为不求知天”，“无用之辩，不急之察，弃而不治，若夫君臣之义、父子之亲、夫妇之别则日切磋而不舍也”（《荀子·天论》）。其中前两者虽有理、心与气孰为本原的对立，但在心性论上皆是泛道德论的形态；后者虽分出天人，但又把认识的对象局限在人伦之理。“道德压倒了知识”，这是中国传统哲学的特点，也是中国传统哲学未能开出近现代科学的原因。笔者认为，实现中国传统哲学的转型，不能再以道德之“理”或“心”为世界的本原，因为这样一开始就采取了道德与知识对立从而贬抑科学的立场；如果我们有鉴于上述后两者之所以失误的历史教训，那么我们应在尊重知识、尊重科学的前提下，从中引出以物为本、分出天人的“一本多级”模式。

① 邱黄海：《“一心开多门”之商榷》，见傅伟勋：《从西方哲学到禅佛教》，东大图书公司，1986年版，第294—295页。

②《张岱年文集》第一卷，清华大学出版社，1989年版，第142页。

在中国传统哲学中即含有“一本多级”的思想因素。例如，《易传·系辞上》云：“一阴一阳之谓道”，“鼓万物而不与圣人同忧”，也就是说此道虽鼓动、生成万物，但不具有圣人那样的道德意识；“继之者善也，成之者性也，仁者见之谓之仁，知者见之谓之知”，也就是说此道本身不是善，继此而有的天地之化是善，其所成之性也是善，“仁者见之谓之仁”，“仁”并非此道初始所本有。《易传·说卦》云：“立天之道曰阴与阳，立地之道曰柔与刚，立人之道曰仁与义。”尽管一些儒者把此“三才之道”解释为同一关系（如二程说：“至于易，只道个‘立人之道曰仁与义’……阴阳、刚柔、仁义，只是此一个道理。”见《遗书》卷一），但依文本原有的表述，它们仍有层次上的差别。尤可注意的是《易传·序卦》云：“有天地，然后有万物；有万物，然后有男女；有男女，然后有夫妇；有夫妇，然后有父子；有父子，然后有君臣；有君臣，然后有上下；有上下，然后礼义有所错。”先有天地、万物，然后有社会及社会伦理，这是合理的自然和社会进化之序。《荀子·王制》云：“水火有气而无生，草木有生而无知，禽兽有知而无义，人有气、有生、有知、亦且有义，故最为天下贵也。”这是更明确也更合理地把世界分成无机物、植物、动物和人类社会几个层次，“有义”即有伦理是人类社会所特有的并高出于自然界的价值所在。在宋明理学的泛道德论阻碍自然科学的发展时，明代中期的气论哲学家王廷相指出：“天地之间，一气生生，而常而变，万有不齐。故气一则理一，气万则理万。世儒专言理一而遗理万，偏矣！天有天之理，地有地之理，人有人之理，物有物之理，幽有幽之理，明有明之理，各各差别。”（《雅述》上篇）此论带有文化反省的意义，尽管当时没有得到社会的重视，但它实际上预示了中国传统哲学转型的一个正确方向（王夫之云：“人物有性，天地非有性。阴阳之相继也善，其未相继也不可谓之善。”“无其器则无其道……未有子而无父道，未有弟而无兄道，道之可有而且无者多矣。”见《周易外传·系辞上》第五、十二章，此亦有“一本多级”的因素）。

鸦片战争以后，进化论成为中国哲学的主流；五四运动以后，马克思主义的唯物史观又在中国得到响应。这是中国哲学和文化实际已经经历的转型历程。进化论和唯物史观都具有强调历史发展、否定道德绝对主义的意义。中国哲学在近现代的变革始于历史观、道德观的变革，这不是偶然的，而是被中国文化发展的主要障碍——泛道德论所决定的。20 世纪 30 年代，张岱年先生在其“新唯物主义”的宇宙论中首次明确表述了“一本多级之论”。他说：“一本多级之论，则谓宇宙事物之演化，有若干级之不同，各级有各级之特殊规律。简言之，物为一本，而生、社会、心等为各级，生心社会不违物之规律而又自有其规律。由一本而有各级，是发展中由量转质。性质既异，故形成一新级。”[①]他把“理”分为二：“一根本的理，或普遍的理，即在一切事物之理，此理无始无终，与宇宙同久，但亦非先于事物而有。二非根本的理，即特殊事物之理，则有此特殊事物乃有此理，无此特殊事物即无此理。如未有生物则无生物之理，未有人类则无人伦之理。”[②]在这里，“一本多级”不仅被明确表述出来，而且基于现代的科学成果，采取了现代的哲学形式。

“物为一本”，继承和发展（扬弃）了中国传统的“始于一气”思想。这里所谓“物”是对宇宙演化的层级“析而言之”，若“统而言之”则一切“皆物”[③]。物为实有，中国传统的“万有众象同属实在”的思想在现代哲学形式下得到了体现。

宇宙之演化“有若干级之不同”，生物和人类社会、心知在宇宙演化中相继为后起，这是被近现代科学所证明了的真理。张岱年先生曾说：“哲学可批评科学，可考察科学之根本假设，然而在根本上哲学是不能乖乎科学的。”[④]尽管现代的一些哲学流派避而不谈宇宙演化的层级问题，但在中国传统哲学转型的问题上，是以“一心为本”还是以物为本，却正关系到中国的新哲学是对科学采取尊重还是违背的态度

①《张岱年文集》第一卷，清华大学出版社，1989 年版，第 188 页。
② 同上书。第 223 页。
③ 同上。
④ 同上书，第 207 页。

问题。

以物为本，绝非以物之一般的规律来解释一切，相反，因宇宙有多级，“各级有各级之特殊的规律”，所以高级事物并不能还原为初级事物。这样，科学地研究不同学科、不同领域、不同层级的问题就是完全必要的。张岱年先生批评“旧哲学有一普遍的倾向，即认为宇宙之最基本者必即是宇宙之最精微者”，他借用戴震所谓“乃语其至，非原其本”中的“本”“至”二词，提出“物本心至”的命题：物虽为本，但却“粗而卑”；心虽为后，但却“精而卓”。“宇宙一本一至，本与至乃是两端而非即一事。”“心出于物而可以克服物，人为境所制约而可以变化境。”[①]“一本多级之论”充分肯定了心的精卓价值，亦充分高扬了人改变环境、追求理想的主观能动性。

张岱年先生曾把人类界定为“自觉的有理想的生物”，又说“人即是宇宙中能有道德品值之物”[②]。道德是人类社会所特有，亦是人类社会的高尚价值所在。“未有人类则无人伦之理”，动物在人看来虽或有互助之行为，但因其没有自觉意识，所以只是生物的本能，而非真正的道德。弗兰克纳（W. K. Frankena）说：“道德是一种生活的社会体系，但它是能在自己的社会成员中促进理性的自我指导或自我决定的一种社会体系。”[③]这是可以被中外学术界普遍接受的观点。把道德之“理”或“心”从世界的本原还原为人类社会的特殊之理，这是中国哲学从泛道德论的传统形态转入现代形态的一个关键。人类社会的发展是连续的和有阶段性的，因而人类的道德亦是有继承性和有发展变化的。只有如此认识，儒家道德学说在现代社会生活中仍然适用的成分和已经落后的意识才能被合理地继承和剔除，新的道德观念与传统的道德观念也才能相衔接而融会成一个新的道德体系。

①《张岱年文集》第一卷，清华大学出版社，1989年版，第216页。

② 同上书，第330页。

③［美］威廉.K.弗兰克纳著，关键译：《伦理学》，生活·读书·新知三联书店，1987年版，第14—15页。

作者附记：此文作于1993年，曾在《中国哲学史》1993年第3期发表。张岱年先生在1993年8月6日写给我的信中说："接到《'一心二门'与'一本多级'》，立即阅读了，非常高兴！此文极佳，难得难得，这是当代第一等文章，必是传世之作。"在张先生去世之前，我凡写有关于张先生学术思想的文章，都请他阅改；对于张先生的好评，我一直认为是老师对学生的鼓励，觉有些过奖处，并不当真，亦从不以之示人。2021年，杜运辉博士收集张先生的佚文、书信，我在重读此信时不免心动，觉张先生的鼓励应该珍视，而信中"必是传世之作"一语，亦将不我欺乎？

（原载《中国哲学史》1993年第3期）

儒家思想中的内在性与超越性

李明辉

当代新儒家常借用“超越性”和“内在性”这两个概念来诠释传统儒家思想（特别是其天道思想），强调儒家的天道或基本精神是“超越而内在”，以与西方宗教中“超越而外在”的基本模式相对比。这里牵涉到的两种“超越性”概念，我们不妨分别称之为“内在超越性”和“外在超越性”。

当代新儒家之所以特别强调儒家思想中的“内在超越性”，主要是为了澄清黑格尔（Georg Wilhelm Friedrich Hegel）以来西方人对中国文化（尤其是儒家思想）的一种成见。黑格尔在《哲学史讲义》中对孔子思想作了如下的评论：

> 我们有孔子与其弟子间的谈话，其中包含通俗的道德；这种道德我们到处都见得到，在每个民族中都见得到，而且比它更好；它并非杰出的东西。孔子是一位实践哲学家；在他那里完全没有思辨哲学，只有良好的、精明的、道德的教训，但是我们从中无法取得任何特别的东西。西塞罗的《义务论》是一本道德训诫之书，它给我们的东西比孔子的所有著作更多、更好。根据孔子的原著我们可以下此判断：如果它们不曾被翻译，对他的声誉会更好。[①]

按照这种看法，孔子只是一位洞悉世事的智者，宣扬世俗的道德，而未提出高远的理想。这等于说：在孔子思想中欠缺一种超越性。

因此，黑格尔对中国宗教的评价甚低。他在《宗教哲学讲义》中

① Hegel: *Vorlesungen über die Geschichte der Philosophie* I, in: G.W.F. Hegel: Werke (Frankfurt/M.: Suhrkamp, 1969ff., Theorie Werkausgabe), Bd. 18, S. 142f.

将中国宗教归于最低层的“自然宗教”，而在自然宗教中，它仅高于“直接宗教”（指巫术），而属于“实体的宗教”。他如此理解中国宗教中的“天”：

> 中国人的天并不是在尘世之上形成一个独立王国，而且本身就是理想王国的一个世界，就像我们设想有天使和死者灵魂的天一样，或者像希腊的奥林帕斯山不同于尘世间的生活一样；而是一切都在尘世间，一切拥有力量的东西都隶属于皇帝。这是个别的自我意识，它以有意识的方式遂行这种完全的统治。①

换言之，中国文化中的“天”无法脱离现实世界，也因此欠缺一种足以支撑理想的超越性。

黑格尔的这种看法极深刻地影响了日后西方人（尤其是汉学家）对中国文化的看法，使他们形成一个印象，认为中国文化中欠缺一种超越精神。当代新儒家断然否认这种看法。例如，1958 年由唐君毅、牟宗三、张君劢及徐复观四人共同发表的《为中国文化敬告世界人士宣言》② 便特地驳斥这种看法。这篇《宣言》指出：中国文化中虽无西方那种制度化的宗教，但这不表示中国民族只重现实的伦理道德，缺乏宗教性的超越感情，反而证明“中国民族之宗教性的超越感情，及宗教精神，因与其所重之伦理道德，同来原于一本之文化，而与其伦理道德之精神，遂合一而不可分”③。在这种与伦理道德不可分的超越感情中，宗教之超越精神并不排斥它之内在于人伦道德，换言之，其内在性与超越性不相对立，故已隐含“内在超越性”的概念。

中国人的宗教精神强调内在性，这点向来少有争议；但它是否也具有超越精神呢？这却引起了很大的争论。黑格尔的上述观点即是一例。按照这篇《宣言》的说法，中国人之宗教性的超越精神可从三方

① Hegel: *Vorlesungen über die Philosophie der Religion*, in: *G.W.F. Hegel*: *Werke*, Bd. 16, S. 320.

② 此宣言后收入唐君毅先生的《中华人文与当今世界》（台湾学生书局，1975 年版）及《说中华民族之花果飘零》（三民书局，1974 年版）二书中，易名为《中国文化与世界》。

③ 唐君毅：《中华人文与当今世界》，台湾学生书局，1975 年版，第 881 页。

面看出来：

（1）中国过去有祭天地、祖先之礼，即表现一种宗教性的超越感情[①]。

（2）在中国思想家所提出的“天人合德”“天人合一”“天人不二”“天人同体”等说法中，“天”之义涵显然超越现实的个体与人际关系[②]。

（3）中国人的义理之学包含一种对仁义之价值及道之本身的信仰，而视仁义之价值超越个人生命之价值，以致在必要时，人可自觉地杀身成仁、舍生取义，这种信仰即是一种宗教性的超越信仰[③]。

当然，这种超越的宗教精神并不否定其内在性，用新儒家常用的说法，它是“既超越又内在”。以中国人所理解的“天”来说，唐君毅在《中国文化之精神价值》一书中有一段话便说明了它这种“既超越又内在”的特性，我们不妨引述于下：

> 在中国思想中，于天德中开出地德，而天地并称，实表示一极高之形上学与宗教的智慧。盖此并非使天失其统一性，而使宇宙为二元。而唯是由一本之天之开出地，以包举自然界而已。天包举自然界，因而亦包举“生于自然界之人，与人在自然所创造之一切人文”，此所谓包举，乃既包而覆之，亦举而升之。夫然，故天一方不失其超越性，在人与万物之上；一方亦内在人与万物之中，而宛在人与万物之左右或之下。（此二义，在婆罗门教及西方泛神论思想中亦有之）[④]

由此我们可以了解：在新儒家的看法中，天之超越性意谓天与作为现实存在的人与自然之间有一段距离或一种张力。就现实存在的个

① 唐君毅:《中华人文与当今世界》，台湾学生书局，1975 年版，第 881—882 页。此外，唐君毅先生在《中国人文精神之发展》（台湾学生书局，1974 年版）一书中亦申论三祭（祭天地、祭祖先、祭圣贤人物）之宗教意义，请参阅该书第 382—392 页。

② 唐君毅:《中华人文与当今世界》，台湾学生书局，1975 年版，第 882 页。

③ 同上书，第 883—884 页。

④ 唐君毅:《中国文化之精神价值》，正中书局，1974 年版，第 338 页。

人而言，这种距离或张力可能尽其一生之奋斗均无法完全消弭。但儒、道两家至少均承认人在现实生命中完全消弭这种距离或张力的可能性始终存在（尽管很难），而不必求诸彼岸或天国。天之内在性即涵此义。唐君毅在这段引文中将西方的泛神论引为同调，而从西方正统的基督教思想来看，泛神论不能不被归于异端。由此可见，他并非根据存在于西方基督教传统中神与人、神与自然二元对立的思想格局去理解天之超越性。其实，当代新儒家的主要代表人物都很清楚：在基督教传统的思想格局中，超越性和内在性是不能并存的。

杜维明先生甚至把这种“既超越又内在”的特性视为儒家精神方向之特色。他有一篇访谈录名为《超越而内在——儒家精神方向的特色》[①]，其标题即清楚地透露出此义。在这篇访谈录中，他分别从两方面来说明儒家思想中这种“既超越又内在”的特性。首先，在社会哲学或政治哲学方面，他指出：儒家的终极关切或理想性并不在现有的政治社会结构之外求其实现。因此，他说：

> 儒家一直希望能够在现实既有的社会政治结构中发挥转化的功能。从这个角度说，它可能比较现实，它超越的理想性、终极关切，和其他宗教相比可能比较薄弱。更确切地说，它不是超越而外在，而是超越而内在。它不是打破既有制度完全从不同的角度再建立一套新的制度，就像基督教那样，天国所代表的价值和世俗的价值截然不同，或是像佛教那样，把最原始的、人与人相遇而组成的社会结构打破，再以庙宇为中心，重新构造一个理想世界。儒家正如我们前面所讲的，它最高的道德理想是在人的基本情感和生物本能上建立起来的。因此，它对于社会原初的联系，比如家庭联系，采取了积极承认的态度，不仅不把它当作妨碍个人人格完成的禁锢，而且认为它是促使人格完成的真正现实基础，这是一个很值得我们理解、研究的课题。[②]

① 这篇访谈录已收入其《儒学第三期发展的前景问题》（联经出版事业公司，1989年版）。
② 杜维明：《儒学第三期发展的前景问题》，联经出版事业公司，1989年版，第180页。

其次，在心性之学方面，他特别指出：在儒家思想中，人的心、性与天之间既有联系，又有张力。譬如，他说：

你越能深入自己内在的泉源，你就越能超越，这就是孟子所谓的“掘井及泉”。超越要扣紧其内在，其伦理必须拓展到形而上的超越层面才能最后完成。伦理最高的完成是“天人合一”，但它最高的“天”，一定要落实到具体的人伦世界。既要超越出来，又要深入进去，有这样一个张力，中间的联系是不断的。因此可以出现理学家所谓的“太极”“天”“理”等观念。这些观念一方面可以说即使是圣人也不可知，另一方面它又很平实，没有西方的那种神秘主义。①

因此，在他看来，儒家无论在内圣方面，还是在外王方面，都充分表现出这种“超越而内在”的思想特色。

然而，对于天之同时具有超越性与内在性这点说明得最清楚的，是牟宗三先生。他在《中国哲学的特质》一书中写道：

天道高高在上，有超越的意义。天道贯注于人身之时，又内在于人而为人的性，这时天道又是内在的（Immanent）。因此，我们可以康德喜用的字眼，说天道一方面是超越的（Transcendent），另一方面又是内在的（Immanent 与 Transcendent 是相反字）。天道既超越又内在，此时可谓兼具宗教与道德的意味，宗教重超越义，而道德重内在义。②

由此可见，他之所以同时肯定天之超越性和内在性，是为了指出：儒家思想除了众所周知的人文精神之外，亦同时涵有宗教精神。如果我们因此而将儒家思想视为一种宗教，这种宗教在型态上显然与以基督教为代表的西方传统宗教大不相同。牟宗三在《人文主义与宗教》一文中特别称之为“人文教”，并且说明其特性如下：

① 杜维明：《儒学第三期发展的前景问题》，联经出版事业公司，1989 年版，第 188 页。
② 牟宗三：《中国哲学的特质》，台湾学生书局，1974 年版，第 26 页。

> 儒家所肯定的人伦（伦常），虽是定然的，不是一主义或理论，然徒此现实生活中之人伦并不足以成宗教。必其不舍离人伦而即经由人伦以印证并肯定一真美善之“神性之实”或“价值之源”，即一普遍的道德实体，而后可以成为宗教。此普遍的道德实体，吾人不说为“出世间法”，而只说为超越实体。然亦超越亦内在，并不隔离，亦内在亦外在，亦并不隔离。[①]

以上所引新儒家学者的各种说法虽有强调重点上的不同，但其基本意旨甚为一致。他们均针对上述黑格尔式的观点，在西方传统宗教以二元论为基础的“超越性”概念（外在超越性）之外，提出“内在超越性”的概念，借以说明儒家思想之宗教性。对于儒家思想中这种“内在超越性”的特色，有些与新儒家持不同立场的学者亦不反对。例如，同为殷海光先生的弟子而属于自由主义阵营的林毓生和张灏两人都接受这种说法。林毓生在《新儒家在中国推展民主的理论面临的困境》[②]一文中，张灏在《超越意识与幽暗意识》[③]一文中均根据这个概念来理解儒家思想，只是他们偏重于强调这个概念在儒家思想中的不足之处。

但是近年来，美国学者郝大维（David L. Hall）和安乐哲（Roger T. Ames）在他们合著的《通过孔子而思》（*Thinking Through Confucius*）[④]一书中却对新儒家有关内在超越性的说法提出了批评。此书中相关的主要论点已包含于稍早由他们两人合撰的中文论文《殊途同归——诠释孔子思想的三项基本预设假定》[⑤]和《孔子思想中“义”概念含义的再检讨》[⑥]，以及安乐哲的中文论文《孔子思想中宗教观的特色——天人

① 牟宗三:《生命的学问》，三民书局，1970 年版，第 74 页。

② 此文收入其《政治秩序与多元社会》（联经出版事业公司，1989 年版）。

③ 此文收入其《幽暗意识与民主传统》（联经出版事业公司，1989 年版）。

④ David L. Hall & Roger T. Ames: *Thinking Through Confucius. Albany*, State University of New York Press, 1987.

⑤ 此文刊于《大陆杂志》第 68 卷第 5 期（1984 年 5 月 15 日）。

⑥ 此文刊于《史学评论》第 8 期（1984 年 7 月）。

合一》一文[1]中。既然中、英文数据所包含的主要论点并无出入，同时为了避免因翻译可能产生的误解，笔者在下文讨论这些论点时，将尽量以这三篇中文论文为依据，不再标明出处。

他们对孔子思想的诠释中，最具特色之处在于根据三组对比性概念提出他们所谓的"诠释孔子思想的三项基本预设假定"。这三组概念是"内在性"（immanence）与"超越性"（transcendence）、"两极性"（polarity）与"二元性"（duality）、"传统性"（traditional）与"历史性"（historical）。透过这三组概念之对比，他们以为能凸显孔子思想与西方哲学传统间的基本差异。在这三组概念之对比当中，内在性与超越性之对比具有最根本的意义，其他两项对比都可由此推衍出来。因此，我们先讨论内在性与超越性之对比。

关于内在性与超越性，他们指出："严谨的'超越性'取决于：一项独立的原则——甲——超越、并决定一项依存的原则——乙——；反之则否。"根据这项定义，他们认为：在西方传统中，超越性原则与其特有的"基质存有论"（substance ontology）是不可分的，因为不论是柏拉图的"基型"（form）、亚里士多德（Aristotle，384/3—322/1BCE）的"不动的发动者"、德谟克利都斯（Democritus，460—370BCE）及鲁克雷修斯（Lucretius Carus，96？—55BCE）的"原子"，还是基督教的"上帝"，都是独立而不变的，而且不受到由它们所产生的万有之任何影响[2]。反之，他们将孔子思想理解为一套"机体性系统"（organic system）或"历程哲学"（process philosophy），并且在其中见到一套"事件存有论"（event ontology）或"过程本体论"（process ontology），而以"内在性宇宙"（immanental cosmos）作为这种存有论的主要含义之一，因为在这套机体性系统中，有关秩序与价值的原则与其环境（自然的或人文的）相互依存、相互影响[3]。基于以上的看法，安乐哲强

① 此文刊于《鹅湖月刊》第108期（1984年5月）。

② David L. Hall & Roger T. Ames: *Thinking Through Confucius*, *Albany*, State University of New York Press, 1987, p. 13.

③ Ibid., p. 15–17.

调:“孔子思想的基本预设假定是‘内在性’,而非‘超越性’。把‘超越性’应用于诠释孔子思想,其结果难免‘圆枘方凿’(圆凿方枘)、格格不入。”

由内在性与超越性之对比衍生出两极性与二元性之对比。依他们的看法,西方哲学由于广泛使用“超越性”概念,将独立不改的超越者与由之而产生的依待性事物加以严格的区分,由此形成了诸多二元的对立,如实有与表象、超自然与自然、形式与质料、普遍与特殊、知识与意见、生与死、始与终、心灵与身体、一己与他人、行动者与行动、理论与实践、理性与经验。反之,他们认为:早期儒家的“内在性宇宙”只能透过“概念的两极性”(conceptual polarity)来理解。他们解释道:

> 所谓“两极性”,系指两项“机体性过程”(organismic events)具有“共生体”(symbiosis)的性质;两者在各自孕育形成时各以依赖另一方为其必需条件。在此体系内,每一“存在者”都是“自生的”(autogenerative)与“自决的”(self-determinate)。“存在过程”中之每一参与者均系一项“自然”(so-of-itself),而不自任何“超越性来源”获致“意义”暨“次序”。如此,任一“个体”(particular)既系“自生的”,而又与另一“个体”有着“共生”的关系。[①]

根据他们的看法,二元性与两极性之对比产生了两种不同的宇宙观:概念的二元性导致了一种对宇宙的“本质性诠释”(essentialistic interpretation),在这种宇宙观中,存有者是不连续的;反之,概念的两极性则导致一种对宇宙的“机体性诠释”(organismic interpretation),在这种宇宙观中,一切存有者隶属于一个连续体,存在的过程是循环的,而非线性的(linear)[②]。最足以凸显出这两种宇宙观之差异的,或许是这个事实:在西方的哲学传统中,“创造”基本上是一种“无中生

① David L. Hall & Roger T. Ames: *Thinking Through Confucius*, *Albany*, State University of New York Press, 1987, p. 18f.

② Ibid., p. 19f.

有”（creatioexnihilo）的过程，但是在中国思想中，却根本找不到这种“创造”概念[①]。

基于以上两组概念之对比，他们进一步借“传统性”与“历史性”之对比来凸显中国文化与西方文化之差异：中国文化偏重于传统性，西方文化则偏重于历史性。这项对比之重点在于：“……‘历史’是由人物或事件所缔造的；而‘传统’则具有某种‘既定条件’（givenness），唯此种条件着重过程发展的整体性，而忽视所谓‘开山祖’（originator）或‘创始人’（creator）的绝对重要性。”由此我们不难看出：“传统性”与“历史性”之对比是前两项对比在文化层面上的反映。这种反映的关系明白地见于他们对“传统性文化”与“历史性文化”的描述中：

> 历史性文化与传统性文化显然以“律法”与“礼俗”标榜其区别。前者倾向于偏重对原则与律法遵从的道德；而后者则强调美学性的礼俗参与。在历史性文化中，“律法”是具有规范力的，它们形成了一种外在的组织原则。至于传统性文化，“律法”则是内在性的；作为礼俗形式，它们塑成了参与此一礼俗的个体。

虽然正如南乐山（Robert Cummings Neville）在《通过孔子而思》一书的前言中所指出，郝、安两人有关孔子思想与中西哲学的诠释有争议性，但是笔者认为：这其中包含不少深刻的洞见，而且他们的若干见解与新儒家学者的观点亦不谋而合。举例而言，杜维明先生曾将“存有的连续”“有机的整体”“辩证的发展”视为“中国哲学中的三个基调”，并且引申出其三项含义：（1）反对归约主义（reductionism）；（2）重视相互依存；（3）超越线性推理[②]。我们毋须详论其内容，单从这些纲要就可看出：它们与上述郝、安两人有关中国哲学的诠释大致吻合。

---

① David L. Hall & Roger T. Ames: *Thinking Through Confucius*, *Albany*, State University of New York Press, 1987, p. 19f.

② 杜维明：《试谈中国哲学中的三个基调》，《中国哲学史研究》1981 年第 1 期。

然而，他们何以反对新儒家以“超越性”的概念来诠释儒家思想呢？依笔者的理解，这种批评与其说是涉及思想内涵之不同，不如说仅涉及概念使用之差异。郝、安二人在使用“超越性”一词时所根据的意义一方面太狭隘，另一方面又太松泛。何以说“太松泛”呢？这是根据他们自己为“超越性”概念所下的定义来说。上文已引述过他们的定义：“严谨的‘超越性’取决于：一项独立的原则——甲——超越、并决定一项依存的原则——乙——；反之则否。”根据这项定义，“超越性”表现于存在次序中的“独立”与“依存”之对比。在《通过孔子而思》一书中，他们提出另一项定义：“严格的超越性可理解如下：一项原则甲是乙的原则，如果不诉诸甲，乙的意义或含义就无法得到充分的分析和解释，则甲对于乙是超越的；反之则不然。”[①] 这项定义与前项定义之区别在于：前项定义在于说明超越者与依存者之存在次序，这项定义则在于说明两者之认知次序，因为“分析”和“解释”都是一种认知活动。

但问题是，两个事物间的存在次序与认知次序未必一致。例如，康德（Immanuel Kant）曾用一句话来说明自由与道德法则间的这两种次序：“自由固然是道德法则之存在根据（ratioessendi），道德法则却是自由之认知根据（ratiocogniscendi）。”[②] 这就是说：从存在次序上说，道德法则必须预设自由，但是我们却只能透过我们对道德法则的意识去肯定自由。同样的，我们也可以说：从存在次序上说，儒家的“天”或“道”先于“人”，而为其所本；但在认知次序上，“天”或“道”的意蕴却须透过人才能彰显，这是“人能弘道”一语之含义。这样说来，“超越性”的概念仅限于说明事物之存在次序。就这个范围而言，郝、安两人的“超越性”概念便只剩下“独立不改”的义涵了。但谁能否认儒家的“天”或“道”具有独立性和永恒性，因而可依他们的

① David L. Hall & Roger T. Ames: *Thinking Through Confucius*, *Albany*, State University of New York Press, 1987, p. 13.

② Kant: *Kritik der praktischen Vernunft*, in: *Kants Gesammelte Schriften* (Akademieausgabe), Bd. 5, S. 4 Anm.

定义被视为超越性原则呢？

然而，当新儒家学者将“天”或“道”视为超越的原则和实体时，其“超越性”概念尚包含“超现实性”或“理想性”之义涵。就笔者所知，史华兹（Benjamin I. Schwartz）在《古代中国之超越性》[①]《超越性的时代》[②]二文中使用“超越性”一词时，便着重于这种义涵，即是指“一种退返和前瞻——对现实界的一种批判的、反省的质疑，以及对超现实界的一种新视野”[③]。按照这种意义来看，郝、安两人将古代原子论者的“原子”也视为超越性原则，实失之宽泛，因为当作一种解释原则来看，“原子”毕竟仍属于现实的自然界。

在另一方面，当他们将“超越性”和“内在性”视为互不兼容的矛盾概念时，他们是依最严格的意义来理解“超越性”的概念。在西方哲学传统中，我们可以在两种脉络中见到这种意义的“超越性”。首先，在存有论的脉络中，“超越性”意谓：脱离世界或自然，而与之相隔绝。当斯宾诺莎（Baruch de Spinoza）在其泛神论系统中将神视为万物之“内在因”（causa immanens）、而非“超越因”（causa transiens）时，便是采取这个意义[④]。基督教的正统教义正是依这种意义强调上帝之超越性，故必然将泛神论视为异端。其次，在知识论的脉络中，“超越性”意谓：超出我们的某种认知能力，乃至于全部认知能力。例如，康德在《纯粹理性批判》中写道：“有些原理之应用完全保持在可能经验之限度内，我们想把这些原理称为内在的原理，而把据称逾越这些界限的原理称为超越的原理。”[⑤]即是采取这个意义。根据这个意义，康德将“上帝之存在”“灵魂之不灭”“意志之自由”这三个理念视为“超越的”。当然，依这两种意义来说，“超越性”和“内在性”是互相

① Benjamin I. Schwartz: “Transcendence in Ancient China”, *Daedalus*, vol. 104 (1975), Spring, pp. 57–68.

② Ibid., p.1–7.

③ Benjemin I. Schwartz: “The Age of Transcendence”, *Daedalus*, vol. 104 (1975), Spring, pp. 3.

④ Spinoza: *Ethica*, pars 1, prop. 18, in: Spinoza, *Opera* (Darmstadt: Wissenschaftliche Buchgesellschaft, 1979/80), Ⅱ, S. 120/121.

⑤ Kant: *Kritik der reinen Vernunft*, hrsg. von Raymund Schmidt (Hamburg: Felix Meiner, 1976), A295f./B352.（A=1781 年第 1 版，B=1787 年第 2 版）

排斥的概念，所谓“内在超越性”或“既超越又内在”是自相矛盾的说法。

但问题是，新儒家学者是否依这种严格的意义来使用“超越性”与“内在性”的概念呢？上文引过牟宗三先生在《中国哲学的特质》一书中的话：“我们可以康德喜用的字眼，说天道一方面是超越的，另一方面又是内在的。”这只能证明他是从康德哲学中借用“超越性”与“内在性”这两个概念，未必证明他是依康德的意义来使用这对概念。因为我们很难想象：对康德哲学有深入研究的牟先生会不明白这两个概念在康德哲学中的意义。最合理的解释或许是：他并未完全依康德的意义使用这对概念。这可证诸以下的事实：在他早期的著作（例如，他于 1956 及 1957 年出版的大部头著作《认识心之批判》）中，他史常以“超越的”一词来翻译另一个与 transzendent 意义相关、但不相同的概念 transzendental；而他在 1983 年出版的《纯粹理性批判》中译本中将 transzendent 一词译为“超离的”，“超越的”之名仍保留给 transzendental。关于 transzendent 与 transzendental 之区别，康德在《一切能作为学问而出现的未来形上学之序论》有一段很扼要的说明：“‘超越的’（transzendental）一词……并非意谓某个超出一切经验的东西，而是意谓虽然先于经验（先天的）、但却只是为了使经验知识成为可能的东西。如果这些概念逾越经验，其运用便称为超离的（transzendent），这有别于内在的（亦即，局限于经验的）运用。”① 可见在康德哲学中，transzendental 与 immanent 并非相互矛盾的概念。今既然牟先生所使用的“超越的”一词不完全等于康德哲学中的 transzendent，亦不完全等于 transzendental，显然他之使用“超越的”一词并未预设“超越性”与“内在性”之不兼容性。

牟宗三在《中国哲学的特质》一书中以“超越性”的概念来说明儒家的“天命”观念：

① Kant: *Prolegomena zu einer jeden künftigen Metaphysik, die als Wissenschaft wird auftreten können*, in: *Kants Gesammelte Schriften* (Akademieausgabe), Bd. 4, S. 373f. Anm.

“天命”的观念表示在超越方面，冥冥之中有一标准在，这标准万古不灭、万古不变，使我们感到在它的制裁之下，在行为方面，一点不应差忒或越轨。如果有“天命”的感觉，首先要有超越感（Sense of Transcendence），承认一超越之“存在”，然后可说。[①]

他并且补充道：

用今天的话说，通过“敬德”“明德”表示并且决定“天命”“天道”的意义，那是一种道德秩序（Moralorder），相当于希腊哲学中的公正（Justice）。然而后者的含义远不及前者的丰富深远。[②]

安乐哲对此加以评论道：

“公正”在希腊哲学中是一项“超越性原则”，牟氏显然将此一定义严谨的“超越性”移植到古典中国传统中去。无论是从逻辑推论上，抑或是在预设假定上，都是“圆枘方凿”（圆凿方枘），令人无法苟同的。

因为在他看来，新儒家学者似乎把 transcendence 这个英文字的字义和 to go beyond 混淆了。他特别指出：

这是由于这个字的中译“超越”有欠允当，因而误导并遮翳了原字的基本含义——一种独立不改、卓尔不群的性质。“dualism”的中译“二元论”译得很传神，正可作为一有力的澄清。所谓“二元”，其中一“元”指的是“世界万有”（world），而另一“元”就是独立不改的“超越性原则”（transcendent principle）。其要义在于“独立不改”，而不以“超越”为已足。

上文已指出：新儒家学者并非在“超越性”与“内在性”对立的二元架构下使用“超越性”的概念。如今牟宗三说：“天命”“天道”的

① 牟宗三：《中国哲学的特质》，台湾学生书局，1974 年版，第 21 页。
② 同上。

意义相当于希腊哲学中的“公正”，显然只是就它们均是“万古不灭、万古不变”的标准而言，并不表示他也根据希腊哲学的二元论架构来理解儒家的“天命”或“天道”，否则他就不会说：“后者（公正）的含义远不及前者（天命、天道）的丰富深远。”因此，安乐哲的批评显然是出于误解。

如果我们摆脱这种二元论的架构来了解“超越性”的概念，则“超越性”可以表示现实性与理想性或者有限性与无限性之间的张力。按照这个较宽松的意义，“超越性”与“内在性”这两个概念未必构成矛盾。其实，郝、安两人并非不知道，西方现代的存在哲学所理解的“超越性”亦近乎此义，因为在存在哲学中，作为“行动者”（agent）的人被视为“超越性原则”①。而在儒家“天人合一”的思想中，天之超越性只能透过人之道德主体性来理解，人之道德主体亦因而取得超越意义②。因此，无论在儒家还是在存在哲学中，“超越性”和“内在性”二者并非相互矛盾的概念。

甚至在康德哲学中，“超越性”与“内在性”之间亦非泾渭分明。依康德的看法，“上帝之存在”“灵魂之不灭”“意志之自由”这三个理念在思辨方面虽是“超越的”，但在实践方面却可转为“内在的”，因为我们可以透过我们对道德法则的意识肯定这些理念之实在性。牟宗三在肯定天道是“既超越又内在”时，亦有取于此义。例如，他在《圆善论》中谈到西方以上帝的概念为中心的“超越的神学”时说道：

> 吾人依中国的传统，把这神学仍还原于超越的存有论，此是依超越的，道德的无限智心而建立者，此名曰无执的存有论，亦曰道德的形上学。此中无限智心不被对象化个体化而为人格神，但只是一超越的，普遍的道德本体（赅括天地万物而言者）而可由人或一切理性存有而体现者。此无限智心之为超越的与人格神之为超越的不同，此后者是只超越而不内在，但前者之为超越是既超越又内

① David L. Hall & Roger T. Ames: *Thinking Through Confucius*, *Albany*, State University of New York Press, 1987, p. 13f.

② Kant: *Kritik der praktischen Vernunft*, in: *Kants Gesammelte Schriften*, Bd. 5, S. 133 u. 135.

在。分解地言之，它有绝对普遍性，越在每一人每一物之上，而又非感性经验所能及，故为超越的；但它又为一切人物之体，故又为内在的。（有人以为既超越而又内在是矛盾，是凿枘不相入，此不足与语。）因此它之创造性又与上帝之创造性不同，此不可以瞎比附而有曲解也。[①]

此处从“非感性经验所能及”之义来说无限智心之“超越性”，犹如康德从思辨方面所说的“超越性”；而他从“无限智心可由人或一切理性存有而体现”之义来说其“内在性”，亦犹如康德从实践方面所说的“内在性”。故一定要从西方哲学的立场坚持“超越性”与“内在性”之不相容，不免失之武断。牟宗三在此说：“有人以为既超越而又内在是矛盾，是凿枘不相入，此不足与语。”便是针对安乐哲的《孔子思想中宗教观的特色——天人合一》一文而发。

如果我们了解当代新儒学之所以强调儒家思想的超越性，是为了澄清黑格尔式的误解，自然会了解“内在超越性”并非无意义的概念。况且，这也牵涉到“儒家思想是否是一种宗教”这个一再引起争论的问题。“宗教”“超越性”这些西方概念之使用究竟应以什么意义为准，或许并非问题之重点，因为即使在西方文化传统中，这些概念亦无法避免歧义。重要的是：当我们使用这些概念来诠释中国思想时，是否能充分显示其特色？基于“宗教”一词的不同意义，“儒家思想是一种宗教”这个观点与相反的观点之间或许只有字面上的差异，但是这项争论并非只有表面的意义。同样，“儒家思想中是否有超越性”这个问题也不止是“超越性”一词之定义问题，而是牵涉到儒家思想、乃至整个中国文化所默认的思想模式、以及它所孕育的“世界观”（Weltanschauung）。或许我们可以粗略地说：中国文化的基本思想模式以连续性为基础，西方文化的基本思想模式以断裂性为基础，而两者

① 牟宗三：《圆善论》，台湾学生书局，1985年版，第340页。

所孕育的世界观也分别具有这两种特色[①]。就此而言,“内在超越性”与“外在超越性”之对比足以凸显中国文化与西方文化在思想模式及世界观方面的一项根本差异，这对于我们了解这两大文化实有重大的意义。

① 关于中、西文化间的这种对比，参阅林安梧:《“绝地天之通”与“巴别塔”——中西宗教的一个对比切入点之展开》,《鹅湖学志》第 4 期，1990 年 6 月。

再论儒家思想中的“内在超越性”问题

李明辉

一、关于“内在超越说”的争论

笔者曾于1992年12月在鹅湖月刊社及东方人文学术研究基金会中国哲学研究中心于台北举办的第二届“当代新儒学国际研讨会”中发表了《儒家思想中的内在性与超越性》[①]一文。此文主要是针对美国学者郝大维（David L. Hall）与安乐哲（Roger T. Ames）合著的《通过孔子而思》[②]一书而写。近年来，郝、安二人对于中外学者借用西方哲学的概念与架构来翻译或诠释中国哲学的作法一再提出警告与批评。在此书中，他们批评当代新儒家以“内在超越性”来界定儒家的宗教性，认为这种做法无助于厘清问题。笔者则认为：他们的批评主要是由于他们对新儒家（尤其是牟宗三先生）的相关说法之误解。因此，这种批评与其说是涉及思想内涵之不同，不如说仅涉及概念使用之差异。

到了1998年，郝大维与安乐哲合著的《汉思维：中国文化与西方

① 此文收入李明辉：《当代儒学之自我转化》（“中央”研究院中国文哲研究所，1994年版），第129—148页；简体字版（中国社会科学出版社，2001年版），第118—136页；亦收入杨祖汉编：《儒学与当今世界》（文津出版社，1994年版），第55—74页；并刊于郑家栋、叶海烟主编：《新儒家评论》第一辑（中国广播电视出版社，1994年版），第197—215页。

② David L. Hall & Roger T. Ames: *Thinking Through Confucius*, Albany: State University of New York Press, 1987。此书有蒋弋为与李志林的中译本：《孔子哲学思微》（江苏人民出版社，1996年版），以及何金俐的中译本：《通过孔子而思》（北京大学出版社，2005年版）。

文化中的自我、真理与超越性》[1]一书出版。在此书中，他们除了继续发挥他们原先的主张之外，在第九章还特别讨论了“当代中国的‘超越性之辩’”。在此，他们依然反对牟宗三先生以“超越性”的概念来诠释孔子思想，并且响应了笔者对他们的批评[2]。为了便于以下的讨论，此处有必要先对笔者与郝、安两人的争论点作一简要的回顾。

在《通过孔子而思》一书，郝、安二人开宗明义便提出诠释孔子思想的三项基本假定：（1）内在性宇宙；（2）概念的两极性；（3）以传统为诠释脉络。其中，意义最深远的是第一项假定，即“彻底内在性之假定”，它“排除任何超越的存有者或原则之存在”[3]。他们坚持：就西方哲学传统中严格意义的“超越性”概念而言，这个概念完全不能用来诠释孔子思想。他们将严格意义的“超越性”概念理解如下：“一项原则甲是乙的原则，如果不诉诸甲，乙的意义或含义就无法得到充分的分析和解释，则甲对于乙是超越的；反之则不然。”[4]他们不但在基督教的“上帝”及其“创造”中，也在柏拉图的“理型”（idea）、亚里士多德（Aristotle）的“不动的致动者”，甚至在唯物论者德谟克利都斯（Democritus）、鲁克雷修斯（Lucretius Carus）的“原子”中，发现这种严格意义的“超越性”概念，因为它们都是独立而不变的，而且不受到它们所产生的万有之任何影响[5]。而在另一方面，郝、安二人在怀德海（Alfred North Whitehead）的“历程哲学”（process philosophy）及美国的实用主义（pragmatism）中发现更有利的

① David L. Hall & Roger T. Ames: *Thinking from the Han: Self, Truth, and Transcendence in Chinese and Western Culture*, Albany: State University of New York Press, 1998。此书有施忠连的中译本：《汉哲学思维的文化探源》（江苏人民出版社，1999 年版）。以下引用此书时，概以英文本为准。中译本于边页上注明了英译本的页码，故读者不难据此找出中译本的出处。

② 相关的论点亦见安乐哲：《中国式的超越，抑或龟龟相驮以至无穷》，收入萧振邦主编：《儒学的现代反思》，文津出版社，1997 年版，第 41—66 页。

③ David L. Hall & Roger T. Ames: *Thinking Through Confucius*, *Albany*, State University of New York Press, 1987, p. 12.

④ Ibid., p. 13.

⑤ Ibid., p. 13 & 16.

资源，可以帮助我们理解孔子思想[①]。事实上，他们不时借用“历程哲学”的语汇——如机体（organism）、事件（event）等——来诠释孔子思想，甚至将儒家的存有论理解为一种“事件的存有论”（ontology of events）[②]。

基于上述的观点，郝、安二人批评杜维明先生在《论中庸》一书[③]、牟宗三先生在《中国哲学的特质》一书中以“超越性”的概念来诠释“天”或“天命”。牟宗三在《中国哲学的特质》一书中写道：

> 天道高高在上，有超越的意义。天道贯注于人身之时，又内在于人而为人的性，这时天道又是内在的（Immanent）。因此，我们可以康德喜用的字眼，说天道一方面是超越的（Transcendent），另一方面又是内在的（Immanent 与 Transcendent 是相反字）。天道既超越又内在，此时可谓兼具宗教与道德的意味，宗教重超越义，而道德重内在义。[④]

这段文字包含当代新儒家所谓“既超越又内在”或“内在超越性”的说法。至于郝、安二人所坚持之严格意义的“超越性”，当代新儒家称之为“外在超越性”。针对这段文字，郝、安二人评论道：“就‘超越性’一词义涵独立性而言，它似乎是不恰当的。”[⑤]在同一书中，牟宗三又说：

---

① David L. Hall & Roger T. Ames: *Thinking Through Confucius*, *Albany*, State University of New York Press, 1987, p. 15.

② Ibid..

③ Tu Wei-ming: *Centrality and Commonality: An Essay on Chung-Yung*, Honolulu: University of Hawaii Press, 1976；此书后经扩充并改名为：*Centrality and Commonality: An Essay on Confucian Religiousness*, Albany: State University of New York Press, 1989。后者有段德智的中译本：《论儒学的宗教性——对“中庸”的现代诠释》，收入郭齐勇、郑文龙编：《杜维明文集》第三卷，武汉大学出版社，1999 年版。

④ 牟宗三：《中国哲学的特质》，台湾学生书局，1990 年版，第 26 页；《牟宗三先生全集》第 28 册，联经出版事业有限公司，2003 年版，第 22 页。

⑤ David L. Hall & Roger T. Ames: *Thinking Through Confucius*, *Albany*, State University of New York Press, 1987, p. 205.

> “天命”的观念表示在超越方面，冥冥之中有一标准在，这标准万古不灭、万古不变，使我们感到在它的制裁之下，在行为方面，一点不应差忒或越轨。如果有“天命”的感觉，首先要有超越感（sense of transcendence），承认一超越之“存在”，然后可说。用今天的话说，通过“敬德”“明德”表示并且决定“天命”“天道”的意义，那是一种道德秩序（moral order），相当于希腊哲学中的公正（justice）。然而后者的含义远不及前者的丰富深远。[①]

对此，郝、安二人又评论道：“牟宗三显然试图把一种严格的超越性归属于早期中国传统，此一归属正是我们要反对的。”[②]这些批评无疑是以“外在超越性”为标准，来质疑“内在超越性”的概念。

笔者在《儒家思想中的内在性与超越性》一文中为当代新儒家（尤其是牟宗三先生）的“内在超越”说提出辩解。笔者的论点其实很简单：当代新儒家在使用“内在超越性”的概念时，显然认为“内在性”与“超越性”这两个概念在逻辑上并不矛盾，这就证明他们并非依郝、安二人所认定的严格意义来使用“超越性”一词。因此，郝、安二人的批评显然是基于误解。在《汉思维》一书中，郝、安二人回应了笔者的论点，但不幸的是，他们的响应又包含对笔者论点的误解。笔者上述论文中为牟宗三将“天命”“天道”比拟为希腊哲学的“公正”概念辩解道：

> 新儒家学者并非在“超越性”与“内在性”对立的二元架构下使用“超越性”底概念。如今牟先生说：“天命”“天道”底意义相当于希腊哲学中的“公正”，显然只是就它们均是“万古不灭、万古不变”的标准而言，并不表示他也根据希腊哲学底二元论架构来理解儒家底“天命”或“天道”，否则他就不会说：“后者（天命、天道）的含义远不及前者（公正）的丰富深远。”因此，安乐哲底

① 牟宗三：《中国哲学的特质》，台湾学生书局，1982 年版，第 21 页。

② David L. Hall & Roger T. Ames: *Thinking Through Confucius*, *Albany*, State University of New York Press, 1987, p. 205.

批评显然是出于误解。[1]

在这段文字中，“后者（天命、天道）的含义远不及前者（公正）的丰富深远”应改为“后者（公正）的含义远不及前者（天命、天道）的丰富深远”，这是笔者一时的笔误[2]。郝、安二人在书中指出这个错误[3]，笔者在此要特别表示感谢。但是他们质疑的重点并不在于这个明显而易于改正的错误，而在于笔者同意牟宗三就天命、天道“万古不灭、万古不变”来理解其超越性。他们引述笔者反问他们的话：“谁能否认儒家底‘天’或‘道’具有独立性和永恒性，因而可依他们（指郝、安二人）的定义被视为超越性原则呢？”[4]并且据此推断说：“李氏的最后立场是：中国哲学可以纳入对于严格超越性的理解中……”[5]但事实上，这并非笔者的立场。如果这真是笔者的立场，笔者上述的论文便白写了。因此，他们的推断显然涉及进一步的问题。

郝、安二人的质疑系基于他们始终坚持的一项基本观点：在一个内在性宇宙中，“天”或“道”不可能具有独立性和永恒性，独立性和永恒性仅属于严格意义的超越者（如基督教的上帝）。但问题是：在中国古代哲学中，“天”或“道”真的不具有独立性与永恒性吗？在此随便举几个反例。例如，《老子》第二十五章云：“有物混成，先天地生。寂兮寥兮，独立不改，周行而不殆，可以为天下母。吾不知其名，字之曰道。”又如《荀子・天论篇》云：“天行有常，不为尧存，不为桀亡。”此外，董仲舒《贤良对策》云：“道之大原出于天，天不变，道亦不变。”（见《汉书・董仲舒传》）这三段文字都直接肯定“道”或“天”的独立性与永恒性。但是郝、安二人可能辩解道：他们只是反对将严格意义的“超越性”概念运用在孔子思想上，而非就整个中国

① 李明辉：《当代儒学之自我转化》，台湾学生书局，1982 年版，第 134 页。

② 此项错误在简体字版中已修正。

③ David L. Hall & Roger T. Ames: *Thinking Through Confucius*, *Albany*, State University of New York Press, 1987, p. 228.

④ 李明辉：《当代儒学之自我转化》，台湾学生书局，1982 年版，第 130 页。

⑤ David L. Hall & Roger T. Ames: *Thinking Through Confucius*, *Albany*, State University of New York Press, 1987, p. 228。

古代哲学而言。他们有时的确谨慎地将孔子思想与其后的儒家思想加以区别[①]，但有时又不加区别地大谈“中国古代哲学”或“中国古典哲学”。在《论语》里，孔子诚然未明白地指出“道”或“天”的独立性与永恒性。但我们不妨考虑《论语 · 阳货篇》所载孔子的话：“天何言哉？四时行焉，百物生焉。天何言哉？”孔子在此无疑是将“天”视为“四时行焉，百物生焉”的存有论基础。这等于是间接承认“天”的独立性与永恒性，因为四时之运行、百物之生长皆依循不变的原则或规律，其基础即在于“天”。

笔者同意郝、安二人一再重复的观点：在整个中国传统哲学（当然包括儒家哲学在内）里的确不存在“无中创造”（creatio ex nihilo）的说法。这种说法与“外在超越性”的概念有其逻辑上的关联。但在逻辑上，这决不涵：在中国传统哲学中，“道”或“天”不具有独立性与永恒性。在儒家传统中，天、道、天命、天道、太极这些概念均同时寓有“价值根源”与“存在根据”之义，说它们不具有独立性与永恒性，无异于否定它们是“价值根源”与“存在根据”。在西方传统哲学中，“超越性”的严格概念有知识论的意义与存有论的意义。在知识论的脉络中，“超越性”意谓：超出我们的某种认知能力（尤其是经验），乃至于全部认知能力。在存有论的脉络中，“超越性”意谓：脱离世界或自然，而与之相隔绝。郝、安二人系在存有论的脉络中来理解“超越性”概念。笔者的反问其实是针对他们对于“超越性”的界定。笔者批评他们的“超越性”概念一方面太狭隘，另一方面又太松泛。为何说太松泛呢？因为他们仅就“独立不改”的义涵来界定“超越性”，甚至把属于自然界的“原子”都视为超越性原则，这其实已

① 譬如，他们说：“在中国传统里，人们不断地诉诸圣人孔子的权威，这掩盖了许多创新的事物。由于促进传统价值的延续性之倾向，与孔子学说显然不一致的学说曾被归诸孔子。譬如，尽管在《论语》中孔子似乎一再避免明确地讨论形上学问题，但具有深刻形上学意义的《中庸》仍经由其孙子思被‘归属’于他。而荀子有意打着孔子的旗号，事实上却偏离了其原初的教义，而代表一种极端的实用主义。西汉卓越的儒家学者董仲舒与其说是孔子甚或先秦儒家之代表，或许不如说是汉代折中思想之代表。”（David L. Hall & Roger T. Ames: *Thinking Through Confucius*, *Albany*, State University of New York Press, 1987, p. 24.）

超出了“超越性”的严格意义。笔者是在此一脉络中采取“以子之矛，攻子之盾”的辩论策略，而反问他们说：“谁能否认儒家底‘天’或‘道’具有独立性和永恒性，因而可依他们的定义被视为超越性原则呢？”这决非意谓：笔者同意依严格意义的“超越性”概念来诠释中国古代哲学。郝、安二人显然误解了笔者的意思，故其批评也成了无的放矢。

二、西方传统中的“内在超越说”

综合以上的讨论，我们不难得出一项结论：郝、安二人与当代新儒家关于“超越性”的争论在很大程度内是字面之争。郝、安二人坚持西方传统哲学中严格意义的“超越性”概念，反对将此概念用来诠释中国哲学。而在笔者看来，在不同文化频繁互动的当今世界，这种坚持不但没有多大的意义，而且不利于文化的交流与创造。其实，他们自己也承认：在西方现代的存在哲学中，作为行动者（agent）的个人被视为超越性原则，而就个人与社会的相互关系而言，存在哲学与古代儒学有相合之处[①]。如果当代儒家学者能够清楚地掌握“超越性”一词在西方哲学中的不同义涵，并且选择性地借用此概念来诠释中国传统哲学，而此一借用又确实有助于说明相关的问题，我们有什么理由坚持非采用严格意义的“超越性”概念不可呢？

即使在西方文化本身的脉络中，“超越性”的问题也存在不同的诠释角度。笔者最近读了美国学者巴克翰（John Wright Buckham）在20世纪30年代所发表的论文《内在性—超越性》[②]，认为他在文中对于“内在性”与“超越性”这组概念所作的分析更能言之成理，值得在此加以介绍。在巴克翰看来，这组概念若要有意义，就得相互预设

① David L. Hall & Roger T. Ames: *Thinking Through Confucius*, *Albany*, State University of New York Press, 1987, p. 14.

② John Wright Buckham: “Immanence-Transcendence”, *The Journal of Philosophy*, Vol. 28 (1931), p. 204–211.

对方：不具有“内在性”的“超越性”，如同不具有“超越性”的“内在性”一样，是无意义的。他以“内在性”的概念来指称“经验中的一个实存物或价值，至少就它在某个程度内可以单独被观想或评价而言，它可以与全体区别开来”；在这个意义下，“内在的”一词其实相当于我们通常所谓“精神的”（spiritual）。这个较高级的（精神的）实存物或价值若要在被经验的整体之内可以区别开来，它就得同时超乎（beyond，orabove）其上。反之，我们若要设想超越之物，它就不能完全外在于被经验的实存物与关系之全体，而必须存在并作用于宇宙与人类所构成的整体中。换言之，“关于超越性的经验是超越性的观念之必要来源；但这不是一种分离的经验”。综合这两方面的考虑，巴克翰总结道：“内在性与超越性二者均包含在经验之中，而且就像空间与时间一样，不应被分开。”[①]

基于此一立场，他进而检讨当时在西方甚为流行的“内在论”（immanentism），此一观点是将“内在性”视为一个可以脱离“超越性”的独立范畴。他以亚历山大（Samuel Alexander）为“内在论”最极端的代表。众所周知，亚历山大主张“突创进化论”（theory of emergent evolution）。巴克翰似乎也将怀德海的“机体哲学”（philosophy of organization）与摩根（Conwy Lloyd Morgan）的“突创论”（emergentism）归入“内在实在论”（immanental realism）之列，但是他在其中见到一种兼顾内在性与超越性的逻辑倾向[②]。

依巴克翰之见，纯然的“内在论”是无法成立的，其理由有二：（1）不合乎逻辑；（2）不合乎经验。就第一点而言，内在性与超越性是相反相成的两极，故脱离了超越性，内在性便无实义，而这违反“理性底构造原则之一”。至于第二点理由，巴克翰诉诸我们关于自我的共同经验。他写道：

> 如经验所证实，创造是人格性之本性。每一人格均是创造的，

① John Wright Buckham: “Immanence-Transcendence”, *The Journal of Philosophy*, Vol. 28 (1931), p. 204.

② Ibid., p. 205–206.

> 而不论丰富还是贫乏，以外现的还是非外现的方式。一个人所“制造”的每个对象、他所说的每句话、他所写的每个字母、他所完成的每个行动，都是一个创造的行动。先前不存在的某物开始存在。而在每一个这类的自我表现中，行动者成为独特地内在的。但作为一个明确的自我，他仍然也是超越的，且因此能够具现为创造性表现之其他形式。[①]

这段话很难不让熟悉儒家经典的读者联想到《中庸》里“自诚明，谓之性；自明诚，谓之教”，“赞天地之化育”，“唯天下至诚为能化”，“诚者，非自成己而已也，所以成物也”等文句。的确，在早期儒家经典中，最能呈现“内在超越性”之特色的，莫过于《中庸》。杜维明借《中庸》来阐明儒学的宗教性，可谓深具慧眼。巴克翰归结道：“真正的内在性被视为包含超越性，反之亦然。它们是同一个精神实在之展现或互补面，此一精神实在超越自然与历史，且仍然充斥于自然与历史。”[②]

根据他对“内在性”与“超越性”的理解，他进而检讨西方哲学史的发展。在他看来，整个西方哲学史始终在内在性与超越性之间摆荡，罕能平衡地兼顾二者。他指出：希伯莱心灵偏向超越性，希腊心灵偏向内在性，基督教则试图统合希伯莱的超越性与希腊的内在性，而在“道成肉身”（incarnation）的理论中将内在性与超越性的相互关系发挥到极致[③]。

拙文《儒家思想中的内在性与超越性》发表之后，美国学者白诗朗（John H. Berthrong）的《普天之下》一书于1994年出版[④]。他在此书中提出的观点与笔者的观点不谋而合。他赞同牟宗三与杜维明两人以“内在超越性”的概念来说明儒家的宗教性，认为这种说法为儒

① John Wright Buckham: “Immanence-Transcendence”, *The Journal of Philosophy*, Vol. 28 (1931), p. 207.

② Ibid..

③ Ibid., p. 208.

④ John H. Berthrong: *All under Heaven: Transforming Paradigms in Confucian-Christian Dialogue*, Albany: State University of New York Press, 1994.

家与基督教之对话提供了有利的基础。在该书的第五章《历程神学与双向超越性》中，白诗朗特别介绍现代西方因怀德海的影响而形成的“历程神学”（process theology），尤其是赫桑（Charles Hartshorne）的神学思想。他将赫桑所谓的“双向超越性”（dual transcendence）与当代新儒家所说的“内在超越性”相提并论，认为两者可以相互会通。无独有偶，白诗朗也注意到《中庸》的有机论观点与“历程神学”有不谋而合之处[①]。

赫桑所谓的“双向超越性”系相对于“单纯的或非双向的超越性”（simple or nondual transcendence）而言。他提出这个概念，是为了突破西方传统神学以因／果、一／多、存有／变化、必然／偶然、独立／依待等二元对立的间架来界定“超越性”之窠臼，而代之以“非凡”（eminent）与“平凡”（ordinary）的两极性。因此，他说：“上帝超乎其他实在物，并非如因超越果，或一超越多，或存有超越变化，而毋宁如非凡的因超越平凡的因，且非凡的果超越平凡的果；类似地，非凡的存有与变化超越平凡的存有与变化，或非凡的一与多超越平凡的一与多。”[②]又说：“超越性不但需要必然性，也需要偶然性，不但需要独立性，也需要依待性，每一者都是凭借一种独特或非凡的形式。”[③]赫桑曾撰写《双向超越性原则及其在日常语言中的基础》一文[④]，检讨西方传统哲学与神学中的“超越性”概念，并指出严格的“超越论”之理论困难。

如上所述，巴克翰检讨现代西方的“内在论”，并指出其理论困难。他与赫桑分别从不同的方向出发，却得出相同的结论。他们不约而同地在西方现代的“机体哲学”与“历程神学”中发现一种打破内

① John H. Berthrong: *All under Heaven: Transforming Paradigms in Confucian-Christian Dialogue*, Albany: State University of New York Press, 1994, p. 125–131.

② Charles Hartshorne: *Insights and Oversights of Great Thinkers: An Evaluation of Western Philosophy*, Albany: State University of New York Press, 1983, p. 314f.

③ Charles Hartshorne: *Creative Synthesis and Philosophic Method*, Lanham: University Press of America, 1983, p. 234.

④ Charles Hartshorne: “The Principle of Dual Transcendence and Its Basis in Ordinary Language”, in: *Creative Synthesis and Philosophic Method*, p. 227–244.

在性与超越性的二元对立之趋向，并且证实这种趋向已隐含于西方传统文化之中。白诗朗则进一步指出：此一趋向与传统儒家的内在超越论可以会通。如果我们接受巴克翰、白诗朗及其他历程神学家关于“超越性”的观点，我们或许可以说：当代新儒家之使用“内在超越性”的概念，不但不是由于对西方传统的无知，反而显示出一种难得的睿识。

三、“内在超越说”的理论效应

最后，我们要回到中国哲学的脉络中，看看以“内在超越性”作为一个诠释性概念，究竟有什么理论效应？

自从当代新儒家提出这个概念之后，这个概念逐渐被不同学科、持不同观点的学者所接受。譬如，自由主义学者林毓生和张灏两人都接受这种说法。林毓生在《新儒家在中国推展民主的理论面临的困境》[①]一文中认为传统儒家包含一种“内在超越”的宇宙观，并且承认这种宇宙观对于人生意义之追寻与发掘具有极重大的正面意义，但是他怀疑这种宇宙观足以支持民主制度之建立。张灏在《超越意识与幽暗意识》[②]一文中则指出：儒家论天人关系有两种型式，即“天人合一的内在超越型式”与“天人相应”的型式。依其看法，前一种型式肇端于《论语》《孟子》《中庸》《大学》，其后在宋明儒学得到复兴；后一种型式则胎源于殷、周的古代神话传统，而在汉代儒学取得主导地位。他进而指出：“天人合一”的思想以内在超越为前提，蕴含了权威二元化的激烈批判意识；而“天人相应”的思想以人世秩序的基本制度之神圣不可变为前提，仅能发挥有限度的批判意识。不过，他最后还是认为：传统儒家的“内在超越”思想所蕴含之批判意识在历史上并未得到充分的展现；即使能充分展现，亦不足以开展出自由民主的

① 此文收入林毓生：《政治秩序与多元社会》，联经出版事业公司，1989年版，第337—349页。

② 此文收入张灏：《幽暗意识与民主传统》，联经出版事业公司，1989年版，第33—78页。

思想。对于林、张二人的上述观点，笔者曾分别撰文回应[①]，读者可自行参阅。

余英时先生虽不愿以"新儒家"自居，但他在《从价值系统看中国文化的现代意义》一文中也强调：中国文化走的是内在超越的路，与西方的外在超越形成鲜明的对照[②]。此外，在民俗与宗教研究方面卓然有成的人类学家李亦园教授在一次座谈会中亦发言表示：

> 西方宗教认为人生来即有罪，所以人永远不能完美，完美的境界只有上帝，人必须遵守上帝的规律、社会的法律才能成为较完美的人。这种用外在力量，追求人的升华，我们称为外在的超越。中国人认为人的本质是善的，所有的人都能变为完美的，所以我们的神都是人变的。关公、妈祖和王爷没有一个不是人变的。人可以到达超越完美的境界，这种超越称之为"内在的超越"。[③]

但更值得注意的是，台湾的天主教学者虽然在中国哲学的诠释方面对当代新儒学批评不遗余力，却也不反对"内在超越性"的说法。譬如，李振英（李震）曾数度撰文讨论内在性与超越性的问题[④]。他将超越性区分为"横向的超越性"与"纵向的超越性"；前者即是"内在超越性"，后者则是"外在超越性"，亦即"神性义天道所具有的超越

① 李明辉：《儒学如何开出民主与科学？》，收入李明辉：《儒学与现代意识（增订版）》，台湾大学出版中心，2016年版，第1—21页；李明辉：《性善说与民主政治》，收入刘述先主编：《当代儒学论集：挑战与响应》，"中央"研究院中国文哲研究所，1997年版，第159—197页；亦收入李明辉：《孟子重探》，联经出版事业公司，2001年版，第113—168页。

② 余英时：《中国思想传统的现代诠释》，联经出版事业公司，1987年版，第7—22页。

③《新世纪新文化学术高峰会议：问答篇》，《联合报》1990年5月5日第15版。

④ 他关于此问题的讨论主要见于以下著作：（1）《从儒家的"道"看内在性与超越性问题》，《哲学与文化》第21卷第2期（1994年2月）；收入李震：《人与上帝——中西无神主义探讨·卷四》，辅仁大学出版社，1994年版，第1—27页；亦收入郑家栋、叶海烟主编：《新儒家评论》第1辑，中国广播电视出版社，1994年版，第252—269页。（2）《从老庄的"道"看内在性与超越性问题》，《哲学与文化》第21卷第9期（1994年9月）；收入李震：《人与上帝——中西无神主义探讨》卷四，辅仁大学出版社，1995年版，第29—85页。（3）李震：《人与上帝——中西无神主义探讨》卷五，辅仁大学出版社，1995年版，第2章。

性”。他认为：有神论是以“纵向的超越性”为基础，但可以同时承认内在原理；反之，内在论者必然要排斥“纵向的超越性”，如果谈“超越性”，也只能谈“横向的超越性”，故必然会成为无神论者。在他看来，西方近代以来的大部分哲学系统与当代新儒学都属于内在论，因而是无神论[①]。至于传统中国哲学，他认为：在儒家与道家思想中并存着“纵向的超越性”与“横向的超越性”，两者并不冲突。

不过，笔者在此不免会产生以下的疑问：依李振英教授之见，是否有两种“横向的超越性”（内在超越性），一者与“纵向的超越性”（外在超越性）不矛盾，而可以纳入有神论，一者与“纵向的超越性”相矛盾，必然归于无神论？如果这是李教授的意思，则不但“超越性”有两种类型，“内在超越性”也有两种类型。进而言之，“内在性”也应有两种类型：一种是有神论者所接受的，一种是无神论者所肯定的。换言之，所有相关的概念都要根据有神论与无神论的立场区分两种意义。由于李教授对这些问题交代得不清楚，他的这些概念是否适于作为分析问题的工具，也就很值得怀疑了。

另一位出身天主教的项退结教授也曾在《两种不同超越与未来中国文化》[②]一文中讨论过这个问题。他在文中承认中国传统文化中存在“天道既超越又内在”的思想（他特别以“绝对者内在于宇宙说”称之）。但是他认为：这种思想并非自古已有，而是在战国时代由于道家思想的影响，经过“典范转变”之后才形成的。在他看来，在此之前中国人的天道信仰，除了欠缺“无中创造”的说法之外，与基督教的上帝观颇为接近。

① 李振英教授如此评价以唐君毅、牟宗三等人为代表的当代新儒家：“（他们）在骨子里，仍不愿摆脱无神主义的阴影与信念，因为当代新儒家哲学所崇尚的根本精神乃一彻底人文主义的精神，更好称之为人本主义，而在此精神之下，宗教必须归属于道德，天道必须内在于人道，超越性必须向内在性或人的主体性投降。极端的人本主义无法切断与无神主义的内在关系。”（李振英：《忧患与超升》，辅仁大学出版社，1985 年版，第 113—114 页）可见在他看来，以天或道之“内在超越性”为基础的“人文教”与无神论并无多大的差别。

② 收入郑家栋、叶海烟主编：《新儒家评论》第一辑，中国广播电视出版社，1994 年版，第 233—251 页。

这两位天主教学者虽然都使用“内在超越性”一词来诠释中国传统哲学，但是在评价上对此一概念所代表的思想方向都有所保留，反而强调“外在超越性”的意义。此一评价问题，由于牵涉太广，笔者无意在此多加讨论[①]。但由以上这些学科不同、观点不同的学者不约而同地使用“内在超越性”的概念，并据以评骘中国文化看来，此一概念之提出当有其学术上的理由。以下便就笔者的思考所及，略申己见。

首先，笔者同意项退结所言：中国古代的天道思想经历了一次“典范转变”。此一“典范转变”当即是雅斯培斯（Karl Theodor Jaspers）所言“轴心时代”（Achsenzeit）的精神性突破。但是此一“典范转变”并非如项教授所言，系受到道家的影响所致，而是周初以来长期发展的结果。徐复观先生在《中国人性论史·先秦篇》第二至四章便详论了中国上古的原始宗教自周初到孔子的转化（人文化）过程。在此一“典范转变”之前，《诗》《书》中所反映的“帝”“天”“上帝”的确是具有意志、能施赏罚的“人格神”，颇类乎《旧约》中所见的上帝（当然前者不具有“无中创造”的能力）。无怪乎明末清初的耶稣会士（如利玛窦）一再引用《诗》《书》，以证明古代中国人的上帝信仰。

周公之后，孔子是此一“典范转变”的关键性人物。无论是明末清初的耶稣会士，还是当代的天主教学者，均将孔子视为上古的原始宗教及其天道信仰之继承者。但事实上，孔子在中国文化史上的地位在于他开创了一个新的传统：他提出“仁”的概念，将“礼”生命化，使此一原始的天道信仰决定性地转向超越内在之路。若说中国文化以“内在超越性”为特色，当系就此一“典范转变”之后的中国文化而言。有时我们也笼统地以“天人合一”一词来表示这种内在超越之路（虽然此词首先出现于张载《正蒙·乾称篇》）。由于孔子处于此一转折点上，有时我们也会在他的言论中见到一种近乎原始宗教的语言（譬如具有人格神意味的“天”），但孔子思想的主轴是趋向于内在

① 项退结教授认为：“源出道家的既内在又超越的道，很难和儒家的中心思想——仁互相融合。”又认为：“超越的上帝也比较容易奠定个人尊严的基础。”（郑家栋、叶海烟主编：《新儒家评论》第一辑，中国广播电视出版社，1994年版，第234页。）

超越之路，这是毋庸置疑的[①]。

此一内在超越之路经孟子到《中庸》而得以确立。如上所述，将道之“内在超越性”表达得最清楚的，莫过于《中庸》。如果我们将赫桑对于“双向超越性”的阐述与《中庸》的文本（尤其是其后半部）加以比较，便会发现两者的思想模式确实极其类似。赫桑所说的“非凡”与“平凡”之两极对比简直就是《中庸》“极高明而道中庸”一语的脚注。台湾早期的基督教思想家李春生也像利玛窦一样，肯定《诗》《书》中所反映的天道信仰，但对《中庸》里“赞天地之化育”“与天地参”“峻极于天”等文句特别反感，显然是由于这些文句表达了道之“内在超越性”，与李春生所信仰之外在超越的上帝有所抵牾[②]。

如果我们不采用“内在超越性”的概念，我们要如何分别“典范转变”之前的上古天道信仰与其后的“天人合一”思想？如何表达“天人合一”思想所包含的宗教性？难道我们要将孔子以后的思想，无分儒、释、道，一律视为“内在论”？其实，在中国思想史亦存在否定超越性的“内在论”，譬如否定理气之分而主张“理存乎欲”的戴震便是最好的例子。否定了“内在超越性”的概念，我们便只能将戴震与主张“理气不离不杂”的朱子同归于“内在论”之列。然则，我们要如何理解戴震对朱子理气论的强烈抨击呢？为了回答这些问题，“内在超越性”的概念都是必要的。这么多学者使用“内在超越性”的概念，决非出于偶然。

“内在超越性”这个概念之使用还牵涉到比较文化研究中的方法论问题。在《汉思维》一书的前言中，郝、安二人对比较文化研究提出一些方法论的反省。其中有一段文字如下：

① 近来刘述先先生在其《论孔子思想中隐涵的“天人合一”一贯之道》一文中，根据《论语》本身的材料来说明孔子的“天人合一”思想，甚有说服力；此文原刊于“中央”研究院《中国文哲研究集刊》第10期（1997年3月），后收入其《儒家思想意涵之现代阐释论集》，“中央”研究院中国文哲研究所，2000年版。

② 关于李春生对于儒家思想的理解，请参阅《李春生与儒家思想》及《转化抑或对话？——李春生所理解的中国经典》，俱收入李明辉编：《近代东亚变局中的李春生》，台湾大学出版中心，2010年版。

> 如果有人像我们一样，认为语言若要在文化对话中有用，就得保持富有成效的模糊，那么他可能会发现：要求概念清晰的愿望与最令人满意的文化互动形式背道而驰。毕竟我们欧美人与我们的伙伴共同感受到的社群感，有赖于诉诸“自由”“正义”“民主”之类的模糊用语。如果这些用语被规定得过死，它们就只会将在意见与机缘方面无法化解的差异渲染成无法获胜的争辩。人们之取得共同接受的意义，较少透过理论性的讨论与争辩，而较多透过实践的与行为的互动。这种互动依靠语言表达之丰富的模糊性，而非依靠此中任何狭隘的精确性。我们在通篇著作中颂扬“模糊”之价值，旨在将纯然“文化间的对谈”推进到属于不同文化的个人间之实际接触。①

我们只消想想近两三个世纪以来东西方文化间的交流如何改变了诸如“宗教”“哲学”等西方概念的学术义涵，便知以上所言不虚。表面看来，概念之“模糊”似乎与我们对于概念运用的要求背道而驰，但这种模糊必须是“富有成效的”（productive）；换言之，“模糊”并非比较研究之目的，而是其通道。基本上，比较研究不可能从“精确”出发，它所需要的起点只是“类似”。如果我们要坚持每个概念在其原有系统中的精确意义，则所有的概念系统之间都是不可通约的（incommensurable），不同系统中的概念也是不可比较的，这无异否定了比较研究的可能性。

令人不解的是：郝、安二人在与当代新儒家的对话中坚持严格意义的“超越性”概念，似乎与他们颂扬“模糊”的态度背道而驰。举例而言，如果我们一定要坚持“哲学”一词在西方的“原义”（究竟何所指？），那么“中国哲学”一词便大有问题。可是他们自己也无法免俗地谈论“中国哲学”。试问，今天究竟有多少学者会由于使用“中国哲学”一词，而对中国哲学与西方哲学之间的重大差异视而不见？如

① David L. Hall & Roger T. Ames: *Thinking Through Confucius*, *Albany*, State University of New York Press, 1987,p. xiv.

果今天还有人要像过去的若干西方学者那样，根据所谓严格的“哲学”概念，坚持说中国过去没有哲学，固然能言之成理，但是又有多大的意义呢？“超越性”的问题似乎亦当如此来看待。

从以天论德看儒家道德的宗教作用[①]

杨泽波

随着儒学研究不断深入，儒家道德的宗教性问题近些年来再次成为人们关注的热点。对于儒学是不是宗教的问题，除绝对肯定和绝对否定之外，大部分学者（包括我自己）取居间态度，认为儒学不是典型的宗教，却有着宗教的作用[②]。儒学既然不是宗教，其宗教作用源自何方呢？为此学者多借鉴康德的观点应答，认为儒家的天与康德道德宗教中的上帝有近似性，儒家道德有其宗教性就是由此决定的。但这种解释仍有两方面的不足：其一未能具体说明儒家为什么要借助上天来讲道德，以天来讲道德又何以不是典型的宗教，其间的逻辑理路何在？其二未能深入儒学内部具体说明儒家道德的宗教性是通过何种环

① 本文为作者承担的国家社会科学基金项目“牟宗三儒学思想批判”（04BZX033）、教育部人文社会科学研究项目“贡献与终结”（03JB2003）、上海市哲学社会科学规划课题项目“三系论衡”（2005BZX001）的一个组成部分。

② 儒学是否为宗教的问题由来已久，明末清初的利玛窦即为了传教的需要而强调儒学不是宗教，其后继者则反对他的做法，引发了教会内部的“礼仪之争”。相关的情况可参阅林金水《儒教不是宗教——试论利玛窦对儒教的看法》（任继愈主编:《儒教问题争论集》，宗教文化出版社，2000 年版，第 163—170 页）。稍近一些的争论发生在现代新儒家第二代重要代表人物唐君毅、牟宗三和徐复观之间，唐、牟重视儒学的超越性，主张儒学为宗教，徐则对此持保留甚至批评态度。有关情况可参阅李明辉《从康德的“道德宗教”论儒家的宗教性》（哈佛燕京学社编:《儒家传统与启蒙心态》，江苏教育出版社，2005 年版，第 228—238 页）。他们的后辈学者刘述先更是从终极关怀的角度再次明确将儒学视为一种宗教。参见刘述先《由当代西方宗教思想如何面对现代化问题的角度论儒家传统宗教意蕴》（刘述先编:《当代儒学论集：传统与创新》，“中央”研究院中国文哲研究所，1995 年版，第 1—32 页）。近些年来围绕李申《中国儒教史》（上下卷）（上海人民出版社，1999—2000 年版）开展的儒学是否宗教的争论，也与这个大背景密切相关，并将这个问题的讨论引向一个高潮。2005 年年底在广州从化召开了全国第一届儒教学术研讨会，以蒋庆陈明为代表的学者明确主张儒学即是宗教，但会上也有一些学者持有不同意见，认为儒学不是宗教却有宗教的作用。会议简况可参见陈占彪《儒学“第四次浪潮”：激辩儒教》（《社会科学报》2006 年 2 月 23 日）。

节发挥作用的，而不对这一点作出说明，就无法分清儒学与康德哲学的区别。本文拟对上述问题作一些分析。

一

儒家道德必然借助于天论的传统，这是由先秦天论发展的内在理路决定的。

根据相关研究，商代已经有了“天”的观念，不过其作用还比较小，远远赶不上“帝”。这种情况到了周代有了翻天覆地的变化。周灭商后，周代统治者面临的最大困难，是如何证明这种政治变化的合法性，向人们说明小邦周何以能够克掉大国殷。周人为此寻找到的解决方案，便是“皇天无亲，惟德是辅”的观念。只是到了这个时候，天的观念的重要作用才真正显现出来。周人的天是一个有意志的人格神，它会一刻不停地监视着人世间的情况。因为商王无德，所以皇天收回了赋殷之命，因为周代祖先有德，所以皇天改让周王做其长子，赋予其治理天下的权力。周人这种理念的最大贡献是直接将德与天联系了起来，我把这种做法叫作“以德论天”。所谓“以德论天”就是以有德证明其政权合法性的一种做法。“以德论天”之天是一种宗教性的天，这种意义的天就是一般所说的主宰之天[①]。

“以德论天”的做法在周初发挥了重要作用，但也蕴含着巨大的危机。这是因为，周人政权的合法性并不真的是由上天赋予的，天也不能真的对于人世间的一切予以奖励或处罚。创业之始，周代统治者尚有强烈的敬德保民思想，政治统治取得了较好效果。随着时间的发展，这种思想在他们后代身上越来越淡漠，西周政治开始走向衰落，但其统治者并没有得到那个能够赏善罚恶、充满道德色彩的主宰之天的惩处。这种情况必然引发人们思考这样一个严肃的问题：周人祖先所标

① 将先秦天的含义分为主宰之天、自然之天、命运之天和德性之天的做法较早源于冯友兰，后来为学界广泛采用，我自己也是一样。本文与此前学界这种流行做法有所不同，力求从历史发展的角度寻找天的这些不同含义的逻辑关系，而不是仅仅将先秦的天分疏为几种不同的义项。换句话说，此前的研究只是平面的，而本文的研究则是立体的。

举的以道德为中心内容的主宰之天还管不管用？周代政权得以建立的一整套理论究竟是不是正确？在这种情况下，一场不可避免的怨天、疑天的思潮终于在西周末年爆发了。《诗经》大量的相关诗句很好地反映了当时的情况，说明怨天、疑天已经成为当时的思想主流。在这种思潮的冲击下，周人引以为豪的主宰之天走向了失落。

主宰之天失落的一个直接结果是自然之天的崛起。《国语·周语》记载周太史伯阳父关于"天地之气，不失其序。若过其序，民乱之也。阳伏而不能出，阴迫而不能烝，于是有地震"的观点，是这个变化过程的一个明显信号。伯阳父讲天完全从气和阴阳入手，气和阴阳当然为自然之义，这与西周主宰之天已经完全有别了。自然之天的崛起在《诗经》中也有明显的表现。在《诗经》的一些早期作品中，天还是一个明显的造物之主，但到了西周晚期特别是东周初期，表示自然之天的诗句渐渐多了起来。这种趋势同样影响到儒家。孔子讲："天何言哉？四时行焉，百物生焉，天何言哉？"（《论语·阳货》）孟子也讲："七八月之间旱，则苗槁矣。天油然作云，沛然作雨，则苗浡然兴之矣。"（《孟子·梁惠王上》）这里的天都为自然之义。这就说明，自然之天的崛起在当时已经成为一个必然的思想趋势。

但是，如同历史上一切重大事件或思想都会产生巨大的历史惯性一样，主宰之天也不可能一下子消失得无影无踪，总会以其他的形式变相存在，这种变相形式之一就是命运之天。命运之天是主宰之天失落后的一种变相的产物。这种意义的天在孔子身上已有明显的表现。孔子的政治理想是复周礼，为此他周游列国，不懈努力，但也意识到有一些事情是个人无法做主的。"子曰：道之将行也与，命也；道之将废也与，命也。"（《论语·宪问》）"颜渊死。子曰：'噫！天丧予！天丧予！'"（《论语·先进》）这些论述说明，孔子承认在人生旅途之中有很多异己的力量是个人无法把握和决定的，而将其叫作命或者天[①]。

① 傅佩荣认为，天与命内涵有所不同："天既为万物本源，因此终究必须为万物万事负责。人世间一切'限定'（如生死富贵），皆可认为是天命的结果。这种天命即是命运。稍后，命运观念与天意分离，成为某种对人类而言不可知亦不可掌握的力量。"参见傅佩荣：《儒道天论发微》，台湾学生书局，1985年版，第129页。

主宰之天的惯性对人们思想的影响，更重要表现在道德方面，这种意义的天就是我们一般所说的德性之天。在周人的观念中，德主要指敬德和明德。敬德指尊敬谨慎地行德，明德则指光明弘扬其德行。不管是敬德还是明德，其具体内容大都与政治道德有关。在周人的相关文献中我们注意到这样一个有趣的现象：他们关于德的论述，主要集中在敬德和明德这样一些具体德目方面，很少关心这些德性的来源问题。也就是说，周人虽然“以德论天”，强调周人祖先因为有德而得到上天的护佑，但他们并没有回答其祖先为什么会有德的问题。之所以有这种情况，可能是因为当时的思想重点聚焦于如何解释周人统治的合法性问题，周人祖先为什么有德的问题还不是非常迫切。但是从理论发展的角度看，这既然是一个问题，那么它迟早总要解决的。

周人主宰之天的失落使解决这一问题的步伐不得不暂时停顿了下来。随着西周末年政治的衰败，君主的个人道德根本无法得到保证，人们对于周人所标榜的敬德、明德充满了怀疑，在这种背景下当然不可能再去讨论道德起源问题。这种情况透过道家思想可以看得很清楚。老子正是看到当时社会上那些假道德、伪道德，痛心疾首，才主张返归自然的。与道家不同，在复礼的过程中，经过了一系列的挫折，孔子终于明白了并不是人们不知礼，而是明明知礼却不去做。这种情况告诉他，再完备的礼，如果没有内心的基础也不可能得以实施。为此他沿用先前仁的某些说法，借用其中“好”“美”的内涵，发展出儒家仁的学说。由于当时主宰之天已经失落，孔子不大可能再直接回到周人祖先那里，明确将仁的根源归于上天，所以他只是自己带头行仁，教导弟子勉力行仁，希望人人都成为仁人，这样复周礼的目的就可以实现了。孔子的重点是发现仁，倡导仁，而不是为仁寻找形上的根源。

虽然孔子没有解决道德的来源问题，但这个问题总是要解决的。事实也证明，孔子之后，人们确实试图为道德寻找一个终极性的根源，直到将这个根源找到了天。与周初“以德论天”的做法不同，这种情况可以叫作“以天论德”。所谓“以天论德”即是沿用先前天论的传统以天作为道德终极源头的一种做法。郭店楚简明确说明了这种思想倾向的存在。郭店楚简《性自命出》有一句重要的论述："性自命出，命自天降。道始于情，情生于性。"这是直接将性、命与天联系在一起，旨在说明"天命是人性得以形成的直接原因"[①]。孔子并没有对性和命的关系进行理论性的探讨，郭店楚简中却一下子冒出来这么多关于性、命和天的关系的论述，合理的解释只能是，在孔子之后，人们不再满足于只是就仁谈仁，希望对仁对德有一个真正的理论说明，而沿用当时的思维习惯，不得不由仁说到性，由性说到命，由命说到天。只有为仁和德找到上天这样一个最后的源头，才能将这个问题作最后的了断。从儒家心性之学发展的轨迹上看，郭店楚简中儒家简的出土，最重要的意义可能就在这里。

沿着这个思路，可以大大加深对于《孟子》《中庸》《易传》的理解。如果郭店楚简确实如现在所普遍认定的那样是公元前 300 年左右介于孔孟之间的文献，那么《孟子》中关于性和天的一系列论述，就可以得到合理的解释了。孟子与孔子在心性论上有一个明显的不同，孔子很少说性说天，而孟子则直接以天作为性的终极根源。孟子曾引《诗经》中"天生烝民，有物有则。民之秉彝，好是懿德"（《孟子·告子上》）的语句说明，人们喜欢优良的品德在于事物之则，而事物之则来自天生。孟子还认为，心之器官是用于思考的，心又是"天之所与我者"（《孟子·告子上》），直接将心与性与天联系在一起。这种情况至少告诉我们这样一个道理：孔子之后，不管关于性有多少不同主张[②]，但以天作为性的形上根源，已成为一个共同的无法避免的思想取向了。从这个意义上说，孟子无疑是孔子之后明确以天作为道德终极根源、有这种理论自觉的最重要哲学家之一。《中庸》《易传》也是沿着这个路子发展而来的。为什么《中庸》开篇就讲"天命之谓性，率

① 庞朴：《孔孟之间——郭店楚简中的儒家心性说》，载《中国哲学》编辑部：《郭店楚简研究》（《中国哲学》第二十辑），辽宁教育出版社，2000 年版，第 26 页。

② 有关这方面的研究成果，可参见第二届中国南北哲学论坛暨哲学的当代意义学术研讨会（2005 年）陈来的论文《郭店楚简与儒学的人性论》，该文认为，"历史上每个时代儒家的人性学说，都呈现出不同的主张和形态，因而是多元的，而不是单一的"。"从儒家的人性论史来看，从先秦到宋明，并不存在一个一以贯之的人性论传统。"

性之谓道，修道之谓教”？为什么《易传》会讲“乾道变化，各正性命”？这种情况仅从文本本身来看，是很难理解的，因为我们实在很难明白为什么在这些著作中天的地位一下子变得如此重要。但是，如果将其置于历史发展的逻辑之中，将孔子、孟子的思想以及《中庸》《易传》连成一线，则可以很明显地看到儒家不断为其道德寻找形上基础的意图。有了孔子，儒学才有了明确的道德意识，一旦有了道德意识，又必须为其寻找形上的根源，在当时的条件下，这种形上根源只能上挂到天上，除此之外别无他法，而郭店楚简、孟子之作及《中庸》《易传》，都是这一思想过程中一个个清晰可见的印记。

通过上面的回顾，由“以德论天”到“以天论德”这一先秦天论发展的内在理路，已经十分清晰地展现在我们面前了。西周之初的天是一个能够赏善罚恶的最高主宰，周初统治者借助德的观念，为其政治的合法性寻找根基，这就是“以德论天”。随着西周政治的瓦解，这种做法渐渐走向衰落，自然之天开始崛起，命运之天相伴而生，但主宰之天并没有因此马上退出历史舞台。当儒家无法解释道德来源的时候，仍然沿着先前思维的惯性，将这一问题的终极根源置于天上，这就是“以天论德”。明确由“以德论天”到“以天论德”的内在发展路向，特别是“以天论德”的性质，是破解儒家道德宗教性之谜的必由之路。

二

虽然儒家通过“以天论德”为道德找到了形上根源，但这种做法一开始就蕴含着一个巨大的矛盾：天是如何将道德之性赋予人的？

这个问题的确相当棘手。一方面，我们已经看到，自周初统治者“以德论天”以来，经过数百年的发展，这种做法已经失去了最初的魔力，特别是经过怨天、疑天的思潮之后，天已经从人格神的宝座上跌落下来，而不是人格神的天却能够赋予人以仁心善性，这是根本无法想象的。另一方面，我们也十分清楚，儒家确实是将天作为道德终极源头的，《性自命出》《孟子》《中庸》《易传》乃至宋明儒学，无不如此说如此讲，人们对此并无置疑，这至少说明这样做是行之有效的。这种矛盾告诉我们，儒家“以天论德”的做法暗藏着重大玄机，这个玄机就是“借天为说”。我这里使用“借天为说”的说法，主要是想说明这样一种情况：当人们对一个问题无法确切回答的时候，往往会沿用先前天论的思维惯性，将其终极根源归到上天，以天作为问题的最后了断。“借天为说”的最大特点全在一个“借”字，以天作为事物的终极根源，只是一种借用。换句话说，儒家在这方面讲天，是借用古代天论的思想传统，将道德的终极根源推给上天罢了。

要理解儒家的“借天为说”，在宗教背景较为淡薄的今天，有相当难度，但古人很早就懂得这里的道理了。为此我们不妨来看孟子与弟子的一段对话。万章就尧将天下传给舜之事请教孟子。孟子说，天子不能将天下让与人，舜有天下是“天与之”的。万章接着问，这个“天与之”是“谆谆然命之”的吗？孟子回答说不是，“天不言，以行与事示之而已”。万章仍然不明白，孟子解释说：“天子能荐人于天，不能使天与之天下；诸侯能荐人于天子，不能使天子与之诸侯；大夫能荐人于诸侯，不能使诸侯与之大夫。昔者，尧荐舜于天，而天受之；暴之于民，而民受之。故曰，天不言，以行与事示之而已矣。”（《孟子·万章上》）孟子这种讲法大有讲究。一方面，他认为尧不能将天下让与人，是“天与之”的，另一方面又讲天并不讲话，只是“以行与事示之”。如此说来，这个天其实是虚的，真正起作用的民，即所谓“天视自我民视，天听自我民听”。这样就有了一个矛盾：既然真正起作用的是民，孟子为什么非要说一个“天与之”呢？如果我们将孟子的这种讲法置于先秦天论的背景之下，这个问题就迎刃而解了。如上所说，先秦天论发展有一个“以德论天”到“以天论德”的变化过程，孟子正处于这个变化的转折时期。这时天已经不再是人格神，而成为最高力量和最终源头的象征。孟子将民抬高到天的高度，正是要借用天的地位说明民的重要。孟子这种做法，究其实质就是一种“借天为说”——借用天的崇高地位说明民的重要作用。将这种做法延伸到心性论也是一样。如果把此处的“天与之”和《告子上》第十五章的“此天之所与我者”联系起来看，不难看出，这两个“天”字实际上是一个意思，都是将天作为一种终极的根源，对一种事物进行形上的说明。孟子这种做法的性质实际上已经说明了，这里讲天只是对天的一种借用，天既不可能真的将天下让与人，也不可能真的将良心本心赋予人。

这方面的情况我们还可以参考一下宗教学的观点。麦克斯·缪勒（Friedrich Max Muller）指出，古人在不知道自己来自哪里，去往何方，无所寄托的时候，心中往往有一种强烈的冲动，希望能够找到一种东西为其提供精神上的支撑，结果几乎没有例外地都找到了天：“世界上的各个民族在不同的时候几乎都选中‘明朗的天空’这个名称，难道说‘天空’能充分表达人们心思中需要表达的那个思想吗？人的心思因此感到满足了吗？人的心思承认天空是神吗？全然不是这样。人们很明白自己用可见到的天空来表达什么。那个第一个找到‘天空’这个名称的人，在到处寻找以后，迫不急待地抓住这个名称，不过是寥胜于无，他心里明白他的成功归根结底是可悲的失败。当然明朗的天空是最崇高的，它是世界上唯一没有变化和没有限度的存在，而且有了这（此处‘这’字根据文意增补——引者注）个名称，它就可以把自己的名字借给那个使人心神不宁，但还未出世的关于‘无限’的观念。现在我们看得很清楚，选中‘天空’这个名称的人并不认为，也不能认为这个可见的天空就是他所要的，不能认为这个蓝色的天盖就是他的神。”[①] 这里说得明白，在原始宗教中，人们最初选择天作为最高神，不是因为天本身就是神，究其实质，天不过是一种形上的寄托，“寥胜于无”而已。虽然这种做法有诸多的不圆满，但它毕竟向人们提供了一种重要的形上支撑，有了这种支撑，人们的心灵就获得了一种信仰的力量。这种情况说穿了，其实也是一种“借天为说”。

根据以上分析我们可以得出这样一个重要结论：儒学并不属于宗教。从最一般的意义上说，大凡宗教都有两个基本要素，一是信仰一

①［英］麦克斯·缪勒著，陈观胜等译：《宗教学导论》，上海人民出版社，1989 年版，第 132—133 页。

个最高的人格神，二是有一个最高的教主。这两点儒家都不具备。经过西周初年政治统治者的“以德论天”再到春秋战国之际儒家的“以天论德”，天已失去了主宰之神的地位，不再是一个人格神了，这就是说，在先秦儒家那里，天并不是作为最高的人格神出现的。另外，孔子也不是最高的教主。孔子的使命只是恢复周代的礼乐之制，要求人们成德行仁。虽然孔子这种使命感极为强烈，甚至有“五十而知天命”之说，但他并没有像世界上其他宗教教主那样，将自己宣扬为上天之神在世间的代表。客观上说，这是因为当时主宰之天已经失落，思想环境不再允许；主观上说，这是因为孔子性格平实，不愿意故作玄虚。孔子的这一步工作对他自己而言可能是一种自然的选择，但对中国文化的发展却有着极为重要的定向作用，直接决定了中国的“哲学突破”没有走向宗教，而是走向了人文。由于孔子的巨大定位作用，儒学一开始就失去了成为宗教的可能，由此带动中国文化走上了一条健康平实的人文之路，而没有像世界上其他文化那样踏上宗教之途[①]。明确这一点对于彰显中国哲学的特质，是非常重要的。

三

儒学虽然不是宗教，在客观上却有着宗教的作用，道理同样在于这个“以天论德”。

天之所以如此重要，是因为天是超越的，有其超越性。超越性是现代新儒家十分关注的一个话题。牟宗三在 1955 年发表的《人文主义与宗教》一文中指出：儒家所肯定之人伦，虽是定然的，但徒此现实生活中之人伦并不足以成宗教。“必其不舍离人伦而经由人伦以印证并

① 在这方面，徐复观的观点格外值得注意。徐复观认为，中国文化原来是有宗教性的，但自春秋开始渐渐从宗教中脱离出来，强调在人的生命中扎根，并没有走向典型的宗教。儒家通常所说的天人合一也只能从这个意义上理解。人在反躬实践的过程中，由宗教之心显出其超经验的特性；而超经验的特性，依然是由经验之心所认取的。“故如实而论，所谓天人合一，只是心的二重性格之合一。除此之外，决无所谓天人合一。”（徐复观：《中国思想史论集续编》，台北时报文化出版公司，1982 年版，第 387 页）

肯定一真善美之'神性之实'或'价值之源'，即一普遍的道德实体，而后可以成为宗教。此普遍的道德实体，吾人不说为'出世间法'，而只说为超越实体。然亦超越亦内在，并不隔离，亦内在亦外在，亦并不隔离。若谓中国文化生命，儒家所承继而发展者，只是俗世（世间）之伦常道德，而并无其超越一面，并无一超越的道德精神实体之肯定，神性之实，价值之源之肯定，则即不成其为文化生命，中华民族即不成一有文化生命之民族。"[①] 这就是说，儒家绝不是仅仅限于人伦之用，同时也有自己的超越层面，这一超越层面就是"神性之实"，就是"价值之源"，有了这种"神性之实"和"价值之源"，儒学也就有了自己的超越性，就能够从单纯人伦日常中超拔出来。

天的超越性直接决定了儒家道德的宗教性。牟宗三在1960年发表的《中国哲学的特质》中，对这一思想有了更为详细的说明，他说："天道高高在上，有超越的意义。天道贯注于人身之时，又内在于人而为人的性，这时天道又是内在的（Immanent）。因此，我们可以康德喜用的字眼，说天道一方面是超越的（Transcendent），另一方面又是内在的（Immanent与Transcendent是相反字）。天道既超越又内在，此时可谓兼具宗教与道德的意味，宗教重超越义，而道德重内在义。"[②] 在这里，牟宗三首先肯定了天道是高高在上的，有超越性，同时也肯定这个天道又内在于人之中而为人之性。这样一来，天道同时就有了两个不同的属性，既是超越的，又是内在的。因为有天，有超越性，所以有宗教性，因为有心，超越之天可以在内心得到落实，而不陷于空虚。

儒家道德因为天的超越性而具有了宗教性，隐含着深刻的道理。考察宗教发展史可以看出，世界上各种宗教几乎都经历过一个由自然宗教到伦理宗教的发展过程。宗教从最先的意义上看往往都是自然性的，表现为祈求神灵保佑风调雨顺、避免灾难等，随着社会历史的发展，其内容都向伦理宗教方面转化，带有明显的道德色彩。中国由自然宗教到伦理宗教的转化，恰恰是在周代完成的。西周统治者为了证

① 牟宗三:《生命的学问》，三民书局，1970年版，第74页。
② 牟宗三:《中国哲学的特质》，台湾学生书局，1974年版，第26页。

明自己政权的合法性"以德论天"，这种做法当然不再是一般的自然宗教，明显已经上升为伦理宗教。将自然宗教转化为伦理宗教，是周人对中国思想史的一大贡献。后来虽然因为西周政治走向瓦解，自然之天和命运之天不断兴起，将政治与上天联系在一起的做法不再灵验，但伦理宗教的思想惯性并没有马上退出历史舞台。当儒家面对人为什么会有仁这一重大理论难题的时候，不得不借用这一思想惯性，将仁的终极根源上挂到天上，以天作为道德的形上根源。郭店楚简"性自命出，命自天降"，孟子"天之所与我者"，《中庸》"天命之谓性"这一系列论述，只有从这个角度才能得到合理的解释。儒家将仁的源头上推于天的做法不仅有效解决了道德的形上根源问题，而且还有一个重要的副产品，那就是使道德具有了超越性和宗教性。不管春秋战国之际天的内涵发生了多么大的变化，天的超越性始终没有完全消失，由这种超越性而来的道德，自然也就具有了伦理宗教的色彩。换句话说，儒家将道德的终极根源确定在天上之后，因为天仍然带有伦理宗教的余韵，也使自己的理论自然而然地具有了伦理宗教的特点。

从这个角度出发，我们对儒家虽然不是宗教却有宗教作用的问题可能会有深一层的理解。自从孔子创立仁学以来，逻辑地蕴含着仁来自何方的问题。这是一个极为困难的任务，但它并没有难倒先秦的儒学家们，他们借助先前"以德论天"的思想传统，来了一个"借天为说"，将仁的终极根源挂到天上，这就是所谓的"以天论德"。可不要小看了这个"以天论德"，它虽然只是对于天论思维习惯的一种借用，但非常有效地解决了道德形上根源的难题。这是因为，中国古代天论的传统源远流长，一旦将道德何以可能的源头置于上天，人们便真的相信，天就是道德的终极原因，不再对这个问题有任何疑问了。我为什么要行善，为什么要听从良心的命令，为什么要做好人，良心本心究竟来自哪里，这一切的一切，答案都在这个形上之天。这个在理论上看似极为复杂的问题，在儒学史上却以一种相对简单的方式得到了解决。换句话说，"以天论德"虽然只是将道德的终极源头归到天上，但这种做法在儒学中的作用却是绝对不可轻视的。在宗教力量仍然存在的情况下，一旦将道德的源头归于上天，这个问题也就回到了“阿基米德”起点，不能再问了，人们思维的形上要求就此暂时得到一种满足，人们对于道德也会有一种敬畏敬重之情。这样一来，这个表面看起来并没有实质内容的天，对于儒家来说，却具有不可或缺的重要价值。儒学不是宗教却有宗教的作用，根本原因就在这里。

当然，随着历史的演进，这种情况到后来有了进一步的发展。汉代统治者为了加强其政治权力，重视神权，大力提升天的位置，使汉代的天具有了更为明显的宗教性。董仲舒天人相副之说，在为统治者寻找政权合法性的同时，在一定程度上也改变了先秦儒家论天的基本原则，为天的宗教性增添了浓重的一笔。宋明理学面临的问题更为严重。为了与佛教道教相对完善的形上系统抗衡，儒学家们进一步沿着先秦将天作为仁的终极根源的做法，努力完善儒家自己的形上系统。从周敦颐的太极图说，到张载的虚空相即，到二程的天理、朱熹的理一分殊，无不贯穿着同样的问题意识。二程直言“天理二字是自家体贴出来”，言语之间透显出自豪之气，充分说明其理论意义之重要。经过这样一番努力，儒学丰富了自己的形上系统，改善了理论根据相对薄弱的状况，在与其他学派抗衡的时候不再完全处于劣势了。在这样的思想背景之下，当宋明儒讲“良知天理”，当一般百姓强调“天地良心”的时候，天的地位都是不可质疑的。这样一来，原本只是先秦儒家为道德寻找终极的根源，后来却演变成了人们的一种信念和信仰，从而使儒家道德宗教性的力量得到了前所未有的加强。这种变化的确是惊人的。然而必须强调的是，先秦儒家“以天论德”所确定的基本理论格局并没有因此而发生根本性的变更，儒学并不是典型的宗教这一情况也没有根本性的改变，这一情况只要看一看中国人心目中的天与西方人眼中的上帝的差异，看一看孔庙中的孔子多是一种文化的象征而不是宗教的教主，就可以明白了。

为了加深理解，我们不妨再来看一看康德。我们知道，康德在西方哲学史上的一个重要贡献，是划定了认识的界限，人只能认识感性经验的对象，不能认识没有感性经验的对象。康德在《纯粹理性批判》

中有力地证明了上帝只是一种假设，人类不能对其有感性经验，理性根本无法证明上帝是否真实存在的问题，从而使西方传统的形上学失去了存在的意义。需要注意的是，在康德看来，虽然上帝不是理论理性的对象，但在实践理性中却是不可缺少的，没有上帝这种因素，道德终归不圆满，所以他“不得不悬置知识，以便给信仰腾出位置”[①]。在《道德形而上学原理》和《实践理性批判》中，康德继续为上帝保留了特殊的一席之地。康德的这种做法，与他所提倡的道德自律学说，并没有构成原则的冲突。按照道德自律的原则，道德必须出于理性的要求，自我立法，自我服从，其中不能存在任何其他的目的，而上帝的保留完全是一种潜在的因素，或者说是一种暗含的前提。康德的这种做法对我们有很大启发，它告诉我们，一种道德理论必须有一种归宿性的要求，以此作为这一理论的最初动因。过去人们往往认为，保留上帝是康德学说的不彻底性，批评康德将上帝从前门赶了出去，又从后门放了进来。但近些年来更深入的研究改变了这种看法，人们注意到，一种道德理论必须有一个目的论作为支撑，康德道德哲学中的上帝发挥的就是这样一种作用，如果没有上帝的因素，康德的道德哲学是不可能达至完满的。

在《判断力批判》中，康德进一步谈到这一问题。该书最后一节的标题为“由实践的信念而来的认其为真的方式”，在这一节中，康德将可认识的事物分为三类，一类是“意见的事”，一类是“事实的事”，一类是“信念的事”。意见的事，是指一个至少本身是可能的经验知识的客体；事实的事，是指其客观实在性能够被证明的对象；信念的事，则指在实践理性中理性行为者所具有的一种信仰，即“那些就纯粹实践理性的合乎义务的运用而言必须得到先天的思考（不论是作为后果还是作为根据）、但对于理性的理论运用却是夸大其辞的对象”[②]。虽然

①［德］康德著，邓晓芒译：《纯粹理性批判》，人民出版社，2004 年版，第 22 页。俞吾金将此句译为：“我必须扬弃知识，使信仰获得地盘。”参见俞吾金：《从康德到马克思——千年之交的哲学沉思》，广西师范大学出版社，2004 年版，第 61 页。

②［德］康德著，邓晓芒译：《判断力批判》，人民出版社，2002 年版，第 330 页。

信念的事完全超出了经验的范围，我们根本无法证实其实在性，但它并不是没有意义。因为“一个人无信仰，他就是由于那些理性的理念缺乏其实在性的理论的证明因而否认其一切有效性了。所以他的判断是独断的”①。在康德看来，对于实践理性而言，一个人的理性意图应该有充分的根据，否则他就不可能具有坚定的持存性，就会在实践的命令和理论的怀疑之间摇摆不定。由此可见，保持一种信念，对于保证理性的实践利益，是完全不可缺少的。正是在这个意义上，康德主张，我们对于上帝应该从实践信念的角度出发“认其为真”，虽然这种“认其为真”完全得不到经验的证明，但它却不是没有意义的。《单纯理性范围内的宗教》发挥的也是这一思想。在这部著作中，康德打破了以前将宗教仅仅诉之于单纯信仰的做法，不是以《圣经》来理解道德，而是用道德来理解《圣经》，从理性的角度研究宗教，把宗教建立在理性的基础之上，特别强调宗教对于道德的理论意义，以宗教来保证理性的实践利益。

将康德的“由实践信念而来的认其为真的方式”与儒家的“以天论德”联系在一起，我们不难发现，这两者之间有着很大程度的可比性：康德虽然无法证实上帝的存在，但这并不妨碍他把上帝作为一种实践的信念来保证理性的实践利益；儒学的天虽然不是人格神，其实在性无法证明，但这并不影响儒学“以天论德”，沿用先前天论的传统，以天作为良心本心的形上根源，从而使自己的道德学说得到形上的保证。这就是说，除开不同的思想背景，儒学的天与康德学说的上帝确有几分相似。单从现象上看，儒学中的天与康德学说中的上帝，都不是其理论所必需的。儒学论道德，根据或在心，或在理，但不管是心还是理，天都不是必不可少的。康德论道德，根据全在理性，理性自我立法，自我服从，其间也没有上帝什么事。但从本质上说，儒学中的天与康德学说中的上帝，又都是不可或缺的。尽管这个根据表面看来似乎是不必要的，是多余的，但如果少了这个要素，人们心理上的形上要求就得不到满足，就缺少归宿感。具体来说，儒学如果离

①[德]康德著，邓晓芒译:《判断力批判》，人民出版社，2002年版，第335页。

开了天，人们会思考人行善的终极根据在哪里的问题，康德学说不讲上帝，人们会询问圆善如何可以得到保证的问题。由此不难懂得，在一个道德学说中保留一个形上的根据是多么的必要了。

四

最后还有一个问题：儒家道德的宗教性是通过哪一个环节发生作用的呢？

我们知道，一种道德学说要有生命力，必须合理解决道德之知到道德之行的过渡问题，借用西方哲学的术语，就是必须解决理性如何保证道德成为可能的问题。这个问题带有很强的普遍性，中西哲学家无不为此大费脑筋。在近代西方哲学中休谟（David Hume）很早就注意到了这个问题。当时西方哲学在何者为道德根据的问题上有过一场激烈的争论，有的认为是理性，有的则主张是情感。休谟经过深入思考得出了一个重要的结论：德与恶的行为不是由理性决定的，理性不是道德的源泉。休谟之所以这样看，最重要的理由就是因为他认为理性是完全无力的。因为理性完全没有主动力，不能成为道德的源泉，所以休谟进一步提出了"是"与"应该"的矛盾问题。在《人性论》第三卷附论中，休谟写道：他在考察各种道德理论时发现，事实判断和道德判断是两类完全不同的判断，事实判断的系词为"是"与"不是"，道德判断的系词为"应该"与"不应该"，可是人们在按照常规进行道德推理的时候，总是不知不觉改变判断的性质，"这个变化虽是不知不觉的，却是有极其重大的关系的。因为这个应该或不应该既然表示一种新的关系或肯定，所以就必需加以论述和说明；同时对于这种似乎完全不可思议的事情，即这个新关系如何能由完全不同的另外一些关系推出来的，也应当举出理由加以说明"[①]。由于理性完全没有主动力，不能成为道德的根据，所以"是"如何过渡到"应该"就成了一个没有办法解决的问题。

①［英］休谟著，关文运译：《人性论》，商务印书馆，1980年版，第509—510页。

在中国哲学范围内，类似的问题同样引起了人们的关注，其代表人物便是牟宗三。在梳理宋明理学发展的过程中，牟宗三注意到，作为道德根据的理性本身必须具有活动性，即有活动义，而不能是死物死理。于是，本体能不能活动，有没有活动义，即所谓“即存有即活动”还是“只存有不活动”，便成为牟宗三判定宋明理学派系之别的核心理由，“为吾书诠表此期学术之中心观念”[①]，最为重要。在这个问题上，朱子没有做好，存在重大缺陷，因为朱子虽然也讲理，但他讲的理只存有而不能活动，与先秦旧义以及濂溪横渠明道之所体悟完全不同。既然理不能活动，所以自然无法直接产生道德，结果只能从外面绕出去，大讲格物致知，以存在之然求其所以然，最终走上了以知识决定道德的道路。根据牟宗三的理解，朱子这种以知识决定道德的路子，就是康德所批评的道德他律，所以将朱子判定为宋明理学之旁出。尽管牟宗三关于康德道德他律思想的理解还有待讨论，但不可否认的是，牟宗三在这里提出的问题是极具理论意义、极具挑战性的。牟宗三批评朱子的理“只存有不活动”，与休谟所说的理性完全没有主动力，有着惊人的相似性，在一定程度上，我们完全有理由直接将牟宗三的问题视为休谟伦理难题的中国版。

为了解决理性本身必须有活动性的问题，牟宗三提出，这个问题的关键是看在道德理性中是否有心的位置，是否具有心义：“此虚灵虚明之体即由神以实之，或由心以实之。”[②]天命流行之体是一创生实体，要保证其活动性，在这种实体中必须有心义。也就是说，“天命流行之体”作为一创生实体，实际起作用的不是别的，只能是心，而天命流行之体的真实意义，也只是说心是创生之实体。牟宗三在这里使用了“心即天心也”[③]的说法。在他看来，良心本心即是创生之体，与天命流行之体一般无二，心就是天心，除此之外，不能再是一个别的什么心。牟宗三所谓“天心”“天地之心”等说法，主要是为了保证道体、天命

① 牟宗三:《心体与性体》第一册，正中书局，1968 年版，第 58 页。
② 牟宗三:《心体与性体》第三册，正中书局，1969 年版，第 74 页。
③ 同上。

流行之体是活物，有心就有活动性，就有创生性，无心就无活动性，无创生性。牟宗三提出的这些问题当然非常重要，但是，为什么道德理性中必须有了心义？有了孟子的道德本心之义，理性何以就有了活动性呢？牟宗三的解答尚不够清楚明确，为后人留下了极大的想象和发挥空间。

要解决这个问题必须从儒家心性之学的特殊结构做起。我在研究儒家心性之学的时候一直坚持这样一个基本观点：与西方感性、理性两分的理论结构不同，儒家道德哲学可分为欲性、智性、仁性三个层面，其中欲性大致相当于（并非完全等同）西方哲学的感性，智性大致相当于（同样并非完全等同）西方哲学的理性，儒学最特殊的是在欲性和智性之上还有一个特殊的层面，这就是仁性。所谓仁性就是孔子之仁，就是孟子之心，就是陆王之心学。十分巧妙的是，在儒学发展史上，为了替孔子之仁、孟子之心寻找形上的根源，儒家无不“以天论德”，将道德的终极源头挂到天上。这种做法蕴含着深刻的意义，因为在中国思想传统中，自周代统治者“以德论天”为其政治寻找合法根据以来，天始终具有明显的宗教意义，属于伦理宗教的类型，后来虽然经过春秋战国之际的动荡，这种伦理宗教的根基发生了动摇，但相关的传统还在，思维的习惯还在，一旦儒学家们将孔子之仁、孟子之心挂到天上，仁性也就带有了宗教的性质。更为重要的是，体认孔子之仁、孟子之心必须反躬自求，这种思维方式属于直观，一旦体悟到了并按它的要求去做就会得到快乐，“乐莫大焉”，反之不按它的要求去做就会有愧于心，而所有这些对外并不能明确地言说，只有自己清楚。直观这种思维方式本身就具有一定的神秘性，将仁性的根源归到天上，进一步加强了它的神秘色彩。天是不可欺不可罔的，由天而来的仁性也是不可欺不可罔的，在这一理论格局之下，儒家的道德就具有了自己的超越性，有了自己的宗教性。在这种超越性和宗教性的指导下，凡是认识到正确的一定要去行，而一旦这样做了也就成就了道德，也就做到了“自诚不欺”“知天事天”，达到了天人合一的境界。这是仁性之所以具有活动性，之所以有那么大动能的根本原因。

在这方面需要注意的是，尽管如上所说，儒学与康德道德哲学在保留道德形上信仰方面有一定的相近性，但我们也不要因此而忽略了二者之间的差异。康德道德哲学强调理性宗教的重要性，是在西方启蒙运动的大趋势之下展开的，身后有一个中世纪强大的宗教背景。儒家“以天论德”则发生在中国“哲学突破”期间，背后是西周统治者“以德论天”做法的衰落，宗教背景并不像康德那样强大，其性质也只是为道德寻找终极的根源，结果使儒学走向了人文。可能正是由于这个原因，康德道德宗教的外在超越特性较为明显，人们对于上帝的敬重敬畏多在自身之外，不在自身之内。儒学则不同，儒学“以天论德”是沿用先前的思维惯性将道德的终极根源挂到天上，这种天多是一种心态、一种境界，真正起作用的是自己的良心本心，是自己的仁性，所以儒学的宗教作用多表现出既超越又内在的特性。由此可见，判断在超越基础上能否达到内在，关键是看其理论中是否有仁性一层，或这一层是否强大有力。现代新儒学以既超越又内在还是只超越不内在区分儒学和西方哲学，从一般的意义上讲是有一定道理的。我们在研究儒家道德宗教作用时应该考虑到这些因素。

至此，我们已经在解决问题的道路上迈出了关键的一步。儒学不是宗教，却有着宗教的作用，其间的奥妙全在于儒家独特的“以天论德”的思想传统。自西周初期统治者为寻求政治合法性而“以德论天”以来，春秋战国之际的天仍然具有伦理宗教的余韵，当儒家“以天论德”即沿着思维的惯性将道德根源推给上天的时候，儒家道德便不可避免地染上了宗教的色彩。更加重要的是，这种宗教性是通过孔子的仁、孟子的心即所谓仁性实现的，将仁性的根源归到上天，仁性便因为天的超越性而赋予了类似宗教的作用和力量，具有了强大的兴发力和动能，进而保证理性自身就是实践的。这可以说是中国文化中最为奇特的现象之一，沿着这个方向发展，我们就有希望最终破解儒学不是宗教却有宗教作用这一千古之谜，同时也可以对当前急切将儒学推至宗教神坛的做法保持一种冷静的态度。

（原载《中国社会科学》2006年第3期）

内在超越与外在超越：宗教信仰、道德信念与秩序问题

任剑涛

以“内在超越”与“外在超越”来比较论述儒家与西方价值系统的特质，是现代学者尤其是现代新儒家论述儒家精神特质的独特进路[①]。这一论述进路产生了极大的影响，以至于谈论儒家价值观特质的人们乐于援引这一断论作为起点，来申述儒家思想的总体特征[②]。但深入审视这一论断，则可以发现其对儒家价值系统特质的概括，是存在商榷余地的。特定的超越问题本来是西方价值观内在的问题。尤其是在基督教的系统中，它才成为一个核心问题。从一个文化体系基本价值特定规定性的意义上讲，与超越问题作为一个宗教问题相比较而言，一切非宗教的文化结构就不存在超越问题。因此，在宗教文化与非宗教文化之间进行比较研究，既不必要嵌入宗教论说之中进行重组，也不必要以宗教性的勉强归纳来凸显非宗教文化结构的超越性质。

① 余英时:《从价值系统看中国文化的现代意义》,《儒家伦理与商人精神》，广西师范大学出版社，2004 年版。有论者指出，余英时后来修正了自己对内在超越和外在超越对应性划分的观点，因此不足以用这样的观点来指证余英时对中国儒教“精神性”的看法。其实，当余英时陈述了两种超越观之后，无论他本人怎么修正自己的看法，都对人们的继续讨论不产生任何影响，因为这一话题已经脱离开余英时自己的控制范围，成为公共论述，构成人们进行相关学术讨论的公共知识背景了。

② 郑家栋:《断裂中的传统——信念与理性之间》，第四章“‘超越’与‘内在超越’”，中国社会科学出版社，2001 年版。郑家栋之说主要基于牟宗三的论断。以及汤一介:《儒道释与内在超越问题》，江西人民出版社，1991 年版。汤一介之说则主要基于余英时的论断。后者所写的《内在超越问题》一文对此有直接的叙述。而且以此为基本论述进路，讨论了道家和禅宗哲学的内在超越特点，将余英时的论断进行了广泛而又深入的推论。在他们申述儒家内在超越特质的时候，并没有将儒家宗教化的意欲。但是，沿循这一思路展开的儒家论述、尤其是近期儒家研究的倾向性看法，则显示出将儒家儒教化的意欲。参见蒋庆:“关于重建中国儒教的构想”，载《中国儒教研究通讯》第一期，2005 年 12 月。

断言儒家思想是一种内在超越的论说，不唯是中国现代学者的选择，也是西方一些比较哲学家的主张。美国的中国哲学研究名家史华兹（Benjamin I. Schwartz）就从中西思想的相似性视角，指出古典儒家思想具有与西方基督教一样的、救赎使命的超越特性。牟宗三、余英时以及其他中国学者对之的诠释，构成了儒家超越说正式成型的不同动力。但也有中外学者对之进行商榷。美国学者安乐哲就指出，基于“超越”具有严格的宗教 / 神人—哲学 / 主观客观二元并立的含义，非二元思维的思想体系，是不具有超越的思想特质的[①]。而中国学者冯耀明则从分析哲学的角度，就语义和语用等方面指出了内在超越说的论证困难[②]。但是，不论是安乐哲还是冯耀明，都限定在“内在超越”不足以指证儒家思想特质的论说上面，对于儒家思想的特质本身着墨不多。这是一种旨在否定儒家“内在超越”论断言的研究进路。而且，他们主要是基于宗教与宗教性，或分析哲学的入微剖析上凸显自己的否定性结论的，对于儒家之作为一种德性论说体系的特质，缺乏肯定性诠释。同时，他们对构成一种绵延长久的、文化体系之价值基础的儒家德性伦理体系，缺乏现代性审视。在论述的分析结构上，他们也对宗教与宗教性、超越与超越性所具有的不同含义关注不够；对牟宗三宗教—哲学比较的相关言述的重视，胜于对余英时历史—文化比较凸显的有关结论。因此，他们开启的否证儒家内在超越说进路，还需要进一步的理论清理，以提供更为自洽的肯定性论证，并借此确证儒家德性价值体系所具有的独特文化价值和现代性功用。

比较儒家与基督教价值系统的特质，我们宁肯审慎地在宗教与道德两种社会范畴中加以不同地刻画，也不取将儒家宗教化的进路。因为即使儒家仅仅从道德的进路申述价值的神圣性质与规范作用，也并不降低儒家这种主张具有的古典功能以及现代效用。相反，如果我们

①［美］安乐哲:《中国式的超越和西方文化超越的神学论》，［美］安乐哲著，温海明等译:《和而不同——中西哲学的会通》，北京大学出版社，2009 年版，第 145 页及以下。

② 冯耀明:《“超越内在”的迷思——从分析哲学观点看当代新儒学》，香港中文大学出版社，2003 年版，第 179 页及以下。

放弃儒家价值的结构特质，勉强与基督教或西方文化传统的外在超越观进行组合性比较，并以内在超越之说抗衡外在超越之论，那么我们不仅不能凸显儒家推崇道德价值、重视人性修养的特质，而且模糊了文化比较需要强调的必要边际界限。为此，本文试图解释两个问题：其一，最初作为权宜性说法的儒家内在超越说是如何成为一种边界不清晰的断论的流行性的结论？其二，当我们试图将儒家改造成为与宗教对应的儒教的时候，面对儒家无法成为宗教，又因之丧失德性之教化的传统定位的危险，我们应该怎么办？而两个问题的答案则是一个：澄清并回归儒家德性伦理。

一、两类超越？

不妨先将现代新儒家的内在超越与基督教的外在超越说加以简单的比较性概述。这一概述可以分两种进路进行，一个理路是自承儒家的思想家们的论述，一个理路是不承认自己属于儒家范畴的思想家的论述。前者以牟宗三为代表，后者以余英时为代表[①]。

牟宗三关于儒家内在超越特质的论述，是一个比较审慎的断论。在《中国哲学的特质》一书中，他指出：

> 天道高高在上，有超越的含义。天道贯注于人身之时，又内在于人而为人的性，这时天道又是内在的（Immanent）。因此，我们可以康德喜用的字眼，说天道一方面是超越的（Transcendent），另一方面又是内在的（Immanent 与 Transcendent 是相反字）。天道既

① 在中国大陆的新儒家语境中，存在余英时所说的三种新儒家是指：一是范围最大、凡是对儒家不存偏见加以研究的，都称之为新儒家；二是在哲学上对儒家进行新的阐释和发展的，称之为新儒家；三是海外流行的本义，即熊十力学派中人才是真正的新儒家。余英时认为，第一种新儒家定义，“这样的用法似乎已扩大到没有什么意义的地步了”。而且用“出乎意料的是”来表达把自己列入新儒家范围的态度。可见，他是拒绝承认自己是新儒家的。相应地，作为熊十力学生的牟宗三，则属于严格意义上的新儒家。参见余英时：《钱穆与新儒家》，《现代学人与学术 · 余英时文集》第五卷，广西师范大学出版社，2006 年版，第 16—18 页。

超越又内在，此时可谓兼具宗教与道德的意味，宗教重超越义，而道德重内在义。[①]

论者或可能认为，牟宗三论述儒家内在超越的这段经典性表述，并不足以表明他关于内在超越的全部看法。因为牟宗三在早期与后来关于儒家内在超越的论述中，对之还有更为细致的分疏。比如他在1950年代的著作中就已经指出：

儒家所肯定之人伦（伦常），虽是定然的，不是一主义或理论，然徒此现实生活中之人伦并不足以成宗教。必其不舍离人伦而即经由人伦以印证并肯定真善美之“神性之实”或“价值之源”，即一普遍的道德实体，而后可以成为宗教。此普遍的道德实体，吾人不说为“出世间法”，而只说为超越实体。然亦超越亦内在，并不隔离；亦内在亦外在，亦并不隔离。若谓中国文化生活，儒家所承继而发展者，只是俗世（世间）之伦常道德，而并无其超越一面，并无一超越的道德精神实体之肯定，神性之实、价值之源之肯定，则即不成为其文化生命，中华民族即不成一有文化生命之民族。此上溯尧舜周孔，下开宋明儒者，若平心睁眼观之，有谁敢如此说，肯如此做，而忍如此说？佛弟子根据其出世间法而如此低抑儒家，基督徒根据其超越而外在之上帝亦如此低抑儒家。[②]

牟宗三的这些论述，明确地将内在超越与外在超越作为区分中国儒家价值与西方基督教价值传统的两种超越类型。他之所以进行如此

① 牟宗三:《中国哲学的特质》，上海古籍出版社，1997年版，第21页。从观念史的角度讲，内在超越的命题源自牟宗三的老师熊十力。冯耀明曾经对这一命题的源流进行了分析研究，指出熊十力在《新唯识论》中已经用“体用不二”的论题指出了西方“外在超越”说的“体用二分”之弊，并以这样的命题将儒家哲学的水平置于西方哲学之上。这样的进路明显影响了作为熊十力学生的牟宗三对于中国哲学特质的判断。参见冯耀明:《“超越内在”的迷思——从分析哲学观点看当代新儒学》，第179页及以下。但本文着重关注和分析作为当代哲学——文化思潮的“内在超越”论，因此不专门分析熊十力的相关论说。

② 牟宗三:《生命的学问》，广西师范大学出版社，2005年版，第63页。

明确的超越类型划分，并不仅仅是基于两种文化传统的真实结构的历史追究，而是在回应儒家遭遇到的价值挑战这一基点上建立起来的比较论说。确实如论者所讲，是基于基督教与佛教对儒家提出的宗教性挑战而进行的回应[①]。牟宗三对此也有自白，"从前是儒释道三教摩荡，现在则当是儒佛耶相摩荡，这是不可避免的时代课题"[②]。正是从各个文化传统都具有宗教性的预设出发，牟宗三才将儒家的宗教性问题摆上了台面，并以宗教性与道德性、内在性与外在性的对比性立论，将儒家安顿在兼具超越性与内在性的价值定位上面，相应将基督教安顿在超越性与外在性的价值定性上面。文化的类型比较结论，是牟宗三这一断定的积极意义所在：他将德性价值体系的儒家面对宗教的压力，转换成为界定儒家思想特质的观念动力。

余英时关于儒家内在超越的断论，与牟宗三的断论具有一致的论说视角。在《从价值系统看中国文化的现代意义》一文中，他认为，中西两种文化都具有超越性，"仅从价值具有超越的源头一点而言，中西文化在开始的时候似乎并无基本不同。但是若从超越源头和人间世之间的关系着眼，则中西文化的差异极有可以注意者在"[③]。一方面，从西方文化的角度看，它的外在超越特点是再鲜明不过的了。

> 西方的超越世界至此便充分地具体化了，人格化的上帝则集中了这个世界的一切力量。上帝是万有的创造者，也是所有价值的源头。西方人一方面用这个超越世界来反照人间世界的种种缺陷与罪恶，另一方面又用它来鞭策人向上努力。因此这个超越世界超越性

① 郑家栋：《断裂中的传统——信念与理性之间》，中国社会科学出版社，2001年版，第206页。

② 牟宗三：《生命的学问》，广西师范大学出版社，2005年版，第82页。人们或许会对牟宗三这种"压力论"表示反对，似乎儒家不是对宗教压力的臣服，才体现出宗教性的，而是"本来"就具有宗教性特质的。这样的论说具有历史发生意义的正当性。但是，不能不承认的是，如果不是源自基督教和佛教的宗教特质对儒家的宗教性特质的显性比较之需要，儒家的宗教性特质原本不需要如此凸显。这本是比较文化价值论相互写照的表现，而与一个文化体系中人的自尊心无关。

③ 余英时：《儒家伦理与商人精神》，广西师范大学出版社，2004年版，第6页。

> 的上帝表现出无限的威力，但是对一切个人而言，这个力量则总像是从外面来的，个人实践社会价值或道德价值也是听上帝的召唤。如果换一个角度，我们也可以说，人必须遵行上帝所规定的法则，因为上帝是宇宙一切基本法则的唯一创立者。[①]

与西方文化的外在超越鲜明区别开来，作为中国文化主流的儒家价值系统有根本的不同。“中国的超越世界与现实世界却不是如此泾渭分明。一般而言，中国人似乎自始便知道人的智力无法真正把价值之源的超越世界清楚而具体地展示出来（这也许部分地与中国人缺乏知识论的兴趣有关），但是更重要的则是中国人基本上不在这两个世界之间划下一道不可逾越的鸿沟。”[②] 中国人在建构自己的价值世界的时候，力求将超越世界与现实世界统一起来。

> 中国的超越世界没有走上外在化、具体化、形式化的途径，因此中国没有“上帝之城”（City of God），也没有普遍性的教会（universal church）。……孟子早就说过：“尽其心者知其性，知其性则知天。”这是走内在超越的路，和西方外在超越恰成鲜明的对照。孔子的“为人由己”已经指出了这个内在超越的方向，但孟子特提出“心”字，更为具体。[③]

余英时强调，中西文化大体上从外在超越与内在超越的类型划分上体现出差别来：“外在超越与内在超越各有其长短优劣，不能一概而论。值得注意的是中西文化的不同可以由此见其大概。这种不同到了近代更是尖锐化了。”[④]

牟宗三与余英时对于儒家价值特质的断定，可以说是两代学人、两种理路的共同断言。牟宗三属于余英时的学术前辈，两人对于西方文化都有深切的了解。但牟宗三是哲学家，余英时是历史学家。前者

① 余英时：《儒家伦理与商人精神》，广西师范大学出版社，2004 年版，第 7 页。
② 同上。
③ 同上书，第 8 页。
④ 同上书，第 9 页。

的价值倾向要强于后者，后者的历史梳理诉求要胜于前者；前者由文化、哲学而宗教的进路凸显中西基本价值特质的差异，后者由文化、历史而宗教的进路呈现中西机制关怀的不同；前者从“超越”的跨文化共同性出发申述观点，后者从“超越”的文化间差异性立论阐述相关主张。但无论前者重视的同中之异，或是后者看重的异中之同，都在于强调中西文化比较中中国文化的无所匮缺。更为关键的是，两者共同断定中国文化的主流——儒家之价值属于内在超越，显示了一个有趣的文化现象，那就是以内在超越与外在超越的模式来断定中西文化价值的根本差异，具有如此强烈的共识基准。

只不过就牟宗三与余英时的具体言说来看，需要深入分析的是，他们的这种断言自身都还不是那么自信的原因何在？牟宗三和余英时的断言都具有某种迟疑的性质，这正是他们对于儒家乃至中国文化价值的特质是内在超越的断言不自信的最直接的体现。牟宗三本来认为儒家无所谓超越层面的结构，不过跟基督教相比较而言，需要将儒家竭力发挥的道德之超越意义彰显出来。余英时本来也认为文化体系之具有超越含义是不容质疑的事情，但为了凸显中西文化价值的典范性差异，因此必须在价值源头上对中西文化价值进行区分，故内在超越与外在超越对比立论就此建立。究竟二者对于儒家价值“本身”的特质是不是真正关心，这个时候反而成了问题。由于两人建立儒家价值是内在超越的论说，都基于区分中西文化价值的差异性，而不是基于定性中国儒家价值的自身特性，我们终究不能不对其得出结论的理路进行再清理，否则其论说的成立与否就得不到印证。

二、内在超越论的论说脉络

分析起来，牟宗三与余英时对于儒家价值内在超越特质的论说，是一种具有特殊意图的儒耶比较研究结论。两者对于儒家内在超越说的归纳虽然具有不同的问题意识与理论脉络，但是两者首先表现出某种一致性：一方面，为了在宗教与理性的时代为儒家与中国文化价值进行辩护，不能不对儒家价值或中国文化价值具有的超越性内涵进行彰显。在牟宗三，这主要是基于为儒家价值提供现代性的正当性辩护的考虑；在余英时，则主要是基于中国文化是不是具有现代价值的申述。因此，两者关于儒家或中国文化价值系统的内在超越特质的论述，都不可避免地带有为儒家或中国文化进行完满性辩护的痕迹。另一方面，这种辩护完全是在基督教或西方文化的压力之下进行的，必然也就相应带有为了免除文化比较压力，进行论述策略选择的意味。当这种策略性选择占据了论述儒家价值或中国文化价值特质的核心地位的时候，儒家或中国文化价值的自身特点也许就出现了被遮蔽的可能。尽管这样的论述策略，在其结论得到有效深化之后，会显现出因应于压力而升华为动力的积极论说，但相关论说初始阶段的压力痕迹还是清晰可辨的。再一方面，当他们的论说一旦获得了研究者的认同之后，就会发挥一种掩盖儒家与中国文化价值真相的作用。在他们之后支持儒家或中国文化价值内在超越说的学者，起到的就正是这样一种作用。在牟宗三和余英时那里的一种权宜性论说，便成为好像是概括儒家或中国文化价值特质的不易之论。于是，我们就不能不对两者论说的具体理路进行分析。

首先看余英时的分析理路。从他的结论之所以能够得出的推论进路来看，有几个方面值得注意：其一，他是从超越的共同性出发分析中西文化的差异性的。因此，他的分析是以超越性的当然预设为前提条件的。但是，中西文化真的都是超越性文化吗？假如将超越的含义规定清楚的话，那么余英时的这一当然预设就可能不能成立。就超越的含义来讲，这个词汇既具有一般性的含混意指，也具有宗教性的特指，更有文化体系的独特性征的指代义涵。由于余英时没有清楚地定义他的超越含义，因此他的比较结论的可信性就相应下降。其二，余英时是就中国文化的现代价值来分析中西文化的超越性质的，以特定的现代维度作为审视一个具有悠久历史传统的文化的总体特征，难免成为一种将中西文化安顿在预先设定好了的、现代的相应位置上来作出的断定。故他的论断具有刻意因应于外在超越而将中国文化确定为内在超越的意味。其三，余英时是通过四个视点来说明中国文化的内在超越特点的，一是人和天地的关系，二是人和人的关系，三是人和自我的关系，四是对生死的看法。他认为中国文化最后都归于内在超越的路向，而与西方文化的外在超越具有本质的差异。但需要我们注意的是，他的论述凸显的中国文化特点可谓是内在的，但并未从严格限定的角度规定、描述并分析清楚内在的又如何是"超越"的。他仅仅把超越理解为不拘泥于当下，而对当下有所挣脱的意思。余英时的这些论述，无疑具有极大的启发功用，但是他的论述自洽性显然还需要完善。

意图优先是余英时得出儒家价值是内在超越论的最为突出的地方。余英时的这一论断是从历史性叙述得出的非历史性结论。余英时预先设定的两个论述原则是，其一，中国（传统）文化与（西方）现代文化不是两个相互排斥的实体。因此必须将二者规定为精神特质相对不同的体系，而不能将之视为具有绝对差异的体系。其二，中国文化需要将传统的价值理念转进为现代的价值理念，因此有必要将传统价值放置到现代的平台上面来加以重新安顿，但因为中西文化特质的决定性差异，因此它们势必走上两条不同的道路。这是两个相互联系的方面，前者使余英时有了为中国传统价值辩护的历史理由，后者使他具有了因应于现代需要对儒家价值进行现代改造而又保证不丢失传统价值的依据。然而不能不看到的是，余英时的论述具有一种以西方现代价值结构为框架，论述中国文化价值的前提性方法预设①。他在在不忘的是"西方的外在超越表现出了强大的外在力量"，而"内倾文化也有自己内在的力量，只是外面不大看得见而已"。他假定，如果进步不再成为文化主调的时候，西方文化就会改变其价值理念，由动返静，反衬出中国文化的价值来②。可见，余英时主要是基于中国文化价值辩护及前景设计的需要，来展开其内在超越与外在超越问题的比较论述。其间受现实功用的驱动恐怕是不容忽视的因素。从整体结构上看，宗教性问题之作为现代性论说的基点，是余英时内在超越说的理论支撑

① 余英时：《儒家伦理与商人精神》，广西师范大学出版社，2004 年版，第 8—17 页。
② 同上书，第 15—16 页。

点。儒家价值的现代价值焦虑是余英时内在超越说受到现实关注支配的外在根源。文化比较的相对差异性假设，是余英时儒家价值内在超越说与西方价值外在超越说对比立论的方法基础。这三者相互支撑，构成了余英时儒家价值内在超越论说的理论结构。

其次看牟宗三的分析理路。他分析儒家的内在超越特性，是从较为纯粹的哲学层面切入的。根据他的自陈，其关注点不是宗教的（religious），而是宗教性的（religiosity），前者意指包含信仰（神学）、仪轨（教会制度）与仪式（日常生活程式）在内的严格宗教，后者则指所有体现宗教形式一致性的文化表现特性。从直接的比较视角选择来看，牟宗三之论有两个指向：一是在他确定的基督教、佛教与儒家的比较视角，对于三者特质的概括；二是他确定的儒家与康德的比较基础上，断定的二者的不同精神特征。就前者言，从牟宗三一生的思想历程看，他并不是就此立定了一个意欲全面论证的话题，而仅仅试图建立一种抗击宗教对儒家理性主张加以打压的反抗性话语。在古典思想史的角度，这体现为对佛教的抗击；在现代历史上，则体现为对基督教的反击。这也就是他在陈述儒家内在超越论时强调的，“佛弟子根据其出世间法而如此低抑儒家，基督徒根据其超越而外在之上帝亦如此低抑儒家”。正是基于这样的设准，牟宗三才强调儒家同样具有佛教与基督教的超越特性，不过是结构类型上分别形成了外在超越与内在超越的两种形态而已，不存在儒家不承诺超越的思想状况。就后者论，牟宗三是从康德的“超验”论说来比较论述儒家价值的特质的。按照论者的分析，牟宗三试图超克康德将先验与经验打为两截的弊端，从康德的超验返归超越的“古义”①。从西方哲学史看，康德第一次敏锐地将超越问题搁置，而以超验与经验对应的结构将超越问题化解掉了，抑或将超越问题保留给神秘宗教，而将超验问题剥离出来交给哲

① 郑家栋：《断裂中的传统——信念与理性之间》，中国社会科学出版社，2001 年版，第 208 页。李明辉也指出，“当代新儒家常常借用‘超越性’与‘内在性’这两个概念来诠释传统儒家思想（特别是其天道思想），强调儒家底天道或基本精神是‘超越而内在’，以与西方宗教中‘超越而外在’的基本模式相对比”。李明辉：《当代儒学之自我转化》，“中央”研究院中国文哲研究所，1994 年版，第 129 页。

学。这既使康德免除了理性对彼岸世界的无能，又使他得以借助经验来论说超验。于是，康德在两个词汇之间的抉择就变得具有关键作用了：transcendent 与 transcendental，前者是传统的、具有强烈宗教意味的“超越”，后者是康德用来区分与经验相关，但属于经验之上的、此岸范畴内的那些“先验”因素[①]。宗教意义上的超越，具有人与神对应而立的结构。而且这种超越必须借助各种宗教的制度与仪式规定性，诸如信仰宗教的神学系统、仪轨宗教的教会体制、生活宗教的日常规则，这种超越不能仅仅在“外在的”角度加以处理。就信仰宗教的角度看，它也必须是“内在的”。一个教徒如果缺乏对上帝的内在信仰，那么他既不可能受召，也不可能律己。但这样的宗教体验或超越境遇，完全是个人信仰的事情，是理性无法验证的。就后者论，对康德来说，他所取的理性主义态度，只能促使他对后者、即“超验的”存在感到巨大的兴趣，宗教实际上被他悬搁。恰如论者指出的：

> 康德哲学的基础之上蕴含着两股巨大的文化力量：即自然科学和道德生活。康德把这两股力量交互对扬的样式，正好构成了他底哲学系统的动力（dynamics of his system）。因为在它们（自然科学与道德生活）的实在性中，康德发现了一切哲学思维所环绕而盘旋的焦点（foci），而对康德来说，把这两个焦点于一系统中联系起来乃是一项首要的工作。康德整个哲学的特殊性来自一个两面性的洞见。一方面，一若笛卡尔（Descartes）与伽利略（Galileo）以降的现代理性主义者一般，康德在数学知识的准确性上发现了一切对实有底理论性探讨的理想模式与典范；另一方面，虽然康德对科学真理极为欣赏，但他却不认为科学真理有任何形上学上的重要意义。康德认为人类与超感性的永恒的领域之间的接触点，是要在人类道

① 关于 transcendent 与 transcendental 两个词汇的内涵界定，是一个现代哲学事件，直接与康德哲学联系在一起。康德将此岸世界与彼岸世界划分开来，以彼岸论述处理神人关系，以此岸究诘处理超验与经验的关系。前者属于宗教论述，后者属于哲学研究。因此，两个词汇的语源学意义，并不对这种界定发生语用的影响。参见 Roger Scruton: *The Palgrave Macmillan Dictionary of Political Thought*, 'transcendentalism', The Macmillan Press, 2007 (Third edition), p. 700.

德生活上，在人类之自我裁决（self-determination）上和在人类道德意志的律则之上被辨认出来的；因为人类之尊严与自由皆建立在这些律则之上。[①]

显然，牟宗三在中国（儒家）文化与西方（现代）文化的比较中确立起来的“内在超越”立论，有一种“一石两鸟”的策略指向：他既想针对西方文化中科学的一面，免除儒家受到压制而没有发展出严格科学的指责；又想针对基督教的严格宗教建制，免除儒家受到缺乏信仰体制的指责；更远的用意，还试图以这样的诠释，免除佛教一直以来对儒家缺乏信仰系统的贬抑。他这两种良好的愿望，意图在一个陈述中予以一次性兑现。在针对传统儒学缺乏科学建树的问题时，牟宗三试图回答的问题应该是，客观自然世界的认识与主观道德世界的实践如何统一起来的问题，这是一个康德哲学关心的主旨问题；在针对传统儒学缺乏宗教建制的时候，他意欲解决的问题是，外在的上帝引导人超越现实进入宗教世界与人自身借助于德性修养进入天地境界的水平高低问题。他以康德所使用的 transcendental 来一并指代宗教超越与存在超验的不同义涵，这中间就存在一个从超越世界、降落到存在世界，进而落实于现实人生的宗教—科学—道德的三重内涵并举的问题。可见牟宗三的儒家内在超越论的理论志向要比余英时高远：前者意欲对中西关系文化体系中宗教与哲学的深层结构加以重组，并在实践上同时解除儒家文化遭遇的科学与信仰难题；后者只是意图表明，中西文化各有其实现文化类似目标的路径。

余英时和牟宗三对于内在超越论的阐释，进路确有不同。但两人具有共同的价值关怀：中国文化的现代价值如何可以得到有力的辩护？基于这样的设准，两人共同将源自现代西方文化的压力认知，转变为中西文化特质的差异性辨认。于是，内在超越论与外在超越论的对比性认证，足以将文化比较的外部压力化解，转而以文化基本价值特征的内在一致，建立起各有价值的、疏解紧张的立论。而据以支

①［德］Richard Kroner 著，关子尹译：《论康德与黑格尔》，联经出版事业公司，1985 年版，第 51—52 页。

持这种化解张力的论说，则是以形式性结构的一致性代替实质性结构的差异性：超越（transcendent）成为超越性（transcendency）、宗教（religious）成为宗教性（religiosity）。总而言之，对同中之异的实质性差别的关注，被异中之同的形式性一致的辨认所取代，并成为支撑中西文化同属于超越论的认识论设准。但不能不强调指出的是，对于任何文化体系而言，形式性结构的一致性是很容易寻找出来的。因为轴心期以来成型的任何文化体系，其得以延续的前提正是它们之间具有的某些一致性特征，而这些一致性特征之总的特征，就是对人的发现。[①] 但这样的形式化认证，不足以对文化间的实质差异性抱持足够的警觉，更不足以显示不同文化体系发展所呈现出的不同路向。于是，中西文化的同中之异，相对于二者之间的异中之同，便不得不予以同等程度的强调。

三、儒家寻求超越吗？

需要进一步解释的问题是，不论是余英时还是牟宗三的内在超越论，它们是不是可以实现其理论雄心和解决相关的实践难题？换言之，儒家走出相应的现代困境，是不是在文化基本理念上一定要达到宗教的目标，而在外部自然世界的认识上一定要建构超过科学的认知方式？这就需要分析内在超越论的论证结构了。从理论论证上看，儒家内在超越说有着一个从强势到弱势的代换性陈述：强势的陈述进路是，儒家"就是""既超越"且"又内在"的，即儒家完全具备了宗教的要素与道德的动力，它不仅将基督教体系中的外在化的超越世界，内置于人心，而且克服了基督教将超越外在化、从而引申出一套强制性的宗教制度的弊端，因此儒家的内在超越论要比基督教的外在超越论体大思精。这不是牟宗三、余英时明确申述的主张，因为它们二人重在说明中西文化的差异，尤其是重在说明两种文化殊途同归的特性。但后

① 参见［德］卡尔·雅斯贝尔斯著，魏楚雄等译：《历史的起源与目标》，华夏出版社，1989 年版，第 9—12 页。

来一些解读内在超越论的学者确实抱持这一强势看法[①]。

弱势的陈述进路是，当证明儒家属于内在超越论，必然面对某种逻辑困境时，使得这样一个似是而非的论断，有了一个较为模糊和权宜的替代性说法——那就是儒家同时具有“内在性”和“超越性”的精神品质[②]。这两个词汇所指，与“超越”和“内在”具有较大的不同。简单讲，超越（transcendent）是一种含义特定的宗教秉性，内在是一种道德心的安顿状态。前者仅仅属于宗教范畴的概念，后者属于广义的伦理学的范围。宗教超越就必定是外在的超越，内在超越则必定是依赖人的德性修养。但当人们以“超越性”和“内在性”来诠释“既超越又内在”的命题时，其实就是以不同文化体系间共同存在的追求超越（transcendental）的形式性特点，来指证文化间基本精神指向的差异性结构。这不仅有混淆儒家与基督教的嫌疑，而且有混淆宗教文化与世俗文化的嫌疑。就此可以从人们解释这种脉络中的“内在超越”论的理路上得到印证：解释者将儒家价值的精神特性分解为两种关联，即各自独立显现的“既内在又超越”“既超越又内在”的特性。前者关涉道德内置于人心而具有超越的能力；后者关涉超越目标的既定性却先天内在于人心。人们以为，似乎一旦两者同时具备，就把“内在”与“超越”打通了。其实这种解释无法导出“内在超越”的结论。因为断言儒家是内在的时候，指的是儒家德性的内在修养问题。而断言儒家是超越的时候，指的是儒家挣脱现实束缚、递进到一种实现人的

① 当然需要指出的是，这些解读者对于儒高于耶、即中高于西的看法，与余英时认为的中国文化自我调适能力优于西方文化，牟宗三认为“圆善”的中国智慧高于二分的西方哲学有关。

② 本文并不打算反驳儒家具有超越性的论说，相反赞同这样的说法。因为从形式一致性上讲，所有源远流长的文化体系，都具有超越性的形式化特质，但这并不证明所有文化都具有超越的宗教化实质结构。从康德以来，对不同结构间形式化的认证与实质化的区分，就是一个现代方法论的传统。本文反驳的是儒家“既内在又超越”的强势论断，即将儒家视为与基督教一样的“超越”说法。当然毫无疑问的是，在泛泛的形式化一致性基础上建立起来的儒家超越性论说，意义也是十分有限的。参见约翰•克里斯蒂安•劳尔森：《颠覆性的康德：“公共的”和“公共性”的词汇》，载［美］詹姆斯•施密特编，徐向东等译：《启蒙运动与现代性——18 世纪与 20 世纪的对话》，上海人民出版社，2005 年版，第 259 页及以下。

尊严与价值的德性境界。前者着眼于德性修养的内在良心依据，后者着眼的是德性修养的外部结果状态。前者是动机论的指向，后者是效果论的主张。这不是在同一个逻辑上展开的运思。而且这样的推论与人类道德实践的经验性结果也很难符合：因为并不是一切基于内在修养的道德实践，都可以实现超凡脱俗的、“超越”的结果，极大的可能只是德性境界的提高。同时，从道德实践经验的角度讲，内在的不必是超越的，超越的也不必是内在的。两者之间的复杂匹配关系，不是在传统儒家的思想范围内可以自洽地得到解释的。假如一定要以形式性特点的一致性（即所有文化都具有“超越性”特点）来推论实质性结构上的差异性（即儒耶两家分属于“内在超越”与“外在超越”）的话，那么，儒家的相关论证一定会处于一个尴尬的论证境地——那就是要么落在超越仅仅是从日常语言、最多是从哲学关涉上定义，而与宗教无关的窘境；要么流于超越性的、含混的形式性一致而忽略中西文化实质结构的不同。就前者而言，则无法证明儒家与基督教比较的正当性；就后者而论，则无法证实儒家与基督教究竟有何差异。可见，以“超越性”“内在性”替代“超越”与“内在”来诠释“既超越又内在”的儒家精神性（spirituality）特质，其论证进路很难走通。

就此有必要追问，在牟宗三那里仅仅是一个权宜性说法的儒家内在超越观点，是不是有必要毫不妥协地予以坚持？是不是可以深究这样的颠覆性问题：儒家是不是寻求超越的价值系统？这是一个需要在儒家思想脉络里定位的问题。从心性儒学说还是从政治儒学的相对划分说[①]，具有重大差异；从原始儒学说还是从宋明儒学之心学派或理学派说也具有重大区别；进而，从古典儒学与现代新儒学的不同视角审视也有明显的差异。但这些解释进路都是在儒家内部差异性上求解的方式。将儒家作为一个整体来看，它对宗教意义上的超越从来缺乏精神兴致，它从来就将自己界定为德性伦理的体系——无论是在五伦

① 心性儒学与政治儒学是一种相对的区分，旨在强调，着重个人内在德性修养的思孟、陆王一系，与着重社会政治统治的荀况、董仲舒一系所具有的不同特点。但在儒家思想史的存在状态上，两者的关注其实是交叠共在的。

（父子、君臣、夫妻、兄弟与朋友）意义上升华的五常（仁、义、礼、智、信），还是在三纲（明明德、新民、止于至善）意义上成立的八目（格物、致知，诚意、正心，修身、齐家，治国、平天下），都是与宗教无涉的（irrelevant）德性伦理学主张。这一断定自然是需要分析的。

首先，需要明确超越的含义。三种意义的超越，即作为日常语言词汇的“超越”、作为哲学词汇的“超越”、作为具有特定含义的宗教词汇的“超越”，是具有重大差异的。日常语言中的超越，具有克服困难、跨过障碍的一般含义，它与英语中表述人们克服了某种实际困难的 surpass/gobeyond 一词相似。这种意指的超越，当然在本文的讨论范围之外。哲学中讲的超越则具有两个基本含义，一是康德知识论意义上的，二是康德道德哲学意义上的。前者意指抽象的、深奥难懂的事物，抑或不能归入亚里士多德概念的东西，这就是超越经验的意思 beyond experience[①]；在境界意义上的超越含义，更多是在人生—道德发展角度讲的，这就是为康德重视的 transcendental。而宗教角度讲的超越，则专门指的是俗世中的人超越肉身和欲望的束缚，接受神的感召，向往彼岸，争取进入天堂的理念与行动，这与英语中的 transcendent 同义。中国人常常是在第一和第二方面使用超越一词的。如此的话，牟宗三与余英时在儒家哲学与基督宗教的比较视角提出的“内在超越”与“外在超越”，便成了对宗教与哲学差异掉以轻心的说辞了。对此，一些学者有一个解套的思路。那就是以境界论的超越对应本体论的超越，试图将儒家内在超越论的宗教含义不足的问题加以解决，而又保证儒家内在超越说足以成立，不被推翻。其实，在境界上不存在超越问题，只存在提升问题，即境界从低到高的递进问题。在所谓低级的物化境界与高级的天地境界之间，并不存在一级境界对另一级境界的宗教式超越问题，因为从总体上讲，那都是人的自我提升过程，是人的道德觉悟与实践所显示出的不同状态而已。即使从物质境界到天地境界，境界的构成似乎具有了结构性差异，但境界的人性特质未曾发

①［美］安乐哲著，温海明等译：《和而不同：中西哲学的会通》，北京大学出版社，2009 年版，第 148 页。

生任何改变。因为那都是人性的不同显现，层次上有别，但没有跨越人神界限。像孟子那种养成“浩然之气”、因此顶天立地的天地境界，也依然是道德修养的结果，而不是神启的状态。在这里，不管儒家是针对日用伦常进行的德性境界论说，还是针对天人关系进行的人生最高境界刻画，都完全是人的发展进路。这样的言说，既不是二元化的主客观世界的接通，也不是从人所能达致的境界进至神的境地。一切论说，都是在人间世界完成的。这正是牟宗三断言儒家是一种圆善论的理由所在。如果将“超越”泛泛地处理为不拘泥于现实，而寻求现实之外的理想世界，对于这一“境界”究竟是“德性境界”还是“神性世界”不加区别的话，那么基于道德哲学与宗教神学的完全混同的这种比较，似乎就显现不出意义来。因为我们甚至可以用“人同此心，心同此理”来对之进行更为高层的、一致性的概括。也许是对理论上的这一窘境有一个自觉，牟宗三在自己的理论建构中，敏锐地选择了康德来替代本应作为它比较对象的基督教，从而在论述内在超越的时候，作出了不为人经意的、至关重要的替代：他用道德哲学意义上的超越涵盖了道德哲学与宗教神学意味同具的神圣性超越。这意味着，牟宗三所谓的超越是指道德哲学意义上的“超越”（transcendental），而不是宗教实践意义上的超越（transcendent）。于是，儒家的“内在超越”就是一个没有明确宗教义涵的特质指认，它也就不能从儒家与基督教的比较视角加以对待，只能从儒家与康德的比较视角加以处置。即便如此，按照牟宗三的区分，儒家与康德的比较，也呈现为方的智慧（二分之智）与圆的智慧（德性贯通）之别。可见儒家对于康德哲学意义上的道德超越义，也是抱持异见的。

其次，需要明确儒家关注的焦点问题。从思想史上看，儒家既不寻求（西方）哲学意义上的超越，也不寻求（基督）宗教意义上的超越。儒家、尤其是原始儒家，关注的焦点乃是个体心性修养与社会政治治理如何可以成功贯通的问题。虽然从它的发展上来看，分别从这两个端点生长出心性儒学与政治儒学两种具体理论类型。但个体心性儒学与社会政治儒学不能分离开来加以对待，它们是一个儒学整体的两个构成部分。从比较的意义上看，西方哲学意义上的超越主要是在此岸世界的自然与人生（道德）之间分离的角度展开的，康德把二者统合于人的意志[①]。宗教意义上的超越体现为此岸世界与彼岸世界之间的二元分立的超克，上帝是一个必需的桥梁，信教是一个必经的过程。康德以一种现代理性主义的态度，把这个问题悬搁起来，他将基督教神学中具有知识意义的问题，留给纯粹理性范围的宗教学来解决；彼岸世界的问题，则留给个人的纯粹信仰来决断。对于儒家来讲，它专注的问题既不是自然科学意义上的超验问题，也不是宗教意义上的超越问题，它专注的是道德境界的提升问题。因此儒家既无必要也不渴求建立科学知识体系，也无必要和渴求去发展一个庞大的宗教系统。儒家重视和申述的是人的道德本性及其发扬光大的问题，这是一个道德自我的修养过程。从孔子到子思、孟子，再到陆九渊、王阳明这一线的心性儒学大师，关注的都是从日用人际伦理中发现普遍的道德规定性，重视的是“日用见道”，此道为德性之道，而非自然之道，更非神圣常道。诚然，道德提升到一定境界的时候，德性会呈现出宗教性的特征。但即便如此，德性与宗教的形式性特点趋近一致，并不改变它们的实质性构成差异：德性依然还是德性，宗教仍然还是宗教，人们没有理由将之混同为一。如果就康德的基本关怀来讲，凸显的是

---

① 参见［德］Richard Kroner 著，关子尹译：《论康德与黑格尔》，联经出版事业公司，1985 年版。论者指出：“康德固然彰举严格的数学性知识，因为只有这些知识代表对实有的真正学问，而且只有它能提供对象之客观真理。但同时地，康德对这一学科的形上价值却作出极低之评价。科学并不深入超感性的、无限的、不受制约的领域；科学只能传递有关世界一次要（subordinate）部分的理论讯息，世界的这一部分衍生了有损于道德理性治辖的种种感性冲动和欲望；就这一点而言，世界的这一次要的部分之于形上学的不重要性（metaphysical insignificance）便立刻显示了。”（第 53 页）这也正是某些论者如文德尔班一个断论的基础，他说：“康德哲学的伟大的原则性是在人类意识之整体与世界观之整体中的最高位置预留给了意志（will）而不留给理智（intellect）。康德哲学根本上是一意志论倾向的（voluntaristic）。”只不过这种意志论不是叔本华意义上的形上学意志，而是道德上的善的意志，或环绕着服从道德律则的个体意志（第 55 页及以下）。

“头上的星空和心中的道德律”[①]；那么儒家看重的就是一种从个体心性修养达到天下太平的宏伟目标的递进过程：从“为仁由己”(《论语 · 颜渊》) 起始，演进到“推己及人”(《论语 · 卫灵公》)，最后落实为“己欲立而立人，己欲达而达人”(《论语 · 雍也》)，“博施济众、老安少怀”(《论语 · 雍也》)。如果就儒家与康德的形式一致性讲，那就是两者都重视道德意志。但从价值指向上看，两者的实质差异性远远大于它们的形式一致性。

再次，需要明确儒家究竟试图如何解决当下现实与理想追求的关系问题。儒家解决这种冲突的基本方式是当下的、现世的、直接的、内在的，但并不寻求哲学的或宗教的、“超越的”目标。尤其是将超越界定在严格的宗教意义上的时候，儒家创始人孔子就更是以“不语怪、力、乱、神”(《论语 · 述而》) 为整个古典儒家立规了。从传统儒家的进路上讲，不论是心性儒学还是政治儒学，大致两者都谨守道德修养的三纲八目进路。即使是“多识草木鸟兽之名”(《论语 · 阳货》)，也都是为了道德觉悟之便，而不是为了发现自然事物的秘密或规律；同时，即便是强调“仰观天文”，也只是为了“俯察地理”，进而“知幽明之故”、即洞穿权力隐秘、透察历史演变的深刻道理[②]，同样不是为了仰视“星空”，抑或瞻仰神圣。儒家的这些基本立场，既不能从自然科学的外部世界与道德修养的内部结构关系上审视，也不能从人文主张与宗教建构的关联建构上分析。它就是一种透透彻彻的德性伦理观念。如果从德性之贯通人伦日用与天地境界来看，这才是一种自洽的、圆善的道德智慧。在人之外去寻求境界的提升动力，不符合牟宗三指认的儒家圆善智慧之论的言述进路。这里不存在一种康德式的将星空与道德分解而又主张后者高于前者的思路，也不存在一种基督教神学申述的人受神的感召、超越现实世界进于神圣境地的含义。因此也就不

① 这就是康德在《实践理性批判》中言说而为人广泛称引的话，“有两样东西，人们越是经常持久地对之凝神思索，它们就越是使内心充满常新而日增的惊奇和敬畏：我头上的星空和我心中的道德律”。邓晓芒译本，人民出版社，2003 年版，第 220 页。
②《周易 · 系辞上》。周振甫译注:《周易译注》，中华书局，1991 年版，第 233 页。

必要在三者的相关性上去辨认它们各自试图超越什么的问题，并在此基础上建立“外在超越”与“内在超越”的不同超越类型。就现代新儒家的阐释来看，他们在《为中国文化敬告世界人士宣言——我们对中国学术研究及中国文化与世界文化前途之共同认识》一文中强调的“当下即是”等精神，可以被认读为现代新儒家醒觉儒家的德性伦理学的特质的表现[①]。

事实上，选择主客观二分并确立镜式认知方式与确定德性修养通纳一切，进而选择“人”的还是“神”的进路，构成了中西文化的结构性差异。儒家全心关注的是人性问题，这种人性关注的进路，既不走自然科学的认知（recognition）进路，也不走宗教神学的启示（revelation）道路，走的是德性从萌芽（善之四端）到德性周行（博施济众）的修为之路。可以说，实现人的道德尊严，并不仅仅只有宗教的途径或者科学的途径，从道德的途径揳入也同样可以达到目的。除非人们以现代西方文化为基本设准来断言，宗教化或经历过宗教化历程的文化体系才足以称之为现代文化，否则，就不会对儒家经由德性境界提升达至高级文明的成就进行西方宗教化改造之后，才肯定其独特价值。

四、德性价值与秩序问题

儒家思想的着眼点并不在超越问题上面。与其说儒家关注的是内在超越问题，不如说儒家关注的是人性回归问题。唯有后者才鲜明地体现了儒家价值的特质。“学问之道无他，求其放心而已矣”（《孟子·告子上》），将人丧失的善性良心寻找回来，是学问的根本、人生的使命所在。儒家价值系统关注的是人性回归问题，这本身已经不是什么新鲜论断。从人们基本认同的观点概括起来说[②]，其一，儒家关

① 牟宗三、徐复观、张君劢、唐君毅：《为中国文化敬告世界人士宣言——我们对中国学术研究及中国文化与世界文化前途之共同认识》，载唐君毅：《唐君毅全集》卷四之二，台湾学生书局，1991 年版。

② 儒家关于人性回归的论述，极为丰富和复杂。此处的讨论，仅仅是枚举性的，而不是完备化的。因此不能认为儒家论述人性回归仅仅限于这四个方面。无疑，这四个方面是基本的、发散性的。

注德性问题的起点是人的善性，不管这一善性是发端自天性之善——这是心性儒家思孟的理路，还是基于后天人为之善——这是政治儒家荀董一线的进路，二者都归本于人的道德善性基础。而这正是儒家伦理切中人之善性对人类具有永久的引导价值的依据[①]。其二，坐实儒家伦理，它关注的不是抽象的道德规则，关注的焦点问题乃是人际伦理，不论这种人际伦理是在日常生活界面上的父子、君臣、夫妻、兄弟、朋友，还是在较为抽象层次上讲的仁、义、礼、智、信，抑或最后追求的目标“成己成人、成己成物”。这三个递进的层次，围绕的核心都是人己关系或人际伦理。由于人类必定生活在人己关系的结构之中，这就使儒家具有永久的现实针对的意义。其三，儒家注重个人德性修养的关键作用，但既不假设一个外在的上帝如何引导人，也不假设一个内在的、但却是实在论式的先在道德如何诱导人，它设定的就是一个自我德性修养试图实现的人生目标。内在于人心的善性四端，扩而充之便成为无敌的仁人。这正是儒家不同于康德设定实在性的道德律，以及基督教设定上帝这个外在的全智、全能、全善者的地方，也是儒家能够维系一种清醒的道德理智的深厚基础。在神人关系结构和人际关系结构两端，能够更为准确地理解中西文化的不同特质。其四，儒家期待个人的德性修养与外部社会治理的统一。从内圣到外王，或者内圣而外王，不是一个内在自我克制实现之后、外显于政治世界的产物，而是一个自然而然的“推己及人”过程。需要注意的是，当我们将内在与超越处理为“既内在又超越、既超越又内在”的时候，其实并不能保证其圆融性，反倒可能在讲“超越”的时候将道德的内在性外在化，讲“内在”的时候将超越的问题虚玄化。从内圣顺理成章进至外王，正是儒家切实可行，成为中国古代社会秩序井然的观念基础。可见，如果一定要在中西文化比较的视野中讨论儒家价值系统的特质

① 需要强调的是，自梁启超以来，中国学者大致都认为儒家乃是“伦理政治化、政治伦理化”的思想体系。参见任剑涛：《伦理政治研究——从早期儒学视角的理论透视》，绪论以及第三章“理论结构：伦理、政治的互动机制”，尤其是第二节第一目“以善通约：伦理政治的现实起点是对人的高度信赖”，中山大学出版社，1999 年版。

问题，我们可以“德性回归”与“实体超越”来概观二者的结构性差异。德性的回归自然具有促使德性实践者克服现实困难、认准道德目标、深怀恭敬地践履德性的特点，但这完全不同于超越实体化的存在，无论这一存在形态是心理实体的、或是上帝存在的。

因此可以断言，内在超越说不足以准确界定儒家的精神特质。这种解释进路扭曲传统儒家的德性主张，是可以被人们辨认出来的：一方面，从儒学的天人关系上诠释内在超越，势必将心性儒学的“心外无物、心外无理”[①]按照西方哲学那样严格区分为实体之心与主观心性，以便构成一据以超越的对象和实现超越的结果之间的同构性。于是，客观实体的德性之心与超越的主观努力之心，便不是一个东西了。如果一定要将之解释为一个东西，那么前设性的心就必定是一个心而不是两个心，心的自我觉悟与境界提升也就不需要区分为实体与选择两个部分了[②]。转而从基督教神学与儒学的比较视角审视内在超越论，则必须同时将儒学的德性神圣化和世俗化，并将儒学的德性修养论或道德实践工夫论，塑造为人心内部的斯杀过程。这样不单是将儒家圆融的德性实践撕裂为需要超越的主体和实际追求超越的主体，将主体肢解，而且将一个圆融的道德实践过程（三纲八目）解读为未超越与已超越的两个极端。另一方面，如果一定要坚持这样的界定进路，势必在儒学基本精神的解释策略上作出两种调整：一个调整是做大“宗

① 需要指出的是，在宋明时期心学家与理学家的分歧，并不在承不承认理在心中还是理在心外。德性之心总是内在的，心学家与理学家的差异在于德性觉悟究竟需要还是不需要借助外在的观察或磨难过程而已。参见钱穆:《宋明理学概述》，台湾学生书局，1984年版，第144页以下。

② 有论者指出:“如果我们把‘天人合一’理解为‘自其异者视之，肝胆楚越也；自其同者视之，万物皆一也’一语所表示的‘无待境界’，作为一种主观精神上的‘无分别意识’，而不是当作一种客观存在上的‘一即一切’或‘万物皆一个’之实事，我们认为此一说法是无害的。但是，如果把‘天人合一’理解为‘天理即是人与物之中的性理’（性即理），而且由于‘以心定性’，进而主张‘心即理’，即‘草木瓦石也有人的良知’，这样的‘天人合一’说乃是有害的，它会使人的‘主体性’吞没在宇宙的‘客体性’中，使与宇宙浑一的自我失却‘自作主宰’的意义，陷于万劫不复之中。”冯耀明:《“超越内在”的迷思——从分析哲学观点看当代新儒学》，香港中文大学出版社，2003年版，第227—228页。

教”[①]，使所有文化都成为准宗教性文化，这样儒学就具有了与基督教在同一个平台和同一种精神旨趣上进行比较的基础；或者将实质性的宗教换算为形式性的宗教性，以便自证内在超越的宗教性质。可是这样便陷入了预设儒家的宗教性，而以内在超越来循环性验证儒家的宗教性的怪圈。于是反证将宗教指证改变为宗教性辨认进路的不可行，进而反证从宗教或宗教性视角不足以凸显儒家特质的论说缺陷。另一个调整是做大“道德”，使之足以涵盖实体性道德与发用性道德，使道德动机与道德结果预先统一起来，这样就将超越的道德目标或结果埋伏在从事超越的道德实践的起点上和过程中，儒家“内在超越”的伦理论说便成为“既要超越，不假外求”的循环性论证[②]。可见，内在超越说免不了双重循环论证的质疑。

所谓内在超越与外在超越的对比性论说，其实是中国人丧失了对儒家德性论说的自信之后出现的对峙性论说。从内部解释的脉络来看，这主要是因为不在一个与西方基督教相互“格义”的状态之中，我们就不知道如何解释近代以来逐渐退出了我们日常生活的儒家；从外部讲，则是因为我们处在一个基督教文化影响世界的环境之中，我们不得不用传统来化解现实处境的紧张感。前者，牟宗三的反应是敏锐的；后者，余英时的比较是明智的。但是，两种比较进路都存在遮蔽儒家德性论说真正价值的可能性。在这里需要辨析的一点是，儒家内在超越论与儒教建构论之间的通向关系。无疑，牟、余二人并没有直接申述其内在超越论就是为了建构儒教的观点，而后起申述儒教建构论的学者也没有从内在超越论出发。但这并不构成切断内在超越论通向儒教论的理由。在牟、余的论证中，超越一词的引入，就是从宗教中而来的；同时，内在的道德，也被界定为宗教性的存在。这无疑是一种

① 参见［美］安乐哲等著，温海明等译：《和而不同：中西哲学的会通》，北京大学出版社，2009 年版，第 149—151 页。安乐哲实际上已经指出儒家内在超越说严重越出“超越”的严格涵义，而成为一种具有极大的扩展性特点的概念。

② 参见冯耀明对儒家内在超越论遭遇的这种尴尬的分析，冯耀明：《“超越内在”的迷思——从分析哲学观点看当代新儒学》，香港中文大学出版社，2003 年版，第 228—230 页。

将儒家植入宗教框架中展开的论述。这样的论述成为中西哲学比较的主流模式，必定推动人们就宗教论述儒家的诸种主张的出台。如果从思维模式看问题，内在超越说与儒教建构论两种论说之间，就可以出现互不借助却相互维系、各据一端但互证其论的贯通性。因此，牟、余强调的儒家宗教性、超越性之论，走向儒教论述的儒家宗教化之说，就不存在无法打破的界限。反之亦然：儒家的宗教化论说，必定要从儒家的宗教性和超越性出发，获得其宗教认证的逻辑起点。至于具体的论述，论者可以选取各自确认的不同端点。

从基督教与儒家比较的角度看，它们处在神性文化与德性文化的不同结构中，这种特性各显的结构并不是一种让人遗憾的事情：它不仅显示了人类古典文明的多样性，也体现了人类实现人类尊严的途径多样性，更表现出人类在不同区域与文化建构过程中不同精神建构的现实功用的一致性。因此，不管西方文化在其结构上如何强势，也不管基督教的精神建构如何构成了对世俗德性建构多么强有力的挑战，都不构成对儒家道德论说的否定性形势。从西方科学与儒家比较的角度讲，它们分别处在数理文化与伦理文化的相异状态中，但这种差异也不是使人感到光荣或羞耻的依据：因为它们分别构成了感知世界的两种进路，体现了人与世界的两种关系结构，同样都是整理人类所生活的这个世界的秩序的方式。这正是现代西方道德—政治哲学力求证明的、合乎理性的完备宗教、道德与哲学学说，都能构成正义的社会政治秩序的背景文化条件，因此都具有同等价值的道理之所在①。毫无疑问，内在超越说具有一种仅仅将宗教视为建构人心—社会政治秩序最优位的、完备性学说的化约性风险，对哲学和道德学说所发挥的同样功能掉以轻心了。因此，在一种以宗教化约所有文化要素的前提条

① 参见［美］约翰·罗尔斯著，万俊人译：《政治自由主义》，第二讲“公民的能力及其表现”，第三节“合乎理性的完备性学说”，译林出版社，2000年版，第61页及以下。以及第四讲“重叠共识的理念”，第141页及以下。其中，理性的宗教完备学说，可以被理解为政教分离之后，从背景上支持宪政民主政体运作的基督宗教。牟宗三、余英时之所谓外在超越的基督宗教，只能被定位为现代基督宗教，而不能被理解为前现代的基督宗教。可见，牟、余二人论定中西文化差异性的外在超越，也存在笼而统之论断的局限。

件下，预先将德性文化放置到了三者相互比较的低位上面。有必要将儒家德性文化放到基督宗教文化同等的地位加以比较，才足以说明二者对中西文化供给秩序的结构价值与功能效用。免除了面对西方文化强势的紧张感，以及亟欲为中国文化现代存在正当性辩护的紧迫感之后，我们就可以从容地为儒家德性文化辩护。

为儒家德性文化、即回归人的德性的主张辩护①，首先可以从人心—社会秩序的历史建构过程展开。从古典历史上看，值得我们高度重视的是，中国在文明发育的早期就经历了“绝地天通”，因此断绝了以宗教塑造中国文化主流精神的进路，但千年中国维持了秩序井然的人心—社会治理状态。中国历史上宗教（如道教、佛教）长期作用于社会下层，而儒家一直作用于社会上层，它们各自发挥自己的社会功能，有效促进了中国古典文明的发展并长期领先世界。当中国进入现代世界体系之后，大大落伍于西方世界，于是人们在追究其导因的时候，观察到了宗教的巨大功用，于是试图重拾宗教价值。人们要么主观地将儒家建构为宗教，要么要将基督教精神注入儒家以便重塑中国的精神世界。似乎儒家德性文化不足以整合让人足以“心安理得”的人心秩序，只能使人浮躁不安；同时不足以保障社会秩序，让人“犯上作乱”。其实这是现代体系中落后国家不清楚国家落后的现实根源，而将落后武断归咎于思想家导致的不当结论。中国现代性的危机，导因不在宗教的丧失；相应地，中国现代性的危机，也不在宗教的建构。

① 人们可以假设，人性的回归本身就是一种超越性的体现。这是可以承诺的说法。但是，人性回归之超越，只是在宗教超越的形式上体现出一致性，它本身并不是宗教的神人对举结构。因此，两者间的形式一致性仅仅表现为它们对是某种东西的克服。人性回归，总是在人自身的范畴内实现的道德升华目标，不是在宗教的范畴内所讲的人对原罪的克服，对上帝的皈依。两者的实质性差异显而易见。如果断言“回归即超越”，在世俗的意义上确实具有超越性、神圣性。但这种回归无论如何无法被理解为一种宗教实践的结果。在此意义上，我们可以进一步推论，所有完备的宗教、道德与哲学学说，尽管都具有相似的超越性特质，但是其严格意义上的超越只有宗教才具有。像古代希腊主要借助于哲学认识世界和指引实践，古代中国之依靠德性伦理把握人生社会和指导道德实践，都发挥了类似宗教那样整合人心—社会秩序的作用。但不能将古希腊和古代中国文化通通视为与基督宗教一样的文化体系。如此通观人类文化，未免落入千瘪化的陷阱。

中国现代性危机的根源，在足以整合人心—社会秩序的宗教、道德与哲学的精神价值被晚清权贵践踏和蔑视，社会政治生活的生机被国家权力系统扼制，国家统治者拒绝因势利导和与时俱进。

其次，为儒家道德性文化辩护，可以从德性文化的结构性特征入手，建构适应现代需要的人心—社会秩序——中国人在现代处境下，像古典儒家那样，重视人之善性、强调德性修为、推进人际关怀、重视民为邦本、推崇博施济众。德性文化在整合人心秩序的时候，高度看重人的尊严、激发人的道德自觉、促使人心怀敬畏、敦促人谨守规范。人心不乱，万事好办——因为当人们心怀敬畏、乐于谨守德性规则的时候，那些基于正义的规则就深植人心之中。德性文化在建构社会秩序的时候，重视政治规则的设计、看重制度的保障效用、严申官员的自律、注重权力的内在制衡，倘加以现代授权机制和分权制衡机制，德性文化的"运用表现"转进为"架构表现"[①]，那么中国现代制度的建构将顺理成章。

相反，如果我们试图主观地将儒家解释为宗教[②]，有可能造成一种双失的局面：一方面，儒家成为儒教，教化演绎为宗教，可能使儒家丧失德性伦理的传统规定性，而被善意地扭曲为宗教性的观念体系，以为这样更利于收拾人心。但这种主观目的性绝对不会得到有效实现。信仰宗教、仪轨宗教和日常宗教三个界面支撑的宗教形态，是中国自"绝地天通"以来就未曾致力建构的社会形态。这种对儒家进行的强烈主观意愿的改造，只会扭曲儒家的真正精神。另一方面，当我们将关注儒家的眼光停留在宗教性、超越性内涵的激发上面，而对于儒家德性伦理现代性价值的关注掉以轻心，儒家的德性伦理具有的现代价值就会隐而不彰，儒家注重人的德性价值、境界提升的特性就必然丧失，

① 牟宗三:《政道与治道》，台湾学生书局，2010 年版，第 44 页以下。

② 与此相应的问题是，如何解释儒家没有建立起科学传统的问题。在古典自身正当性范围内，这同儒家没有建立宗教传统一样，没有足以令人惊诧的地方。至于在现代处境条件下，儒家改铸成宗教与儒家接受科学，是两个具有本质区别的问题：前者将儒家的根本抽离了，而后者恰恰是儒家格物致知的精神需要，对于现代科学来讲，如何将科学认知自然的行动既推向自然界的纵深、又约束在德性范畴之内，是关键问题。儒家并不抵触科学，亦可为科学研究提供道德动力。

儒家之为儒家的理由就必然失却。而且在这样的文化传统改铸努力中，既不可能真正将儒家宗教化，也不可能保持儒家的德性伦理本真，于是，在内在精神结构上，儒家自身存在着一种难以兼顾宗教与德性两端的、自乱阵脚的危险；而在外部功用上，一种既无宗教引导、又失去德性提升的民族精神状况，最令人担忧。这是一种最危险的现代性境况：也就是一种极易陷入虚无主义泥潭的境况。

对于现代人类而言，重要的是将人性的尊严如何有效保障起来，成功建构有利于人们安宁生活的人心秩序与社会秩序，而不是万马争过宗教这一座看似通达现代的独木桥。从长程历史来看，早期文明对于人的观念的觉醒，构成为人类文明发展的轴心。如前所述，早期文明这类觉醒，既有宗教形态的、又有道德形态的、更有哲学形态的。完备的宗教、道德与哲学学说具有提挈文明的同等功用，没有高下之分。这些促使形成轴心文明的完备宗教、道德与哲学学说相沿以下，构成了今天文明的精神根柢。而诸如通向现代性必然借助宗教动力的种种误解，将人类文明的根源性与约定性割裂，使得基于现实的、呈现为强势的文明形态，变成为人类文明的单一范型，这就将不同文明形态的活性资源逼仄化为强势文明的畸变形态。对于不同文明基础上建构起来的民族—国家处理好各自的问题，具有一种简单化约的定势。事实上，依据不同文明各自的历史文化传统，激发其有利于建构现代生活方式的精神资源，是最有利于他们处理现代“挑战”的方式。因此，从儒家与基督教价值的比较讲，我们宁肯用回归人性、境界追求与宗教信仰、外在超越的对应性定位来说明，而不用内在超越与外在超越的对峙性说法来刻画两者的结构性差异。当然，如果人们乐意承认，外在超越与内在超越的比较立论，仅仅是要强调中西文化价值体系在形式上所具有的一致性，这种比较的限定性意义，笔者是愿意认同的。

（原载《中国社会科学》2012年第7期）

论内在超越

张汝伦

一

在新儒家哲学家和其他研究中国传统思想的华人学者中，普遍认为中国传统形而上学思想的一个基本特征就是天道的内在超越。牟宗三是这样来论述天道的内在超越的：“天道高高在上，有超越的意义。天道贯注于人身之时，又内在于人而为人的性，这时天道又是内在的（Immanent）。因此，我们可以康德喜用的字眼，说天道一方面是超越的（Transcendent），另一方面又是内在的（Immanent 与 Transcendent 是相反字）。天道既超越又内在，此时可谓兼具宗教与道德的意义，宗教重超越义，而道德重内在义。”[①] 这段话稍加分析就会发现问题。我们可以问，当天贯注于人身而为人之性时，如何又能说它“高高在上”？如何还“有超越的意义”？其次，按照牟氏的说法，人之性是贯注于人身的天道，而人之性就是“创造性本身”[②]，那么，天道是否就是“创造性本身”？如果是，那么说“性与天道”岂不是就是在说“性与性”？如果不是，那么天道与人性不是一事，也就不可能既内在又超越。就像基督教承认人身上有神性，但不会说上帝既内在又超越一样。

留学西方多年的李明辉当然知道“超越”这个西方概念的本义，但为了替乃师辩护，他根据美国人史华兹的说法，重新诠释了“超越”：“当新儒家将天与道当做超越的原理与现实时，超越的概念仍然包含了‘高于实际’或‘理想’的意义。据我所知，这是史华兹所说的‘超越’的意思。”[③] 这段话明显有毛病，“高于实际”和“理想”可

① 牟宗三：《中国哲学的特质》，台湾学生书局，1963 年版，第 20 页。

② 同上书，第 94 页。

③ 李明辉：《当代儒学之自我转化》，“中央”研究院中国文哲研究所，1994 年版，第 142 页。

以是“超越的原理”，但不能是“现实”，这就像黑不能是白一样。

史华兹在《古代中国的超越性》这篇文章中提出：“天命观念确实表现了对于社会—政治—文化上的规范的秩序与事物实际存在的状态之间悲剧性矛盾的意识。……就理想的社会秩序与实际事态之间存在着分裂的鸿沟而言，超越的成分不可否认是存在的。”① 后来他又在《古代中国的思想世界》中进一步申论说：“天命的观念呈现给我们的是对如下现象的清醒领悟：在应然的人类秩序与实然的人类秩序之间存在着差别。在这里，我们发现了宗教—伦理的超验存在的明确证据——可以说，它是所有高等文明轴心时代的标志，对于先前的高等文明发展持有批判的精神。”② 史华兹用“应然”和“理想”来诠释“超越”保留了超越本身原有的隔绝义，因为他认为“在人事领域中实然与应然之间存在着惊人的隔绝”③。

李明辉显然是想借用史华兹对超越的解释——超越就是指应然，但因为认为“中国传统的基本思维模式以一体性为其基础”④，自然不会认为应然与实然之间有“惊人的隔绝”。他赞同乃师牟宗三的说法：天命是“一个不可改变的、没有变化的标准”⑤。如果天命是“不可变的、没有变化的标准”，如何又能是“创造性本身”？“创造性”顾名思义就是可变和有变。可见当代新儒家的内在超越说根本就讲不通。他们无非是要将超越之天变为人内在的主体性。

余英时在发表于 1984 年的论文《从价值系统看中国文化的现代意义》中，谈到中西文化都认为人间秩序和道德价值的来源是超越性的，西方在柏拉图那里是理型，在基督教那里是上帝，而中国便是天。但是，在处理超越世界与现实世界的关系，或用中国的术语说天人关

① Benjamin I. Schwarz:*Transcendence in Ancient China*, Daedelus, vol. 104 (Spring 1975), p. 59.

②［美］本杰明 · 史华兹著，程钢译：《古代中国的思想世界》，江苏人民出版社，2004 年版，第 53—54 页，译文有改动。

③ 同上书，第 52 页。

④ 李明辉：《当代儒学之自我转化》，“中央”研究院中国文哲研究所，1994 年版，第 148 页。

⑤ 同上书，第 144 页。

系上，中西文化迥然两样。西方在超越世界和现实世界之间划下一道不可逾越的鸿沟，而中国人认为“两个世界则是互相交涉，离中有合、合中有离的”[①]。在《论天人之际》中，他用“‘不即不离’四个字来概括中国超越世界和现实世界的关系”[②]。这种不即不离的关系具体说就是超越性的道即在人伦日用之中，而人伦日用也不能须臾离道[③]。如果这样的话，那么“内向超越”的意思似乎是指超越者（无论是天还是道或价值）内在于现实世界。但这样的话，“天”或“道”又是在什么意义上是“超越的”？

但这其实还不是余英时讲的“内向超越”的意思，“内向超越”的概念是要回答“我们怎样才能进入这个超越的价值世界”的问题。具体而言，就是通过心来求索超越的道，“尽其心者知其性，知其性则知天”，孟子已经指明了每个人通过内心进入超越者的道路[④]。可我们不禁要问，知天就能进入天吗？如果人在自己内心就能发现、接触和达到超越者（无论是把它称为“天”“道”还是“价值世界”），那么它不就是内在于人心者吗？又是在何种意义上是“超越”的呢？余英时并不否认道的外在超越性：“‘道’的源头在‘天’仍是诸子的一个基本假设”，内向超越只是说“‘心’上通于‘天’”[⑤]。可他又说，内向超越之路由孔子发其端，“他将作为价值之源的超越世界第一次从外在的‘天’移入人的内心并取得高度的成功”[⑥]。从这句话的表述看，天仍然是外在的，即超越的（外在于人就是独立于人）。但余英时却剥夺了天的超越地位，因为据他说孔子把超越世界从天移入人心。也就是说，

① 余英时:《从价值系统看中国文化的现代意义》,《文史传统与文化重建》，生活·读书·新知三联书店，2004年版，第451页。

② 余英时:《论天人之际》,《文史传统与文化重建》，生活·读书·新知三联书店，2004年版，第204页。

③ 余英时:《从价值系统看中国文化的现代意义》,《文史传统与文化重建》，生活·读书·新知三联书店，2004年版，第451页。

④ 同上书，第452页。

⑤ 余英时:《论天人之际》,《文史传统与文化重建》，生活·读书·新知三联书店，2004年版，第205页。

⑥ 同上书，第206页。

从此天不再是超越的世界，人心才是超越的世界。那么这个孔子本人无比尊崇的外在的天难道就此不再超越了吗？外在不就是超越吗？另一方面，超越世界既然已经移入人心内部，又怎能叫“超越”？

更奇怪的是，就在同一本书的前面，余英时明确告诉我们：“‘道’的观念和‘天’相通，所指的同是轴心突破后那个独立的超越世界。这个超越世界也可以称为‘彼世’（‘the other world’），与‘现实世界’（即‘此世’，‘this world’）互相照映。”[①]如果“超越世界”就是天，那么“把作为价值之源的超越世界从外在的天移入人心”就等于说“把作为价值之源的天从外在的天移入人心”，这样的话说得通吗？此外，“独立的超越世界”移入人心后，究竟是否还是“独立的”呢？如果是，在何种意义上是“独立的”？

倒是他写于1984年的文章《从价值系统看中国文化的现代意义》对超越问题的表述要稍微合理些，尽管也有明显的自相矛盾处：他一方面说天是人间价值的超越性源头，古人谁都知道“道之大原出于天”，中国传统文化并不以为人间的秩序和价值起于人间，它们仍有超人间的来源[②]；“中国人认定价值之源虽出于天而实现则落实在心性之中”[③]。另一方面又说：“价值之源内在于人心，然后向外投射，由近及远。”[④]那么，在中国传统文化中价值之源究竟在人还是在天？这么重大的问题难道可以忽此忽彼吗？

其实，余英时关于超越问题的种种说法，很可能是他对史华兹1975年就提出的一些关于古代中国之超越问题的观念的改造吸纳，即便是他郑重其事地提出能避免“内在超越”概念可能引起的误会与混乱的“内向超越”，也不是他的“孤明先发”，而是史华兹的发明。史华兹在发表于1975年的文章《古代中国的超越性》中就已提出了“向

① 余英时：《论天人之际》，《文史传统与文化重建》，生活·读书·新知三联书店，2004年版，第119页。

② 余英时：《从价值系统看中国文化的现代意义》，《文史传统与文化重建》，生活·读书·新知三联书店，2004年版，第448—452页。

③ 同上书，第458页。

④ 同上书，第476页。

内超越”的概念（transcendence inward）[①]。史华兹在这篇文章中系统讨论了先秦中国思想中的超越性问题。他认为在孔子时代之前，即商、周时期，上帝或天是一个超越的统治者，它是一个自觉的意志，维持着世界的秩序与和谐。至于非人的宇宙，天自觉的意志（天意）与自然的正常秩序是完全同一的。人世经常会失序失范，此时天就会对人间事务作出严厉的道德判决。天命的观念是这种判决的体现。它表明规范的社会政治文化秩序与人世的现实之间存在着一道应然与实然的鸿沟。但应然并非不能实现，所谓“道”就是应然的实现。但不管怎么说，应然与实然之间的分裂表明超越因素的存在[②]。

孔子在超越性问题上的贡献是他关注的是道德—精神生活主观内在的方面。人，或者说某些人，能够培养自己内在的道德成长的能力，能够达到被叫作仁的内在的道德完善。或者说，人能在自己身上超越实然趋向应然（即实现道德行为）。在此意义上，社会中伦理的事物是出于人的主体（the source of the ethical in society is human subject）。所谓向内超越，是指关注道德—精神生活的主观方面（focus on the subjective or inner side of the moral—spiritual life）[③]。但这并不是说道德的根据在人或人的主观性，更不等于说史华兹认为在中国思想中“超越”概念失去了其外在性的含义。

史华兹还是承认，除了道德的内在根源外，在中国古代思想中，始终存在外在的理想社会秩序和正常的自然秩序。并且，“孔子绝没有解决道德的内在根源与好社会秩序之外在‘客观的’结构之间的关系问题。两者之间的关系问题成为后来儒家的核心问题之一”[④]。他也注意到，在《论语》中，天不只是自然与社会内在的道，而且还是一个能动的意志。因此，虽然人可以在自己的内心找到道德的根源，但仍然存在外在的超越者，心不是天，也不能覆盖和代替天，虽然在孟子那

① Benjamin I. Schwarz:*Transcendence in Ancient China*, Daedelus, vol. 104 (Spring 1975), p. 63.

② Ibid., p. 50-61.

③ Ibid., p. 63.

④ Ibid..

里人的善良本性似乎与天同体（consubstantial）[1]。但在老庄的道家哲学中，道是完全外在超越者，是一个不可描述、不可言喻的绝对者："道可道，非常道。"在道家哲学中，我们发现自然秩序与社会秩序极端的二分。"早期道家最极端地表达了中国的超越性。"[2]史华兹显然承认，孔子的内向超越并没有使得中国的超越性完全没有外在超越的维度。中国的超越性同样也可以说超越者与人有别，独立于人，虽然并不与人隔绝。

虽然余英时的"内向超越"（inward transcendence）概念显然来自史华兹的"向内超越"，但意思却有很大不同。史华兹的"向内超越"指的是孔子强调道德行为和道德完善的主体性（主动性），向内超越是指人超越自己的自然性为趋向一德性的存在；而并不是说孔子把道德的根据从天移到了人内心。但余英时的"内向超越"却是这么认为的："在孔子立说前，传统的看法一直都认定'礼之本'当外求之于'天'。……孔子在寻求'礼之本'时不走……外求之于'天'的旧路而改为内求之于'心'，归宿于'仁'。"[3]此外，"超越"总要有个被超越者，"内向超越"要超越什么？无论超越天还是超越人，两者都不通！如果把"内向"超越理解为向人超越的话，更不通。人如何向自己超越？

二

也许正因为如此，美国学者郝大维和安乐哲干脆认为："在孔子思想中，影响最深远的、一以贯之的预设是：不存在任何超越的存在或原则。……企图求助于超越的存在或原则来说明孔子的学说，是完全

① Benjamin I. Schwarz:*Transcendence in Ancient China*, Daedelus, vol. 104 (Spring 1975), p. 64.

② Ibid..

③ 余英时：《论天人之际》，《文史传统与文化重建》，生活・读书・新知三联书店，2004年版，第206页。

不恰当的。”[①] 因为“超越和内在的对立本身，是出自于西方哲学的传统”[②]。但出自西方哲学传统的概念并非不能用于中国文化和思想，这两位作者自己也用出自西方哲学的传统的“哲学”概念来指称孔子思想。这两位作者其实是想强调中国思想的特殊性，认为用出自西方哲学的传统的概念来论述中国思想是忽视和掩盖了中国传统的特殊性。而“超越”则成为他们证明自己观点的例子。

他们认为，在西方思想中，“超越”这个术语的严格定义是:“在原则 A 和原则 B 的关系中，如果 A 在某种意义上决定 B 而 B 不决定 A，那么原则 A 就是超越的。就是说，如果不诉诸于 A，B 的意义和重要性就不能得到充分的分析和解释，而反过来，情况就非如此，那么,A 就超越 B。”[③] 这种对超越的理解显然是片面而又绝对了点。超越（transcendent）一词的基本语义是“在什么之上或之外”，也就是超越、超过和越过的意思。在哲学或宗教中，它一般在三重意义上使用，即（1）超越经验的界限;（2）在我们可以通过感官认识的自然世界之外;（3）超出人的意识范围之上。而与其相对的概念“内在”则是指在经验、自然和意识领域之内[④]。

郝大维和安乐哲对超越概念的理解其实是把超越理解为一个所谓的根据概念（grundbegriff），即事物的根据。古希腊哲学没有超越这个词，但是却有非常明确的根据意识。形而上学的任务就是要追求事物的根据，即决定事物之所是者。大千世界，形形色色，各种事物总有一个决定它们为何是它们的最终根据。对于希腊哲学家来说，这个根据就是存在，存在决定存在者。希腊人认为，不能根据事物（存在者）的有用性或给我们提供的方便来理解事物，而只能根据事物本身是什么来理解事物。使事物存在和获得自己（是其自身）的是存在。

① [美] 郝大维、安乐哲著，蒋弋为等译:《孔子哲学思微》，江苏人民出版社，1996 年版，第 5 页。

② 同上。

③ 同上。

④ Cf. Johannes Hoffmeister (hg), *Wörterbuch der philosophischen Begriff*, Hamburg: Verlag von Felix Meiner, 1955, SS. 617-618.

在此意义上存在是存在者的根据。存在不是存在者之一员，而是在一切存在者之上，即超越了存在者，把存在者建立在它的同一性（身份）基础上。就此而言，存在决定存在者，而不是相反。郝大维和安乐哲所理解的超越的用法，源出于此。

但是，正如这两位哲学家也看到的："在西方哲学中，对'超越'这个术语的用法比较复杂。"① 何止是"用法比较复杂"。超越概念本身的内容就"汇容了多种多样的用法和解释途径，反映了哲学观点的多样性和丰富的历史积累。结果，它与其说是一个单一的概念，倒不如说是一个包含着多种彼此有关的用法的类概念"②。可以说，这个概念在西方哲学发展的各个不同时期都有所变动。西方最有代表性的超越思想当数柏拉图主义、基督教有神论和康德哲学三种。尽管这三种超越观也各不相同，但"它们都认为，时空领域中的实体与现象并不能穷尽客观实在的内容。……三家学派都一致认为，超越性的实在完全不同于属于时空各个体世界的客体和现象"③。

古希腊的存在概念不仅在事物的最终根据意义上是超越，而且它在永恒存在和始终不变意义上也是对现实世界的超越，因为无论是自然事物还是人类，都不可能永恒存在和始终如一。这些也正是基督教超越的上帝的基本规定。上帝是事物的最终根据，只有上帝才是永恒存在与始终如一。严格说，超越概念是到了中世纪才出现的。经院哲学家超越了作为世界的同一性的存在概念，存在被理解为作为存在本身（ipsumesse），即它由于自身和通过自己持续存在（essesubsistens）。这就是经院哲学家的上帝。从此，超越的基本意指就是自我持续存在之存在本身或上帝。由此可见，事物的绝对决定者而非被决定者仅仅是超越的基本含义之一。

到了近代，康德在其批判哲学的语境中保留了传统超验与内在的

①［美］郝大维、安乐哲著，蒋弋为等译：《孔子哲学思微》，江苏人民出版社，1996 年版，第 5 页。

②［美］米尔顿・穆尼茨著，徐式谷等译：《理解宇宙——宇宙哲学与科学》，中国对外翻译出版公司，1997 年版，第 169 页。

③ 同上书，第 171—172 页。

区分。他在第一批判中说："我们可以把那些完全限于在可能经验范围内应用的原理叫做内在的原理，而把想要超出这一界限的原理叫做超验的原理。"超验就是超出经验范围，在经验范围之外。超验原理包括在"先验辩证论"中讨论的心理学、宇宙论和神学的理念。但是，超越不再指超越意识的存在，而只是意识本身试图超出经验的倾向。存在是自由的自我存在，但这种存在不是一个包罗万象的形而上学存在之特殊模式，而只是实践理性。上帝只是为保证自然和自由统一的理论需要而设定的观念，不是形而上学的存在。与康德的二元论哲学相一致，康德的超越概念有双重意义，一方面是指出于理论外推设定的上帝，另一方面是指实践理性。

费希特以克服康德哲学的二元论为己任。自然与自由不是两个分裂而不相关联的领域，它们统一于理性的自由。理性的自由表现为人类社会—历史的发生，此发展必然同时设定了自然的现实性，自然也只有从人类理性自由的活动中来把握。作为理性的自由是沟通自然现实与精神现实的一个具体、普遍的中介。这样，通过彻底打通自然现实与精神现实，超验概念与现实概念一样具有了古代和中世纪所具有的绝对性。但是，这种绝对现在既是批判的超越，同时又是要回过来以自然世界和人类世界现象的方式为中介。超越与内在之间并没有不可逾越的鸿沟。所以有人说超越概念是一个相互关联性（korrelativ）的概念[①]。超越展示了人与上帝深不可测的创造性[②]。

黑格尔通过他的绝对概念进一步恢复了超越意义，超越是绝对知识和意志的绝对同一，是作为自我（自由）的绝对精神。然而，黑格尔的形而上学并不关心一个超越的（超自然的）存在者，绝对不是任何意义上的某种事物，而是万有作为其部分的大全。黑格尔也把绝对理解为上帝，但却不是基督教神学意义上的外在超越的上帝，而是要经

① Eberhard Simons, "Transzendenz", Hermann Krings, Hans Michael Baumgartner und Christoph Wild (hg.), *Handbuch philosophischer Grundbegriffe*, Bd. 6, Müchen: Kösel-Verlag, 1974, S.1540.

② Ibid., S. 1545.

过自我意识中介的内在的上帝。这个上帝并不与世界和自然对立，世界与自然是上帝之他在，上帝本身通过自身的这种它性而展开。上帝与世界的关系是差异中的同一性。就它与世界—自然有别而言，它是超越的，就它必须在和通过世界—自然的中介展开自身而言，它是内在的。所以黑格尔的形而上学是内在超越的。但这种内在超越绝不是像某些研究中国思想的人所鼓吹的那种“内在超越”——超越的主观化。

黑格尔的超越——绝对精神作为大全，毫无疑问是一种理想的存在，它在纯粹思想中的形式就是逻辑，它是纯粹思维的王国，“这个王国就是真理，……这个内容就是上帝的展示，展示出永恒本质中的上帝创造自然和一个有限的精神以前是怎样的”[①]。但是，黑格尔的绝对—理想绝不是像基督教的上帝那样一个完全在现实之外的超越者，而是通过现实的中介展示和展开自己的绝对同一性（有差异的同一性，或同一性和非同一性的同一性）。“（德国）‘观念论’（费希特和黑格尔）发展了一种绝对和绝对中介的超验概念，它要从世界历史上、在其可能与现实的同一性中把握整个现实。”[②]也就是说，超越作为理想，是对现实的一种批判力量，但它不是与实然截然对立的应然，而是通过实然和在实然中辩证发展的应然。作为绝对的同一性，它是在应然和实然差异中的同一。黑格尔的超越概念通过现实存在（实存）的中介突出了超越的绝对性和无限性，但这种绝对性和无限性不是坏的无限，即纯粹量的无限，而是与不完善的现实对照的理想的完善，它暗示了任何实存的相对性和有限性。而这种理想和完善意义上的绝对性和无限性，也是传统超越概念多少都有的。

从上述对西方哲学传统中超越概念用法的简单回顾，可以看出郝大维和安乐哲在《孔子哲学思微》中对这个概念严格定义的说法是相当片面的，许多重要的含义完全被忽略了。不过后来在安乐哲写的

①［德］黑格尔著，杨一之译：《逻辑学》上卷，商务印书馆，1966年版，第31页。

② Eberhard Simons, “Transzendenz”, Hermann Krings, Hans Michael Baumgartner und Christoph Wild (hg.), *Handbuch philosophischer Grundbegriffe*, Bd. 6, Müchen: Kösel-Verlag, 1974, S.1545.

《自我的圆成：中西互镜下的古典儒学与道家》中，安乐哲对西方的超越概念作了详细得多的论述。在这本书里，安乐哲指出：超越首先表示独立和自足，如基督教的上帝超越于世界，就是说它独立于世界之外，不受它影响，但“超越的这一意义并非与犹太教—基督教神学同时产生。希腊的哲学传统明显地以各种方式诉诸超越，用做发展各种世界观的手段”[①]。但在西方文化中，超越的意义主要通过上帝这个超越的存在者来表达，主要有四种含义：（1）作为神智的上帝，它是那些与智识和道德品质的观念相联系的永恒的可能性和价值的总源泉；（2）作为机械师的上帝，它是世界的创造者；（3）作为专断的意志的上帝，它是世界任何事物的最终原因，也是命运；（4）上帝是自然的目的，自然是一个目的论体系[②]。安乐哲也看到超越具有理想的意义：“当某项事物被用做可以效法的卓越的典范或理想的时候，它可以说是超越的。”[③]但无论怎样，安乐哲都坚持：“超越的观念与对中国古典典籍的解释无关。……依靠严格的超越的概念，是怎样严重地歪曲了儒家和道家的认识的某些方面。”[④]

三

作为一个研究中国哲学的西方学者，安乐哲的目的是反对将源自西方的概念当作有普遍意义的概念来解释中国思想，反对实质是自我文化中心论的西方现代性的普遍主义，坚持中国哲学的特殊性[⑤]。这无疑是正确的。但是，人类毕竟有某种程度对世界的共同理解，以及建立在这种共同的世界的可理解性基础上的不同文化的交集，否认这一点，不同文化背景的人类就无法相互理解和沟通，不同语言就绝对不

①[美]安乐哲著，彭国翔编译：《自我的圆成：中西互镜下的古典儒学与道家》，河北人民出版社，2006年版，第21—22页。
② 同上书，第25—30页。
③ 同上书，第20页。
④ 同上书，第39页。
⑤ 郝大维、安乐哲著，蒋弋为等译：《孔子哲学思微》，江苏人民出版社，2012年版，序。

可译。只要我们对所使用的概念原初的特殊性有足够的自觉，在使用过程中过滤或悬置它们的特殊内容，未尝不可用源自一种文化的概念来解释另一种文化；这其实是文化融合的一个必然步骤。以超越概念为例，我们在用它来解释古代中国“天”的时候，完全可以将它原有的希腊哲学的存在概念和犹太—基督教的上帝等特殊内容抽去不顾，而只采用其超越有限事物的“无限”义和“绝对”义、世界的最终根据义和价值本源义，以及决定者而非被决定者义。这样，我们将会看到，用超越概念解释“天”不但不会不妥，还能帮助我们进一步认识中国哲学这个基本概念的复杂内涵。例如，我们完全可以说中国的“天命”是一个超越性概念，因为它决定一切，而非任何人或事可以决定它。用超越概念来解释“天命”不但不会歪曲和误解这个重要的中国哲学概念，反而使它的特征更加明确。

但安乐哲对海外新儒家和其他人用“内在超越”或“内向超越”来解释中国古代哲学的特征的批评基本还是正确的，他们的确对“超越”概念的复杂而特殊的含义缺乏足够理解，因而他们的解释的确对中国哲学特质有歪曲和误解。但这并不能证明“中国思想文化最明显的特征之一，就是在其精神、道德和政治的感悟方式的表达中，缺少对于超越性的真正充分的意识”①。也不能证明我们绝对不能将超越概念用来解释中国古代“天”的概念。

为了表明这点，我们首先得考察一下，源于西方的超越概念的基本含义中具有无普遍性的意义。超越一词在西文中可以有名词、形容词和动词三种用法。作为名词用法，the transcendent 一般指在我们人类之外（包括在我们的认识能力之外）、与我们作为有限存在者相对的无限存在，西方人将它称为上帝、无限、绝对等；我们中国人则称之为无极、造化或太初等。它与任何有限的存在者（包括我们人）的区别不是量上的，而是质上的。它是一切事物的根本原因与根据，也是一切事物的存在论前提。作为形容词的超越（transcendent）则表示一

①［美］安乐哲著，彭国翔编译：《自我的圆成：中西互镜下的古典儒学与道家》，河北人民出版社，2006 年版，第 18—19 页。

切与超越者（the transcendent）有内在关系的东西或超越者自身的种种特性。作为动词的“超越”（to transcend）则主要与人有关，指人努力超克自己的有限性以达到超越的领域，毕竟“超越”一词在本义上是指攀越某一物质障碍或界限，如一堵墙或一座山[①]。而作为哲学术语的“超越”，“主要关心的仍然是这一行为所追求的本体论目标，而不是超越行为本身”[②]。

中国传统哲学中的确没有超越这个概念，但上述超越的各种基本意义，还是有的。不但有，而且还很基本。首先，中国哲学中的“天”可以说就是超越者（the transcendent）。在春秋之前，“天”就已经是一个比较复杂的概念了，虽然在许多文本中的确可以将它理解为人格神，但它已经具有了哲学的含义了。这些哲学含义包括：（1）它是万物的起源，万物由它而生。“天生烝民，有物有则。”（《诗经·大雅·烝民》）在这里，不一定要把天理解为“天帝”或别的什么人格神，我们完全可以像西方人理解泰勒斯的“水”的概念或赫拉克利特的“火”的概念那样，把天理解为只是古人用来表示事物与宇宙秩序的起源的一个概念。事实上，“我们在《诗经》和《尚书》中孔子以前的文本部分没有找见任何涉及诸神史事和宇宙起源学说的叙述”[③]。我们完全有理由可以根据不同的文本和语境，不把“天”千篇一律地理解为类似西方上帝那样的人格神。（2）天是一切事物的最终根据，具体表现为“天命”概念：“夫礼必本于大一，分而为天地，转而为阴阳，变而为四时，列而为鬼神，其降曰命，其官于天也。”（《礼记·礼运》）这段话虽然出于春秋以后，但却未必只表达春秋之后人们对天的理解。（3）天是一种虽与人发生关系，却是人无法左右，却能决定人的命运的绝对力量，“天命靡常”就表达了商周之际人们对天的这种理解。（4）天是是非善恶的最终决定者。

①［美］米尔顿·穆尼茨著：《理解宇宙——宇宙哲学与科学》，中国对外翻译出版公司，1997年版，第170页。

②同上书，第171页。

③［美］本杰明·史华兹著，程钢译：《古代中国的思想世界》，江苏人民出版社，2004年版，第51页。

到了春秋时代，古人对天的超越特征有了越来越明确的意识。比较典型的是《左传》中记载，子产说："天道远，人道迩，非所及也。"（《左传·昭公十八年》）"非所及也"一语，清楚地表明了天道的超越性。天的超越性还表现在天道与人道的区分上，《国语·周语下》记载，单子对鲁侯说，晋国将乱。鲁侯即问他："敢问天道乎？抑人故也。"天道与人道显然有截然的分别。天的超越性还表现为人对天之所为毫无办法："天之所废，谁能兴之。"（《左传·襄公二十三年》）相反，天对人有绝对的决定意义："我生不有命在天。"（《尚书·西伯戡黎》）"获罪于天，无所祷也。"（《论语·八佾》）因此，人只能遵循、顺从天命，这种思想商周时期就有，一直延续到古代结束。《尚书·泰誓》："先王有服，恪谨天命。"到了春秋时期，天道自行其是，人必须顺天而为的思想就更明确了："天道盈而不溢，盛而不骄，劳而不矜其功。夫圣人随时以行，是谓守时。天时不作，弗为人客；人事不起，弗为之始。"（《国语·越语下》）

与此对天之超越性的意识越来越明确，天在中国思想和哲学中也越来越不被理解为"自觉的意志"[①]。"天何言哉？四时行焉，百物生焉。"（《论语·阳货》）"天不言，以行与事示之而已。"（《孟子·万章上》）天作为一切事物之发生和运行之源，是一种超意志的绝对的力量。这里说的"超意志"，不但是指主观的意志概念根本不适用于它，而且也是说它非主观意志所能影响或决定。"无为而尊者，天道也；有为而累者，人道也。"（《庄子·在宥》）这里的"无为"和"有为"应该被理解为"无意之为"和"有意之为"，天道无为而无不为，人道受意志支配，有所为，有所不为。一为无限，一为有限。天道与人道的这个区别，正是天道超越性的证明。反过来，对天和天道超越性的认识，使得人们明确区分天道和人道，以及后者对前者的从属关系。

《中庸》是最早明确提出这个思想的："诚者，天之道也；诚之者，

①［美］本杰明·史华兹著，程钢译：《古代中国的思想世界》，江苏人民出版社，2004年版，第53页。当史华兹一方面强调天是超越性的，另一方面又主张它是"自觉的意志"时，其实他已经是在用西方上帝的概念来理解中国的天的概念了。

人之道也。”（《中庸》第二十章）朱子明确看出，天道与人道的区别是无限和有限、绝对与相对的区别：“诚者，真实无妄之谓，天理之本然也。诚之者，未能真实无妄，而欲其真实无妄之谓，人事之当然也。”（《中庸章句》）天道绝对真实，无限完善；人道却不然，真实无妄只是一个追求的目标。故天道只有本然，没有当然；人因其有限性即不完善性，才有所谓当然可言。“诚者，天之道也；思诚者，人之道也”（《孟子·离娄上》），则把人道是对天道的追求说得非常清楚。

长期以来，在讨论天的概念和天人问题时，人们都强调天人相通的一面，却对于天的超越性缺乏足够的意识，而“内在超越”或“内向超越”的说法，实际上导致以心代天，最终取消了天的超越性。这与西方随着主体性原则的兴起导致超越概念的没落相仿，而超越概念的没落是现代虚无主义的主要成因之一。

其实天人关系问题真没有主张“内在超越”或“内向超越”论所说的那么简单。内在超越也好，内向超越也好，实质是将天纳入心之中。但是如果我们承认天心关系还是天人关系的话，那么除非将天与人的根本区别完全消除，除非否定天的超越性，否则，天人合一或天人相通都不能理解为天入心中或以心代天。我们这里说的天的超越性，主要指作为哲学概念的天所意谓的无限性和绝对性。天首先不是在外在于现实世界和人的意义上是超越的，而是在无限和绝对的意义上是超越的。在此意义上，天人合一不能理解为天人同一，人心不管怎么说都是有限之物，都不能等同于天，天是无限无穷：“今夫天，斯昭昭之多，及其无穷也，日月星辰系焉，万物覆焉。”（《中庸》第二十六章）正因为如此，儒道两家都强调要则天法天。如果心与天同一，则不会有则天法天的余地了。

人心可以知天，但不能代天。天的一个基本意义为超越的创生过程，此荀子说得最明白：“列星随旋，日月递炤，四时代御，阴阳大化，风雨博施，万物各得其和以生，各得其养以成，不见其事而见其功，夫是之谓神。皆知其所以成，莫知其无形，夫是之谓天。”（《荀子·天论》）《中庸》则斩截明快地表达了相同的意思：“天地之道，可一言尽也：其为物不二，则其生物不测。”（《中庸》第二十六章）由此可见，至少在先秦两汉，天绝对是一个超越者，其与人心有根本的区别，虽然并不截然分开。但这不截然分开，只是说它是万事万物，包括人心的根据。人不能代天，人若能代天，就将只有人而不会有天了。

天人关系实际上是人与超越（者）的关系。在西方哲学中是人与神的关系，在中国哲学则为天人关系。在西方思想中，超越的基本意指是人与世界之外的一个无限者，或一个绝对的实在，人们可以赋予它人格或非人格特征，但它的主要特征却是作为事物的终极原因，一切规范性的根据和人超越自身之所向。正是由于它的这个主要特征，西方人把它称为超越（transcendent）、终极（the Ultimate）、终极实在（Ultimate Reality）、至上原则（the Supreme）、神圣者（the Divine）、太一（the One）、永恒者（the Eternal）、不朽的唯一（the Eternal One）、实在（the Real），当然还有上帝。我们中国人则一般将它称之为“天”[①]。这个概念不完全是由于人的宗教意识，更不是由于科学不发达造成的无知产生的。恰恰相反，它是人自觉意识到自己的有限性及其相关问题时才会产生的一个概念。雅斯贝斯（Karl Jaspers）、史华兹及许多讨论超越概念问题的人，都认为它是标志人类理性宗教和哲学开始的轴心时代的产物，就是这个道理。超越也的确是古代哲学与宗教的核心概念之一。超越问题甚至决定了作为第一哲学的形而上学是否有自己完全不同于其他任何研究的独特主题[②]。

然而，这个概念却被近现代西方哲学作为传统形而上学的独断概念而被抛弃。甚至可以说，近现代西方哲学就是一部不断批判和清算超越思想的历史，后现代哲学则是这部历史的最新表现。

如前所述，超越在前现代西方思想中，其真实性和必要性不成问题。西方思想二元论的传统，正是建立在超越存在的基础上的。而古代世界的宇宙观，更是为超越存在提供了直观的佐证。古代宇宙论的

① 也因为如此，天人关系不宜理解为人与自然的关系。

② Cf. A. W. Moore, *The Evolution of Modern Metaphysics: Making Sense of Things*, New York：Cambridge University Press, 2012, p. 10.

基础的天地二分，彼此是完全不同的两个区域。“按照亚里士多德，月亮天球的内侧将宇宙分成截然分开的两个区域，充填着不同种类的物质，服从不同的规律。人类所居住的地界是多样和变化、出生和死亡、产生和消灭的区域。天界相反，是永恒和不变的。”[①]很显然，在这种宇宙论中，天地这两个截然有别的区域之“别”不仅是物理的，更是形上与哲学的，地是有限的，天是无限的；地是此在的，天是超越的，它是无限完美和力量之所在，所以它一定也是神之所在。亚里士多德在《论天》中写道：“所有人都有神的概念，所有人都把最高处所分配给神性，无论是野蛮人还是希腊人。凡相信神的人都很显然地认定，不朽的东西总与不朽的东西密切联系在一起。”[②]托勒密继承了亚里士多德天地二分的宇宙论思想，只是在天文学上对它稍有增益。

亚里士多德—托勒密的天人二分宇宙观很容易就被基督教思想接受，因为基督教原本就建立在人神二分，即此在与超越二分的基础上，所以“新的基督教宇宙的物理结构和宇宙论结构主要是亚里士多德的”[③]。无论是奥古斯丁（Aurelius Augustine）还是阿奎那（Thomas Aquinas），都是在亚里士多德—托勒密宇宙论基础上构筑基督教神学的宇宙论的。而但丁的《神曲》则以寓言的方式表明中世纪的宇宙只能有着亚里士多德—托勒密式的结构[④]。

就其初衷而言，“哥白尼革命”其实并不怎么“革命”，如当代美国著名科学哲学家库恩所指出的：“总体上看，《天球运行论》差不多完全位于一个古代天文学和宇宙学的传统之中，但是从它那基本上古典的框架内可以找到一些新鲜的东西，这些东西却以哥白尼未曾预料的方式改变了科学思想的方向，并导致了古代传统迅速而又彻底的崩

①［美］托马斯·库恩著，吴国盛等译：《哥白尼革命——西方思想发展中的行星天文学》，北京大学出版社，2003年版，第89页。

② Aristotle, *On the Heavens*, trans. W. K. C. Guthrie, The Loeb Classical Library（Cambridge：Harvard University Press, 1939）, p. 23.

③［美］托马斯·库恩著，吴国盛等译：《哥白尼革命——西方思想发展中的行星天文学》，北京大学出版社，2003年版，第107页。

④ 同上书，第110页。

溃。”[①] 由哥白尼开其端，由开普勒、伽利略和牛顿等人最终完成的现代宇宙观，完全排除了传统天与地的二分。天体不仅是由与地球上发现的相同的自然力和机械力的作用而运动，而且是由与地球上发现的相同的物质构成的。宇宙的天体并不具有超自然的或象征的意义；它们并不是为人类而存在，不是为了指引人类的进程，或者赋予其生命以意义。它们确确实实是物质实体，其性质和运动完全是机械原理的产物，与人类存在本身没有什么特别的关系，与什么神圣的实在也没有什么特别的关系。以前归于外在物质世界的一切特指人类的或人格的性质，现在都被视为幼稚的人格化的投射，被从客观的科学知识中清除了出去。一切神圣的属性同样被认为是原始迷信的影响和根据愿望的想法的结果，而且也从严谨的科学论述中被清除出去了。宇宙是非人格的，不是有人格的；自然法则是自然的，不是超自然的。物质世界并不具有内在的更深一层的意义，它是充满难解之谜的物质，不是精神的实在的可见的表现[②]。再后来，达尔文的进化论更是将宇宙万物包括宇宙本身，归结为自然进化过程的结果。在这样的宇宙中，自然不会有超越的地位。因此，这个概念在近现代西方哲学中作为传统形而上学的独断概念而被抛弃。甚至可以说，近现代西方哲学就是一部不断批判和清算超越思想的历史，后现代哲学则是这部历史的最新表现。

国人对中国传统哲学的研究，的确能够与时俱进。某些研究者用“内在超越”来描述中国传统哲学思想的特征，表面上看是并未拒绝“超越”概念，实际上却是偷梁换柱，通过将它内在化为人心而使之有限化和主观化，从而在根本上消解了它。在此意义上，真可以说，那些研究者通过“内在超越”论将中国传统哲学“现代”化了。然而，这种“现代化”的代价，却是中国哲学基本特质的完全丧失。

（原载《哲学研究》2018 年第 3 期）

①［美］托马斯·库恩著，吴国盛等译:《哥白尼革命——西方思想发展中的行星天文学》，北京大学出版社，2003 年版，第 133 页。

②［美］理查德·塔纳斯著，吴象婴等译:《西方思想史》，上海社会科学院出版社，2011 年版，第 317—318 页。

儒学内在超越的信念基础与现实意义辨析

李祥俊

内在超越是现代新儒学提出的关于儒学宗教性、超越性的一个重要概念，这一概念出现于中、西学术文化冲突融合的大背景之下，是儒学现代转化的一个重要尝试。学术界关于内在超越的义理疏解已有很多，本文对儒学相关思想加以辨析，探索内在超越这一概念得以提出的学术语境，内在超越得以可能的宇宙论信念、道德修养工夫基础等。在宗教性、超越性信念与道德修养之间，将内在超越所蕴含的儒学固有的思想特征进一步发掘出来，肯定其依据传统回应现实所作出的理论贡献和现实意义，但也批评其总体理论架构仍在宋明新儒学的窠臼内，借鉴儒学传统思想资源建构中国现代社会价值源头、信念系统仍然有很多工作要做。

一、内在超越提出的学术语境

内在超越是与外在超越相对应而言的，在现代新儒学的视阈下，西方宗教、哲学传统中认为人是有限的存在，人是有死的，人必须皈依于外在于人的世界的终极存在，才可以得到终极关怀，这是外在超越；而以儒学为代表的中国传统思想文化则认为人既是有限的存在，同时又具有无限性，终极存在就在人、人的世界之中，这是内在超越。就西方传统的宗教文化本身而言，本无所谓内在超越、外在超越的问题，对于现实的个人来说，上帝是无条件皈依、信仰的对象，但西方文化在近现代的演进过程中，世俗化、理性化在宗教信仰领域产生了愈来愈大的冲击。正是在这样的背景下，西方学者突出西方宗教中的宗教性、超越性、终极关怀等理念，借以化解传统宗教与现代社会生活的冲突。如果不从上帝信仰和外在的教会组织、宗教仪式上看，而是从宗教性、超越性、终极关怀等视阈来看，那么中、西文化传统中的差别就可以在一个共同的平台上得以显著化。而在这个共同的平台上，对中、西文化传统中的超越性问题感兴趣，同时又对中国传统文化尤其是儒家文化抱有存亡继绝之同情的理解的，在中国现代的学术界当首推现代新儒家学派了，而内在超越这一概念正是现代新儒学在这样的学术语境下提出的。

哲学、宗教、科学等学科的划分渊源于西方的学术传统。在中国传统的学术文化里，既没有西方意义上的纯粹的宗教，也没有西方意义上的纯粹的哲学，从先秦的诸子学到汉代以降的“六艺之学”“四部分类”，有着自身独特的问题意识、话语系统、理论体系和学术传承。而近现代的中西、古今之变，把中国传统学术文化放到了世界文化的大视野之中，学科的分化、问题域的整合、相应概念的格义、学术思想特色的比较就成为势所必然。严格地说，中国传统哲学、中国传统宗教都是现代语境下的一个解释学意义上的学术创造，但在中国传统学术是否需要现代转型这个问题上，现代人的观点并不一致。有些人认为中国传统的学术文化是自足的，并不需要被解释成哲学、宗教等才有意义，现代著名学者马一浮即是如此，他用中国传统的六艺之学来统摄包括西方学术在内的一切学术，“六艺不唯统摄中土一切学术，亦可统摄现在西来一切学术”[①]。马一浮的这种思路是保守主义的，它在今天的中国仍然为一些人所认同。但在这个问题上，大多数现代学者都持开放、融通的观点，包括以熊十力、牟宗三等为代表的现代新儒家学派也是如此。

熊十力是现代新儒学的代表人物，他认为中、西哲学同在见体，异在中国哲学是真见体之学，而西方哲学实际是知识之学，是科学的总结概括而已，并未见体。他说：“哲学，大别有两个路向：一个是知识的，一个是超知识的。西洋哲学，大概属前者。中国与印度哲学，

① 马一浮:《泰和会语 · 论西来学术亦统于六艺》，载滕复编:《默然不说声如雷：马一浮新儒学论著辑要》，中国广播电视出版社，1995 年版，第 25 页。

大概属后者。前者从科学出发，他所发见的真实，只是物理世界底真实，而本体世界底真实，他毕竟无从证会或体认得到。后者寻着哲学本身底出发点而努力，他于科学知识亦自有相当的基础。而他所以证会或体认到本体世界底真实，是直接本诸他底明智之灯。”[①] 熊十力借用西方哲学本体论的名词，但实际谈的是中国传统的体用哲学，他已经在理论上对中、西哲学根本精神作对比，虽然还没有明确提出内在超越这个概念，但已经提出了相关的基本思想观点：“中国哲学有一种特别精神，即其为学也，根本注重体认的方法。体认者，能觉人所觉，浑然一体而不可分，所谓内外、物我、一异，种种差别相都不可得。唯其如此，故在中国哲学中，无有像西洋形而上学以宇宙实体当作外界存在的物事而推穷之者。”[②]

熊十力之后，他的学生牟宗三、唐君毅等现代新儒学的代表人物，后半生飘零海外，直面欧风美雨而着力阐发中国传统哲学的现代意义，当他们面对西方宗教、哲学中的宗教性、超越性、终极关怀等理念时，自然地站在中国传统文化的立场上，既肯认中国传统有宗教性、超越性，同时又指出中、西文化传统在超越性上的差别，这就是内在超越与外在超越。关于内在超越，牟宗三的论述较早又较全面，他说：“天道高高在上，有超越的意义。天道贯注于人身之时，又内在于人而为人的性，这时天道又是内在的（Immanent）。因此，我们可以康德喜用的字眼，说天道一方面是超越的（Transcendent），另一方面又是内在的（Immanent 与 Transcendent 是相反字）。天道既超越又内在，此时可谓兼具宗教与道德的意味，宗教重超越义，而道德重内在义。……西方的文化背景不同，西方人性论中所谓人性 Humannature，nature 之首字母 n 字小写，其实它就是自然的意思，而且恒有超自然（super nature）与之相对。此超自然始有超越的意味，它属于神性而不属于自

① 熊十力:《尊闻录》,《熊十力全集》第一卷，湖北教育出版社，2001 年版，第 601 页。
② 熊十力:《十力语要》卷二《答马格里尼》,《熊十力全集》第四卷，湖北教育出版社，2001 年版，第 198—199 页。

然世界（natural world）。”[①] 牟宗三等人提出的内在超越，是在与西方宗教文化的比较中对中国传统儒学宗教性、超越性思想的一个新解释，作为内在超越的儒学即宗教即哲学、即超越即现实，是比西方的哲学更加圆融的智慧系统，又是比西方的宗教更加圆融的终极关怀学说，从而将近现代“花果飘零”的以儒学为核心的中国传统文化提高到了人类文化中一个非常崇高的地位。这是一个发展中国传统学术文化的很好的构想，内在超越提出后所引起的广泛影响也说明了这一点。

内在超越的提出是近现代中西文化碰撞下儒学思想转型的一个重要理论发展，考查提出者的初衷，从学术语境上说，是要通过对儒学超越性的肯认，确立其与基督教等世界各大宗教平等对话的地位；从思想理论上说，是要为儒学的伦理政治实践寻找到超越的价值源头，揭示出儒家学说所具有的超越世俗世界的价值理想；而从社会现实意义上说，则是要在以基督教为代表的西方宗教之外，从中国传统学术思想资源中寻找宗教性、超越性，为现代中国人提供安身立命之地。但问题是，在中西文化比较、融通语境下提出的内在超越是否能够较为准确地概括儒学相关思想的实质？内在超越得以可能的思想基础是什么？它是否能够为现代中国人提供如提出者所期望的那样一种不同于西方外在超越的宗教形式的价值源头、终极关怀呢？这还是一个有待思想梳理和理论评判的问题。

二、天人合一：内在超越得以可能的宇宙论信念

现代新儒学提出内在超越，认为西方宗教文化是外在超越，我们通过与外在超越相对照，可以更加准确、清晰地理解何谓内在超越。从西方宗教文化的传统来看，所谓宗教性、超越性的问题是与上帝信仰相关联的，外在超越的实质就是关于人与上帝的关系及其种种理论解说。在西方的宗教文化传统中，上帝与人始终是一个创造者与被创造者、主宰者与被主宰者之间的关系，尽管有现代社会生活与学术思

① 牟宗三:《中国哲学的特质》，上海古籍出版社，1997 年版，第 21—22 页。

想的巨大变革，上帝与人之间的这种深刻的异在关系仍然是不可改变的，而恰恰是这种人与上帝之间的绝对的异在关系，对于中国文化传统中的人，是颇为陌生的。在儒家传统中，超越的存在从早期的帝、天、天道到宋明新儒学的太虚、理、心等，其中贯穿性的概念是天、天道，而天、天道和人的关系在儒学中也存在着一个逐渐从相对外在的关联到内在关联的转化，也就是说，在早期儒学传统中，仍然有外在超越的意味，而到了宋明新儒学才较为彻底地将天、天道与人的世界融通为一[①]。外在超越和内在超越的根本差别在于，前者虽然也会认可超越的上帝能够与现实的人发生关联，但两者之间的界限分明，上帝是永恒者、绝对者，而人是有限者、有死的存在者，只有信仰上帝才能得到拯救。而后者认为超越的天和人是同一的，天内在于人之中，这就是包括儒学在内的中国传统文化核心精神的天人合一论。这样的话，内在超越何以可能的问题就转化为天人合一何以可能的问题，天在何种意义上对于人来说它才能是既超越又内在的呢？这是我们需要直面的问题。

儒学用天来指称超越的存在，先秦儒学的大宗师孔子、孟子等都关心这个话题，孔子的学生子贡慨叹："夫子之文章，可得而闻也；夫子之言性与天道，不可得而闻也。"（《论语·公冶长》）虽然说"不可得而闻也"，但实际已经成为话题。而孟子则直言"尽心知性知天"。天在中国传统文化尤其是儒家文化中是最崇高的理念，但是要确定天的概念定义却是一个非常困难的问题，有的学者作了较为全面的概括："大体上看，儒家的'天'有主宰之天，命运之天，自然之天，义理、

① 现代新儒学的内在超越主要是对宋明新儒学相关思想的阐发，而宋明新儒学和早期儒学在超越存在及其与人的关系的理解上是有差别的，这一点我们对比宋明新儒学崇奉的经典《四书》及其注解和原始儒学的《五经》即可看出，如果用内在超越、外在超越来分判的话，可以说早期儒学更多地倾向于外在超越，而只是到了宋明新儒学和现代新儒学那里内在超越才成为儒学宗教性、超越性的基本思想倾向。早期儒学和宋明新儒学之间的这种差别也为出身西方宗教传统的早期传教士如利玛窦等人所敏锐地把握到了，他们站在上帝信仰的立场上肯定"古代儒学经典中的宗教成分"，而对宋明新儒学的太极论、万物一体论等持批评态度，参见孙尚扬：《基督教与明末儒学》，东方出版社，1994 年版，第 101—117 页。

心性或本体之天等多种思维意向，细分起来，每种‘天’内部又可分为若干类型，如同为本体之‘天’，张载指‘太虚’，程朱则指‘理’，大不相同。”[①]这里把天的含义概括为主宰、命运、自然、本体四类，其中的命运如果属于神学的、目的论的可以归于主宰类，如果属于现实必然性的则可以归于自然类。所以，本文从关注终极存在、天人之际的视阈把传统儒学的天概括为三种意义：第一种是神学意义上的主宰之神、至上神，《五经》以及《论语》中大量出现的对天的崇拜和祈祷就是这种意义上的天，这种神学意义上的天是儒学接受的中国文化传统，尽管孔子不语“怪、力、乱、神”以及“敬鬼神而远之”，后世正统儒家学者一般也不多谈鬼神迷信问题，但对于具有神学意义的天的崇奉始终是儒学内部基本的信念。第二种是自然物意义上的天地万物、宇宙全体，先秦大儒荀子及汉唐时期的儒家学者很多接受这种意义上的天，西汉大儒董仲舒对此有清晰的表述：“天有十端，十端而止已。天为一端，地为一端，阴为一端，阳为一端，火为一端，金为一端，木为一端，水为一端，土为一端，人为一端，凡十端而毕，天之数也。”[②]这段话里“天有十端”的天是宇宙全体，“天为一端”的天是与地等相对应的天空、天象、天气等，虽然董仲舒在这里用天的概念同时指称两种不同范围的存在，概念使用不严格，但这两个意义上的天都属于自然之天。第三种是传统体用哲学中的本体，它是宋明新儒学借鉴佛教、道家哲学所实现的理论创新，往往以天道、天理的概念出现，表征的是作为宇宙全体内在的创造性的生命、德性。

我们把上述三种意义的天放到内在超越的语境中讨论，在何种情况下，个体的人的本性才能和超越的天道合而为一。我们可以分析几种情况：第一，如果把天看作是至上的神，那么天、人关系就是主宰者和被主宰者之间的关系，人的祸福穷达以至生死都是由天命决定的，人固然能够敬德以邀天宠，这就是所谓的“皇天无亲，唯德是辅”“天人感应”，但这样的天和人的关系仍然是外在的，从人的超越的视阈

① 向世陵、冯禹：《儒家的天论》，齐鲁书社，1991年版，第5页。

② 钟肇鹏主编：《春秋繁露校释（校补本）》，河北人民出版社，2005年版，第489页。

来看它是超越的却非内在的，这显然不是现代新儒学提出的内在超越。第二，如果把天看作是自然物、作为集合体的宇宙全体，那么天、人都是事物性的存在，人的形体和宇宙万物一样都是气、质、形的构成，人的生死只是从一种形态向另一种形态的转换，这可以归属于物质不灭论，即使肯定人的精神也是独立存在的，那也不过是佛教式的轮回流转，从人的超越的视阈来看它是内在的却非超越的，这显然也不是现代新儒学提出的内在超越。第三，如果把天看作是传统体用哲学中的本体，按照体用哲学的思路，体用不二，超越的本体就在人伦日用之中，这正是现代新儒学提出的内在超越。

现在的问题是，体用哲学中的本体之天到底是什么，它如何就能够满足内在超越中既内在又超越的条件？如果把它理解为西方宗教中的上帝或者是中国传统的神学意义上的神，它就不能是内在的；把它理解为西方哲学中奠基于理性思维基础上的本体论中的“本体”，显然是一个文化比较中的比附性解释，那种概念辩证法的逻辑原理显然不能作为人的终极性、超越性的寄托。我们还是回到现代新儒学提出的这种体用论本身来探讨它的究竟本意，就现代新儒学本身的诸多论述来说，往往侧重把这种体用哲学中的本体作为宇宙生生不息的德性，这种德性既是宇宙论上的，这就是所谓的本体宇宙论，同时又是心性论上的，这就是所谓“天命之谓性”、性即理、心即理，它集变化、生命、道德诸性质于一身，但这样的“圆融”解释实际上是哲学的“诗歌”，仍然有待于从理论上加以分析。

北宋新儒学代表人物程颐曾综合传统学术中关于天的种种概念作出疏解，他说：“乾，天也。天者天之形体，乾者天之性情。乾，健也，健而无息之谓乾。夫天，专言之则道也，天且弗违是也；分而言之，则以形体谓之天，以主宰谓之帝，以功用谓之鬼神，以妙用谓之神，以性情谓之乾。”[1]这段话对于我们理解宋明新儒学以及现代新儒学的作为本体的天非常有价值，按照程颐的意思，这是从一个整体的角度论述天，这个意义上的天有宇宙全体的意思，但却与汉唐儒家学者

①〔宋〕程颢、程颐著，王孝鱼点校：《二程集》，中华书局，1981年版，第695页。

所理解的那种物化的、作为天地万物集合体的宇宙全体完全不同，这个宇宙全体本身是一个活的、有生命、有道德创造性的存在，从全体的意义上称它为天，而从具有主宰、创造作用的意义上称它为帝，还可以从功用、妙用、性情的意义上称它为鬼神、神、乾，而功用、妙用、性情意义上的天都可以归类于主宰意义上的天，所以，天就是两大意义：作为形体的天和作为主宰的帝，前者强调其全体性，后者强调其整体性，而两者又是一个天，全体即整体。我们把程颐的话概括起来看，这是一种有机整体宇宙论，宇宙是一个有自身生命的整体，或者说宇宙就是一个神，包括人在内的宇宙中的一切都是它的一部分，而它的神性周流不息，贯通于这个有机生命体之中，构成人以及万物的本体，而人以及万物则构成其有机的身体。在这样一种本体宇宙论视阈中，天人合一都不必谈，因为本来是一，这一点程颢直接点了出来，“天人本无二，不必言合”[①]。程颐的全体即整体、整体即本体的本体宇宙论，把早期儒学及其从上古传统中承继的外在的神学之天融进了天地万物之中，在超越的内在性方面走出了决定性的一步，这一步是宋明新儒学吸收汉唐儒学宇宙论、道家和佛教关于终极存在的思考后的理论创造，这个理论创造是宋明新儒学家的共同信念，与程颐几乎同时，周敦颐的《太极图说》、张载的《西铭》、程颢的《识仁篇》等都表述了同样的思想。

人生活在宇宙之中，宇宙存在本身是开放的，它超越于我们人类的有限存在，不能够为人类的思与言所完全表述，但在同时，宇宙存在本身必然要包容我们人类的有限存在在内，它就又能够为人类的思与言所表述。这就注定了我们对宇宙存在本身的理解、体悟都是既依据经验又超越经验、既依据现实又超越现实、既是属人的又是超人的，一半真实、一半虚拟。我们今天站在还原论的立场上类推，会认为宇宙是物质的，而且是无限数量的微观物质的集合体；而站在生命尤其是地球上最高级的生命——人的立场上类推，会认为宇宙是有生命的有机整体，是生生不息、道德创造的存在，“天地之大德曰生”“生生

①〔宋〕程颢、程颐著，王孝鱼点校：《二程集》，中华书局，2004年版，第81页。

之谓易”，宇宙的演进是一个朝向绝对目的的过程。儒学尤其是宋明新儒学、现代新儒学，实际上是站在人的甚至是超人——神的立场上类推，认为宇宙是一个人性的存在、神性的存在，生生不息而具有道德创造性。儒学的有机整体的神化宇宙论，可以说是拟人化的，更准确地说是拟神化的，这种观念发端于先秦原始儒学，宋明新儒学借鉴佛教、道家思想加以弘扬光大，而现代新儒学则在与西方文化的比较中继续坚持这一信念并予以现代解释。

儒学的有机整体的神化宇宙正是内在超越得以可能的根本性基础。在这种拟人化或者更确切地说是拟神化的世界观里，真正的精神生命只有一个，这就是宇宙的大生命、神性，这是超越性；人与万物作为有机整体的神化宇宙的一部分并没有自己独立的本性，但人与万物作为有机整体的宇宙的组成部分，又都为宇宙大生命、神性所贯通，不能说人与万物外在于作为有机整体的宇宙存在本身，这就是内在性。在这样一种有机整体宇宙论的图景下，天道对于具体的人、物的存在是超越的，但它作为有机整体宇宙的大生命又必然会贯注于作为其有机组成部分的人与万物之内，内在性与超越性真正得以合一，内在超越真正得以可能，这是宋明新儒学理一分殊、一本万殊之类命题的确解。用人自身来作比喻，对这种本体宇宙论就更好理解了，在宋明新儒学那里，宇宙就像一个有生命的人，他有一个超越四肢百骸之上的本性、精神生命，这是超越性；四肢百骸并没有自己的本性，但四肢百骸作为生命整体的一部分，又都为人的整体生命贯通，不能说人的生命外在于人自身的四肢百骸，这就是内在性，超越性与内在性真正融通为一。

我们说儒学有一个宇宙论上的信念，这就是把宇宙存在本身看作是一个生生不息、道德创造的整体，但我们也不能说儒学没有分别的观念，其实在现实事物上儒学持严格的分别观念，这一点在礼教中体现得尤为明显，君臣、父子、夫妇的三纲岂容混同，甚至人伦日用的些许人际关系、礼仪形式都分解得清清楚楚，以便保持人伦关系的规范性、恒常性，从而实现社会伦理政治秩序的稳定。那么，我们如何看待儒学中的分、合问题呢，熊十力有一个很好的观点可以帮助我们理解这个问题，他说："余回忆弱冠以前，曾有一度登高，睹宇宙万象森然，顿起无量惊奇之感。自是以后，常有物质宇宙何由成之一大疑问在，而无法解答。后来稍能读书，知识渐启，惟觉古今哲人与余同怀此疑问者殊不少。今总核其所作解答，大概可分两派。第一派，细分和集论。细分论，自古代已有极微说、元子说。近世科学家关于元子电子之发明，其视古说，虽精粗相去大远，毕竟同为细分论。大辂始于椎轮。积累久而后益彰其美也。全体论者，以为宇宙万象不是许多细分之和集，而是一大势力圆满无亏、周流无碍、德用无穷、浩然油然，分化而成万殊的物事。……全体论之发明最早者，莫如中国之《大易》，至孔子而其理论益精审。"① 熊十力此论可以说抓住了儒学宇宙论信念基础的根本，即整体是本，分化是末，差异是在一体之中，并且是一体自身变化形成的，以此审查内在超越中的天人分合关系，其整体主义的立场是十分明显的，其所得出的结论也是自然的。

三、复性明心：内在超越得以可能的道德修养工夫

内在超越是一个复合词，主词是超越，限定词是内在，其意义是超越的存在内在于具体的个体存在者，在儒学尤其是宋明新儒学以降，超越的存在就是天，而具体的个体的存在则主要指的是人，即使认同超越存在内在于人的有机整体宇宙论前提，那么具体的个人如何才能达到自身内在超越，这属于人学的范畴。在包括儒学在内的中国传统学术中，内在超越从超越性上讲是对生命、道德创造的天的信仰，从内在性上讲则是对人的本性、本心的体认，因为本性、本心即是超越的天在具体的个人身上的体现，而如何复性、明心就成为儒学道德修养论的根本问题，也是内在超越得以可能的真正基础。

儒学所论的内在超越中的内在，表面上看来指的是内在的属人的，但其实指的是超越的天之在人而已，这个在人的天就是人性、人的本

①《体用论·成物》，《熊十力全集》第七卷，湖北教育出版社，2001年版，第105—106页。

心，所谓“天命之谓性”，从有机整体宇宙论的视阈看，超越的天和属人的心性是同一的。我们仔细考察就会发现，内在超越可以说是内在的，但却不好说是属人的，尤其不能说是形气意义上属人的，即它的内在是传统儒学所理解的心性论意义上的内在，而不是今天一般意义上的感性的个人的内在。北宋新儒学奠基人物张载曾经对人性与人身的关系作过辨析，批评世俗人只知道人具有认识现象事物的认知能力，不知道人性才是现象认知得以可能的基础，而人性来自超越的天道并非人身的功能，他说：“成吾身者，天之神也。不知以性成身而自谓因身发智，贪天功为己力，吾不知其知也。民何知哉？因物同异相形，万变相感，耳目内外之合，贪天功而自谓己知尔。”[①]现代新儒家哲学的奠基人熊十力则强调人的良知是一个呈现，对冯友兰站在现代哲学理性立场上提出的良知是一个预设予以严厉批评，据熊十力的学生牟宗三记载：“有一次，冯友兰往访熊先生于二道桥。那时冯氏《中国哲学史》已出版。熊先生和他谈这谈那，并随时指点说：‘这当然是你所不赞同的。’最后又提到：‘你说良知是个假定。这怎么可以说是假定。良知是真真实实的，而且是个呈现，这须要直下自觉，直下肯定。’……良知是真实，是呈现，这在当时，是从所未闻的。这霹雳一声，真是振聋发聩，把人的觉悟提升到宋明儒者的层次。”[②]将张载、熊十力的观点作比较，他们说的其实是同一个东西，只不过一个强调其“天有”，另一个强调其“人显”而已，所谓的“内在超越”中的内在绝非出自现实的感性生命的人的意义上的内在，而是作为生命、道德创造的超越的天道本体流行于人的形气之中而已，这是宋明新儒学以及现代新儒学的基本信念，也是内在超越得以可能的人学基础。

人是心、身统一的整体，在儒学的视阈中，心主宰身，而对于心的理解，则可以分为横说的未发、已发和竖说的性、情。从横说的未发、已发来看，未发的心体是人的精神现象所以然的基础，已发的心

①〔宋〕张载：《正蒙 · 大心》，《张载集》，中华书局，1978年版，第25页。

② 牟宗三：《我与熊十力先生》，《生命的学问》，广西师范大学出版社，2005年版，第108页。

用则是人的精神现象的综合；从竖说的性、情来看，性是超越的天道、天命，情是人的现实的精神现象。横说、竖说可以有两种统一方式，一种是以横说统摄竖说，以心为首出，心统性、情，这是程朱理学的思路，他们相对重视现实的人的气之灵、心之幽暗意识，但从根本上仍然奉天道、天理为最高主宰；另一种是以竖说统摄横说，以性为首出，性即是未发之心体，情即是已发之心用，这是陆王心学以及现代新儒学主流派的思路，也是经他们阐发后的孔子、思孟学派的思路。但不管横说还是竖说，都认同作为人的身心统一体主宰的是天命之谓性。

天命之谓性，这个超越的生命体、道德体在人身上体现为人的本性，在这一点上，宋明新儒学的两大派——程朱理学和陆王心学的体会是一样的，但在这个本性与人心的关系上，两大派又有差别。程朱理学认为，天命之性为人的本性，对于人来说是客观自然的，而人作为具体的形气性存在，它有形气之灵的心，这是它的主观自觉性，客观性的性与主观性的心并不完全一致，性、心不完全同一，而且“心统性情”，超越的天道、本性需要主观的自觉才能得以实现，这就把内在超越的主动权归属于个体的心灵，相对来说比较重视人的现实性、个体性、自觉性，但需要说明的是，程朱理学的心、性不一是有待转化的人的实然存在，而理想的境界是心、性的完全一致，并且即使是在心、性不一的状态中的人心也不完全是形而下的存在，它是形而上之理在形而下之气中的显现而已，从而完全不同于从具体、现实的人出发的哲学思考。而陆王心学认为，天命之性为人的本性，对于人来说是客观的，但同时这个天命之性又是人的内在的主宰之心，这是它的主观性，客观性、主观性完全同一，性、心完全同一，成为内在于人的超越的东西。牟宗三对这种性体、心体的合一曾作过说明：“自其为‘形而上的心’言，与‘於穆不已’之体合一而为一，则心也而性矣。自其为‘道德的心’而言，则性因此始有真实的道德创造（道德行为之纯亦不已）之可言，是则性也而心矣。是故客观地言之曰性，主观地言之曰心。……心性为一而不二。”[1] 从内在超越的视阈来分析，

① 牟宗三：《心体与性体》（上），上海古籍出版社，1999 年版，第 36 页。

宋明新儒学的两大派都肯定天人合一，都承认天道是生生不息的，具有道德创造性，就是说在超越的层面他们的体会是一致的，但在天道内在于人的“在”的理解上有差别。所谓天道内在于人，也就是内在于具体个体的气质之中，但对于天道“在”气质之中的“在”是什么样的一种“在”，理学、心学在体会上是不一样的。理学更重视“在”气质之中所导致的内在的“气质之性”，强调天道的“在缠”，强调心之未发状态中的遮蔽；而心学认为“在”气质之中并未对天道形成内在的遮蔽，而只是在天道通过人的存在发用流行时才会形成遮蔽。宋明新儒学关于天道内在于人的“在”的不同理解，导致的重要差别是在实现天道、天理呈现的道德修养工夫路径上。程朱理学的内在与超越是间接同一的，需要人的自主、自觉的“下学而上达”的工夫实践来实现天道、天理的呈现，而陆王心学的内在与超越是直接同一的，人的后天的道德实践就是先天本性的直接呈现而已，即所谓“致良知”。

内在超越作为名词讲是一个存在论的概念，而作为动词讲就是一个工夫论的概念，就是要去除人自身的形气之累、习性之弊，达到复性、明心，与天道、天理合而为一，这就是儒学最为重视的道德修养问题。从儒学的视阈看，去除形气之累、习性之弊不能通过认知的路径，而只能通过道德修养的路径，熊十力对道德涵养与认知在实现复性、明心上的不同作用作了说明：“今世之为玄学者，全不于性智上着涵养工夫，唯凭量智来猜度本体，以为本体是思议所行的境界，是离我的心而外在的境界。他们的态度只是向外去推求，因为专任量智的缘故。……所以量智，只是一种向外求理的工具。这个工具，若仅用在日常生活的宇宙即物理的世界之内，当然不能谓之不当；但若不慎用之，而欲解决形而上的问题时，也用他作工具，而把本体当做外在的境物以推求之，那就大错而特错了。”[①]在熊十力看来，包括儒家在内的中国传统涵养工夫是体悟本体的学问，而西方哲学中的认识论是认

① 熊十力:《新唯识论 · 明宗》(语体文本),《熊十力全集》第三卷，湖北教育出版社，2001年版，第21—22页。

识现象、对象的工具，从内在超越、实现人的终极皈依的角度讲，要以涵养工夫为本，而辅之以现象认知，这就把中国传统的心性涵养工夫和现代哲学认识论融合为一了。

从工夫论上讲，内在超越就是道德修养，儒学内部关于道德修养的路径也有不同理解。先秦儒家经典《中庸》在人的道德修养上有自诚明、自明诚的路径划分，宋明新儒学在此基础上有新的发展，程颢提出乾道、坤道两种道德修养路径："'忠信所以进德，修辞立其诚所以居业'者，乾道也。'敬以直内，义以方外'者，坤道也。"①宋明新儒学的两大派中，程朱理学重视自明诚、"敬以直内，义以方外"的坤道，朱熹《格物致知补传》中说："所谓致知在格物者，言欲致吾之知，在即物而穷其理也。盖人心之灵莫不有知，而天下之物莫不有理，惟于理有未穷，故其知有不尽也。是以《大学》始教，必使学者即凡天下之物，莫不因其已知之理而益穷之，以求至乎其极。至于用力之久，而一旦豁然贯通焉，则众物之表里精粗无不到，而吾心之全体大用无不明矣。此谓物格，此谓知之至也。"②陆王心学重视自诚明、"忠信所以进德，修辞立其诚所以居业"的乾道，陆九渊直言"吾心即是宇宙，宇宙即是吾心"，他的工夫路径直接明了："近有议吾者云：'除了先立乎其大者一句，全无伎俩。'吾闻之曰：'诚然。'"③现代新儒学家牟宗三在此基础上又有更细致的分辨，将程朱理学与陆王心学等之间的工夫路径作了细致辨析。但从根本上说，程朱理学也好，陆王心学也好，现代新儒学也好，他们都属于复性、明心的内在超越一路，从而和佛教的寂灭、基督教的上帝信仰等外在超越路径不同。

宋明新儒学中程朱理学、陆王心学的道德修养路径有别，但最终目标是一致的，这就是实现复性、明心，从而和生生不息、道德创造的宇宙本体融合无间。需要说明的是，儒学中的复性、明心并不是离

①《程氏遗书》卷十一，〔宋〕程颢、程颐著，王孝鱼点校：《二程集》，中华书局，1981年版，第133页。

②《四书集注》，〔宋〕朱熹撰，朱杰人等主编：《朱子全书（修订本）》第6册，上海古籍出版社、安徽教育出版社，2010年版，第20页。

③〔宋〕陆九渊著，钟哲点校：《陆九渊集》，中华书局，1980年版，第400页。

开日常生活的超越境界，而是就在人伦日用之中呈现人的本性、本心，这正是儒学内在超越的现实意义所在。人的精神现象的原初起点是感直觉，它合知、情、意于一体，一般人的感直觉受到内在气质、外在物欲的影响而呈现驳杂的状态，儒学内在超越论正是要通过道德修养来实现感直觉的纯化达到“纯粹感直觉”，这种“纯粹感直觉”就是在人伦日用中呈现出来的本性、本心，它属于情感直觉的层面，但却是即体即用、即情即性，是个体的人完全去除形气之累、习性之弊之后实现了与生生不息、道德创造的有机整体宇宙的合一，它是纯粹至善的，孟子的“恻隐之心”等“四端”和王守仁的“良知呈现”等即是如此。

这种复性、明心的道德修养就是人向自身所属的生生不息、道德创造的有机整体宇宙的复归，宋明新儒学以及现代新儒学家们是从自己对宇宙、人生终极存在的体悟出发肯定内在超越的，他们没有对这种内在超越作出理智上的分析论证，以说明个体的人为何所复之性、所明之心一定就是宇宙本体的天道、天理，宇宙本体的天道、天理一定是真实存在的。现代新儒学家牟宗三等人在保持其超越、信仰的前提下，注重将其讲成一个无尽的道德修养过程，从而淡化其非理性的一面。“复性即是尽性，复要在尽中复。尽性即是尽心，尽性要在尽心中尽。性海无尽，故尽性是一无限过程，也可以说永远尽不了。依此而言，当无现实的圣人。”[①] 我们可以借鉴西方哲学中关于上帝存在的“本体论证明”，为这种内在超越作一个补充论证，在中国传统哲学中，人的本性、本心是破除了一切个体局限而达到的无限性的超越存在，而天道、天理就是超越现实种种具体存在的无限性的宇宙存在本身，有限是分别的多，而无限只能是一，同是无限性的超越存在，心性本体的本性、本心与宇宙本体的天道、天理必然是一致的，我们不能设想有不同的无限，因为如果那样的话，就不是真正的无限了，所以，自然要认同心性本体即是宇宙本体，性即理、心即理等，而真正的无限必然是存在的，否则就不是“真无限”了，所以内在的超越是

① 牟宗三:《中国哲学的特质》，上海古籍出版社，1997 年版，第 80 页。

真实存在的。从“本体论证明”可以应用到对内在超越的证成上也可以看出，内在超越实际谈的是一个和“上帝”一样超越的无限的东西，宋明新儒学和现代新儒学用理智的话语谈论的仍然是一个“不着边际”的宗教性、超越性问题。

四、内在超越与现代中国社会价值源头的建构

内在超越是现代新儒学面对中西、古今之变试图重建中国文化的根本所做出的理论创新，有些研究儒学和中国传统文化的学者，虽然不认为自己属于现代新儒家学派，但在内在超越问题上却同样抱持着中国传统文化独特的价值理念，如历史学家余英时认为：“中西价值系统确隐然有此一分别在。外在超越与内在超越各有其长短优劣，不能一概而论。值得注意的是中西文化的不同可以由此见其大概。这种不同到了近代更是尖锐化了。……内在超越的中国文化由于没有把价值之源加以实质化（reified）、形式化，因此也没有西方由上帝观念而衍生出来的一整套精神负担。科学的新发现当然也会逼使中国人去重新检讨以至修改传统价值论的成立的根据，但是这一套价值却不因科学的进步而立刻有全面崩溃的危险。”[①]余英时认为，西方文化传统是外在超越，其价值源头在上帝，而上帝信仰的动摇会导致价值源头的失落，但包括儒学在内的中国文化传统是内在超越，价值源头在内在的良知，而良知的源头在超越的天，这个天内在于个人的良知，所以不会因现代社会发展、科学进步而有价值源头失落之虞。其然乎？其不然乎？

儒家思想中的内在超越是以生生不息、道德创造的有机整体宇宙论为信念基础的，而要进一步追问在传统中国社会中的宇宙论信念为何是如此这般而不是那般，我们不能不追溯到中国传统地理环境上的封闭的大陆、经济生活中的男耕女织、社会组织中的家庭家族本位、政治统治上的皇权专制以及宗教信仰上的天祖合一等，而这些在现代中国社会转型中正日益失去其存在境遇。中国社会在近现代发生了剧

① 余英时：《中国思想传统的现代诠释》，江苏人民出版社，1989年版，第11、16页。

烈的转型，由于经济、政治以及文化发展的不平衡，呈现出古与今、中与西的差异性混合状态，但“后工业社会”、市场经济、家庭家族整体论的解构等所共同促成的中国式的现代化却是一个不可阻挡的走向未来的趋势，思想观念、制度规范、日常习俗都在发生根本性的变化，个性自由、男女平等、科学理性、民主法治等成为人们基本的价值信念，儒家思想中的那个生生不息、道德创造的有机整体宇宙已经脱去了它神圣的外衣，在这样的历史情境下，现代的中国人面临着一个从传统中走出来的被抛的生存状态。

现代新儒学的内在超越的信念基础是生生不息、道德创造的有机整体宇宙论，所谓“天不变，道亦不变”，而一旦对这样一种信念基础产生动摇，内在超越即不可能，同样会导致价值源头失落的问题，而这种情况正在现代的中国社会生活中发生。现代的中国人除了在哲学中建构这样一种宇宙论系统、在诗文中欣赏这样一种宇宙情怀外，有多少人在实际的价值判断、道德实践中还会把生生不息、道德创造的有机整体宇宙论作为信念基础呢？那种把宇宙看作是一个有生命、有道德创造性的有机整体的信念不是宗教信仰又是什么？儒家的天、天道作为无限性、超越性的存在却又非人格神，我们可以称其为“无相的上帝”。海德格尔曾经从西方的历史文化传统出发呼唤“只还有一个上帝能拯救我们”，那么从重建现代中国社会生活、中国人的价值源头、信念系统出发，同样面临着如何重建对终极存在、超越性存在的信念问题。现代新儒家学派所竭力倡导的内在超越就是试图回答这个问题的一种尝试，它抓住了时代发展的脉络，试图以返本开新的方式为现代中国社会价值源头的建构提供传统的精神资源，只是这个尝试本身并没有跳出宋明新儒学的窠臼，它本身的信念基础和论证过程都面临着被质疑的境遇，可以说它刚被建立起来就同时面临着被解构的命运。

现代新儒学的内在超越以生生不息、道德创造的有机整体宇宙论为信念基础，同时也以人的道德修养工夫为实现路径，前者是后者的依据，后者是前者的中介，两者相辅相成。现代有些学者在肯定儒家内在超越思想的同时，试图回避宗教性、超越性问题，批评现代新儒学的内在超越说“扭曲传统儒家的德性主张”[①]，而主张儒学的真精神是通过人的内在修养以实现道德境界提升、自我完善，将其与德性伦理学融通，以之为现代社会的伦理政治生活服务。这样一种思路有其现实合理性的地方，但从对儒学真精神的理解上看，仍然存在着视阈偏离的问题。现代新儒学继承宋明新儒学提出的内在超越以超越的天道为基础，它的内在的道德修养、自我完善就有了依据，而它又有外在的礼教作为呼应，它的内在的道德修养、自我完善就有了现实内容。总体上来说，现代新儒学内在超越的视阈对儒学尤其是宋明新儒学精神实质的把握是准确的，而“德性伦理学”“德性文化”的视阈走的是世俗化、理性化的解释路径，与儒学传统的以生生不息、道德创造的有机整体宇宙论为信念基础的道德修养论差别明显。从“德性伦理学”“德性文化”的视阈来理解儒学的内在超越是不充分的，它使儒学的道德修养、自我完善成为嫁接在现代伦理政治生活上的一个传统资源，这是不同于现代新儒学的另外一种对儒学的诠释路径，而这种不同的后面隐含着近现代以来关于儒学是否为宗教的论争。

儒学作为中国传统文化的主干，塑造了以汉族为主体的中华民族的民族精神与文化性格，面对中国社会的现代化，如何实现自身的创造性转化与创新性发展，这关系到儒学的命运，也关系到中国传统文化复兴的命运。儒学在传统中国是全方位影响社会生活的，就内在超越所关联到的领域来说，既有天道信仰、心性论的层面，又有道德修养、自我完善的层面，同时还有道德实践、格物致知、修齐治平等问题，一天人、合外内、通古今，形成了自身独特的思想系统，我们今天从一两个角度去分析它的内在蕴含是可以的，但如果试图从一两个角度去覆盖它就会造成遮蔽，要站在儒学内部实现其创造性转换必然需要一种总体上的“范式转型”。包括内在超越在内的儒学形而上学曾经是传统中国社会生活、传统中国人的价值源头、信念系统，今天仍

① 任剑涛:《内在超越与外在超越：宗教信仰、道德信念与秩序问题》,《中国社会科学》2012 年第 7 期。

然有它的存在意义，但现代中国社会价值源头的建构终究必须以现代中国社会生活和现代中国人的生命体验为根本依据。我们今天在建构社会生活价值源头的问题上一点不比“上帝死了”的西方人少，可能还要更严重，是重新回到那种有机整体宇宙论的内在超越的传统中去呢？还是引进外在超越的西方宗教的上帝信仰呢？包括儒学在内的传统文化固然有它普遍性的意义，但如果没有脱胎换骨的变革又岂能适应现代中国的社会生活与现代中国的芸芸众生？

现代新儒学所倡导的内在超越在儒学的现代转化与现代创新上作出了积极探索，它一方面是对传统儒学尤其是宋明新儒学的弘扬，另一方面则深受现代西方主流的基督教、自由主义思想等的影响，它是站在个体的道德修养与精神超越的立场上讨论问题的，而儒学最根本的源初基础应该是人伦道德实践，这是现代新儒学以及宋明新儒学在理论和实践上都体现不足的地方。我们今天应该在现代新儒学内在超越论的基础上再进一步，回归儒学积极入世、人伦本位的基本立场，回应变化、开放的当代社会生活，尊重作为个体的人的自由、肯认异在的他者的存在的实践儒学应该是我们思考的方向。

（原载《南京大学学报》2019 年第 5 期）

“内在超越”的“存在论”特质与工夫论

盛　珂

一、内在超越、超越内在、工夫论、本体论

学者们常常以“内在超越性”作为中国哲学的特色，以区别于西方特别是希腊的哲学传统。然而，不同的学者之间，对于内在超越性的理解与阐释又是各不相同的，在这一表述之下，其实容纳了各种不同的内容和理论的取向。归结起来，大致可以认为有两种不同的义涵，冯耀明教授对此的总结解说较为清晰：

> 有关“超越内在”或“内在超越”一词在学术界中至少有两种用法：一种是用来表示“自我转化”或“自我超升”的意义；另一种是用来表示“超越主体”或“神圣实体”的特性。就前者而言，“内在超越”比“超越内在”之词性运用似乎更合乎这种用法，而此词亦不宜译作“immanent transcendence”，而应译作“internal transcendence”或“self-transcending”……这即是一种经由心灵内在转化而企达自我超升的精神境界。这种用法无疑是属于灵修学的或工夫论的，可以不必涉及本体宇宙论或道德形上学的问题。与此不同的，后一种用法则涉及客观实体或形上本体的问题。因此，某些学者会经常用到“既超越又内在”一片语来描述一纵贯（而非横跨）本体界与现象界二域之同一实体。[①]

冯耀明教授对于内在超越的批评是否恰当暂且不论，他对于这一表述在使用中出现的两种义涵的划分还是可取的。在这个意义上，“内在超越”侧重于强调个体存在的自我提升，谈论的是工夫论层面的问

① 冯耀明:《“超越内在”的迷思——从分析哲学观点看当代新儒学》，香港中文大学出版社，2003年版，第235页。

题。而“超越内在”则侧重于凸显超越实体既超越又内在的特质，或者说本体与现象界“不一不异”的特质。相对于前者，我们可以说，“超越内在”是在“本体论”的层面讨论问题，讨论的是本体是否内在的问题。冯耀明教授能够接纳前一种说法，即作为工夫论的内在超越，但是却无法接受形上本体的既超越又内在。但是，对于大多数学者来说，也许并没有那么清晰地意识到这两种用法之间的区分。

我们常常可以在学者们对于“超越内在”这一表述的使用中发现，其中既有对于工夫论的讨论，也有关于本体论的讨论，关注焦点常常因为学者论述重点的不同而有不同程度的变化，并没有严格的分判。如余英时与汤一介都由“内在超越”的角度谈论中国文化的特质，两者的侧重点则有所不同。余先生是由价值根源与现存世界的关系来谈论中国文化的“内在超越”[①]，如他所说：“中国的超越世界没有走上外在化、具体化、形式化的途径，因此中国没有‘上帝之城’（City of God），也没有普遍性的教会（universal church）。……中国儒家相信‘道之大原出于天’。这是价值的源头。‘道’足以照明‘人伦日用’，赋予后者以意义。……那么我们怎样才能进入这个超越的价值世界呢？孟子早就说过‘尽其心者知其性，知其性则知天’。这是走内在超越的路，和西方外在超越恰成一鲜明的对照。孔子的‘为仁由己’已经指出了这个内在超越的方向。”[②]可见，对于余英时来说，内在超越的具体义涵指的是道德价值的根源与现存世界之间并没有绝对的距离，要实现这一价值，必须由人的个体的存在来凸显，经由人的内在的“心性”来“呈现”或者“彰显”这一价值的根源。

汤一介先生则更为直接地讨论这一问题：

> 儒家哲学中的“超越性”和“内在性”指什么，当然可以有各种各样的解释，但据上引子贡的那段话看，所谓“内在性”应是指“人的本性”，即人之所以为人者的内在精神，如“仁”，如“神明”

① 参见余英时：《内在超越之路——余英时新儒学论著辑要》，中国广播电视出版社，1992年版。

② 同上书，第12页。

> 等等；所谓“超越性”应是指宇宙存在的根据或宇宙本体，即“存在之所以存在者”，如“天道”“天理”“太极”等等。而儒家哲学的“超越性”和“内在性”是统一的，或者说是在不断论证着这两者是统一的，这样就形成了“内在的超越性”或“超越的内在性”的问题。“内在的超越性”或“超越的内在性”就成为儒家哲学“天人合一”的思想基础，是儒家所追求的一理想境界，也是儒家之所以为儒家的精神所在。[①]

对于汤一介来说，内在超越指的是“人的本性”与“存在根据”或“宇宙本体”之间的关系是“统一的”，这一表述，在某种程度上与当代新儒家的表述是一致的，更多的是对于本体论的关注。牟宗三先生在 1960 年代初，就已经在演讲中言及此义[②]。

“内在超越”一词其实包含了很含混的内容在里面，这一表述如果放置在与西方文化作为“外在超越”的对举中，也许能够在某种程度上彰显出中国文化的某些特点，然而，具体地分析这一表述，则与其说是解决了问题，毋宁说是提出了问题。如内在超越究竟何所指，是工夫论的向度还是本体论的向度？内在超越是如何可能的？当然，这些问题在传统儒家，特别是宋明儒的语境中是很容易得到解决的。然而，这里我们将会遇到一个吊诡。当我们使用“内在超越”这一表述的时候，其实是对于传统儒学或者宋明理学话语的一个“现代性”的诠释，是在传统儒学或者宋明理学的“自明”的语境已经失掉的情形下，试图用“现代的”“哲学的”语言来对其作一表述，彰显儒学的特质。但是，当我们需要进一步解释，并且更重要的是“论证”这一表述的时候，我们又常常不得不求助于传统的儒学话语。就如汤一介所做的那样，以传统语言的表述，回转回来论证这一表述。因此，问题在这里并不因为宋明儒者话语的圆融而消解，反而更加成为一个问题。现在，问题便成为：内在超越的确切义涵是什么？以及它是如何

① 汤一介：《论儒家哲学中的内在性与超越性》，《儒道释与内在超越问题》，江西人民出版社，1991 年版，第 2—3 页。

② 参见牟宗三：《中国哲学的特质》，台湾学生书局，1998 年版。

可能的？

也许，这一表述背后的模糊性恰恰提示出一个问题，即内在超越的工夫论视角和本体论视角二者是相互依存的。一方面，内在的提升或者说个体精神的超升，需要有形上的前提作为其之所以可能的根据，而这一根据即是对于超越实体或形上本体的既超越又内在的肯认。或者换句话说，只有预先肯定形上实体既是超越的实体，同时又是内在于人的，即如同余英时所指出的，一切人间秩序与道德价值的根源是内在于人的，人的内在的提升才是可能的。另一方面，也许在这里是更值得讨论的地方在于，超越实体的内在性又只有通过内在超越的工夫论才能够得以彰显和实现。即传统儒家所谈论的本体论不同于西方传统形而上学意义上的本体论，而是只有在工夫论的视域之中才能够得到恰切的理解和实现的。因此，内在超越的问题，归根结底是超越的实体如何既是超越的又是内在的问题。而这一表述在传统中国哲学的语境中，即是牟宗三所提出的“天道性命通而为一”。因此，内在超越或者超越内在如何可能的问题，在笔者看来本质上是天道性命通而为一如何可能的问题。然而，这一结构恰恰是冯耀明所批评的一个结构。他认为，牟宗三所建立的“天道性命通而为一”的理论结构本身是不能成立的，其在论述超越性的时候，指的只是普遍性与超越性，因此，并不同于西方哲学中对于超越性的理解，而只能理解为康德意义上的“超验”（transcendental）。这个意义上的超越本体，按照冯耀明的说法：“牟先生似乎不能坚持天道、天理或太极是创造天地万物的形上存有或超越实体，而只能承认它们是有普遍性及必然性的超验概念或原理而已。……因此，牟先生所建立的‘超越内在’新说，严格言之，既‘不内在’也‘非超越’；对于传统儒学来说，似乎不是一个恰当的理解模式。”[①] 冯耀明的批评表达了他对于当代新儒学求助于传统表述话语的不满，在某种程度上也为我们提出了一些警示。但是，他的这一批评忽视了我们前面提到的“超越内在”的第二个特点，即“超越实体”的内在，只有在工夫论的视域之中才能够得到理解和呈

① 冯耀明：《超越内在的迷思》，台湾学生书局，1998 年版，第 190—191 页。

现，即对于儒家传统中的超越内在——天道性命通而为一——的现代方式的表述和论证，需要我们转换一种视角，以一种能够容纳工夫论的哲学思想进行讨论，庶几能够得到妥帖的理解。本文即是希望指出，对于天道性命相贯通的理解，需要我们转换一下作为理解世界基础的最基本的视角。西方 20 世纪以来现象学的发展，为我们提供了这样一种可能性。当然这并非是指中国的传统唯有借助于西方的现象学才能够得到理解，或者不理解现象学就不能理解中国哲学，而是说，如果我们需要给儒家的思想作为一种哲学，并给出一个哲学上能够被接纳的理解的话，现象学的道路，因其在基础存在论视角上与中国哲学的契合，也许是一个更好的选择。其实，牟宗三在一段论述中已经为我们指点出了其中的关节所在：

> 西方哲学通过“实体”（Entity）的概念来了解“人格神”（Personal God），中国则是通过“作用”（Function）的观念来了解天道。这是东西方了解超越存在的不同路径。①

这里所谓的“通过‘作用’”来了解天道，已经为我们指出了看待世界的方式。

二、内在超越与天道性命相贯通

为了能够更清晰地讨论问题，我们先尽可能地厘清天道性命相贯通本身的义理内涵。

牟宗三继承宋明儒学对于先秦儒学的阐释，以“天道性命相贯通”的义理结构来理解儒家的内圣之学。在牟宗三看来，相较于西方哲学，中国哲学的特质在于“特重‘主体性’（Subjectivity）与‘内在道德性’（Inner-morality）”②。中国思想传统中的儒、释、道三家，都是以此为中心，由道德实践出发，以人的真实生命本身为对象，而非如西方哲学

① 牟宗三:《中国哲学的特质》，台湾学生书局，1998 年版，第 31 页。
② 同上书，第 5 页。

那样，关注于生命之外的自然世界。这里所谓的人的“生命”，指的并不是人的自然的生命，而是由道德实践的角度来看的、道德实践视野中的生命形态。正是东西方哲学这一视角上的差异，决定了中国哲学的整个讨论都围绕着人的主体性与内在道德性而展开。儒家思想作为中国思想传统中的主流，更是聚焦在践仁成圣的道德实践之上，开创出宋明儒所谓的“心性之学”或“内圣之学”的传统。

整个宋明儒学的课题即是阐发践履此一“心性之学”或曰“内圣之学”。“盖宋明儒讲学之中点与重点唯是落在道德本心与道德创造之性能（道德实践所以可能之先天根据）上。”[①] 牟宗三利用康德的超越推述的方式，将心性之学表述成为探求并且彰显“道德实践所以可能之先天根据”，这是他借用康德哲学对于儒家哲学新的表述。在这种表述之下，“内圣之学”所指的“内在于个人自己，则自觉地作圣贤工夫（作道德实践）以发展完成其德性人格”[②]，就变成了在有限的生命存在之中寻找无限的存在之意义。这也许是自觉地做道德实践之更为根本的意义。这一内圣之学的哲学基础，即是牟宗三所谓的“天道性命相贯通”。

对于“天道性命相贯通”的含义，牟宗三曾经有这样一段话：

> 所谓心态相应，生命相应者，实即道德意识之豁醒。道德意识中函有道德主体之挺立，德性动源之开发，德性人格（德性之体现者）之极致。而周子之默契此义，则自《中庸》（后半部）与《易传》入。《中庸》《易传》者是先秦儒家继承《论语》《孟子》而来之后期之充其极之发展。所谓“充其极”，是通过孔子践仁以知天，孟子尽心知性以知天，而由仁与性以通澈“於穆不已”之天命，是则天道天命与仁、性打成一片，贯通而为一，此则吾人亦名曰天道性命相贯通，故道德主体顿时即须普而为绝对之大主，非只主宰吾人之生命，实亦主宰宇宙之生命，故必涵盖乾坤，妙万物而为言，

① 牟宗三:《心体与性体》第一册，正中书局，2002 年版，第 4 页。
② 同上。

遂亦必有对于天道天命之澈悟，此若以今语言之，即由道德的主体而透至其形而上的与宇宙论的意义。[①]

可见，所谓的天道性命相贯通，简单说来，即是在作为绝对的存在本体的、外在于人的形而上的“天道”，与作为人之生命本体的、内在于人的“性”之间，建立起本体论或者存在论上的联系。一方面，天道作为人的内在心性的超越的形而上的依据；另一方面，人的内在的心性则是天道的具体化与现实化，而二者之间用牟宗三的话来说，有着“内容上的同一性”。这样一来，儒家的道德实践，就不仅仅具有内在的道德意义，同时可以上通于作为存在本体的天，而具有了本体论与存在论的意义。人的内在道德主体也在这个意义上，“主宰宇宙之生命”，成为存在的本体。

在牟宗三看来，天道性命相贯通虽然在义理上都是天道与性命通而为一，但是，在宋明理学的具体叙述脉络中，却有着两套讲法。其一可以由作为宇宙万有之存在本体的天道讲下来，天道具于个体之中而成为个体的存在之理，在此基础之上，此个体的存在之理因为天道的超越性与客观性而具有了超越的根据，个体的道德实践行为也就具有了超越之根据。然而，因为作为具体存在之个体的人，对于天道其实无法有真实而确切的认知，天道是超越的，因此人无法通过感性经验形成对于天道之认知。所以，道体与性体在这种叙述方式中，只能如在康德系统中一样，是由现实的道德存在超越推述出的设准。而这正是牟宗三所不能接受的。对于牟宗三来说，更为重要的则是由《中庸》《孟子》所开启的由人的具体存在而上通天道的讲法。在牟宗三看来道德意识、道德主体是由逆觉体证，在人的具体的存在的境遇中，在具体的道德实践行为中，通过意识的反思，才能得以呈现。所以，天道、性体唯有在心体的具体存在之中才能得到真实的体验，而这种体验，在牟宗三那里，或者在儒家那里，是由孟子所讲的“不忍人之心”而呈现出来的。《孟子》曰：“所以谓人皆有不忍人之心者，今人乍

① 牟宗三:《心体与性体》第一册，正中书局，2002 年版，第 322 页。

见孺子将入于井，皆有怵惕恻隐之心……”（《孟子·公孙丑上》）“乍见”的当下，是意识自身的呈现，而这时的意识，是隔绝了感性经验之后的意识，因此是超越性的、先天的意识，这是道德意识之所以可能的内在根据。“此当下呈露之端倪何以知其即是本心之端倪？焉知不是私欲之端倪？曰：即由孟子所说‘非要誉于乡党，非纳交于孺子之父母，非恶其声而然’，而知其为本心之端倪，而知此时即为本心之发见，即，由其‘不为任何别的目的而单只是心之不容已，义理之当然’之纯净性而知其为本心之端倪，为本心之发见。若无法肯认此本心，则真正之道德行为即不可能。”①这种由内在的心性而开始讲起的天道性命通而为一才是真实的、唯一可能的展现路径。所以，牟宗三说：“道是一虚名。‘圣人指明其体曰性，指明其用曰心。’体即体性之体，本质之意。用即自觉之用，乃形著之意。邵尧夫云：‘性者道之形体，心者性之郛廓。’此是象征地言之，实即道之步步形著也。而最后之形著、形著之最后的关键则在心。‘性者道之形体’即是道因性而更具体化，因而好似有形体矣。说道则笼统，说性则落实。此是其客观之实。‘心者性之郛廓’，即是性以心而著。性之自觉、形著即是心。此是其主观之实。”②这样一来，由心体以至性体，进而呈现道体的道路，就是牟宗三所说的逆觉体证。虽然，真实存在的只是心体，但是对于牟宗三来说，心体必然要向上发展，心体本质上又是由道体来决定并且保证的。

既然天道性命通而为一的真实存在意义是如孟子所讲的“尽心，知性，知天”，是由人的内在的道德性“逆觉体证”，真实地呈现出天道之存在。因此，天道性命通而为一如何可能的问题，在这里就转化成：人的内在的道德意识或者道德性，如何既是人之存在的“本体”，同时又是宇宙万有存在之本体的问题。即我们通过逆觉体证所呈现出来的内在性的本体，如何同时是宇宙中其他存在者的本体的问题。

① 牟宗三：《从陆象山到刘蕺山》，台湾学生书局，1984 年版，第 127 页。
② 牟宗三：《心体与性体》第二册，正中书局，2002 年版，第 485—486 页。

三、“基础存在论”视域下的“内在超越”

学者对于牟宗三思想的误解和批评，以至于对于儒家思想由哲学层面发出的批评多集中在这一点上，即儒家所言说的内在的道德主体如何同时又能够成为一切存在者的主体。产生这一问题的根源即在于批评者立足于胡塞尔（Edmund Husserl，1859—1938）在《欧洲科学的危机和超越论的现象学》（*The Crisisof European Sciencesand Transcendental Phenomenology*）中所提出的“客观主义”传统[①]。胡塞尔认为，源自伽利略（Galileo Galilei，1564—1642）的二元论使得人类在近代以来改变了对于自然的态度，才产生出了“自身封闭的物体世界”：

> 伽利略在其从几何学出发，从感性上呈现并且可以数学化的东西出发，对世界的考察中，抽去了在人格的生活中作为人格的主体；抽去了一切在任何意义上都是精神的东西，抽去了一切在人的实践中附到事物上的文化特性。通过这种抽象产生出纯粹物体的东西；但是，这种纯粹物体的东西被当作具体的现实性来接受。它们的总体作为一个世界成为研究的主题。我们也许可以说，只是由于伽利略，作为实际上自身封闭的物体世界的自然的理念才得以出现。[②]

世界是“自身封闭的物体世界”，即不再有人的参与，世界的存在是外在于人的对象，是在人之外独立存在的客体。随着近代哲学认识论传统的兴起，这一倾向变得更加稳固和清晰，主体与客体之间呈现出绝对的鸿沟。这成为人们理解人的生活，理解人与世界的关系，理解人的存在方式的基本结构。人与世界的关系就首先成为人作为观察的主体与作为对象的世界之间的关系。对于这种传统来说，存在论意

①［德］胡塞尔著，［德］毕迈尔编，王炳文译：《欧洲科学的危机和超越论的现象学》，商务印书馆，2005 年版，第 87 页。

② 同上书，第 76 页。

义上的、外在于人的存在的存在者和世界，与主体是在认知行为的活动中发生关系的，世界是作为认知主体的对象才能呈现出来的。在这一背景之下，作为儒家意义上的人的内在性的道德意识或道德性，当然不可能成为外在于人的存在者的存在本体或者根据。我们可以看到，冯耀明教授对于当代新儒学的某些批评，正是凸显出这一批评者的立场。然而，20 世纪现象学的兴起，为我们揭开了另一种看待世界的方式，并且也许是在科学主义看待世界的方式之“先”的更为“本原”的方式。无论是胡塞尔还是海德格尔（Martin Heidegger），都是在这样一种看待世界的方式中展开他们的讨论①。胡塞尔在他的《纯粹现象学通论：纯粹现象学和现象学哲学观念第一卷》（简称《观念一》）以及《观念二》和《欧洲科学的危机和超越论的现象学》等著作②讨论了几个相互关联的世界概念：“自然的世界概念”“周遭世界”（Umwelt）和“生活世界”的概念。这几个概念都指向我们如何看待世界的方式。对于胡塞尔来说，“周遭世界”概念指的是在原初意义上，在前科学、前反思阶段形成的关于世界的概念，并且对他来说，“周遭世界”更意味着人格态度（die personalistische Einstellung）下的世界，它与人格的主体相关。正如他所说：“这个对我存在的世界不只是纯事物世界，而且也以同样的直接性为价值世界、善的世界和实践的世界。我直接发现物质物在我之前，既充满了物的性质，又充满了价值特性，如美与丑、令人愉快和令人不快、可爱和不可爱等等。”（*Ideas I*，p.53）在这里，

① 如同梅洛庞蒂（M. Merleau-Ponty）所说：“海德格尔的《存在与时间》（*Being and Time, Sein und Zeit*）并未超出胡塞尔的范围，归根结底，只是对‘自然的世界概念（Naturliches Weltbegriff）和生活世界（Lebenswelt）’的一种解释。”（*The Phenomenology of Perception*, Trans. C. Simith, London: Routledge, 1962）

② Edmond Husserl：*Ideas Pertaining to a Pure Phenomenology and to a Phenomenological Philosophy, Ist book. General Introduction to a Pure Phenomenology*. Trans. F. Kersten, Boston: Martinus Nijhoff Publisher, 1983（以下简称 *Ideas I*）；*Ideas Pertaining to a Pure Phenomenology and to a Phenomenological Philosophy, 2nd book. Studies in the phenomenology of constitution*. Trans. Richard Rojcewicz and Andre Schuwer, Dordrecht, Boston: Martinus Nijhoff Publishers, 1989（以下简称 *Ideas II*）；*The Crisis of European Sciences and Transcendental Phenomenology*, Trans. David Carr, Evanston: Northwestern University Press, 1970.

胡塞尔试图指出，我们所面对的世界并非仅仅是认识论意义上的世界，甚至原初并非是认识论意义上的，与人全然无关的纯粹对象世界，就像自然科学中所面对的那样。恰恰是有人生活于其中的，与人的生活息息相关的世界是作为科学的世界呈现或者存在的基础。只有当我们保持着一种研究的态度，将世界中存在的存在者作为对象进行研究的时候，世界才呈现为对象性的存在。因此，在世界存在的原初状态，并没有所谓主体与客体之间的对立。正如他所说："周遭世界并非由纯事物构成，而是由使用对象构成。"（*Ideas II*，p.191）

胡塞尔的这一研究，无疑为我们指出了一个新的理解世界的方向。在这一方向上，科学看待世界的方式——主体与客体分离并且对立的方式——就不再是我们唯一与世界发生关联的方式，并且不是最原初的方式。回到我们的主题，则可以发现，儒家思想或者中国哲学中关于"天道与性命"关系的理解，对于伦理意义上的本体与存在的本体的理解，恰恰是在这样的一个视域中展开的。这一解说其实也已经被学者所提及，现象学在这里呈现的特殊意义在于，这样的一个世界——无论我们称之为意义世界还是工具世界——是"真实"的，并且是"原初"的。这样一来，儒家所提到的天道性命相贯通，就不仅仅是这个民族文化传统的一厢情愿的历史传承，而是有着更为深刻的、理性的、形而上学的把握，揭示着人的生存的真相。

在这一基础之上，如同我们前面所提到的，胡塞尔和至少是前期的海德格尔，在对于"生活世界"的态度上是一致的，也就是说，胡塞尔和前期的海德格尔相对于之前的西方哲学思想，在一个最基本的看待世界的方式上，反而更加接近儒家思想。因此，我们可以进入到前期的海德格尔所建构的"基础存在论"架构之中，来看待儒家所坚持的"天道性命通而为一"可能会有何种新的理解。当我们进入对于人的存在的"生存论"（Existenzial，Existentiale）的了解之中，逆觉体证中呈现的作为人的内在性的"道德意识"，或人与作为存在者之存在根据的"存在"（Sein，Being）之间特有的关联，就会呈现出来。

对于前期的海德格尔来说，最根本的问题，是对于存在意义的追问。而存在总是存在者的存在，并且，我们也唯有通过对于存在者的研究才能得到关于存在的意义。因此，必须寻找到一种存在者，我们可以经由它，通达存在本身。在海德格尔看来，这种在存在论上处于优先地位的存在者，就是我们自己本身所是的这一存在者。为了与传统存在论对于人的主体的规定性相区别，海德格尔不用主体、自我等概念，而是用“此在”（Dasein）来指称我们自己所是的这一存在者。至于海德格尔的此在究竟在何种程度上抛开了传统存在论的主体性倾向，或者此在仍然具有主体性的特征，则是另外的问题。

此在对于海德格尔来说，总是已经对于自己的存在有所领会（Verstehen，Understanding）的存在者。此在在对其自身的存在领会之中领会着存在本身。此在之最内在的“本质”在于“去存在”，在于行动。海德格尔将此在的这一以行动、以“去存在”为本质的存在方式，称之为“生存”（Existence）。此在在生存中造就着自身，所以，此在永远不是一个固定化的存在者，此在永远是生存在它的可能性之中。“这种存在者的‘本质’在于它去存在（Tobe/Zu-sein）。如果竟谈得上这种存在者是什么，那么它‘是什么’（Being-what-it-is/Was-sein/essentia）也必须从它怎样去是、从它的存在（Being/Existentia）来理解。”（*BT*, p.67/49）[①] 如果说此在有所谓的本质的话，它的本质则需要在它具体的生存实践中去规定，即在于我们如何成为我自己，如何建构我自己中去规定。所以，此在的去存在规定着他本身即是他的能在（Seinkönnens，potentiality-for-Being）。此在自身的这种能在的规定，即在“领会”这一现象中体现出来：“领会是此在本身的本己能在的生存论意义上的存在，其情形是：这一存在在他自身之中揭示了他的存在即是他能如何。”（*BT*，p.184/168；译文据英译本而有所改动）此在正因为对于其存在的领会，揭示出：决定他在实际上存在的即是他的能如何存在，也就是他的能在。

① Martin Heidegger: *Being and Time, Trans. John Macquarrie and Edward Robinson*, Oxford: Blackwell, 1962.［德］马丁·海德格尔著，陈嘉映等译：《存在与时间》，生活·读书·新知三联书店，2000 年版。以下简称 *BT*，其中前为英文本页码，后为中译本页码。

海德格尔将领会的生存论的结构规定为“筹划”（Entwurf, projection），此在在他的生存中，向着他自己的存在，“筹划”他自己。这种筹划不是通常意义上的，对于一个已经现成存在的存在者所作出的计划。而是说，此在的存在方式总是已经是筹划的了，总是向着他的可能性开放的存在。这里的筹划，意味着对于可能性的展开，将尚未实现的可能性带到此在当下的存在里面来。“只要此在存在，它就筹划着。此在总已经——而且只要它存在着就还要——从可能性来领会自身。”（*BT*，p.185/169）

海德格尔最终是在时间的视域中，阐释领会、筹划、能在等这些基本存在论的概念的。我们在这里没有足够的空间去讨论海德格尔的时间问题。可以提示一下的是，此在既然被理解为生存着的存在者，则它的生存是在原初的时间性中才能够展开的。如果我们能够从此在的实际的生存、实际的生活的开展的角度来理解，会帮助我们了解海德格尔所谓的原初的时间性概念。那么，在原初的时间的视域中，对于生存着的此在来说，筹划这一行为，总是将尚未实现的可能性，即将“将来”，带入到此在的“现在”。在这个意义上，因为此在总已经是在它的可能性中的生存，所以，“将来”并不是还没有实现，而是已经存在在此在的当下的生存之中。没有对于此在的能在的揭示，没有“将来”，也即没有此在的当下的存在。

此在对于存在的领会，不单单是对于其自身的存在的生存论上的领会，筹划也不单单是对于其自身存在的筹划，其中还包含着“在–世界–中–存在”的整体结构，包含着对于“世界”的筹划。

让我们再回到牟宗三对于天道性命相贯通的论述中，并揭示其真实的含义。对于牟宗三来说，天道性命相贯通的理论结构包含以下几个方面的义涵：

（1）天道本身之生生不已——“维天之命，於穆不已”；

（2）天道下贯而为人的心性，天道之生生不已，呈现为心性之生生不已，即为道德创造之生生不已——“天命之谓性”；

（3）天道下贯至于人则为心性，至于物则为物之性——“乾道变化，各正性命”；

（4）人和物与天道之间的关系上有着根本性差异，人能够通过人的道德实践行为使得天道得以彰显或呈现，物则不能——“逆觉体证”，“人能推，物则不能推”；

（5）人通过人的道德实践行为成就自己，实现自己的良知，与此同时，寓于物之天道同时也因此而呈现自己——“成己成物”。

宇宙万物的存在总有其存在之理与创造之理，这即是牟宗三所谓的“天道”。宇宙万物唯有奠基在天道之上，才能够成其为宇宙万物。天道之为体，具体于宇宙万物之中，则是宇宙万物之性体，这样言说的宇宙万物，也包括了由单纯的存在者的角度来看的人。于宇宙万物之中，人与其他的物的存在有着本质上的差异，因为人不单单以天道为性，同时人在其心之中可以呈现性体。此处需区分人之日常生活中，具体化的心与心体之差别。心体即是与性体同一之体，因此，心体是超越性的。而心则是现实性的人的具体的生存，我们可以称之为现实的心。此现实的心有与物相同的一面，即现实的心之作为物之一面，然而，对于现实的心来说，更为重要的则是“心之官则思”。现实的心可以不被感官经验所拘束，而超越此感官经验，并且，心之思之对象是“诚”。此“诚”即是诚体，即是性体，也即是道体。心可以“思诚”，心可以以其“思”来呈现性体与道体。此现实的心由感官经验之处收束回来，而“思诚”，即能与诚体合而为一，成为“心体”，即真我。对于牟宗三来说，性体与道体也唯有经由心之思，始能够是真实的实现之理。此即是人“能推”，物则“不能推”。此以海德格尔的话来说，即是此在在存在论上的优先地位。

此在作为存在者，与其他存在者的差异在于，此在总是已经对它的存在有所领会。它总是“去存在”，在它的这一去存在的存在方式中，与存在本身发生交涉。“它的存在是随着它的存在并通过它的存在而对它本身开展出来的。对存在的领会本身就是此在的存在的规定。”（*BT*，p.32/14）所以，此在的最根本的存在方式即是对于它自身的存在的领会。此在与存在自身的关系，不仅仅在于此在是奠基在存在之上的存在者，还因为其对于存在有所领会。这种领会以中国哲学的语言来说，即是“思”。这种作为领会的思，不同于建立在感官经验之上的认知能力，因其一方面不能经由感性直观而得到，另一方面，它也不是专题化（thematization）的把握，而是一种作为专题化把握的基础的“思”。因此，这种思不能被理解为认知，而只是一种对于存在的“领会”。并且，此在本身就是在领会中生存。

现实的心之规定性，即是“思”。我们是从领会的角度来规定心。而其他存在者则并不具有这种存在领会，只能或是作为“上到手头”（Zuhandenheit，presence-at-hand）的事物或是“现成在手”的事物（Vorhandenheit，readiness-to-hand）两种形态而存在。我们可以通达存在本身的唯一方式，即是通过此在这一存在者对于其存在之领会。因此，心在宇宙万物的存在者中间，具有存在论上的优先地位，心是通达道体，呈现道体的唯一的可能。

这种存在论上的优先地位的意义在于，一方面，指出了人之存在与超越的存在本体的特殊关联；另一方面，也指出唯有在道德实践行为[①]中，唯有在人的筹划之中，我们才能够真实地成为人，作为人而存在。因此，现实的心永远是需要被超越的对象，人之本性即在于要不断地通过道德实践行为去成就自身，完成自身。因而道德实践行为，就不单单具有伦理学上的意义，并且，也具有了存在论上的意义。在道德实践行为中的人，才是真正的能够实现人之存在意义的人。这在某种程度上，即是中国哲学所说的：“维天之命，於穆不已”，创造即是本质。人之存在，就在于创造自己。道德实践行为不是可有可无、可为可不为的人之自由的选择，而是人之存在，就已经是对于自己的存在有所筹划，就必须在实践行为中造就自己的存在。

① 这里所谓的“道德实践行为”是顺着当代新儒学的语境而说，然而，这里所描述的人的行为与道德之间的关联，或者道德性对于这里所描述的人的行为的意义，则是需要考虑的另外一个问题。那是需要另外的文字进行专门讨论的问题。

四、工夫论对于内在超越的意义

如果如同我们前面所分析的那样，天道性命通而为一的架构，在海德格尔意义上的基础存在论的视域中才能够得到更好的理解，如果天道性命通而为一唯有在人的现实生存中的道德实践行为中才能够被彰显呈现出来，那么，正是在这个层面上，工夫论得以成立，并且成为超越内在所以可能之生存论意义上的前提。

采取生存论的视域来看待天道性命相贯通，则天道的呈现，天道之作为存在者之本体，并不是一个认知意义上的对象性的存在，而是在人的生存领域中的"呈现"。天道不能够成为人的无论是感性经验还是理性的对象，而是一个需要在人的道德实践行为中才能够"了解""领会""呈现"的天道。正是在人的具体的——如海德格尔所讲的那样——"去存在"的过程中，或在中国哲学的语境中——如《论语》中所谓的"克己复礼"——的道德实践行为中，才能够令天道在人的心体中呈现出来。如同我们前面所提到的，此在的"去存在"里面包含着筹划，这是在海德格所谓的"时间性"中展开的生命状态。因此，随着生命的展开，天道本体会有不同的呈现。这种不同在中国哲学的语境中可以理解为两个方面。一方面，工夫是需要时间的展开，需要不断地呈现，不断地在成圣成贤的"道路"上做工夫。所谓的做工夫，如果用王阳明（名守仁，1472—1529）的话来说，即是"为善去恶是格物"，是致知格物的工夫。这种"时间"中的展开给出了工夫论存在的可能性和必要性。因为，一旦说到工夫，一定是造成个体在时间中能够产生变化的工夫①。而个体在时间中的这种变化，会对天道的呈现产生影响，工夫至于何种境界，变化气质至于何种地步，天道就会如何呈现。因此，对于天道的呈现来说，工夫是必要且必须的。在科学主义的客观主义的视角下，正如胡塞尔所说：它是"在由经验不言而喻地预先给定的世界基础上活动，并且追问这个世界的'客观

① 这里所谓的个体的变化，并不是指人的物理性意义上的变化，而是指人的精神或者道德意识上的变化。

真理’，追问对这个世界，对每一个有理性的存在者，都无条件地有效的东西，追问这个世界本身是什么”[①]。在这个意义上，世界的意义是相对于人类的普遍的理性所呈现出的“客观真理”，与人类的普遍的超越时间的理性相关，而非与任何一个具体的个体生命相关。而普遍的人类的理性是超越时间性的，因此，在这个意义上，于科学主义的研究视野中，主体或者个体以及个体所面对的对象——无论这对象是超越的天道还是外在的事物——是不会因为个体生命历程的展开而变化的。因此工夫在科学主义的视角下没有容身之地。科学主义视角下的真理的探寻，对于不同的个体来说都是同样的。

生命在时间中的展开，还意味着另一方面的问题，即需要看待人是如何在时间展开中“筹划”自身的，如何立定生命的朝向的。对于儒家来说，重要的即在于证明，个体生命唯有在朝向成圣成贤的道路之中才有可能是有意义的。儒家希望通过证明人的本性是善的来指出这一点。因此，并非是所有的生命筹划都是可取的，具体生命的存在可以在现世世界上呈现出各种不同的样态，但是在这些不同样态之下，作为他们共同基础的是他们都是最终指向成圣成贤，最终指向做个体的修养工夫。王阳明思想中特别强调“立志”作为一种工夫，即是因为这个原因。阳明认为“立志”是立必成圣成贤之志，唯有如此，才能够把生命的展开调整到一个对于儒家来说唯一有意义的方向，在此基础之上，才有工夫论的可能。因此，立志对于阳明来说，是最先的工夫。

由此，内在超越的义涵指向了对于人与世界的关系的存在论的理解，而这种存在论的理解必然将我们带向工夫论的讨论。

① [德] 胡塞尔著，王炳文译:《欧洲科学的危机和超越论的现象学》，商务印书馆，2005年版，第86—87页。

论孔子的中道超越

赵法生

儒家的超越精神，代表着儒家的终极关怀，是孔子对于夏商周三代文明进行反思总结的产物，也是中国轴心突破的主要思想成果。关于儒家超越精神的特征，牟宗三先生等曾提出“内在超越”说，牟先生认为，康德有关人的知性无法通达自在之物的结论不能成立，儒释道三家均承认人具有“智的直觉”或曰“自由无限心”，足以认知把握形而上的宇宙本体，此一本体与人的心性合一，同时是道德本体、宇宙创生实体和工夫主体，既是性体又是心体，内在于万物之中而又超越于万物之上，既内在又超越。内在超越说是一个体大思精的创造，但对其质疑讨论一直不断，这些讨论又涉及对于儒家轴心突破的认识问题，即儒家在轴心突破中究竟产生了什么？

一

20 世纪 40 年代末期，雅斯贝尔斯提出轴心期理论，认为在公元前 800 年到前 200 年间，世界各大文明的精神发生重大变化，人类由此而步入轴心时代，在这一时代，“哲学家首次出现了，人敢于依靠个人自身。中国的隐士和云游哲人，印度的苦行者，希腊的哲学家和以色列的先知，尽管其彼此的信仰、思想内容与内在气质迥然不同，但都统统属于哲学家之列。人证明自己有能力，从精神上将自己和整个宇宙进行对比。他在自身内部发现了可以将他提高到自身和世界之上的本原”[①]。那么，轴心精神的主要内涵是什么，学界有不同解读，史华

①［德］雅斯贝尔斯著，魏楚雄、俞新天译：《历史的起源与目标》，华夏出版社，1989 年版，第 10 页。

兹就认为轴心期的主要精神特征是超越意识的出现，从雅斯贝尔斯上面的分析看，超越思想无疑是轴心突破的重要内容。但各轴心民族超越精神与路径存在显著差异，如何认识这种差异，乃是把握各民族文化精神的关键所在。

从《说文解字》和《释名》等文献看，汉语中的“超越”一词，本义是通过跳跃和跨过而超出某一界限。但宗教意义上的超越显然具有更深刻的内涵，比如全真道士王重阳诗：“色财丛里觅超越，酒肉林中觅举升”，牟钟鉴先生认为，这里的超越是指通过道家真性的显现以摆脱世俗功名利禄的束缚，达到精神的永生，这是道教的超越。①《法苑珠林》九十五卷有“除去烦恼垢，超越生死海”，指通过荡相遣执的佛教修行，摆脱轮回，超越生死，抵达涅槃境界。佛道两家都认为人可以通过自性的觉悟与自我修行而克服自身的有限性，与道或者佛性合一，借以了脱生死。可基督教认为人只有通过完全皈依上帝才能实现永生，按照鲁道夫 · 奥托的说法，上帝是一个与人类“完全相异”的绝对神圣者②，因为上帝是在时间和空间之外创造万有，不受时间和空间的限制，因此也不具备一切受造物的局限。既然上帝与人具有质的不同，二者之间存在不可跨越的鸿沟，人也无法依靠自身的德性或者智性来理解上帝，启示是真理的唯一来源，人只有彻底否定自我和认罪悔改才能获得救赎，这就否定了依靠人自身达成超越的可能，走向了纯然的外在超越之路。因此，所谓外在超越就是单纯依赖信奉外在的至上神或者某种形而上实体，从而克服人自身先天的罪业和有限性，将自身提升到绝对圆满的永恒境界。

同为轴心文明成果的儒家是否具有超越性，以及此种超越性的规定为何，是新儒家特别关注的问题之一。在与基督教外在超越的比较中，牟宗三等提出了儒家的“内在超越”说。这一概念早在 20 世纪 50 年代《生命的学问》中已经提出，60 年代初出版的《中国哲学的特质》

① 牟钟鉴:《儒道佛三教关系简明通史》，人民出版社，2018 年版，第 342 页。

②［德］鲁道夫 · 奥托著，成穷、周邦宪译:《论“神圣”》，四川人民出版社，1995 年版，第 33 页。

认为：

> 天道高高在上，有超越的意义。天道贯注于人身之时，又内在于人而为人的性，这时天道又是内在的（Imannent）。因此，我们可以康德喜用的字眼，说天道一方面是超越的（Truanscendent），另一方面又是内在的（Imannent 与 Truanscendent 是相反字）。天道既超越又内在，此时可谓兼具宗教与道德的意味，宗教重超越义，而道德重内在义。[①]

超越性的天道下贯于人，成为人性而内在于人本身，由此形成了儒家既超越又内在的品格，兼具有道德和宗教两种功能。在 1960 年代的宋明理学分系说中，牟宗三将陆王一系作为内在超越的典型，陆王心学主张天道实体直接下贯于人心，心与性直接合一，心性既存有又活动，这一纵贯系统是儒学发展之正宗；朱熹则将心性情三分，理气二分，其理只存有不活动，是一横摄的分解系统，背离孔孟思想本意，因而是“别子为宗”。在 1980 年代以后，他又提出“无限智心”概念，作为“万物底存在之超越的所以然”[②]，标志着内在超越理论建构的完成：

> 若越出现象存在以外而肯定一个“能创造万物”的存有，此当属于超越的存有论。但在西方，此通常不曰存有论，但名曰神学，以其所肯定的那个“能创造万物”的存有是一个无限性的个体存有，此则名曰上帝（智神的上帝，非理神的上帝）。吾人依中国的传统，把这神学仍还原于超越的存有论，此是依超越的、道德的无限智心而建立者，此名曰无执的存有论，亦曰道德的形上学。此中无限智心不被对象化个体化而为人格神，但只是一超越的，普遍的道德实体（赅括天地万物而言者）而可由人或一切理性存有而体现者。此无限智心之为超越的与人格神之为超越的不同，此后者是只

① 牟宗三：《中国哲学的特质》，上海古籍出版社，2007 年版，第 20 页。

② 牟宗三：《现象与物自身》，台湾学生书局，1990 年版，第 14 页。

超越而不内在，但前者之为超越是既超越又内在。分解地言之，它有绝对普遍性，越在每一人每一物之上，而又非感性经验所能及，故为超越的；但它又为一切人物之体，故又为内在的。[①]

这种“无限智心”是一种“智的直觉”，代表一种无执的存有论，它是天命实体内化于人心的结果，能够克服基督教人格上帝无法内在化的局限，通过超越的内在化以实现天人合一。在牟宗三看来，内在超越就是天命实体直接下贯到人心而内化为人性，如此则心性合一，人的主观精神与作为万物创造本源的天道合一，完成对于自身有限性的超越。

在牟宗三所建构的道德形而上学中，形而上的心性本体具有三重意义，他称之为“截断众流”“涵盖乾坤”和“随波逐浪”。[③]“截断众流”是指儒家道德法则具有先验的普遍性与必然性。受康德实践理性理论的影响，他把孟子的本心解读为没有任何质料的纯形式，以确保其先验性和普遍性，认为“心性只是一个义之应当、理之当然，故无任何经验内容也”[③]，具体言之，心性本体是理而非气，是“用理为性”而非“用气为性”。[④]“涵盖乾坤”系指儒家之心体不仅具有道德意义，同时也是天地之性，是宇宙万物之本体与实体，具有创生万物的宇宙论意义。所谓“随波逐浪”是说儒家的心体性体不仅是纯粹理性形式，还由践仁尽性的实践工夫落实为人伦日用，使得超验的应然落实为生活的实然，最终将纯粹理性与生活世界打通。这的确是对于孟子心学的一种创造性诠释，但它是否与孟子心性论的本来含义相一致，是需要探讨的。比如关于孟子的本心显然并非他说的“截断众流”意义上的纯形式，因为孟子以四端说四德，朱熹早已指出“四端皆情”，孟子的心性显然是情理合一、理气合一、质料与形式合一的，这也是儒家道德哲学区别于西方理性主义道德观的特色所在。其次，孟子以心为

① 牟宗三:《圆善论》，台湾学生书局，1985 年版，第 340 页。
② 牟宗三:《心体与性体》(上)，上海古籍出版社，1999 年版，第 117—118 页。
③ 同上书，第 113 页。
④ 同上书，第 105 页。

道德本体，并未以心为宇宙创造本体，所谓的“涵盖乾坤”显然是将孟子学与《周易》宇宙观相结合的产物。另外，“随波逐浪”赋予了心体完全自由自主和自我呈现的工夫义，从而将工夫彻底主观化，似乎忽视了原始儒家仁礼双彰的意义。

如果说内在超越说主要以孟子和陆王心学为义理原型，那么，孔子的思想是否属于内在超越？就成了一个无法回避的问题。对此，牟先生也给出他的分析，他在20世纪60年代初期的《中国哲学的特质》中，认为儒家性与天道的契合有两种方式，一种他称之为超越的遥契，以孔子为代表：

> 孔子在他与天遥契的精神境界中，不但没有把天拉下来，而且把天推远一点。在其自己生命中可与天遥契，但是天仍然保持着它的超越性，高高在上而为人所敬畏。因此，孔子所说的天比较含有宗教上“人格神”的意味。而因宗教意识属于超越意识，我们可以称这种遥契为“超越的”（Transcendent）遥契。否则，“知我者其天”等话是无法理解的。我们可以说，在孔子践仁过程中，其所遥契的天实可有两重意义。从理上说，它是形上实体。从情上说，它是人格神。而孔子的超越遥契，则似乎偏重后者。这是圣者所必有的情绪。[①]

与此相对应的超越模式他称之为“内在的遥契”：

> “超越的”与“内在的”是相反字，顾名思义，可知内在的遥契，不是把天命、天道推远，而是一方把它收进来作为自己的性，一方又把它转化为形上的实体。[②]

根据牟宗三的说明，“遥契”是“天道高高在上，人只能遥遥地与它相契接”之意。[③]他断定孔子为超越遥契时，强调的是天与人的距离，

① 牟宗三:《中国哲学的特质》，上海古籍出版社，2007年版，第33—34页。
② 同上书，第34页。
③ 同上书，第33页。

以及孔子对于天的敬畏，认为“敬畏是宗教意识”[①]，超越遥契中的天首先是宗教性的人格神而非形上实体，他因此主要将孔子的超越看作是宗教性超越。内在遥契则是将天命和天道转化为形而上的实体，将其“收进来作为自己的性”，天命和天道于是内化为自己的人性，命与性合一。他在这里明确将孔子的超越形态划归超越遥契而非内在遥契。

但在20世纪60年代末出版的《心体与性体》中，牟宗三关于孔子天人观的说法却呈现出微妙但值得注意的变化：

> 孔子虽未说天即是一“形而上的实体”（Metapahsicalreality），然“天何言哉？四时行焉，百物生焉。天何言哉！”实未尝不蕴含此意味。……此种以“形而上的实体”视天虽就孔子推进一步，然亦未始非孔子意志所涵与所许。[②]
>
> 在孔子，践仁知天，……仁与天虽表面有距离，而实最后无距离，故终可而一之也。[③]
>
> 孔子前后生命智慧之相呼应既如此，则宋、明儒尤其如明道者即如孔门之呼应而亦存在地以真实生命如此呼应之，直视孔子之天为形而上的实体而与后来之《中庸》《易传》通而一也。其如此看亦不妨碍天之超越义，以及对于天之崇敬与尊奉。[④]

20世纪60年代初期的《中国哲学的特质》，强调的是孔子天与人之间的距离，认为孔子的天更近于人格神，这里转而强调孔子的天也可以理解为形而上之实体，天人之间实际上并没有距离，进而肯定宋明儒将孔子的天诠释为形上实体并不影响天的超越性，“实未尝不蕴含此意味”，“然亦未始非孔子意志所涵与所许”。这表明牟先生对于孔子天命观的诠释存在两个面向，其一强调孔子之天的人格神和宗教性特征，另一面向则突出孔子之天的作为形而上实体的特性，从而将其

① 牟宗三:《中国哲学的特质》，上海古籍出版社，2007年版，第33页。
② 牟宗三:《心体与性体》（上），上海古籍出版社，1999年版，第19页。
③ 同上书，第20页。
④ 同上书，第19页。

哲学化。这两个诠释面向显然构成了某种内在的张力，他本人则游移于这两个面向之间，在两者之间的诠释侧重则与此一时期的思想重心有关。事实上，作为一个严肃的哲学史家，即使在其思想成熟期，他也没有完全放弃第一个面向，他在《心体与性体》中说："'生之谓性'是一老传统，孔子已接触此问题，然可能一时未能消化，犹处于'生之谓性'的老传统中，故性是性，仁是仁，齐头并列，一时未能打并为一。"[①] 他分析孟子思想时指出："在孔子，仁与性未能打并为一，至此则打并为一矣。在孔子，存有问题在践履中默契，或孤悬在那里，而在孟子，则将存有问题之性即提升至超越面而由道德的本心以言之，是即将存有问题收摄于实践解决之，亦即等于摄'存有'于'活动'（摄实体性的存有于本心之活动）。如是，则本心即性，心与性为一也。"[②]

承认孔子并未将心与性合一，则孔子思想便难以归入内在超越说，因为心与性合一是内在超越说的基础，这与他在20世纪60年代初期认为孔子的天是侧重于超越遥契的人格神的说法相一致。可是，从《心体与性体》以后，牟先生对于孔子的解读显然偏向了内在超越说，《心体与性体》甚至连"超越遥契"提法本身也不见了。因此，牟宗三关于孔子超越思想两个面向间的张力，或许正是反映了孔子本人超越思想的复杂性，并不能简单地等同于内在超越。那么，究竟应当如何定位孔子的超越观？

二

孔子仰慕周公，推崇周礼，敬畏天命，他主张人生有"三畏"，而以"畏天命"（《论语·季氏》）为第一，说自己"五十而知天命"（《论语·为政》），对天命的信仰构成了孔子超越精神的基础，那么，孔子心目中的天究竟是一种怎样的存在？

---

① 牟宗三：《心体与性体》（上），上海古籍出版社，1999年版，第21—22页。

② 同上书，第26页。

日本人狩野直喜认为孔子所说天、天命、天道，皆是宗教意义，而不应附以哲学意义，受到徐复观批评。[①] 徐复观认为，春秋时期，“宗教已经被道德的人文精神化掉了”[②]。他进而认为，孔子的“知天命，乃是对于自己的性，自己的心的道德性，得到了彻底地自觉自证”[③]，孔子“把性与天命连在一起，性自然是善的。所以《论语》上的两个性字，实际只有一种意义”，孔子完成了“性与天道的融合”。[④] 这显然与上引牟宗三的孔子的仁与性“一时未能打并为一”的看法有所不同。[⑤] 实际上，不管是狩野直喜还是徐复观，对于孔子的天命观的解读都存在单一化倾向，其思维基础却是将宗教与哲学完全对立起来，这或许是受到西方宗教定义影响所致，而在中国古代思想传统中，因为连续性突破的路径特色，使得儒学表现出即道德即宗教的特征，孔子在轴心期所开出的人文主义，并不与古代宗教截然对立，反倒是古代宗教发展到一定阶段的产物，如何把握宗教与人文之间的内在关联，则是理解儒家轴心突破以后所产生的超越精神的关键所在。

仔细研读《论语》中孔子关于天命的论述，会发现孔子的天具有多方面的作用，首先，天是政权转移和文明兴衰的决定力量。孔子在匡地被围时说：“文王既没，文不在兹乎？天之将丧斯文也，后死者不得与于斯文也；天之未丧斯文也，匡人其如予何？”（《论语·子罕》）《论语·尧曰》引述尧的话说：“咨！尔舜！天之历数在尔躬，允执其中。四海困穷，天禄永终。”其次，天是个人德性与命运的决定者。孔子说：“天生德于予，桓魋其如予何？”（《论语·述而》）颜渊去世后，孔子连连叹曰：“天丧予！天丧予！”（《论语·先进》）子夏则说：“商闻之矣，死生有命，富贵在天。”（《论语·颜渊》）再次，天是自然万物背后的决定力量。孔子说：“天何言哉？四时行焉，百物生焉，天何言哉！”（《论语·阳货》）表明天是自然事物与自然秩序背后的决定

① 徐复观：《中国人性论史（先秦篇）》，上海三联书店，2001年版，77页。
② 同上书，第49页。
③ 同上书，第79页。
④ 同上书，第79—80页。
⑤ 牟宗三：《心体与性体》（上），上海古籍出版社，1999年版，第21—22页。

力量，这里的天一般解读为自然之天，但天不用说话就可以令万物各得其所，有序运行，则天也可以作为主宰者来理解。最后，孔子认为天不可欺。孔子病重，子路安排了“臣”预备丧礼等后事，这违背了当时礼制，孔子病愈后得知此事，严厉批评子路“吾谁欺？欺天乎？”（《论语·子罕》），还说过“获罪于天，无所祷也”（《论语·八佾》），此时的孔子大有《诗经》“天监下民”的感受。

综上可见，孔子的天依然是宇宙万物之主宰，而且是个道德性主宰。对于这样一个主宰者，孔子同时有一种神秘感，故晚年慨叹“凤鸟不至，河不出图，吾已矣夫”（《论语·子罕》）。孔子对天的敬畏与神秘感深刻地影响了孔子的人格气象，他答仲弓问仁曰“出门如见大宾，使民如承大祭”；《论语·乡党》载孔子“见齐衰者，虽狎，必变。见冕者与瞽者，虽亵，必以貌。凶服者式之，式负版者。有盛馔，必变色而作。迅雷风烈，必变”，表明孔子在日常生活中时时流露出“对越在天”般的庄严肃穆，朱熹《论语集注》解“迅雷风烈，必变”是“所以敬天之怒”。虽然如此，伦理性至高主宰并不仅仅像殷商宗教的帝那般令人恐怖，天同时也是孔子的知己，他说自己“五十而知天命”（《论语·为政》），说“不怨天，不尤人，下学而上达，知我者其天乎？”（《论语·宪问》）朱熹在解释这句话说：“深味其语意，则见其中自有人不及知而天独知之之妙”，在信仰的最高处，孔子从天命找到了自己的精神慰藉。

综合孔子关于天的各种说法，孔子的天十分近似于周公的天，尽管人格化程度有所降低，但相当程度上仍然是一个具有意志的人格神，且孔子对天充满感情色彩。侯外庐指出：“孔子言‘天’之处，大都用惊叹语或追问语，这显明地是在最后穷究有意志的根本动力。”[①]傅斯年也认为：“孔子所信之天命仍偏于宗教成分为多。”[②]孔子所说的“天丧予”（《论语·先进》）、“天厌之”（《论语·雍也》）、“天生德于予”（《论语·述而》）、“获罪于天”（《论语·八佾》）、“欺天乎？”（《论语·子

① 侯外庐等：《中国思想通史》第一卷，人民出版社，1957年版，第154页。
② 傅斯年：《性命古训辨证》，载刘梦溪主编：《中国现代学术经典·傅斯年卷》，河北教育出版社，1996年版，第54页。

罕》）和“知我者其天乎？”（《论语 · 八佾》）等说法表明，在孔子心目中，天是有意志、有情感、有感知的，孔子感到在他的生命和天意之间，存在一种深深默契，这构成了孔子超验性精神生活的基础。因此，孔子的天主要是个道德性的宇宙主宰，在此种意义上，他的天命观更近于牟宗三所说超越的遥契，而不能仅仅等同于哲学意义上的形上实体。

但孔子的信仰世界是多层面的，其中不仅有道德性的天命，还有作为自然必然性的命数，命数观念在轴心突破前的《易经》中早已存在。在《帛书易传》中，孔子将命数的观念的形成归结为史官：“幽赞而达乎数，明数而达乎德，有仁（存）者而义行之耳。赞而不达于数，则其为之巫；数而不达于德，则其为之史。”[①]孔子认为，在《易经》思想史上，史官发展了《易经》的命数观念，这虽然比殷商巫易的“幽赞”有所进步，却没有进于道德观念；孔子本人的易学思想是在继承巫易的幽赞和史易的命数基础上，继续提升到道德层面，也就是所谓“同途而殊归者也”。

以上表明孔子对于殷商巫文化有相当的了解，也表明孔子与西周前宗教文化之间的密切联系。孔子与巫文化的关系曾长期为学界所忽视，经过余英时先生的研究[②]，使得这种关联得以显现。《论语》《礼记》中有关孔子与鬼神、巫术仪式（傩祭）、河图洛书和梦占的内容表明，正如“敬鬼神而远之”这句话所提示的那样，孔子只是与巫文化世界观拉开了距离，并未将儒家道德本身所开启的对于巫文化的革命完全进行到底，反倒是对于巫文化世界观预留了一定空间并保持了相当的敬意，《乡党》中有：“乡人傩，朝服而立于阼阶”，这是孔子身着朝服参加当时乡间的驱鬼仪式。孔子在《论语 · 子罕》篇说：“凤鸟不至，河不出图，吾已矣夫”，以河图与洛书这种古代巫文化的祯祥预兆，断言自己的王道理想将难以实现，孔子深沉的失望后面，是一种历史悠

① 廖名春：《帛书〈周易〉论集》，上海古籍出版社，2008 年版，第 389 页。

② 余英时：《论天人之际——中国古代思想起源试探》，中华书局，2014 年版，第 133—152 页。

久的古代巫文化观念在发挥作用。预兆文化的另一种形式是梦占，孔子《论语·述而》中说："甚矣吾衰也！久已夫吾不复梦见周公！"《礼记·檀弓》记录了孔子临终前的梦："而丘也殷人也。予畴昔之夜，梦坐奠于两楹之间。夫明王不兴，而天下其孰能宗予？予殆将死也。"然后他为自己占梦并预言自己将不久于人世，并于七天后辞世。巫魅世界观是巫文化时代的产物，在殷商发挥着强大影响力，作为殷人之后的孔子，对于巫文化应该并不陌生。《论语》《礼记》中的有关资料表明，鬼神、命运、祯祥、梦占等巫文化观念，在孔子的信仰世界中仍占有一席之地，成为他思想深处的"集体无意识"（荣格语），发挥着类似于思想"原型"的作用，并对于他的人生观保持着相当的影响力。

孔子对于鬼神的态度和与巫文化的联系，充分说明了其信仰世界的丰富性，也表明了儒家超越的连续性与中道特征。孔子的仁学是对于巫文化观念的突破，但是他并没有用道德理性去为那个充满神灵的世界彻底祛魅，却宁愿将自己置于传统一体交感化的巫魅世界观的地基之上，再与它拉开适度的距离，并给予相当的礼敬。巫文化世界观以及《易经》所蕴含的自然命数理念，使孔子得以解答人的有限性问题，构成了他信仰世界的基底，孔子是在这样一个基底之上去构建其道德理性大厦的。在孔子的思想深处，天命信仰和巫文化观念构成了他信仰世界的阴阳两极，他以伦理性的天命信仰安顿了自己的道德生命，却以巫魅世界观来解答个体生命有限性的困惑。显性的天命观与隐性的巫文化宇宙观一起，构成了孔子信仰世界的整体，表明了孔子信仰世界的多面性。

所以，孔子的世界观中，积淀着中华民族上古时期三种主要的超越思想资源：早期的巫魅宇宙观、史官的自然理性和作为儒家信仰直接来源的西周天命观。它们在孔子的精神中累积地层叠起来，共同构成了他的信仰世界，这一信仰世界综罗三代宗教，内涵丰富博大，使他成为宗教意识的巨人。可是，如果孔子只是三代宗教精神的继承者，他就不会成为中国轴心突破的代表。孔子不仅是三代宗教的综合继承者，同时又是新时代思想的开创者。西周初期的宗教革命尽管动摇了传统巫魅世界观的根基，却未能在轴心突破方面毕其功于一役，它在最关键的地方停滞不前了，因为德只能为少数王公贵族所垄断，也与人的主体精神没有联系。孔子创立仁学，主张“为仁由己”（《论语·颜渊》），“我欲仁斯仁至矣”（《论语·述而》）；并以仁说礼，认为“人而不仁如礼何？”“人而不仁如乐何？”（《论语·八佾》）于是将周代的礼乐制度建立在全新的基础之上。从此开始，礼乐不仅关乎天命，还植根于人的性情深处。这的确是价值的内在转向，它在为道德奠定内在基础的同时，也打通了天命之德与所有人的联系，将天命之德从王公贵族的垄断下解放出来，将王公贵族的天命变成了平民的天命。经由周公和孔子的两步突破，中华文明轴心突破才得以最终完成。

按照余英时的说法，孔子开辟了内向超越之路。但孔子超越思想的另一面向是，他也从未放弃对于那个外在至上道德性主宰的敬畏和追寻；他与巫文化的联系则表明，天与人之间的距离在他那里从未消弭，上下之间的维度与张力在他那里也从未阙如，遥契至上的天命构成了孔子超越精神的最高祈向，也代表着孔子超越精神的最高境界，他对于天命的敬畏非但没有随着仁学的创立而削弱，反而随着道德意识的升华而进一步强化。这表明他并未将道德性天命完全内在化和心性化，孔子最先发现了人心中的伟大力量，但他始终承认人力的边界，从未将人置于与天平起平坐的地位，避免将心性的作用无限度夸大，那种将心性与主宰性的天等同为一的想法，是孔子所不能接受的，这样一个宇宙主宰者也是难以被完全哲学化和实体化的。因此，孔子开辟了超越的内在转向之路，却并没有放弃超越的外向路径。他的超越既存在内在面向，更存在外在面向；他心中的道德意识越提升，他对于天命的信仰就越发坚定，二者构成的是正相关关系。孔子将其人文主义植于三代信仰精神的沃土之中，具有后儒所难以匹敌的精神高度，也使他的日常生活的言行举止显现着神圣与庄严，这种即凡而圣的超越形态，与基督教式的外在超越和牟宗三所说的内在超越均不相同，因此，将孔子归为内在超越并不符合孔子本人的思想实际。判定孔子思想的超越属性，除了上述客观存在的外在超越面向外，还需要考察其超越价值是如何实现的。

三

孔子的超越除了指向上下维度的天人关系外，还有一个重要维度即内外向度，内外向度随着仁学的创立而产生，它首先通过仁与礼的关系表现出来。孔子仁学并非凭空而来，它是对于宗周礼乐文明的精神总结。从生发次序而言，先有礼乐文明，才有儒家思想，宗周礼乐文明乃是孕育儒家学说的温床，礼乐制度是儒学的社会存在之“体”，而儒学则是礼乐文明的沃土所催放开的思想花朵。仁和礼，自然成了孔子思想中的两个核心概念。关于仁与礼的关系，孔子说“人而不仁如礼何？人而不仁如乐何？”(《论语·八佾》)，又说“礼与其奢也，宁俭；丧与其易也，宁戚”(《论语·八佾》)，有学者认为这是摄礼归仁，以仁作为礼乐之前提，这无疑是孔子突出的思想贡献。

但这只是孔子思想的一个方面，他同时又强调：“克己复礼为仁”，“一日克己复礼，天下归仁焉”(《论语·颜渊》)，人若不能“克己复礼”，就不能“为仁”，这又分明是以礼为仁的前提。关于“克己复礼为仁”的解读，朱熹以“身之私欲”解“己”，以为“胜己之私之谓克”，以“胜私欲而复于礼”解“克己复礼”，对于复礼之理解也从对于礼文的持守转向对于背后天理依据的探求。阳明则基于“心即理”的立场，批评朱熹于心外穷理以求至善，近于义外之说，而主张“此心无私欲之蔽，即是天理”(《传习录》)，并将工夫重心转向致良知，而礼文的实践也因此而只有从属性意义。王夫之则提出新解，他批评朱王解读都存在重“克己”而轻“复礼”的倾向，批评朱熹“克己即能复礼”的观点，认为未能克己而骤言复礼，则不免偏重外在容貌仪节之整饬，无内心真实之工夫；未复礼亦不可漫言克己，否则便近于佛教的务内而遗外。他因此强调克己与复礼彼此依赖和相互为用，并将文意的重心从克己转向复礼，认为“‘克己’只是远不仁，‘复礼’方是仁”，“礼而云‘复’者，正在此字见仁”，他以为孔子所以不许原宪的“克伐怨欲不行”为仁，就是因其“徒于己致克，而未讲复礼之功”。同时批评阳明恃良知以为克己遏欲之功，于知行两面无穷理、循礼之实，最终不免步入二氏之学。王夫之将以往理学对于“克己复礼为仁”的解读，由偏重于“内心私欲之检省与对治”的“克己”之功，调整为以“复礼”统摄“克己”的内外一贯之学[①]，纠正了以往诠释中的重内遗外倾向。

因此，在孔子那里，基于“克己”的“复礼”才是仁，复礼乃是“为仁”的实现与达成。这是儒家本来意义上的知行合一，故孔子主张人的一切行为都应该纳入礼的规范之中，所谓“非礼勿视，非礼勿听，非礼勿言，非礼勿动”(《论语·颜渊》)。孔门弟子所作《郭店楚简·语丛三》说:“爱，仁也，义以处之，礼行之也”，认为仁爱需要义来持守，需要礼来实现，同样意味着，离开了礼的实践，我们将无从抵达仁者的境界。如此说来，孔子又是摄仁归礼，以礼作为仁的前提。孔子既摄礼归仁，又摄仁归礼；既以仁为礼的前提，同时又以礼为仁的前提，似乎陷入了逻辑悖论，但儒学并非逻格斯意义上的知识论，也不同于外在超越，而是以合内外之道为特征的工夫超越，是儒家轴心突破的成果。

周公制礼于孔子前，但孔子之前的礼只是客观的行为规范，缺乏内在的性情基础，本质上依然属于他律。孔子提出仁学后，人的主体精神得以确立，对于礼的被动持守变成了一种自觉行为，儒家合内外之道的工夫由此诞生。礼乐由客观性规范演变为修养工夫，这又意味着礼乐本身发生了革命意义的变革，它现在被置于内在性情的基础之上，从而打开了礼乐文明的内在向度，儒学中的内外问题由此开出，而为七十子及其后学所反复讨论。《大学》“诚于中，形于外”，《大戴礼记·曾子立事》“作于中则播于外也”，《大戴礼记·文王官人》“以其见，占其隐”，《礼记·乐记》“故乐也者，动于内者也；礼也者，动于外者也”，《郭店楚简·六德》“仁，内也。义，外也。礼乐，共也”等，都是对此一主题的讨论。如果说儒家超越思想中的上下问题指向

① 陈明:《王船山的“克己复礼”说与其对儒家为学工夫的重构》，该文收入 2019 年 6 月 12 日《中国社会科学院第七届青年学术论坛论文集》，第 66—68 页。

天人关系，内外问题则指向内在道德精神和外部道德实践的关系，具体而言就是仁礼关系，仁是道德实践的主观条件，礼是道德实践的客观条件，通过仁礼合一，主观与客观彼此贯通才将儒学变成了真正的“合内外之道”，也就是《庄子》中所说的“内圣外王”之道。

与内外问题密不可分的是身心关系，《大学》的“诚于中，形于外”，是说内在性情必然会有其外在的身体呈现，故接下来说“富润屋，德润身，心广体胖，故君子必诚其意”。曾子说“动容貌”“正颜色”“出辞气”（《论语·述而》），以及孟子说的“胸中正则眸子正”，皆就身心关系而言。儒家成德之教的发展史上，身体早于心灵受到关注。儒家身体观的原型是西周的威仪观，按照《左传·襄公三十一年》的说法，它是王公贵族长期反复践行礼典之后，其身体所焕发出来的一种独特气象，它令民众感到“有威可畏”且“有仪可象”。《左传·成公十三年》载刘康公的话：“吾闻之：民受天地之中以生，所谓命也。是以有动作、礼义、威仪之则，以定命也。”可见在天命观的语境下，威仪被视为天命的落实与体现，具有“定命”的功效。同时，威仪也是德的表现形式，《大雅·抑》有：“抑抑威仪，惟德之隅”，《大雅·民劳》则说：“敬慎威仪，以近有德”，而德在西周思想中乃天命的内涵。威仪观中的身体通过德、礼与天命相关联，而成为天命的展现形式，身体也因此具有了超越意义。所以，阮元才说：“商周人言性命者，只范之以容貌最近之地，所谓威仪也。”[①]这里肯定了威仪与性命的联系，正是指出了天命观下身体的超越向度。

然而，此时的威仪尚未与内心建立联系，威仪的内在精神机制也无从阐明。直到孔子发明仁学，仁礼并重且相互为用，也标志着儒家意义上的身体观的诞生，其特征在于经由身心一体形成某种圣贤气象。在孔子身上，我们既可以看到古典威仪观的庄严肃穆，所谓“出门如见大宾，使民如承大祭”（《论语·颜渊》）；又看到一种积中发外的仁爱温良，二者结合构成了孔子“温而厉，威而不猛，恭而安”（《论语·述而》）的人格气象，成为儒家君子风范的代表。君子的身体也

①〔清〕阮元：《揅经室集》上册，中华书局，1993年版，第217页。

因此成为道德的载体，而道德又根源于心性，由此形成孟子的践形生色说："君子所性，仁义礼智根于心。其生色也，睟然见于面，盎于背，施于四体，四体不言而喻。"（《孟子·尽心上》）心性通过践形生色，将生理性身体转化为心性化的身体。因孟子的心性是天命的体现，所谓"尽其心者，知其性也，知其性，则知天矣"（《孟子·尽心上》），身体也因此变成了天命的载体，同样具有了超越属性。与威仪观不同的是，天命现在已经获得了心性的自觉，心性通过践形生色而使得身体成为天命之载体，也就是王夫之所说的"即身而道在"[①]。这里的身与心是一气贯通的，是身心一如的，身心构成一个实体而非两个不同实体。[②]

孔子内圣外王之道的实现，不但要通过尽心践形以超越生理性身体，而且必然要进入自我与他者的关系，在人伦关系中实现境界提升，这也是仁本身的要求，郑玄注《中庸》"仁者人也"说："读如相人偶之人"，《说文》则说"仁，亲也，从人二"，皆是从自我与他人的关系以言仁，说明仁必然通过人与人之间的关系来实现，孔子以忠恕为仁之方，朱熹《集注》以尽己之谓忠，推己及人之谓恕，忠是尽己，也就是《中庸》所谓"诚"，诚是真实无妄的自我体认，既有此体认，将心比心，推己及人，以至于"己所不欲，勿施于人"，就是恕，在忠恕基础上推之上下左右四方，形成《大学》的絜矩之道。在践形生色的基础上，经过仁民爱物的絜矩推扩，最终抵达的是万物一体的境界，也就是孟子说的"上下与天地同流""万物皆备于我"。如此，个体终于超越了自我的一己形气之私的局限，完成了终极意义上的天人合一。在这样的超越境界中，庸常的人伦关系也具有神圣性，反映了儒家超越之即凡而圣的品格。

如果说牟宗三的内在超越说是主要依据内外向度而立论，并以内外向度实际上消解了上下向度[③]，孔子的超越则不然，它包括多个不同

①（明）王夫之：《尚书椑疏·尚书引义》，岳麓书社，2011年版，第352页。
② 杨儒宾：《儒家身体观》，"中央"研究院中国文史哲研究所，1996年版，第137—138页。
③ 赵法生：《儒家超越思想的起源》，中国社会科学出版社，2019年版，第312页。

向度，每个向度各有其不容替代的意义。天人之际代表了孔子超越的上下向度，身心之际代表了孔子超越的内外向度，人人之际则开出了孔子超越的“左右”向度。至此，孔子超越的上下、内外和左右三个向度全部打开，这一超越的立体格局建构最终完成。这一超越的格局与内涵显然并非内在超越概念所能概括，它应该被称之为中道超越，下面分析其内涵与特征。

四

综上所述，华夏轴心期突破的成果既非港台新儒家所说的内在超越，也不同于基督教的外在超越，而是以孔子为代表的中道超越，其主要内涵如下：

第一，孔子思想突破的连续性，主要表现在他继承了三代宗教中的外在超越面向。首先，他并没有彻底放弃历史悠久的巫文化观念，河图洛书、梦占以及参加驱鬼仪式等，以及“敬鬼神而远之”（《论语·雍也》），表明巫文化信仰依然在他心中占有一席之地，是他思想深处的“集体无意识”，成为他在人生重要关头解读个体命运和表达终极关切的依据之一，他是在古代信仰的地基上发展出新的人生观的。其次是天命信仰。孔子的天与周公的天相似，基本还是个道德性至上的主宰，孔子一生敬畏天命，并从与天命的交流中获取精神力量。再次是天道观念，如果说道德性的命体现了天对于人的仁慈关爱，自然性的天道则指向了不以人的意志为转移的客观必然律，“天何言哉！四时行焉，百物生焉”（《论语·阳货》）表明孔子重视客观必然性天道，由此而产生了儒家对于格物致知的追求。以上三方面信仰依然是外在性的，无法完全内在化与心性化，它们使得孔子对于天命与天道充满神秘与敬畏感，使他将自己的精神提升到个体性生存的有限界域之上，与永恒的超越本原相联结，并深刻影响了孔子的人格气象。孔子生命深处所透显出来的敬畏意识，与其他外在超越宗教的圣徒比起来并不逊色。

第二，内外向度的开辟提升了儒家超越精神的层次，重塑了超越形态与结构。孔子之前的礼乐文明依然属于外在超越，但仁学接通了天命与人心之间的联通渠道，在人心中发现了足以证知天命的伟大精神力量，天命之德因此在人心中扎下根来，使超越获得了一种内在驱动力。通过仁的普遍性，天命也与所有人建立了普遍联系。天人关系的性质因此而发生了重要变化，孔子的天人观既没有完全以客观吞没主观，也没有将主观完全纳入客观，他追求的天人之际的沟通，将儒家的天人关系变成了“合内外之道”。在合内外的道德实践中，以往外在超越中单纯体现为上下维度的信仰天命，转而通过内外维度而展开，这便将超越格局立体化了，从曾经的上下二维空间变成了上下与内外四维空间。所谓内外向度，既从仁与礼的关系上体现出来，也从身心关系上体现出来，身体由生理性身体提升为心性化的身体，通过践形生色而完成身体的超越。《诗经》《尚书》中的超越之光自天而降，它曾是生命中唯一的指引。现在，天德与心中的仁德交相辉映，共同将人的身心和生活世界照亮。

第三，内在的道德精神一旦觉醒，它就不仅仅指向天人之际和身心之际，而且继续向着自我与他者的关系领域延伸。在外在超越型宗教中，人将上帝的命令作为指导人与人关系的法则，自我与他人的关系通过自我与至上神的关系而得以解决，中道超越则不然。由于天人之际的存在，人与人固然拥有“天同覆，地同载”的共同本源意识，但人与人的关系准则之开出，同时又需要基于自我心性体认的比较推扩，通过忠恕絜矩之道推广到上下四方，建构人伦关系。这便将儒家超越的实现由天人之际、内外之际推向人人之际，使得人伦关系具有了神圣意义，使得日常生活成为超越价值的实现场域，如同《中庸》所说：“君子之道始于夫妇，及其至也，察乎天地。”这样一来，儒家超越性的天命与天道，便通过天人之际的上下向度，经过身心之际的内外向度和人人之际的“左右”向度，最终形成三维六度立体撑开的格局，标志着儒家即凡而圣的超越形态的最终完成。

现在，我们需要回到本文开头提出的问题：儒家在轴心期到底产生了什么？儒家轴心期所产生的超越形态既不是现代新儒家所说的内在超越，也不是基督教的外在超越，而是中道超越这样一种特殊的超越形态，代表了华夏文明轴心突破的主要成果，在轴心文明的突破中独具特色。中道超越继承了孔子以前的外在超越面向，承认在人之上存在至高的天命，并以“敬畏天命”作为超越的最高祈向；但它不等同于外在超越，因为它发现了人心中道德主体精神，人可以在下学上达中实现天人合一，而没有走上完全否定自我和皈依神灵的外在超越之路。但它又不同于牟宗三所说的内在超越，因为牟宗三同时把心性看成是道德理性本体和宇宙创生实体，从而将超越在本质上完全主观化和精神化，孔子由敬畏天命而透显出来的外向维度被忽视了，合内外之道也就成了主体精神单方面的自我呈现。而中道超越则通过下学上达同时保留了向上和向下两个维度，避免将天道完全心性化主观化进而丧失天人之际的界限，这又使得它与所谓的内在超越具有显著差异。其次，如前所述，牟宗三在其道德理性三义中，将儒家的实践工夫看作是内在心性之自我呈现，认为纯粹形式化的心性与气无关，而先秦儒家的身心一体以至于天下万物一体本来都是建立在一气感通的基础之上。由于牟宗三否定了心体与气的联系，与气无关的心性如何进入人伦日用领域便成为难以解决的问题，心性本体贯通生活世界的媒介被切断了。[1]而中道超越则是在理气合一的基础上，主观客观并重，避免了将超越的依据完全主观化所带来的弊端，确保儒家实践工夫作为合内外之道的特征。总之，中道超越是以体悟客观存有的天命和天道为前提，以主客观兼顾贯通为原则，以身心合一和仁礼双彰的人伦日用实践工夫为路径，以天地万物为一体为最高境界的超越形态。它在极高明而道中庸的精神下，将上下、内外和左右三维六度有效贯通，力图达成天与人、内与外、自我与他者之间的中道平衡，通过即凡而圣的道德实践实现天人合一，完成超越的目标。

内在超越说是牟宗三等现代新儒家诠释陆王心学的成果，它将儒

① 赵法生:《儒家超越思想的起源》，中国社会科学出版社，2019 年版，第 309 页。

家主观心性的作用“充其极”[①]，极大地高扬了儒家的主体精神，但它是否客观把握了陆王心学的超越精神的实质，显然存在诸多可以商榷之处。内在超越说尤其不适合于界定孔子的超越精神与形态。它既无法归纳孔子超越精神的丰富面向，也无法概括孔子超越精神的本质性特征。实际上，正如学者对于内在超越说所批评的，单靠内在心性是难以实现超越的。即凡而圣的儒家式超越，需要通过天与人、身与心以及自我与他者等方面的一体互动来实现，其中所蕴含的外在超越面向尤其不能忽视。在儒学的生命力因游魂化困境而不断失落的今天，揭示孔子的中道超越特征，对于把握原始儒家的完整生命精神，重建儒学与人伦日用的生活世界的联系，都具有不可忽视的意义。

（原载《哲学研究》2020 年第 4 期）

① 牟宗三:《心体与性体》(上)，上海古籍出版社，1999 年版，第 153 页。

中国哲学“内在超越”的两个教条

——关于人本主义的反思

黄玉顺

超越（transcendence）问题是哲学与文化的一个根本问题。这些年来，关于中国哲学“内在超越”（immanent transcendence）的说法广为流行，论者认为，较之西方哲学与文化的“外在超越”（external transcendence），中国哲学与文化的“内在超越”不仅是独特的，而且是优越的。其实，这两个判断是站不住脚的，却已经被奉为关于中西文化比较的基本教义，不妨称之为“内在超越的两个教条”（the two dogmas of the immanent transcendence）。本文旨在解构这种教条，揭示中西哲学的以下事实：“内在超越”并非中国哲学的独有特征，而是中西哲学共有的普遍特征；不论中西，“内在超越”并不是比“外在超越”更优越的思想进路，恰恰相反，它的人本主义背景存在着严重的问题。

一、中国哲学“内在超越”的两个教条

中国大陆学界最早对“内在超越”之说的来龙去脉作出系统梳理的学者是郑家栋。[①] 据他的考察，最早提出“内在超越”之说的是牟宗三。固然，在牟宗三之前，唐君毅早在 1953 年就谈道：“在中国思想中，……天一方不失其超越性，在人与万物之上；一方亦内在于人与万物之中。”[②] 但这只是偶然提及而已，并非深入系统的论述。

---

① 郑家栋：《从“内在超越”说起》，《哲学动态》1998 年第 2 期；《“超越”与“内在超越——牟宗三与康德之间》，《中国社会科学》2001 年第 4 期。

② 唐君毅：《中国文化之精神价值》，正中书局，1974 年版，第 338 页。

（一）"内在超越"的提出

牟宗三在1955年发表的《人文主义与宗教》一文中提出：

> 儒家所肯定之人伦（伦常），虽是定然的，不是一主义或理论，然徒此现实生活中之人伦并不足以成宗教。必其不舍离人伦而经由人伦以印证并肯定一真美善之"神性之实"或"价值之源"，即一普遍的道德实体，而后可以成为宗教。此普遍的道德实体，吾人不说为"出世间法"，而只说为超越实体。然亦超越亦内在，并不隔离。①

牟宗三的意思是：儒家的人伦要"成为宗教"，就必须肯定一个"神性之实"的"超越实体"；但儒家又"不舍离人伦"，即是一个内在的"道德实体"，故此超越实体是"亦超越亦内在"的。但这里讲的"内在"是内在于"现实生活中之人伦"，还不是内在于"心性"。次年，牟宗三又在另一篇文章里提出：

> 有"心性之学"之教，则可迎接神明于自己之生命内而引发自己生命中神明以成为润身之德，"从根上超化一切非理性反理性者"（唐先生语），如是，吾人之生命可以恒常如理顺性，调适上遂，而直通于超越之神明，此为彻上彻下，既超越而又内在，一理贯之而不隔也。②

这就明确了是内在于"心性"，这就是说，"既超越又内在"乃是作为儒学主流的心性论的特征。最后，牟宗三在1963年6月出版的《中国哲学的特质》一书中提出：

> 天道高高在上，有超越的意义。天道贯注于人身之时，又内在于人而为人的性，这时天道又是内在的（Immanent）。因此，我们

① 牟宗三：《人文主义与宗教》，《生命的学问》，三民书局，1970年版，第74页。

② 牟宗三：《陆王一系之心性之学（三）——刘蕺山的诚意之学》，《自由学人》第1卷第3期，1956年10月。

> 可以康德喜用的字眼，说天道一方面是超越的（Transcendent），另一方面又是内在的（Immanent 与 Transcendent 是相反字）。天道既超越又内在，此时可谓兼具宗教与道德的意味，宗教重超越义，而道德重内在义。[①]

这里的思想显然来自《中庸》开宗明义的第一句“天命之谓性”。但“天命之谓性”这个表达未必能说是“内在超越”的，因为“性”尽管是内在的，然而“天”毕竟并非内在的。在儒学中，“天”的内在化是经过一个历史过程的，这也就是儒家哲学日渐趋向“内在超越”的历史过程，自思孟学派而发轫，至宋明理学而大成。

自牟宗三以来，尤其是 20 世纪 80 年代以来，汉语学界几乎众口一词，视“内在超越”为中国哲学与文化之不同于西方哲学与文化的根本特征。例如，方东美在其完成于 1976 年的《中国哲学精神及其发展》一书中说：“中国形上学适表现为一既超越又内在，即内在即超越之独特型态（transcendent-immanent metaphysics）。”[②]

在这个问题上着力最多的是余英时，他于 1984 年发表《从价值系统看中国文化的现代意义》一文，开始探究“内在超越”[③]；后来，他将“内在超越”改为“内向超越”（inward transcendence）[④]；最后，他的《论天人之际》一书列有专章《结局：内向超越》，尤其是该书的代序《中国轴心突破及其历史进程》详尽地论述了“内在超越”[⑤]。余英时认为，在西方，柏拉图主张“理性是不变的、永恒的存在，与感官事物之随时迁流完全不同。……理型说恰恰是‘外向超越’的一种表现，

---

① 牟宗三：《中国哲学的特质》，台湾学生书局，1974 年版，第 30—31 页。

② 方东美著，孙智燊译：《中国哲学精神及其发展》上册，中华书局，2012 年版，第 19—20 页。

③ 余英时：《从价值系统看中国文化的现代意义》，《文史传统与文化重建》，生活·读书·新知三联书店，2004 年版。

④ 李怀宇：《余英时谈新著〈论天人之际〉：中国精神归宿于“内向超越”》，《时代周报》“时代在线”（www.time-weekly.com）2014 年 3 月 27 日。

⑤ 余英时：《论天人之际——中国古代思想起源试探》，联经出版事业股份有限公司，2014 年版。

因为理型作为存有和价值之源完全在人性之外”[①]。而在中国，“孔子创建‘仁礼一体’的新说是内向超越，在中国思想史上破天荒之举；他将作为价值之源的超越世界第一次从外在的‘天’移入人的内心并取得高度的成功”[②]。

中国大陆最早发挥“内在超越”之说的是汤一介，他说：“从1987年起我就在考虑一个问题，即中国传统哲学的内在超越性问题。……如果相比较地说，中国哲学是以内在超越为特征，而西方哲学（包括基督教哲学）是以外在超越为特征”[③]；“内在超越”不仅是儒学的特征，也是道家、禅宗的特征，即整个“中国哲学以‘内在超越’为特征”；“如果说以‘内在超越’为特征的儒家学说所追求的是道德上的理想人格，以‘内在超越’为特征的道家哲学所追求的则是精神上的自由，那么，以‘内在超越’为特征的中国禅宗则是追求一种瞬间永恒的神秘境界”[④]；“儒家是以通过道德修养以达到超凡入圣的超越境界，佛教的禅宗是通过自心顿悟以达到瞬息永恒（借用李泽厚语）的超越境界，那么道家则是通过任自然无为以达到精神自由的超越境界，而这三者的‘超越’都是‘内在超越’。”[⑤]

（二）“内在超越”的两个教条

现代新儒家提出“内在超越”之说，其意在于对中国哲学和文化与西方哲学和文化加以比较。正如郑家栋所指出的：“80年代以来‘内在超越’一语的流行及相关问题的讨论，实际上关涉到中国（特别是儒家）思想文化在中西比较架构中的重新定位，由此也必将导致方法论层面的一些反省和思考。”[⑥]这就是说，现代新儒家提出“内在超越”

① 余英时：《论天人之际——中国古代思想起源试探》，联经出版事业股份有限公司，2014年版，第222页。
② 同上书，第229页。
③ 汤一介：《儒道释与内在超越问题》，江西人民出版社，1991年版，自序第1页。
④ 汤一介：《论禅宗思想中的内在性和超越性问题》，《北京社会科学》1990年第4期。
⑤ 汤一介：《论老庄哲学中的内在性与超越性问题》，《中国哲学史》1992年第1期。
⑥ 郑家栋：《从“内在超越”说起》，《哲学动态》1998年第2期。

的目的，乃是他们一贯宗旨的表现：提升中国文化，对抗西方文化。

对于中国哲学“内在超越”之说，已不断有学者提出批评。例如，安乐哲就认为，牟宗三提出“内在超越”之说，其实是把西方的“超越”观念强加于中国哲学。[①]张汝伦也认为，“内在超越”之说乃是误用了西方的“超越”概念，并且纯属“以西释中”[②]。其实，这样的指责未必确当，而是基于近代以来惯常的那种存在者化的“中—西”对峙的思维模式。事实上，中西观念之间尽管存在着“非等同性”，但确实存在着“可对应性”[③]，否则中西话语之间根本无法互相翻译、互相交流、互相理解。我们应当注意的不是中国古代有没有某个名词，而是有没有这个名词所指的事实，例如中国尽管没有“metaphysics”之名，却有“形而上学”之实。[④]

而李泽厚则指出，在“内在超越”这个措辞中，“内在”与“超越”是互相矛盾的。[⑤]其实，牟宗三本人何尝不知道“Immanent 与 Transcendent是相反字”[⑥]，所以他才会说，“人的‘精诚’所至，可以不断地向外感通……感通的最后就是与天地相契接……这种契接的方式显然不是超越的，而是内在的”[⑦]，即他同样是把两者对立起来看待的。余英时同样意识到了这种矛盾，所以才会将“内在超越”改为“内向超越”并且加以说明。[⑧]

总之，笔者认为，牟宗三等人的“内在超越”这个概括是可以成立的，它确实说出了中国哲学、特别是儒家哲学的一个基本特征。因

①［美］安乐哲著，彭国翔编译：《自我的圆成：中西互镜下的古典儒学与道家》，河北人民出版社，2006 年版，第 43—48 页。

② 张汝伦：《论“内在超越”》，《哲学研究》2018 年第 3 期。

③ 参见黄玉顺：《爱与思——生活儒学的观念》（增补本），四川人民出版社，2017 年版，第 4—9 页。

④ 参见黄玉顺：《论生活儒学与海德格尔思想——答张志伟教授》，《四川大学学报》2005 年第 4 期。

⑤ 李泽厚：《由巫到礼 释礼归仁》，生活 · 读书 · 新知三联书店，2015 版，第 133 页。

⑥ 牟宗三：《中国哲学的特质》，台湾学生书局，1974 年版，第 30—31 页。

⑦ 同上书，第 35 页。

⑧ 李怀宇：《余英时谈新著〈论天人之际〉：中国精神归宿于“内向超越”》，《时代周报》“时代在线”（www.time-weekly.com）2014 年 3 月 27 日。

此，本文的主旨不是否定中国哲学"内在超越"这个判断，而是解构关于"内在超越"的两个教条。本文将阐明的是："内在超越"并非中国哲学的独有特征，而是中西哲学共有的普遍特征；"内在超越"并不是比"外在超越"更加优越的思想进路，它事实上带来了严重的问题。

二、"内在超越"独特论的解构：西方哲学的内在超越

事实上，"内在超越"并非中国哲学所独有的，西方哲学特别是近代以来的哲学的主流同样是内在超越的。可以说，与宗教相比较，"内在超越"乃是绝大多数哲学的一个普遍特征。

（一）西方近代哲学的主体性转向

西方哲学在近代发生了所谓"认识论转向"（the epistemological turn），本质上乃是主体性转向（the subjective turn），即其超越性的终极奠基者从外在的"本体"（noumenon）转变为内在的主体，"哲学研究从外向的对存在的探究，转为内向的对人之自身意识或者精神、心灵的探究"①。这种内在超越的进路分为两条路线，即理性主义和经验主义。

笛卡尔开辟了理性主义的进路。他的怀疑主义（skepticism）首先对一切既有的知识——关于世界万物、自我、上帝的观念加以搁置，然后在主体自我内部去寻找终极性的奠基者。他说：

> 任何一种看法，只要我能够想象到有一点可疑之处，就应该把它当成绝对虚假的抛掉，看看这样清洗之后我心里是不是还剩下一点东西完全无可怀疑。……可是我马上就注意到：既然我因此宁愿认为一切都是假的，那么，我那样想的时候，那个在想的我就必然应当是个东西。我发现，"我思，所以我在"（Ego cogito，ergo

① 黄玉顺：《超越知识与价值的紧张——"科学与玄学论战"的哲学问题》，四川人民出版社，2002年版，第54页。

sum）这条真理是十分确实、十分可靠的，怀疑派的任何一种最狂妄的假定都不能使它发生动摇，所以我毫不犹豫地予以采纳，作为我所寻求的那种哲学的第一条原理。①

结果，他找到的原初存在者就是主体的纯粹理性的“我思”（cogito），根本上是主体性的“我”，所以笛卡尔说：“事情本身是如此明显，是我在怀疑，在了解，在希望，以致在这里用不着增加什么来解释它。”② 这显然类似于陆象山所说的“宇宙便是吾心，吾心即是宇宙”③、王阳明所说的“心外无理，心外无事，心外无物”④；另外一个类似中国哲学的地方，就是这种原初的“我思”本身并非理性的结果，而是直觉的结果，所以笛卡尔说：“除了通过自明性的直觉和必然性的演绎以外，人类没有其他途径来达到确实性的知识”⑤，而“直觉……是由澄静而专一的心灵所产生的概念”⑥。本来，在认识论转向以前，作为超越者（Transcendent）的上帝乃是自身所予者（the self-given）的存在者并给出其他一切存在者；现在，上帝变成了内在理性的“被给予者”（the given）；换句话说，内在的主体性充当了终极超越者。这毫无疑问是一种内在超越。

培根（Francis Bacon）开辟了经验主义的进路。⑦ 他说：“一切自然的知识都应求之于感官。”⑧ 经验主义进路最具代表性的是休谟，他同样以怀疑主义的态度，首先质疑外在的客观存在：“我们借什么论证能够证明人心中的知觉是由和它们相似（如果这是可能的）而实际完全差异的一些外物所引起呢？”⑨ 这就是所谓“不可知论”（agnosticism），即

①［法］笛卡尔著，王太庆译：《谈谈方法》，商务印书馆，2000 年版，第 26—27 页。

②［法］笛卡尔著，庞景仁译：《第一哲学沉思集》，商务印书馆，1986 年版，第 28 页。

③（宋）陆九渊：《语录上》，陆九渊著，钟哲点校：《陆九渊集》卷三十四，中华书局，1980 年版。

④（明）王守仁：《传习录上》，王守仁撰，吴光等编校：《王阳明全集》，上海古籍出版社，1992 年版。

⑤ 转引自全增嘏主编：《西方哲学史》上册，上海人民出版社，1983 年版，第 511 页。

⑥ 同上。

⑦ 黄玉顺：《超越知识与价值的紧张——“科学与玄学论战”的哲学问题》，四川人民出版社，2002 年版，第 54—55 页。

⑧［英］培根著，许宝骙译：《新工具》，商务印书馆，1984 年版，第 22 页。

⑨［英］休谟著，关文运译：《人类理解研究》，商务印书馆，1972 版，第 135 页。

首先搁置一切外在的客观的存在者。然后，他将一切存在者之存在都归结为心灵的内在"知觉"（perception）并进而归结为原初的感知"印象"（impression）：

> 人类心灵中的一切知觉（perceptions）可以分为显然不同的两种，这两种我将称之为印象和观念。……进入心灵时最强最猛的那些知觉，我们可以称之为印象（impressions）；在印象这个名词中间，我包括了所有初次出现于灵魂中的我们的一切感觉、情感和情绪。至于观念（idea）这个名词，我用来指我们的感觉、情感和情绪在思维和推理中的微弱的意象。……每个人自己都可以立刻察知感觉与思维的差别。①

这就是说，"我们人的所有的'心灵中的知觉'——其实就是我们的全部的观念、整个的精神生活——只有两种：一种是直接的、鲜明的、鲜活的知觉，叫作'印象'（impressions），其实就是我所说的经验直观；另一种就是间接的、比较模糊一些的知觉，叫作'观念'（idea），其实就是我所说的表象。印象和观念的区别，就是'感觉''感性认识'和'思维''理性认识'的区别，其实就是我所说的当下性的形象和非当下性的形象的区别"②。于是，关于上帝那样的超越性存在者的信仰，当然都不过是内在的经验"印象"的一种重构而已。所以，张君劢曾指出："休谟氏云，经验之往复不已，于是有习惯上之信仰。"③这当然无疑是一种内在超越。

康德则企图调和以上这两种进路，因而也是一种内在超越的进路。所以，上帝那样的超越者不过是内在的理性的一个"公设"④。具体来说，上帝是实践理性的公设，这个公设源于道德性的原理，该原理又

①［英］休谟著，关文运译：《人性论》，商务印书馆，1980年版，第13页。

②黄玉顺：《爱与思——生活儒学的观念》（增补本），四川人民出版社，2017年版，第128页。

③张君劢：《再论人生观与科学并答丁在君》，张君劢、丁文江等著：《科学与人生观》，山东人民出版社，1997年版。

④［德］康德著，韩水法译：《实践理性批判》，商务印书馆，1999版，第136—143页。

是理性的一种法则（“理性借以直接决定意志的法则”[①]）；实践理性通过设定“独立不依的至善”即“上帝的此在”而保证思辨理性之理智世界的至善。[②]更具体地说，“道德法则通过作为纯粹实践理性对象的至善概念规定了作为至上存在者的源始存在者概念”；“在理性的无可回避的任务里面，也就是在意志必然指向至善的任务里面，不仅这样一种必然性，即认定与这个至善在这个世界上的可能性相关联的这样一种源始存在者的必然性，展现出来了，而且最可注意的是，理性在沿着自然途径前进时完全缺乏的某种东西，也就是一个得到精确规定的这种源始存在者的概念，也展现出来了”[③]。因此，“纯粹实践理性的公设根据必然的实践法则设定了一个对象（上帝和灵魂不朽）自身的可能性，所以只是为了实践理性而已；因为这种设定的可能性完全不具有理论的可靠性，从而也不具有必然的可靠性，这就是说，不是就客体而言已认识到的必然性，而只是就主体遵守它客观的然而实践的法则而言乃必然的认定，因此，它只是一个必然的假设”[④]。这是因为，从根本上来说，“我们一定要设想一个非物质性存在体，一个理智世界和一个一切存在体（纯粹的本体）中的至上存在体。因为理性只有在作为自在之物本身的这些东西上才得到彻底和满足”[⑤]。总之，作为超越者的上帝只是人的内在理性的一个设定。这当然同样是内在超越的进路。

由此看来，牟宗三对康德的批评是不能成立的，他说康德认为唯有上帝才具有“自由无限心”即“智的直觉”，而儒家哲学则认为人就具有“智的知觉”，因此，“人虽有限而可无限”。[⑥]其实，康德虽然说上帝才有“智的直觉”，然而他既然认为上帝只是人的实践理性的公

①［德］康德著，韩水法译：《实践理性批判》，商务印书馆，1999版，第144页。

② 同上书，第145页。

③ 同上书，第153、152页。

④ 同上书，第9页原注。

⑤［德］康德著，庞景仁译：《任何一种能够作为科学出现的未来形而上学导论》，商务印书馆，1978年版，第144页。

⑥ 牟宗三：《现象与物自身》，台湾学生书局，1976年版，第38页。

设，那么，具有“智的直觉”的上帝归根到底就是人的内在理性所给出的，这显然同样是典型的内在超越。难怪郑家栋说：“牟氏所成就者也不过是康德意义上的‘超越的观念论’；是则牟对于康德哲学的改造也不过是叠床架屋，故弄玄虚，最后所完成者实与康德并无二致。”①

将理性主义发挥到极致的是胡塞尔所创立的意识现象学。他也是首先对外在的“超越物”（transcendence）加以“悬搁”②，而“还原”到内在的先验意识的“意向性”（Noesis/intentionality），以此“原初的自身所予”（the primordial self-given）为一切存在者、包括超越性存在者——上帝的观念“奠基”。胡塞尔对“奠基”下过一个精确定义：“如果一个 α 本身本质规律性地只能在一个与 μ 相联结的广泛统一之中存在，那么我们就要说：一个 α 本身需要由一个 μ 来奠基。”③注意：他是用“存在”这个概念来定义的，意味着“奠基”并非认识论问题，而是存在论问题。他所依赖的方法，则是内在理性的“本质直观”（Anschauung）：“正如个别的或经验的直观的所予物是一个个别的现象，本质直观的所予物是一种纯粹本质。”④其实，他是将外在的对象置换成了内在的意向对象或意向相关项（Noema⑤）。但是，他悬搁外在的“超越物”（transcendence）之后所达到的内在理性的意向性本身也是“超越的”（transcendental）（“先验的”只不过是这个词语的不同的汉译而已），可见内在意识的意向性乃是超越性的，这显然同样是一种典型的内在超越。

总之，西方近代以来的哲学主流都是内在超越的。

① 郑家栋：《“超越”与“内在超越”——牟宗三与康德之间》，《中国社会科学》2001 年第 4 期。

② 关于“悬搁”，参见倪梁康：《胡塞尔现象学概念通释》，三联书店，1999 年版，第 192 页。

③［德］胡塞尔著，倪梁康译：《逻辑研究》第二卷第一部分，上海译文出版社，1998 年版，第 285 页。

④［德］胡塞尔著，李幼蒸译：《纯粹现象学通论》，商务印书馆，1992 年版，第 52 页。

⑤ Noema 出自希腊文，意指被思考的东西、思想、意义等。

（二）西方轴心时代的哲学转向

西方哲学的这种内在超越不仅限于近代以来的哲学，而且可以追溯到古希腊哲学。事实上，人类文化转向内在超越的历史背景，乃是所谓“轴心时代”（the Axial Age）。雅斯贝斯将整个人类思想观念的哲学转向描绘为内在化转变，并将这种内在化转变视为轴心时代的一个基本特征，他指出：

> 哲学家首次出现了，人敢于依靠个人自身。中国的隐士和云游哲人，印度的苦行者，希腊的哲学家和以色列的先知，尽管其彼此的信仰、思想内容与内在气质迥然不同，但都统统属于哲学家之列。人证明自己有能力，从精神上将自己和整个宇宙进行对比。他在自身内部发现了可以将他提高到自身和世界之上的本原。①

这里的“自身内部”是说的内在性，而“自身和世界之上”是说的超越性。这就是说，内在超越是哲学的一个普遍特征，而不仅是中国哲学的特征。

巴门尼德（Parmenides）因为提出西方形而上学的根本范畴“存在”（古希腊文 on）而被奉为古希腊第一个真正的哲学家，但人们尽管都知道他的名言“只有存在者存在着，不存在者是不存在的”，却不太熟悉他的另一句名言“能被思维者与能存在者是同一的”。②笔者曾经指出：“这句话是西方哲学根本传统的最早宣言，实在不可轻轻看过。于是，用思维、理性、语言、表述来代替客观存在本身，就成了古希腊哲学的一个根本特征。”③所以，巴门尼德那句话的含义，可以后来黑格尔的这些话作为注脚：“任何对象，外在的自然和内心的本性，举凡

①［德］雅斯贝斯著，魏楚雄、俞新天译：《历史的起源与目标》，华夏出版社，1989 年版，第 10 页。

② 参见北京大学哲学系外国哲学史教研室编译：《西方哲学原著选读》上卷，商务印书馆，1981 年版，第 31 页。

③ 黄玉顺：《语言的牢笼——西方哲学根本传统的一种阐明》，《四川大学学报》2002 年第 1 期。

一切事物，其自身真相，必然是思维所思的那样"[①]；"思想不仅是我们的思想，同时又是事物的自身，或对象性的东西的本质"[②]。这里的"一切事物"，当然包括上帝那样的超越性的存在者。

当然，这不包括古希腊早期的自然哲学。众所周知，古希腊哲学在苏格拉底那里开始发生了"哲学转向"[③]或曰"人学转向"[④]，即从自然哲学的本体论转向所谓"实践哲学"的伦理学。苏格拉底尽管并未否定外在超越性的"神"的存在；但他之追寻真理，是让真理在人与人的理性对话之中自己显现出来，此即所谓"精神助产术"或"辩证法"。这意味着：是人的内在理性给出了真理或超越性的"逻各斯"。这当然也是一种内在超越。

在人与超越性的神之间的关系问题上，普罗泰戈拉（Protagoras）的思想是最典型的。他写了《论神》一书，开宗明义就宣称："至于神，我既不知道他们是否存在，也不知道他们像什么东西。"[⑤]这与中国春秋时期的"疑神疑鬼"极为类似，是对传统的人神关系的颠覆。他的名言是："人是万物的尺度，是存在的事物存在的尺度，也是不存在的事物不存在的尺度。"[⑥]这样一来，人就具有了存在论意义上的本体地位，这可谓是西方人本主义的最早宣言。

三、"内在超越"优越论的解构：人本主义的问题

古希腊哲学的上述转向，本质上是人本主义转向。这里所说的"人本主义"，不是狭义的"Anthropologismus"派别，而是广义的"humanism"的普遍思潮，通常亦译"人文主义"，其根本观念特征是消解神圣的外在超越者，而赋予人以本体的地位。在西方，这种人

①［德］黑格尔著，贺麟译：《小逻辑》，商务印书馆，1980年版，第77、78页。
② 同上书，第120页。
③ 陈志军：《论苏格拉底的哲学转向》，《安庆师范学院学报》（社会科学版）2008年1期。
④ 黄峰：《苏格拉底人学转向的诞生》，《中共济南市委党校学报》2011年第2期。
⑤ 北京大学哲学系编译：《古希腊罗马哲学》，商务印书馆，1982年版，第138页。
⑥ 同上。

本主义产生于古希腊哲学，而在近代乃伴随着文艺复兴和启蒙运动而“发扬光大”，这才有了西方近代哲学的“认识论转向”——主体性转向，彻底地走上了内在超越之路。而在中国，这种人本主义转向也发生在轴心时代——春秋战国时期，中国哲学尤其儒家哲学也逐渐放弃外在超越而走向内在超越。

牟宗三等人以为“内在超越”比“外在超越”更加优越，并获得许多人的追捧，这可以称之为“内在超越的迷思”（the myth of the immanent transcendence）。时至今日，面对种种价值危机，人们仍然试图以人本主义的思路来解决问题，这其实是南辕北辙的做法。事实上，不论是中国哲学，还是西方哲学，“内在超越”都是值得深刻反思的。

（一）西方哲学“内在超越”所带来的问题

西方哲学从古希腊哲学就开始走上人本主义的内在超越之路，那时正值欧洲社会的第一次大转型。作为这种转型的结果，欧洲社会进入了中世纪前期的罗马帝国时代，正如中国社会形态第一次大转型以后也进入了中世纪的帝国时代。当然，西方中世纪后期发生了封建化，而中国中世纪后期（“唐宋变革”之后）却是帝国皇权的强化。①

不过，中西之间的这种社会转型所带来的观念世界却截然不同：作为传统中国观念形态主干的儒家哲学，逐渐彻底放弃了外在的神圣超越者，转向了内在的心性论（当然，世俗权力并未放弃外在神圣超越之“天”，却以“封禅”祭祀天地的方式继续垄断神圣界的话语权）②；而欧洲却崛起了另一个新的神圣超越者，那就是基督教的上帝。欧洲中世纪的观念形态是由所谓“二希”传统即古希腊理性传统和希伯来信仰传统之间的互补构成的。这种理性与信仰的并存，也就是内在超越与外在超越的并存；这对于欧洲中世纪后期的封建化乃至西方社会第二次大转型即走向现代性发挥了重大的作用。当然也要看到，

① 参见黄玉顺:《论儒学的现代性》,《社会科学研究》2016 年第 6 期。

② 参见《管子 · 封禅篇》，郭沫若等集校:《管子集校》，科学出版社，1956 年版;〔汉〕司马迁:《史记 · 封禅书》，中华书局，1959 年版。

作为神圣界代言人的教会本身也成了一种世俗权力，而与王权和贵族权力共同构成了“封建”统治，从而有所谓“中世纪的黑暗”；这才有文艺复兴运动的张扬理性、启蒙运动的反抗教会、宗教自身的宗教改革以及哲学的彻底转向内在超越，总之就是人本主义的勃兴。

这种人本主义当然有其值得肯定的地方，例如追求“启蒙承诺”即“人的解放”[①]；但与此同时，这种内在超越也带来了许多严重问题。因此，思想界才有所谓“启蒙反思”（Reflection on the Enlightenment）和“现代性批判”（Criticism of Modernity）。但需要警惕的是：这些“反思”与“批判”其实来自不同的立场，其中不仅有前现代的原教旨的复古主义，而且有现代性的威权主义（authoritarianism）乃至总体主义（totalitarianism）。[②] 而令人感到奇怪的是，在这种“反思”浪潮中，却很少有人去反思“人文主义”或“人本主义”。其实，西方思想之转向内在超越而带来许多严重问题，正是人本主义潮流的一种后果。

这种人本主义的本质乃是人取代了神圣超越者。尼采（Friedrich Nietzsche）一言以蔽之：“上帝死了。”[③] 于是，内在超越取代了外在超越，亦即一种有限的存在者取代了无限的存在者，世俗者取代了神圣者而自命为神圣者，自以为至善而全能，并因此而为所欲为。然而，没有任何人是至善而全能的，其结果只能是人的欲望的膨胀、理性的狂妄，诸如权力的肆虐、资本的傲慢，从而造成了种种危机乃至种种灾难。最近的一个显著的例子，就是新科技所带来的价值危机，诸如基因编码竟能够在“硬件”上造人，人工智能竟能够在“软件”上造人；如果没有外在的神圣超越的规训，其后果实在是不堪设想。显而易见，人本主义根本无法应对这些问题，而是南辕北辙、缘木求鱼的做法。

① 参见黄玉顺:《前主体性对话：对话与人的解放问题——评哈贝马斯“对话伦理学”》，《江苏行政学院学报》2014 年第 5 期。

② 参见黄玉顺:《论“儒家启蒙主义”》，《战略与管理》2017 年第 1 期，中国发展出版社，2017 年版。

③［德］尼采著，戚仁译:《上帝死了》，三联书店，2007 年版。

（二）中国哲学“内在超越”所带来的问题

中国哲学不仅和西方哲学一样，从轴心时代就开始走上了内在超越之路，而且显得更加“早熟”，更加“纯粹”。但是，这条内在超越之路却充满危险与艰辛。

汤一介尽管也主张“内在超越”，但他对此还是有所反省的。他曾指出：内在超越“有着鲜明的主观主义特色，它必然导致否定任何客观标准和客观有效性”，“这既不利于外在世界的探讨和建立客观有效的社会制度和法律秩序，同时在探讨宇宙人生终极关切问题上也不无缺陷”。[①]这是分别从科学、政治和信仰的维度上提示了内在超越的问题。他还特别从哲学、宗教信仰与政治的关系角度上指出：

> 在中国为什么比较难以建立起客观有效的政治法律制度，而西方则比较容易建立起客观有效的政治法律制度，我认为这不能说与西方以“外在超越”为特征的宗教和哲学无关。[②]

这是一种清醒的认识，比较深刻地反思了内在超越带来的严重问题。但笔者以为，这些问题中应不包括科学问题。中国哲学尤其是儒学与科学的关系，近代以来一直是学界关注的重大问题之一，主要观点大致有三类：一些人认为儒学阻碍了科学的发展，这是新文化运动以来的主流看法；另一些人则认为两者之间没有多大关系；还有一些人认为尽管儒家并不太关心科学问题，但儒学是可以“开出”科学的，这就是现代新儒家“内圣开出新外王”的思路。笔者本人也持后面一种观点。[③]从科学史的事实来看，内在超越并不必然导致与科学的对峙，

① 汤一介：《论禅宗思想中的内在性和超越性问题》，《北京社会科学》1990 年第 4 期。

② 汤一介：《论老庄哲学中的内在性与超越性问题》，《中国哲学史》1992 年第 1 期。

③ 黄玉顺：《为科学奠基——中国古代科学的现象学考察》，《面向生活本身的儒学——黄玉顺“生活儒学”自选集》，四川大学出版社，2006 年版；《儒学与作为科学理论基础的知识论的重建》，杨永明主编：《当代儒学》第 8 辑，广西师范大学出版社，2015 年版；《略谈〈周易〉“数理”问题》，涂可国主编：《中国文化论衡》2016 年第 1 期（创刊号），社会科学文献出版社，2016 年版。

许多伟大科学家的哲学立场都是所谓“主观唯心主义”。以爱因斯坦为例，他在谈到自己如何发现相对论时承认，“对于发现这个中心点所需要的批判思想，就我的情况来说，特别是由于阅读了戴维·休谟和恩斯特·马赫的哲学著作而得到决定性的进展。”[①] 休谟的哲学是上文已讨论过的，那是一种典型的内在超越的哲学；而他的先驱者培根，更是被奉为“整个现代实验科学的真正始祖”[②]。至于马赫（Ernst Mach），作为一位杰出的科学家，他认为他所研究的对象绝非什么外在客观的东西，而不过是内在的感觉经验的复合体；作为哲学家，他的“经验批判主义”其实就是一种彻底的经验主义，即休谟式的内在超越。[③] 所以，内在超越所带来的问题，主要表现在政治问题上和信仰问题上。

1. 内在超越与政治问题

中国哲学之转向内在超越的时代，正值中国历史上的第一次社会大转型的时代。这次转型的结果，中国社会进入了从秦代到清代的皇权专制的帝制时代，儒学也从而成为皇权帝制的官方意识形态。诚然，儒家始终都在寻求自己的独立生命存在形式，诸如转向内在、建构道统、兴办民间书院及成立民间会社等其实都是这种努力的表现，试图在一定程度上疏离、规训、制约皇权；但是，儒家却终究是世俗权力的臣属身份，甚至充当着世俗权力的辩护者、论证者。作为神圣界的代言人，却是世俗权力的臣仆，这是一种极为吊诡的尴尬，儒家自始至终在这种困局中挣扎不已。新文化运动所批判的儒学，其实就是这种内在超越的“帝国儒学”，原因正如汤一介所指出的，它“难以建立起客观有效的政治法律制度”；所以现代新儒家试图“开出新外王”，但其内在超越的进路注定了这种“新外王”是不可能从儒家哲学中开出来的。

2. 内在超越与信仰问题

将内在超越与外在超越对立起来，排斥外在超越，这在逻辑上必

① 许良英等编译:《爱因斯坦文集》第一卷，商务印书馆，1976 年版，第 24 页。
②《马克思恩格斯全集》第二卷，人民出版社，1957 年版，第 163 页。
③［奥］马赫著，洪谦等译:《感觉的分析》，商务印书馆，1975 年版。

然就意味着否定神圣界的超越者。汤一介说内在超越“在探讨宇宙人生终极关切问题上也不无缺陷”，这确实命中了内在超越的一个要害。郑家栋曾引述台湾新士林学者的一种批评：“宋明儒学的发展基本上是向内在化方面走，超越性的价值几乎丧失殆尽。”[①]这就是说，“内在超越”实质上不可避免地会导致超越价值的丧失；这也就必然导致神圣敬畏感的丧失。确实，中国古代价值观念的超越性层级及其神圣性，是由佛教和道教来担当的，尽管后者也存在着很严重的缺陷；儒家在超越性的神圣界这个问题上的贡献，实在卑之无甚高论，这一点的现实后果同样是极为严重的。

综上所述，必须否定关于中国哲学“内在超越”的两个教条；面对内在超越带来的种种问题，解决问题的路径绝不能依旧是内在超越的人本主义路线，而应当是回归外在超越。唐君毅说：“因为中国人相信天人不二，分全合一，所以没有超越的天的观念。因为没有超越的天的观念，所以也没有与人隔绝高高在上有绝对权力的神的观念。”[②]这个说法是不符合中国思想历史的实际的。即便在儒家哲学中，孔子的“天”仍然还是一个外在的神圣超越者，正如已有学者指出的：“孔子的天……尽管人格化程度有所降低，但相当程度上仍然是一个具有意志的人格神。”[③]当然，我们这里所说的“回归”，应当说是在现代性的生活方式之下的“重建”。

（原载《学术界》2020年第2期）

① 郑家栋：《从“内在超越”说起》，《哲学动态》1998年第2期。

② 唐君毅：《中国宗教之特质》，《中西哲学思想之比较研究集》，正中书局，1943年版，第224页。

③ 赵法生：《儒家超越思想的起源》，中国社会科学出版社，2019年版，第9页。

在内外在超越之外：儒家内在超越论及其诱发结果

任剑涛

儒学与超越，儒学与权力，是两个非常宏大的问题，但又是两个高度关联在一起的复杂论题，需要相对深入、具体的分析，才足以厘清线索、揭示内涵、知晓关键、完整理解。内外在超越说是界定中西文化特质的一对概念。但此说在人们意识到中西文化的两种论说都同时并存的情况下，比较立论的根据便显得不足。如果一定要将儒家及中国文化的特质确定为内在超越，那么，其阻断神人相通、物我互动就内涵着两种悲剧性结果：一是在人之上缺乏更高位的存在，人的行为之诉诸德性修为的危险性陡增；二是在人心之外不存在独立的物理，因此难以镜式地认识自然。于是，权力屈从与科学缺席便成为中国文化的内在短板。如此，儒家必须自我突破，才足以让自己脱出历史约束，获得现代赋值。

一、内外在超越说不足区分中西文化

在两个预先的设定中，即在中西思想都追求超越，且中西思想恰成两种超越类型的前提条件下，一方面确实可以在两种超越论的差异性确认上，以内外在超越界定中西超越的类型差异。但另一方面人们也确实可以发现，在将儒家精神特质定义为内在超越（immanent transcendence）的同时，将西方近代以来的哲学，尤其是出现认识论转向之后的西方哲学基本特征，也定义为内在超越，这可能揭示出西方哲学和儒家思想趋同的一个面相。[①] 其实，西方学者已经明确使用

① 参见黄玉顺:《中国哲学“内在超越”的两个教条——关于人本主义的反思》,《学术界》2020 年第 2 期。

内在超越与此岸超越概念来为西方某些思想定性。哈贝马斯（Jurgen Habermas）就认为，道德上从强调他律到重视自律的转变，神学话语从崇奉上帝转为仰仗宗教经验，传统主体的自我确认转向主体间的自我超越，都可以被认读为内在超越或此岸超越。[①]这与中国文化的内在超越定性所依据的理由，存在某种相似性。

这是中西思想特质的异同辨认相反相成的一种必然走势。相对而言，以内在超越看待中西思想特质的趋同性，还属于较为新鲜的看法，人们更为乐意认同中西思想特质的差异性面相。在西方哲学尤其是展现出内在超越特征的哲学之外，其主流理论的特质，应该说还是外在超越。这与西方思想的二元化结构密切相关。从主流看，西方哲学演进的存在论时期和认识论时期，在理论上都呈现为两个二元结构。从存在论角度看，理念世界与现实世界、神与人，都是分裂性结构。理念世界是对现实世界的超越、神的世界是对人的世界的超越。从认识论视角看，客体与主体、认识主体对认识客体的二元预设，以及认识即主体见之于客体的结果，也是以认知主体对外部世界的感知为条件的。虽然笛卡尔的“我思故我在”这一命题，似乎蕴含着运思的自我的先在性和内在性，但这个“在”，其实还是个对象化的“在”。它不像儒家哲学把“天人合一”合一于人，在己身之内思考世界，“吾心即是宇宙，宇宙即是吾心”(《陆九渊全集 · 杂说》)。因此西方思想发展的两个大的阶段，严格说来，还没有系统凸显内在超越的特质，它的特质还是外在超越（External transcendence）。这就让西方的内在超越说还需要进一步的论证，也让中国的内在超越说之独特性在指陈之外必须深入论析。

西方的外在超越，是对存在或者说相对于主体的人的外化存在之超越指陈。从柏拉图起始，直到中世纪才呈现出两个成熟的体系：一个体系是在神人关系结构中，神对人的超越，人需要归趋至真、至善、至美相统一的大一即神。在对神的信仰中，任何人都是背负原罪的存

① 参见［德］哈贝马斯:《内在超越与此岸超越》,［德］伽达默尔等著，曹卫东译:《赫尔墨斯的口误：曹卫东学术译文集》，上海人民出版社，2016 年版，第 226—259 页。

在，都需要赎罪，都不可能成为崇拜对象。如此，在神面前，人人平等。另一个体系是柏拉图哲学及其相沿以下的哲学学说，它建构了一个理念世界与现实世界的对应结构：理念是共相，事物是殊相；理念是根据，事物是分有；理念是完满，事物是摹本；理念是目的，事物是手段。理念世界与现实世界的对应而在，构成柏拉图的世界观与认识论。这两个超越体系，都设定了一个不同于物质世界或人的世界的非物质（理念）世界或神圣世界。后者都不在我们人的"内部"，而在人的外部。因此，其超越特质确实可以命名为"外在的"。对此，牟宗三重视从神人进路分析西方的外在超越，余英时重视从理念与事物关系理解西方的外在超越。牟宗三的分析，在《中国哲学的特质》一书中有简明扼要的表述[①]；余英时的分析，在《论天人之际》中有明白晓畅的论道[②]。

但随着人们对西方思想特质认识的拓展与深化，牟宗三、余英时的断言受到挑战。相对于西方的外在超越说，在近现代西方哲学脉络中，笛卡尔一脉确实可以做类似于中国内在超越的阐释。因为他以一个"思"的自我，呈现"我"的存在。这中间，理性似乎是一个中介，让"我"的客观存在，在主观的"思"之中完成。甚至广而言之，康德重视的内心的道德律，理性范围内的宗教，也有内在超越的意味。尤其是晚近的心性现象学论述，更是从阳明心学中开掘资源，并从中获得推展现象学的理论动力。至于前述哈贝马斯在三个意义上对西方当代思想内在超越特征所做的更为广泛的论述，就更是确证了这一西方思想旨趣。从内在超越的趋同性上，审视中西思想的一些共同特质，不失为一个新进路。但这就让中西思想差异之辩的核心命题即内在超越说，失去了界定中国传统思想尤其是儒家思想特质的理由。

我之前写过一篇讨论内在超越的文章。[③] 文中强调的一个核心意

① 参见牟宗三：《中国哲学的特质》，上海古籍出版社，1997 年版，第 21 页。

② 参见余英时：《论天人之际——中国古代思想起源试探》，联经出版事业股份有限公司，2014 年版，第 219—252 页。

③ 任剑涛：《内在超越与外在超越：宗教信仰、道德信念与秩序问题》，《中国社会科学》2012 年第 7 期。此文后收入任剑涛：《复调儒学——从古典解释到现代性探究》，台湾大学出版中心，2013 年版。

思是，内在超越说是牟宗三先生的一个临时性的说法。尽管新儒家后来愈来愈确信那是牟先生有深刻体会的说法。我至今还是认为那是一个临时性的说法，甚至更直白地说，那是一个应急性的说法。之所以如此，就是因为牟先生为着解释中西哲学在超验层面上的差异性问题，而给出了一个刻意凸显两者迥异其趣的说法：既然设定西方思想中的超越是外在超越，那么中国思想中的超越就必定是内在超越。这样的说法，不仅是临时性的，而且很难给予有力论证。其论说至今只能停留于差异性描述，而难以进入论证层次便是明证。这中间，还有一种为了凸显差异而立场先行的意味。余英时对这一论题的说法，先有断言，后显沉默，经过较长时间的思考，才最终确定下来。但他将原来的内在超越说，改变为内向超越说（inward transcendence）。余英时的论证，似乎坐实了自己原先的一个设想，变成了自己对中西超越观的定论了。但实际上他仍然没有跳出刻意强化中西超越论的彼此悖反程度的窠臼，执意将中西超越论作为两种截然不同的文化类型来处理。

但实际上在内外在超越论的思路中，三个难题并没有得到有效的突破：一个难题是超越分为内在、外在，西方思想特质还好论证，中国思想特质就难以论证了。在中国思想中，德性固然将一切融摄其中，德性的觉醒、保持与推展，却成了问题。因此，论证无法循修、齐、治、平的进路顺利完成。第二个难题是内在超越这个概念本身似乎很难成立，如何给予恰当论证，需要跳出儒家思想圈子获得一个可公度性验证。而这就需要将中西思想中的内在超越放在一起比较甄别，但如此就失去了以此区隔中西思想的理由。第三个难题是，一旦确立中国传统思想特质是内在超越，且外在超越完全阙如，似乎就肯定了中国传统必然出现两个阻断——既阻断了神规约人的通道，又阻断了限权取向的法政制度建设通道。因为中国文化在总体上属于内在超越，根本就不需要这一文化体系去确立高于人的神的地位，也无须建构依靠法条来严格约束人的法政制度。

从中间一个难题说起，Transcendence 与 Transcendental 这两个概念，非常明确地预设了一个外在的东西。无外在，即无超越对象；无外在，即无超越目的；无外在，即无超越趋向；无外在，即无超越基准。就此而言，内在超越这个概念便很难成立。内在超越要超越的是什么东西？无论是从超克（surmount）的意义上，还是跨越（beyond）的意义上，或是内在克服（overcome）理想与现实差距的意义上，都需要一个外在框架。一旦将一切收摄到内心的道德世界，其实就将需要超越的对象、目标、手段与基准等，通通扁平化为内心的德性自认了，那还能叫作超越吗？恐怕不能。那只能叫德性的自我觉醒、自我确认、自我实现。超越要有外在的东西，经过一个跳跃性的行动，跳到对象的关系中去处理截然不同的主客两者的关系。如果我们把神人、物我、人己，都收摄于人的内心，那就无所谓超越了。就此而言，如果说外在超越是可以论证的超越类型的话，内在超越则是很难在超越的角度成功证成（justification）的。对此，哈贝马斯明确指出，即便在西方的内在超越理念中，也存在相仿的困难。“内在发生超越，我们回避不了；但我们也难以驾驭它，就像说话的事实性不足使我们成为语言结构（或逻各斯）的主人一样。”[①] 因此他试图在两条路线之间调和，即“调和平铺直叙、没有丝毫超越味道的经验论与想入非非、把超越奉若神明的唯心论”[②]。这样的调和尝试的驱动力是：“交往行为理论将理念世界与现象世界之间的先验紧张吸纳到交往的日常实践中，而又不抹杀这种紧张。语言的逻各斯激起了生活世界中的主体间性；有了这种主体间性，我们相互之间才能沟通，这样互相见面时才能互为主体，而且双方作为主体，都有能力运用超越的价值要求作为行为指南。”[③] 可见，内在超越与外在超越的紧张，并不像人们设想的那么巨大，因此不是一种绝对排斥性的关系。相反，它们之前完全可以构成一种既保有紧张、又实现互融的局面。

进而言之，如果将内在超越界定为内心先期具有认知和收摄万物

①［德］哈贝马斯：《内在超越与此岸超越》，［德］伽达默尔等著，曹卫东译：《赫尔墨斯的口误：曹卫东学术译文文集》，上海人民出版社，2016 年版，第 245 页。

② 同上书，第 258 页。

③ 同上书，第 258—259 页。

并且实际上实现了这一目标的话，那么，中西思想中都出现过这样的想象。因此，它也就不具有区分中西超越观特质的标志性意义了。换言之，以中西思想共同具有内在超越特质来看，它事实上就解构了以内外在超越分别确证中西思想特质的尝试，让其辨识变得意义有限甚至是毫无意义。加之一个两难问题的浮现，让这种论述进路无法一贯到底：说中国思想属于内在超越，无法处理中国文化中呈现的外在超越思想成分；断言中国文化具有外在超越理念，同样无法贯通说明强势的内在超越传统。因此，内外在超越说真是既不足以用来概观中国文化，当然也无法用来概观西方文化。退而论之，如果坚持将内在超越说视为一个足以概观儒家及中国文化特质的概念，那么，在其论说逻辑的推演中，便必然遭遇难以顺畅贯通的论证难题：既无法为内在超越相对于外在超越的棋高一着提供充足理由，也无法为内在超越的文化之现代转变困境提供令人信服的解释。

二、内在超越的两个阻断与接通

将内在超越这个概念向两头延伸，一头指向中国传统思想特质，一头指向中国文化的结构方式，也都会遭遇难题：就前者讲，近期中国思想界的一些新探索，证明内在超越难以确证不说，而且带来了难以化解的文化难题。李泽厚主张“举孟旗，行荀学”，梁涛提出要统合孟、荀，这两个路子都很难走通。[①]孟子太过强调道德心性的收摄功能。但善心外推是个难题，即便“仁人无敌”（《孟子·尽心下》），似乎可以势不可当地推展人心；但仁人不常有，外推非常态。这就跟经验生活的日常需要脱钩了。加之仁人无法对象化、制度化、常态化，即在现实中无法保证仁人的连续出现与持续作用，因此内在超越事实上阻断了非人格化的法政制度建构通道。另一方面，荀学又直接从王者之

① 参见任剑涛:《孟荀之外的第三条儒学进路》,《山西师大学报》(社会科学版) 2019 年第 5 期。

人、王者之制、王者之论、王者之法申论其政治主张[①]，王道政治从中直接引申出来，心性问题隐而不彰。李泽厚的主张非常机巧化，举着孟子给定儒家的正当性旗帜，实行荀子的现实化政治策略，两全其美。但其实儒家方案要真能这么实践的话，孟子与荀子在先秦时期就会如此融入实践洪流了。正因为孟、荀难以两全其美，所以只能分道而行，各擅胜场。因此，梁涛设想的统合孟、荀，恐怕也只是想同时收获孟、荀的果实而已，不过是李泽厚设想的另一个聪明一点的提法而已。之所以儒家会处在孟、荀相隔的状态，正是由于内在超越很难通向外部世界的思想规定性的刚性锁定。这不是现代处境中具有良好愿望的想象就可以突破的事情。孟、荀两个路子不能成功贯通，内在超越的统摄性、高超性、圆融性，就落不到实处，其实也就没有多少可以挖掘的现代义涵了，自然对现代实践的引导作用也就十分有限。

至于神人关联建构，由于西周的"绝地天通"，已经将中国文化走向神人关联结构的这一路径完全阻断了。这种阻断，可能有两条路径：一是在思想上人们被人文主义引导，不再思考高位的神如何规范低位的人的问题，进入德性之人为自己确立德行的思考轨道。二是神人关系被国家权力垄断性地掌握在手中，因此高位的神被拉下来，成为权力的工具。神的名义性存在依旧，但已被充填进权力的内容。但儒家确实曾经顽强重建高位的神规范低位的人这一通道。这不仅使儒家试图重新接通阻断的神人通道，而且使儒家借此限定人的权力，将之约束在神意（天意）之下。这是堪称宝贵的尝试。惜乎这样的努力未能

① 参见《荀子·王制》："王者之人：饰动以礼义，听断以类，明振毫末，举措应变而不穷，夫是之谓有原。是王者之人也。王者之制：道不过三代，法不贰后王。道过三代谓之荡，法贰后王谓之不雅。衣服有制，宫室有度，人徒有数，丧祭械用皆有等宜，声则凡非雅声者举废，色则凡非旧文者举息，械用则凡非旧器者举毁。夫是之谓复古。是王者之制也。王者之论：无德不贵，无能不官，无功不赏，无罪不罚，朝无幸位，民无幸生。尚贤使能而等位不遗，析愿禁悍而刑罚不过，百姓晓然皆知夫为善于家而取赏于朝也，为不善于幽而蒙刑于显也。夫是之谓定论。是王者之论也。"这里所表述的，是一种相对于孟子仁人无敌的道德理想主义，基于政治秩序设想而凸显出来的政治理想主义。两者都在理想（应然）层面看待政治，并不是一般解读中所断言的那样：孟子是理想主义的、荀子是现实主义的。

结出预期的果实，从而让儒家的外在超越尝试半途而废。

这中间，董仲舒具有独特的重要性。他试图把内在超越的儒家，借助非儒家但是又可以验证儒家目标的东西引入儒家，并且跟现实政治生活挂钩，从而兼得两种超越的优势。一方面，他拒绝了从荀况往李斯、韩非的下行线；另一方面，他又不愿意像孟子那样将一切收摄到人的内心。当下一些研究荀学的学者认为，现代儒学缺少对政治生活的规划，因此需要高度重视荀学遗产。其实荀学也不是直接规划政治生活的进路。它不过是儒家两种理想主义的表现形式而已——一是思孟的道德理想主义，可称内在超越路线；一是荀学的政治理想主义，可称外在超越路线。两者分别设定了先天善性与王道政治的超然性原则。传统儒学之不能简单归为内在超越，由此可证。孟子那种基于道德理想主义的超越性，以及荀子那种基于政治理想主义的超然性，构成了传统儒学两个结构面相。荀子自己本身的政治经历已经证明，他无力干政，兰陵县令、稷下学宫祭酒都是位阶很低的官，可以说他在政治实践上是非常失败的。为什么呢？他论及的政治理想主义，是从王者之人、王者之制、王者之论、王者之法的不同视角对政治应当如何操作的一个系统设想，这是一种政治理想范式，而不是实际政治操作进路。他遭遇的尴尬是，世间很难出现他理想中的王者之人。他没有把战国后期的诸侯王对象化，看看谁符合这个王者标准，也从旁佐证了这一点。荀子对天作过客观化界定，“制天命而用之”“从天命而化之”（《荀子·天论》）的主张可佐证。其实孔子也有这种客观化思绪，所以说“天何言哉，四时行焉，百物生焉，天何言哉？”（《论语·阳货》）“获罪于天，无所祷也”（《论语·八佾》）。但因为思想张力不够，展开论述不够，所以未能真正、全面凸显天人相分并关联的紧张结构。

之所以有理由认为董仲舒的极端重要，不是像蒋庆那样重视他的公羊学政治判准，而在于他对天人关系的重新处理：他开辟了一个人上有天、天高于人、人法天而治的政治进路。从而让内在超越阻断的神人/天人进路出现了重新接通的可能，并且为政治中实际掌权的皇帝设定了更高的规则或约束。面对传统儒家，忽略了董仲舒进路，就会彻底忽略约束政治与权力的思想与行动进路。所以，我把董仲舒进路认定是孟、荀之外的“第三条儒学进路”：他实际上是在为儒家开拓一个外在超越进路，“人副天数”“天人感应”“法天而治”“天人遣告”[1]，构成这一进路的四个支撑点。这让儒家可以走出仁人自认、天命自领、罪责自疚的尴尬，而凸显一个政治行为是否允当的外部标准。但董仲舒的进路走入东汉的谶纬学歧途，将可能的儒家神学建构引向了儒家迷信言说，尽管也有从高位规约权力的意味，但非雅言，无以持久。这条路以后走上了宋明时期显得更加软弱的天理、人欲之辩的路子，朱熹的准外在超越尝试断送在王阳明的绝对内在超越进路上，实际上彻底将董仲舒式的念想掐灭了。

缺乏外在超越观，让儒学面对权力总是有一种乏力感。自周公全力制礼作乐以来，卜、史、巫、祝这些处于相比于实操性国家权力更高位置的神圣性代表，日益委身于世俗权力之下了。国家权力一旦支配了神圣权力，占卜也好、龟筮也好，最多也就诉诸微言大义的隐晦言论罢了。对人来讲，微言大义因人而异，含义极为不同。对之理解所具有的极大歧义性，让权力可以非常轻松地加以驾驭，其无以控制权力的政治危险性毋庸多言。从政治的角度看，权力对任何试图约束权力的想法与做法都是极端敏感的，因此会想方设法控制住限权尝试。董仲舒把阴阳家引进来，让天处在权力之上，确实可以通过外在的、更高的天，并由其发挥控权效用。而同时由于董仲舒自认代表天，仰观天文，俯察人文，所以才有胆量去写批评汉武帝的折子。后儒一般都没这个胆量，因此也就偃旗息鼓，放弃了外在超越思路。

董仲舒的重要性由此呈现。秉承宋明理学尤其是宋明心学的港台新儒家，对之缺乏必要的关注与重视。牟宗三的内在超越论说，转向内在，追求圆善，实际上无法通向他寄予极高期待、确实心心念念的民主与科学之路。跳出牟氏路子，蒋庆看到了董仲舒的重要性，但他只看到了《春秋公羊传》的重要性，通过微言大义，通过天人遣告，

① 参见袁长江主编:《董仲舒集》，学苑出版社，2003 年版。

将儒家政治理念置于高位，以为就此可以限制权力。这就让董仲舒的天人关系重建所具有的意义隐而不彰。得坦白地承认，董仲舒的努力没有成功。不仅没有成功，甚至是一次严重的失败。其败在他的外在超越进路的阻断，而不在他的干政，干政方面他实际上可以说是成功的。即使后来他写批评汉武帝的折子被告状，免了官，发回原籍，削职为民。不过，“仲舒在家，朝廷如有大议，使使者及廷尉张汤就其家而问之，其对皆有明法”(《汉书·董仲舒传》)。但需要指出，因为他设想的天的系统，缺乏进一步的神权建构、缺乏一个与现实政治权力分庭抗礼的教权建制、缺乏一个对世俗皇权进行正当性赋权与裁决的高位安排，因此汉武帝对董仲舒还具有绝对的政治支配权。在汉武帝可以忍受的情况下，董仲舒自己可以位居超越层面，代天而言，约束权力；在汉武帝无法容忍的情况下，董仲舒就只好回家赋闲，皇帝想问则问，不问照样投闲。如果董仲舒致力且成功建立一个教士集团，譬如将太学生有效组织起来，那么情况就很可能完全不同了。这是所有试图接通被内在超越阻断了的两个通道的尝试，所必须直面的事情。

另一头指向的中国文化的结构方式，也就是以德性结构为轴心，展开两种互补结构——在心灵结构上的儒道互补，在政法结构上的儒法互补。前者让中国文化的入世与出世结构互补，有利于消解人生、社会与政治的高度紧张，对中国文化发现可长久之道具有利好。后者让政治正当性理由、合法性建构、实际性举措互补，阳儒阴法的建制乃是一种特别有利于掌握权力者维护既定权势的机制。但无疑，这更让神人通通进入权力轨道的机制，刚性地驱进限权无着的境地。不管钱穆先生在《国史大纲》中如何为中国传统政治的良性因素辩护，动机可贵，辩护徒劳——因为中国古代确确实实就因为对外在超越的意志，已经阻断了限权的理论与实践通道。

中国文化结构的另一面则是对外部客观世界缺乏认知兴趣，因此尽可以因为实用的需要而发明种种高超的技术，但却对与人相对而在的万事万物缺乏分类整理的科学兴趣。中国古代有技术而无科学之说由此而来。在中国确立起抒情文化主调的情况下，“自然”被纳入“人情”“人心”或“名教”之中，因此成为人们抒情写意的遣用对象。“中国文学的荣耀别有所在，在其抒情诗。长久以来备受称颂的《诗经》标志着它的源头；当中‘诗’的定义是‘歌之言’，和音乐密不可分，兼且个人化语调充盈其间，再加上内里普世的人情关怀和直接的感染力，以上种种，完全契合抒情诗的所有精义。”[①]这不仅让戏剧、小说萎靡不振，而且也让中国的科学发展缺乏社会心理土壤。此不多论，仅从现代新儒家急于开出“科学”就可以知晓关键信息：由于缺乏理念世界与现实世界的对应性建构，建构理性主义的科学观无以浮现；由于缺乏与人相形而在的对象世界的设定，因此中国缺乏经验论的实验科学诉求。科学之匮缺精神支持，由此可见一斑。这是儒家或中国文化内在超越论也无法有效解释的事情。所谓“开出”之说，大致是凭空诉求，成功“开出”的可能性趋近于无。只能寻求儒家或中国文化的结构性突破，才能为限权与科学腾出地盘。但这不是“开出”，而是“创出”。

三、儒家突破的三个前提

现代儒家尝试沿循董仲舒进路往前推进，需要对宋明以来的儒学尤其是阳明心学作出结构性突破。而儒家的这种突破（confucian breakthrough），实际上是对原始儒学与宋明儒学的共同突破，也即是对整个传统儒学结构的总体突破（overall breakthrough）。

因为要试图重建儒学的超越理念，需要首先作别心性儒学传统，真正对政治事务有一个专门筹划。儒学的宗教化转变，可能是通道之一。但试图将儒学转进为儒教，不是一个概念切换就能够实现的目标，它至少涉及三重重大的结构性转变：

第一，要有儒教的神迹创构。新儒家尝试建构儒教，但却试图在世俗道德理性的基础上完成相关任务。可以武断地讲，此路不通。宗

① 陈世骧：《中国文学的抒情传统：陈世骧古典文学论集》，生活 · 读书 · 新知三联书店，2015 年版，第 4 页。

教之谓宗教，首先是因为它有从内心与行动上深刻震撼广大信众的神迹。简单讲，创制一种宗教，需要创教者为之受难，或者付出生命代价（如耶稣上十字架），或者付出荣华富贵的代价（如释迦牟尼放弃世间权力），或者付出人生磨难的代价（如穆罕默德年轻时的遭遇），非此不足以彻底超越俗世、创建宗教。但从古代儒家和现代儒家来看，从宗教神迹的进路去考虑儒学进路的人不说全无踪迹，起码十分罕见。孔子被称素王，经叔孙通与时俱进、学会与权力磨合，后学渐入权力中枢，与俗世共舞、与权力同在，成为儒学书写其与政治互动史、内嵌史的基本模式。世俗权力对儒学的吸纳，完全可以化解儒者身上的神圣附载。从一般意义讲，人有神性、也有人性。世俗权力，尤其高度发达、极度成熟的皇权，把儒者人性的一面高度张扬，并由此遮蔽其神性的一面，宗教神迹便无从萌生、无法传播、无意整合人心、无力对抗权力。结果，儒者被世俗权力彻底卷入，除开偶尔发出的抗议之声、限权意绪、愤懑言辞以外，儒学通向宗教的进路，几乎完全被阻断。因此，儒家以神圣权力限制世俗皇权的宗教通路，就完全被堵塞了。

如果要想让儒学真正站在与世俗权力具有高度张力的宗教高位上，让儒学成为儒教，基督教的模式可能是一个最有意义的参照系。因为基督教是通过血与火的淬炼，才真正站到与王权抗衡且规范王权的高位上的。在教权与王权的争端中，教权所诉诸的神圣性、牺牲性、公共性，都是其得以镇制世俗权力的高位根据。其间，耶稣上十字架极具象征意义。这让红尘滚滚的俗世生活在为人类公益而战的比较位置上相形见绌，立显宗教高位与政治低位的结构关系。宗教必须以牺牲为神圣赋值。[①] 即便是一个批评世俗权力的俗世间的高位争夺，有时候也需要付出性命代价。就此而言，苏格拉底之所以成为西方超越的一个符号，也是因为他被判了死刑。如果苏格拉底当时没有受死，民主的宽容与不宽容内涵也无法充分呈现出来。但儒家太过理性，太过看

---

① 参见［美］海斯著，白陈毓华译：《基督教新约伦理学》，第三章第二节《马可福音中的基督论：一则有关弥赛亚被钉十字架的故事》，中央编译出版社，2014 年版，第 98—106 页。

重当生，不相信来世，因此很难超越现实权力和肉体生命，去建构超越的宗教机制。在这里，以所谓宗教性、精神性这些形式化的替代概念，伸张的类似于宗教性、神圣性的替代性理念，都是没有实质性意义的赝品。

第二，要有面对权力的超然态度。在这方面，董仲舒算是一个儒家榜样。董仲舒觉得帝王用我，在朝进言，“教其王”；辅佐分封王，“相骄王”而正之。汉武帝其实并不是特别信任董仲舒，因此让他“相骄王”，这是一个政治风险很大的位置。但董仲舒履职尚可，证明他把握权力分寸的政治技艺还是很高的。不管是董仲舒与汉武帝对策，还是“相骄王”，董仲舒似乎始终都把握着“法天而治”的高位原则，因此并没有臣服于权力。即便对汉武帝也是如此，并不见得见用干人、满怀感激、一心颂圣、甘为犬马。即使在削职为民、发回原籍后，皇帝遇大议派人“就其家问之”的时候，董仲舒的态度可能很积极，但回答策问的不卑不亢姿态，还是可以想见的。至于此前孟子确立的“说大人而藐之”（《孟子·尽心下》）的政治态度，确实是一种高位的道德姿态，但很难与权力做有效的沟通与合作。因此，面对权力，固然是做到了超然，但却与实际政治完全疏离了。面对权力，超然而不疏离，才是难上加难、重中之重。

但汉后儒学史，甚少见到董仲舒这样的人物。一般而言，儒学中人大致匍匐在权力面前。[①]虽有宋儒面对权力伸张的“天理”与“人欲”之说，可以推出高于世俗的上天之理，但如何与权力保持一个不近不远、不即不离、限权有致、臣服有限的状态，则是一个尚待规范、有待凸显的问题。大多数儒家中人，实际上已经放弃了高位制约权力的政治尝试，而普遍满足于行政治理上的惠赐性权力，并且为争夺这种权力而奋不顾身。比方说东林党人非常悲壮的失败，就正是为了与宦党争夺行政管制权的结果。一般士人，在“天下英雄尽入吾彀中”（王

① 这主要是指介入权力运作的儒家士人群体，大致不问权力来源问题，因此承诺了接受现存权力支配的前提。不是指儒家对实际权力运作全无主见，或者认为掌权者即皇上一切皆有理。

定保《唐摭言》卷一）的科举安排中，早就失去了政治反思与行动力，几乎全体堕入了争取分享行政权力的泥潭。东林党人那样的士林结党，大致可以说是弱者抱团取暖，一旦皇上起疑、宦党相争、地方势力对峙，他们就毫无反抗之力。[①]如果当年董仲舒在太学生为他下跪求情之际，高明地组织太学生反抗集团，尽管会付出沉重代价，但也可能就此催生一个以权制权的机制。并且，如果将“天人相与之际，甚可畏矣”（董仲舒《天人三策》）的神圣天权掌握在自己手中，世俗权力交予皇帝掌控，那么外部控权的可能性也就会呈现出来。惜乎董仲舒并没有这样做。儒家完全缺乏这样的传统，因此只好退而求其次，像蒋庆说的那样，满心期盼圣王的出现。[②]

第三，要有决策介入的能力。董仲舒在与汉武帝对策的时候，可以说是具有决策介入能力的。这是对孔孟周游列国而不见用的悲壮结果的一个重大矫正。尽管汉武帝后来实际上将董仲舒逐出了决策圈子，发配到地方，但汉代统治国策的确立，不能不在相当程度上归功于董仲舒的进言。“天人三策”凸显的“天不变，道亦不变”，强调的“人法天而治”，最后落实在政体选择上的“汉家自有制度，霸王道杂之”（《汉书·元帝纪》），都可以从董仲舒的进言中引导出来。即便其间汉武帝在天权与皇权的博弈中占了上风，让世俗权力成为上位权力，天权成为下位的服务型权力，但董仲舒还是成功地将儒家所轻视的天权带进了政治世界，并且将之作为统治者不得不直面的基本统治命题。

董仲舒在获得与“天子”面对面对策契机的时候，不是逢迎圣上，而是深深切入皇帝关注的统治难题，将统治的外部制约、内部整合和实际举措交错编织，从而形成一整套统治哲学。这就为儒家努力弥补了外在超越的重大缺口。其后，在魏晋时期，政局非常糟糕。不过，在“名教—自然”关系的三个论辩来回中，“名教出于自然”“越名教而任自然”以及“名教即自然”，[③]其中固然没有神圣的位置，但留下了

① 参见樊树志：《重写晚明史：朝廷与党争》，中华书局，2018 年版，第 217—336 页。

② 参见吴亚波：《圣王重现是儒者永远之历史期盼——问学蒋庆先生》，http://www.yidianzixun.com/article/O_00cW4XxA。

③ 参见任万明等：《名教自然之辩的理论变迁》，《社科纵横》2001 年第 2 期。

高于“名教”的“自然”位置。不过，论辩者几乎是被挤出权力中心的曹魏氏集团成员。从此几乎是江河日下，儒家中人一直到唐宋明阶段，才有了政治介入之机。王阳明算是政治介入很深的儒家中人。但他颇具解构儒家德性规则的主张，实际上发挥出瓦解传统儒家的作用。在有清一代，汉族文人的政治介入空间受限，因此儒家政治规则成为皇权自己直接诠释的教条（如《大义觉迷录》）。这里的政治介入，当然是指对政治权力的直接掌控或显著影响，其不同于现代政治中知识群体对国家权力的批评性介入、旋转门制度下的身份转换。

无疑，儒家要实现上述三个突破，将对儒家的传统结构发生颠覆性的重构。但这三个突破尚未明确浮现出来，情况将会如何，端赖儒家面对三个突破的要求，是否能够“接招”，以及如何“接招”，才能让儒家真正具有宗教的神圣超越性、面对政治的世俗超越性。否则，就很难彻底脱离内在超越论说中，极尽理想化的超越者可以呈现宗教性与限权感，而一般儒生根本既无此理念更无此行动的尴尬。这正是儒家需要补强的外在超越论说。可以断言，当下的儒教说、儒家宪政说，如在这两个方面没有取得令人满意的突破，其意图的目标根本就无从实现。一旦让神人相离相即，那么一个拉开距离的二元世界，也就可以敞开为理念世界与现实世界、客观世界与主观世界的转变结构，科学的地盘，也就可以清理出来。

可见，儒家在内外在超越两个幅度上均须着力，如此才能实现自我突破。如在牟宗三、余英时界定的内在超越轨道上一仍其旧，那么儒家或中国文化的自我突破就很难期待。但上述三个突破，乃是文化的结构性转变，任何一个方面，都是很难变现的目标。即便是在退而求其次的层面上尝试为之，亦是儒家的脱胎换骨。不经历一场结构蜕变，就试图在儒家传统中“开出”中国文化缺少的东西，如民主与科学，乃是未能真正面对儒家或中国文化现代艰难处境而又让现代果实唾手可得的浪漫想象。

四、儒家完备性学说的败绩与逆袭

按罗尔斯（John Bordley Rawls）的说法，不同的文明体系大致形成了三种类型的完备学说（comprehensive doctrines），即完备的宗教、哲学、道德学说。[①]从某种意义上讲，在漫长的儒学演变历程中，儒学曾经分别呈现为三种完备性学说形态：一是在西周以前绵延到董仲舒的线索中，形成了早期与汉代儒家诠释的宗教完备性学说。这条路由谶纬神学终结了。二是在“绝地天通”以后，由原始儒家绵延至宋明理学，中间借助道家学说，以周敦颐阐释的“无极而太极”的学理，形成了儒家的哲学完备性学说。三是宋明理学借鉴佛道两家的学说，建构起天理与人欲论说支撑起来的道德完备性学说。中国历史上的儒家，因为曾经以三种完备性学说的形态出现过，因此可以说在理论上无大欠缺。不过在宋明理学那里，由于心学与理学之争，朱熹主张的格物致知之说走向王阳明的心即是理、知行合一以及致良知，最后走向“满街都是圣人”。其促使中国从儒家官方教条中解放出来的作用固然很大，但却解构了儒家完备性学说，让其各有源流的三大完备性学说体系都无法再延续和重构。因此，儒家只好走上阳明心学倡导的，被牟宗三、余英时归纳的内在超越一途。它要真能促使中国从传统走向现代，还必须经历前述三个突破的脱胎换骨，否则即便解释者给予儒家或中国传统文化以现代形式的解说，也无济于事。

从某种意义上讲，儒学在中国社会政治文化实践的演变进程中，经历了三次完备性学说及其实践的败绩：一是到董仲舒时代的宗教完备性学说的败绩；二是到宋代时的哲学完备性学说的败绩；三是到王阳明时期的道德完备性学说的败绩。之所以说这是历史记录的三个败绩，是从内外在两个方面作出的归纳：从中国传统儒学的内在发展脉络来讲，它的三次突破性尝试所记录的败绩，使其后乏来者，无以为继。后儒继承者的原创性已经严重不足，不如在原创者、先导者那里汲取

① 参见［美］约翰・罗尔斯著，万俊人译：《政治自由主义》，译林出版社，2000年版，第4页。

的思想原创营养更为丰富，儒学便成为一部长程的衰败史。

从中国传统文化的现代转变来讲，尽管自觉秉承儒家价值理念、坚韧接续儒家传统、坚定支持中国现代转变的儒家学者，确实给出了富有创意的现代儒家论说，但不能不直率地指出，在所谓“照着讲”与“接着讲”的现代儒家理论建构进路中，“照着讲”的学理性延续与“接着讲”的原创性建构，都是在儒家思想演变脉络中的言说进路，两者其实都不约而同地陷入了“参照着讲”的尴尬，而这是一个讲述儒家的外部进路：现代儒学的重要讲法，都是参照原创性的现代西方思想重新讲述儒家的结果，不管是儒教之说，还是儒家宪政之说，以后是儒家公德之说，均是如此。从第一代现代新儒家直到时下的新儒家，概莫例外。离开现代西方思想，现代儒家就失去了自己的“现代”归宿，也就失去了儒家维护自己论说立场的社会依托。这对今日儒家来说，是一个天大的尴尬。为什么现代儒家无力真正“开出”民主与科学呢，只能在民主与科学转变已经彻底完成的情况下，出来说自己促成了这一转变。但却无法证明自己确实在转变过程中究竟发挥了怎样的促进作用，如何促成了“儒家的”或“中国的”现代方案。这正是儒家“参照着讲”的处境所注定的尴尬。由于他们的各种讲法，都是“参照着讲”的产物，因此跳不出现代西方的“如来佛手掌”。即使是超越说，也是一个硬性楔入儒家理论的命题，而不是儒家原有的命题。如果你“参照着讲”，讲成功了的话，那参照对象必计首功；如果你讲不成功，那参照对象将不负任何责任。换言之，无论一个人“参照着讲”讲成什么样，都不会改变儒家没有原创现代，且已经遭遇三种完备性学说败绩的历史记录。

在传统范围内，儒家建立了三种完备性学说，在全世界来说，它都处于领先水平，这不用去辩护。今日流行的为孔子辩护、为儒家辩护等说辞，完全是自作多情、自我高抬。面对传统儒学、传统儒家、传统完备性学说，今日所有声称持儒家立场的人士，都需要抱持一种明确的谦卑性态度，切忌把自己打扮成拯救儒家的经天纬地第一人。否则，时下一个自命儒者的使命感越强，就越容易将儒家传统置于自己表现现代意图之下而被羞辱；倘若他的使命感让传统遮蔽起来，那他的现代表述就会完全被忽略不计。这是一种相互否定的处境。

在现代社会，由于儒学确实没有创制现代，因此它必然处在一个只能逆袭的处境中。需要仿照西方思想与实践方案将儒学现代化，这是儒学只能逆袭的存在论处境。一切知识建构无助于改变其存在处境。因此，长期为现代儒学所津津乐道的“开出说”，其实是一个儒学丧失了现代创制先发性的掩饰性、遮羞式命题。“开出”这个说法把儒学的现代契机给窒息掉了，因为它笃定儒学只能尾随某种既定的现代方案，并且只能在传统意义上作某些发挥，因此对儒学的丰富性及其转变的灵动性所留余地不大，甚或不留余地。况且“开出说”究竟是从哪一个儒家传统中开出的，恐怕也是一个人云亦云的话题。时下一些儒家学者认为，儒学就是儒学，不要在儒学前面加一些修饰词，譬如自由儒学、复调儒学、现代儒学，诸如此类。但千古以来从来就没有一个统一的儒学，儒学只能在自认秉持儒家立场的学者中间展开思想竞争，然后来看谁究竟有资格发扬光大儒学，或确实真正发扬光大了儒学。这不是一个自命儒家的立场宣示同时就可以从事判教的事情。

儒家要想逆袭成功，除开前述三个革命性突破以外，还需要以三个具体的解放为实质性条件：一是从群体思维中解放个人；二是从姓族统治中解放立宪民主；三是从乾纲独断中解放法治。换言之，这是儒学在内外在超越说的论述框架中需要极大补强的外在超越缺失。

首先，儒学需要在解释中国文明史演进时，将儒学中丰富的、重视个人的思想遗产甄别出来。一谈儒家，就是家国天下，就是宏大的集体辞藻，这是儒学无法真正实现现代突破的一大精神障碍。传统儒学不仅具有孟子“我善养吾浩然之气”（《孟子・公孙丑上》）、“说大人，则藐之”（《孟子・尽心下》）的重视个体传统，而且在制度的原则上，也具有“自天子以至于庶人，一是皆以修身为本”（《大学》）这种平等地重视个体的要求。这些凸显个体及其平等性的底线原则被鲜明凸显出来，完全可以抵消宏大的集体话语对中国建构“集体行动如何可能”的现代共同体，发挥出的巨大负面作用。至于拒斥儒家纲常名教约束的“满街都是圣人”，其解放个体的作用更是毋庸多言。阳明学在近代日本已经发挥过的推进现代立宪民主转变的功效，更是鼓舞人心。[①]

其次，儒学曾经出现过并且若隐若现地延续着限权传统。可以承认，儒家从来没有甘心情愿地屈从于权力，自然也没有成功建立限权机制。但在两者之间，儒家是有丰富的限权思想的。如果按麦基文（Charles Howard Mcllwain）《宪政古今》的一个最简明扼要的界定，constitution 就是限政的话[②]，那么将儒家的限政思想线索指认为儒家宪政论说，也是可以成立的。前述董仲舒代表的神学传统，魏晋宋明一些学者代表的哲学传统，宋明理学主流代表的道德传统，都是可以转换为制权的外在超越理念与实践模式的。但儒家不需要直接建构权力体系，不像蒋庆所说的那样，需要建立最高阶的通儒院，并且以国体院与庶民院构成所谓儒家三院制。[③]这样的体制安排，不过是将西方国家通行的议会两院制，放置到西方政教合一的传统政制之中，设想出的极为古怪的三院制而已。它还是“参照着讲”的产物。而且事实上，在议会制中，三院制根本是无法顺畅运转的制度，一些为之喝彩的人，对议会制的运转恐怕比较陌生，故此才会欣赏这样的设想。[④]

再次，需要确立儒家的法治精神。儒家基于人情常理，因此注定会建构一种带有强烈血缘色彩的制度机制。时下人们尽力在为儒家的家理念辩护，以为那是不同于西方打破家庭结构以建构社会机制的东方独特社会建制。这是一种对中国现代转变处境误判的附带产物。对

① 参见苅部直等编:《日本思想史入门》，外语教学与研究出版社，2013 年版，第 87—155 页。

② 参见［美］C. H. 麦基文著，翟小波译:《宪政古今》，贵州人民出版社，2004 年版，第 16 页。

③ 参见蒋庆:《再论政治儒学》，华东师范大学出版社，2011 年版，第 102—120 页。

④ 从比较政治的角度看，议会制有一院制、两院制之分，尚无三院制的议会体制。一院制被认为会引发无限制的民主，两院制则可以平衡民主与共和且发挥重在斡旋作用。三院制如何运转，不是一个随意增加一院的问题，而是一个需要完全重新设计议会制的理念。参见［英］J.S. 密尔著，汪瑄译:《代议制政府》，商务印书馆，1982 年版，第 182—189 页。

西方国家来讲，挣脱家庭束缚的个人以及建立在平等基础上的民主与法治，也是现代才真正系统建构起来的社会机制。西方重视个人之作为法治对象，但并不忽视作为社会建制的家庭作用，只要看看家庭社会学的论述，就可以知晓这一点。那种诉诸家庭关系建构起来的社会，一定是一个人情社会，也一定是一个无法落实法治的社会。在中国今天建构法治国家、法治政府与法治社会的情况下，诉诸家庭，只会阻断法治进路；诉诸个人，才会敞开法治通途。

如果将儒学推向这样的一种逆袭之路，那引导出来的论说与实践，还可以称之为儒学吗？我的回答是，那自然首先要看人们怎么界定儒学。如果将传统儒学的社会环境、论述主题、问题针对、解决方案都限定在过去的话，这种逆袭的结果自然不是儒学，而是非儒学了；如果将儒学界定为因时而变、与时俱进、主题演化、针对灵活且因应于现实的思想与实践方案的话，那么逆袭的儒学在维持其“己所不欲，勿施于人”（《论语·颜渊》）、“己欲立而立人，己欲达而达人”“博施济众”“老安少怀”（《论语·雍也》）的内心诉求（仁）与外部规则（礼）的前提条件下，一定会迎来现代儒学的飞跃性发展、革命化刷新和高光性时刻。

回顾儒家与中国文化的内在超越论述，牟宗三、余英时的论述意图有其值得高度肯定的地方。那就是中国文化如同西方文化一样，一定有其超越追求。无疑，一种绵延久长的文化系统，缺乏超越意识与实践，那是完全不可设想的事情。但超越是不是就仅只西方文化的外在超越与儒家/中国文化的内在超越两种类型，上述分析表明，这样的断定可能过于勇敢。一者没有考虑到中西方思想与历史中都同时存在内在超越与外在超越的论说，因此对立性的超越类型划分显然很不周延。二者没有考虑到超越可以在宗教、道德与哲学的领域中发生，而不仅仅在其中一二个领域中、以固定形态呈现超越追求。牟宗三以宗教论中西超越特质、余英时以德性讨论中西超越特征，都陷入了干瘪化超越论说的陷阱。因此，他们不仅无法面对中西内外在超越同在而自圆其说，而且无法对儒家或中国文化的内在超越断言所引发的两种阻断予以有效疏通，复加对自己“参照着讲”的超越言说的性质失于审查而既无法对应儒家传统照着讲、也无法接引现代并延续儒家精神宗旨地接着讲。可见，在内外在超越说之外理解儒家或中国传统文化特质，已经是迫在眉睫的事情了。

在方法上似乎还可赘言一二。近代以来中西文化在实力与学术的双重推进下展开了接触、交流、冲突、磨合的艰难过程。这一过程，不是一部令人喜笑颜开的快乐进程。其间，让国人充满忍辱负重、艰难承受、辨认异同、力求自重的复杂情愫。但不管怎样，由于中西文化冲突与融汇的现实无法回避，它驱使学者们对之进行探究，试图以差异性辨认获得自尊心重建。于是，将中西文化放置在对照性的地位上，加以比较、玩味，刻意凸显中西文化特质的迥然相异，便成为一种文化无意识。这是中国有意无意抗拒现代变迁的一种思维模式：有意者，自然以此抵抗其心必异的外族之西方侵入，将马克思所说的资本主义侵入非西方地区所具有的野蛮性与进步性双重性征，直接省略为野蛮行径；无意者，乐意至少愿意接受西方文化的熏染，接受其文化优于中国的方面（如民主与科学），但却对中国古代文化不忍舍弃，因此，其接受需要先期确认中西文化的相异性，否则，就会失去为中国文化卫道的理由。但因此将儒家的“人同此心、心同此理”忘到九霄云外，这是一种后发现代化的悖谬处境。需要作别这样的悖谬，才能对儒家、对中国文化抱持不怀功利的敬意，也才能真正为儒家与中国文化开辟出光明前景。简言之，简洁明快的对峙性类型划分可以终结，而复杂的交互性与共同性阐释亟须提倡。回到儒家与中国文化的普遍主义立场①，在对立类型勾画中寻找自尊心寄托的无谓尝试，才可以转进为推动儒家与中国现代转变并且为人类作出新贡献，儒家与中国文化的春天才会到来。

［原载《上海大学学报》（社会科学版）2021 年第 1 期］

① 参见任剑涛：《复调儒学——从古典解释到现代性探究》，台湾大学出版中心，2013 年版，第 299—353 页。

“事天”还是“僭天”

——儒家超越观念的两种范式

黄玉顺

20世纪80年代以来，牟宗三等提出了儒家哲学“内在超越”（immanent transcendence）的观点；近来，儒家哲学的“超越”问题成为学界的一个热点。这个问题之所以令人瞩目，是因为它不仅涉及儒学历史的反思，而且蕴含着深刻的现实关涉。本文在笔者发表系列论文的基础上提出“儒家超越观念的两种范式”，旨在推进相关研究，以深化对儒家思想的历史嬗变、成败得失及其未来路径选择的认识。

一、“超越”概念的厘定

在最近这场学术讨论中，笔者率先对孔孟之后的儒家尤其是宋明新儒家的内在超越进行了批判，主张回到孔孟的外在超越。① 笔者当时的表述易致误解，似乎孔孟那里只有外在超越，没有内在超越。事实上，孔孟儒学与宋明理学都有内在超越的维度；然而尽管如此，它们却是两种截然不同的超越范式，即孔孟儒学并未取消，而是坚持敬奉外在超越之“天”，其内在超越旨在“事天”，而宋明理学却以内在的心性取代了外在超越之“天”，实为“僭天”。

之所以产生上述误解，一个重要原因是其所使用的“超越”“内在超越”“外在超越”等概念的内涵混乱，特别是混淆了内在超越与外在超越的不同主体：外在超越的主体是外在于人的天或帝；而内在超越的主体则是人，是指的内在于人的理性或心性。刘述先曾根据《韦

---

① 黄玉顺:《中国哲学“内在超越”的两个教条——关于人本主义的反思》,《学术界》2020年第2期。

氏大辞典》对“宗教”的解释，指出:“宗教所关怀的是超越可见世界以外的存有……也相信人有了这样的信仰，乃会在精神上得到慰藉。这样的说法……兼顾超越（神）与内在（人）两层……”[①]这也是严格区分两种不同的主体。为此，笔者特意撰文指出:天或帝是超凡的（transcendent），即超出凡俗世界，此即所谓“外在超越”；人的理性或心性是超验的（transcendental），即超出感性经验，此即所谓“内在超越”。[②]而如果将外在超越与内在超越都视为人这个主体的超越，便造成混乱，乃至带来严重后果。然而到目前为止，学界关于儒家超越观念的争论仍然停留于这样的主体混淆之中。为此，有必要进一步厘定“超越”概念。

（一）“超越”的语义分析

存在着两种不同主体（主词）的“超越”（transcendence）观念:

（1）“transcendental”的主体是“人”，其超越是指的理性对感性经验的超越（beyond the experience），故应译为“超验的”，这就是所谓“内在超越”（immanent transcendence）；

（2）“transcendent”的主体是“天”或“上帝”，其超越是指的形而上者对凡俗世界的超越（beyond the world），故应译为“超凡的”，这就是所谓“外在超越”（external transcendence）。

这里需要特别指出:本文对“transcendental”和“transcendent”的汉译不同于通常对康德哲学概念的译法（表1）:

表1　超越概念的不同汉译

英文＼汉译	康德哲学汉译	本文汉译
transcendental	先验的	超验的
transcendent	超验的	超凡的

① 刘述先:《论宗教的超越与内在》，《二十一世纪》1998年12月号。

② 黄玉顺:《“超验”还是“超凡”？——儒家超越观念省思》，《探索与争鸣》2021年第5期。此文首次发表于2020年8月24至25日举行的“中西会通视域下的儒家超越性问题”学术研讨会，参见常会营:《“中西会通视域下的儒家超越性问题”学术研讨会纪要》，《当代儒学》第19辑，四川人民出版社，2021年版，第263—280页。

显然，本文的译法更加符合汉语的语义：“超验”（transcendental）是说的（人的理性或心性）超越经验；“超凡”（transcendent）是说的（上帝或天）超越凡俗。

尽管古代汉语已有“超越”一词，但现代汉语的哲学与宗教术语“超越”是一个外来词，即“transcendence”。西语“transcendence”“transcendent”“transcendental”都基于动词“transcend”，来自拉丁语“transcendere”，意为“超过”或“越过”（某个界限）。因此，“超越”问题首先存在着一个“划界”问题，因为“超越”的本义就是越过某种“界限”。而对于哲学和宗教来说，最基本的界限就是“内在”与“外在”的划界：“内在”指内在于这个凡俗世界，特别是内在于人的心灵或意识；“外在”指外在于人的意识，乃至外在于整个凡俗世界（表 2）。这也是中国哲学所说的“天人之际”问题。

表 2　两种主体超越的划界

<table>
<tr><td>外在</td><td>超凡的</td><td>天或上帝</td></tr>
<tr><td rowspan="2">内在</td><td>超验的（理性）</td><td rowspan="2">心灵意识</td></tr>
<tr><td>经验的（感性）</td></tr>
</table>

这里所谓“理性”不仅有认知性的理性，还有意向性的理性，如康德所谓“实践理性”（Praktischer Grund）；所谓“经验”也不仅指感性的认知，还指情感。笔者曾对人类心灵意识结构做过以下分析（表 3）[①]：

表 3　心灵意识结构

层次＼区域	认知	意向
理性	思维	意志
感性	感知	情感

表中的“感性”包括了认知性的感知、意向性的情感。由此可见，在哲学上，所谓“内在超越”就是理性超越了感性，如此而已。

① 参见黄玉顺：《超越知识与价值的紧张——“科学与玄学论战”的哲学问题》，四川人民出版社，2002 年版，第 18—37 页。

理性诚然可以超越感性，然而问题在于：超越了感性以后，理性本身，或理性的主体——人本身，是否居然可以自以为是上帝或天？理性固然能够超越感性的界限，然而能否超越此岸的世俗世界的界限？答案乃是否定的。人之所以要以内在的理性超越内在的感性经验，从而成为一个内在的超验者，是为了朝向那个外在的超凡者；然而人的理性尽管指向外在的超凡者，它本身仍然是内在的东西，而不能取代外在的超凡者，否则就是僭越——以人僭天。

（二）西方宗教与哲学中“超越”观念的时代转换

这种“以人僭天”正是西方“超越”观念近代以来的转向，即从宗教的“超越”观念转为哲学的“超越”观念：拥有理性与意志的“人”取代了上帝，成为超越的主体——不仅是超验的主体，而且是超凡的主体。

1. 基督宗教的外在“超凡”观念

在基督宗教中，“超越”本来特指上帝的超凡性或彼岸世界的超凡性。已有学者指出：“‘超越’一词原本的意思，就有古典形上学的色彩——本体论的、唯实的。……在托马斯那里，‘存有’是有实在意义的，即，它与近代哲学以来的主体性哲学或唯心论哲学是不同的，因此，托马斯的‘超越’的使用就是对实在界的描述，或者说，‘超越’就是跨越人的界限，走向一个完全不同的领域……有了基督宗教的超越界之义。”[1] 这里的“本体”“实在界”“超越界”就是外在超越的超凡世界。

2. 现代哲学的内在“超验”观念

西方哲学在近代发生了“认识论转向”或曰“主体性转向”，即从古典的本体论哲学转向现代的主体性哲学。伴随着这个转向，西方的“超越”观念发生了转变：“以康德为分水岭，使我们看到在西方古典时期与近现代的神本与人本的对立；这既是哲学与宗教的分离，也是古代与近现代的转折。以后的哲学，不管是有神的还是无神的，都

① 耿开君：《“超越”问题：“内在”与“外在”》，《中国哲学史》1998 年第 1 期。

开始在人的主体内寻找超越的根据”；于是，“从康德开始，西方‘超越’（transcendence）就已转变为‘超验’（transcendental）了，即原来的‘跨过界限达致本体’的含义已变为在主体内的一种提升活动”。①

确实，康德提出：“如果有些原理的应用完全限于可能经验的范围以内，我们就称这些原理为内在的；另一方面，有些原理想要超出这个范围，它们称为超凡的（transcendent）。”② 应注意的是：康德所谓“内在的”“限于可能经验的范围以内”，并不是指与“理性”相对的“经验”，而是指“纯粹理性”，即认知理性或理论理性，其实就是“超验的”（transcendental，通常译为“先验的”）意识，它关乎现象界，因而不能脱离经验；而他所谓“超出这个范围”的、“超凡的”（transcendent，原译“超验的”），则是属于“实践理性”范畴的“自在之物”，它是纯粹理性无法通达的。所以，他说：“超验的（transcendental）和超凡的（transcendent）并不是能互换使用的语词。”③

但必须指出的是，尽管不能互换使用，但在康德这里，它们毕竟都内在于人的心灵，即：超凡的（transcendent）东西尽管不属于纯粹理性，而属于实践理性，但毕竟还是理性的东西；它虽然不是纯粹理性可以通达的，却是实践理性的“公设”。这就是说，康德是将原来外在的超凡的上帝、本体纳入了内在的超验的理性之中，即视之为实践理性的逻辑结果。因此，康德所谓“transcendent”（超凡）的东西，本质上不过是笔者所说的“transcendental”（超验）的东西（表4）。

表4　康德的两个超越概念

理性	纯粹理性	超验的（transcendental，或译“先验的”）
	实践理性	超凡的（transcendent，旧译“超验的”）

这就意味着：宗教的那种真正的外在“超凡”不复存在，剩下的只有内在“超验”。所以笔者才说这是典型的“内在超越”，即不论是

① 耿开君：《“超越”问题：“内在”与“外在”》，《中国哲学史》1998年第1期。

②［德］康德著，韦卓民译：《纯粹理性批判》，华中师范大学出版社，2000年版，第317页。原文的“transcendent”原译“超验的”，这里译为“超凡的”，以与本文的译法统一。

③ 同上书。“超验的（transcendental）和超凡的（transcendent）”原译为“先验的和超验的”。

纯粹理性，还是实践理性，既然是理性，就都内在于人的心灵。这就是笔者所说的“以人僭天”。

这种“以人僭天”之所以会带来严重后果，并不是因为它过分抬高了人的地位，而是因为现实的人并非抽象的存在者，而是处于某种群体结构之中的具体的存在者，这种世俗格局要么受资本权力的控制，要么受其他权力的控制，乃至形成福柯（Michel Foucault）所揭露的“权力和知识的合谋”[①]，于是“人取代上帝”实际上是权力成为上帝。这也是后现代主义“反思现代性”“反思启蒙”的重要缘由（尽管他们致力的方向恐怕恰恰搞反了，即仍然试图解构外在超越）。

二、孔孟儒学的超越范式：事天

饶有趣味的是，上述内在超越从“以人事天”向“以人僭天”的范式转变，中国哲学史上竟然早在宋代即已发生，而特别充分地表现在宋明理学之中。其实这并不奇怪，恰如笛卡尔启动的西方哲学的主体性转向发生于 17 世纪的前期，而作为其时代背景的“文艺复兴”（Renaissance）更发生在属于中世纪的 14 世纪，那时距离“现代”社会还很遥远。中国社会“内生现代性”的发生也是在中国的“中世纪”后期，即“唐宋变革”之际，这个时候开始出现早期的“儒学现代化版本”。[②]

宋明理学作为帝制时代儒学的典型，充分体现了儒家超越范式的根本转变；而儒家在帝制时代之前的另一种超越范式的典型，则无疑是轴心时代的孔孟儒学。诚然，从殷周到孔孟，超越观念发生了“周孔之变”[③]；但尽管如此，在孔孟儒学中，“天”仍然是外在而神性的超

---

① 周宪：《福柯话语理论批判》，《文艺理论研究》2013 年第 1 期。

② 参见黄玉顺：《论“重写儒学史”与“儒学现代化版本”问题》，《现代哲学》2015 年第 3 期。

③ 参见黄杰：《敬鬼神而远之：超越观念的周孔之变——一种与列维纳斯的比较性解释》，《当代儒学》第 19 辑，四川人民出版社，2021 年版，第 245—260 页。

凡者（the Transcendent），这一点并没有改变。[①]

（一）孔子的超越观念

余英时说，孔子实现了“轴心突破”（Axial Breakthrough）[②]。这个判断当然没错，但问题是：这个突破的内涵究竟如何？是否所谓的从“外向超越”（outward transcendence）转为“内向超越”（inward transcendence）[③]，抑或转向“中道超越”[④]？笔者认为：“周公建立了宗法制‘大一统’的世俗权力系统，神圣界的代言人‘巫史’由于没有自己独立生命形态，而臣属于这个权力系统，因而实际上并没有话语权，这种话语权是被世俗权力垄断的。……孔子的‘轴心突破’，本质上是要打破这种格局。这主要是通过两种途径进行的：一是通过‘以仁释礼’的方式，将由宗法权力体系垄断的外在的‘礼’收归儒者内在的‘仁’，争取神圣界的话语权；二是通过在权力体系之外建立自己的‘学派’，以谋求自己的独立生命形态。”[⑤]这就是说，孔子的突破乃是聚焦于内在的超验之“仁”即“德”的确立，而不是否定外在的超凡之“天”的存在。如果孔子取消了周公的外在超凡之“天”，那么，强调连续性而非断裂性的“周孔之道”称谓就不能成立了。

1. 天的超凡性：外在超越

孔子的天人之际观念，最集中地体现在这个命题上：“天生德于予。”（《论语·述而》）这个命题，后来《中庸》表达为“天命之谓

① 参见黄玉顺：《生活儒学的内在转向——神圣外在超越的重建》，《东岳论丛》2020年第3期；《周公的神圣超越世界及其权力话语——〈尚书·金縢〉的政治哲学解读》，《东南大学学报》（哲学社会科学版）2020年第2期；《天吏：孟子的超越观念及其政治关切——孟子思想的系统还原》，《文史哲》2021年第3期。

② 余英时：《中国轴心突破及其历史进程》，《论天人之际——中国古代思想起源试探》，联经出版事业股份有限公司，2014年版，代序第1页。

③ 余英时：《论天人之际——中国古代思想起源试探》，联经出版事业股份有限公司，2014年版，第219—252页。

④ 赵法生：《儒家超越思想的起源》，中国社会科学出版社，2019年版，第14—15页。

⑤ 黄玉顺：《儒学反思：儒家·权力·超越》，杨永明主编：《当代儒学》第18辑，四川人民出版社，2020年版，第3—10页。

性”。在这个命题中，一方面是外在于人的超凡之“天”，一方面是内在于人的超验之“德”或“性”，这里蕴含着两层意义：其一，天人关系绝非后儒所谓“天人合一”[①]，而恰恰是“天人二分”（学界通常认为儒家主张“天人合一”，这其实并不适用于孔孟儒学）；其二，天赋予人以德性，这是一种“形上→形下”的生成关系、“奠基”关系[②]。

天不仅赋予人以德性，而且生成人本身，乃至生成万物，所以孔子指出：“天何言哉？四时行焉，百物生焉。”（《论语·阳货》）这就是说，万物皆生于天；换言之，天乃是万物的本原、本体。所以孔子才说“唯天为大”，邢昺疏云：“唯天为大，万物资始。”[③]这就是说，“天”乃是一个本体论范畴。唯其如此，孔子的思想绝非所谓“人本主义”，而是“天本主义”（tianism）[④]。

孔子的“天”，其实就是周公的“上帝”：“孔子的天十分近似于周公的天……仍然是一个具有意志的人格神。”[⑤]唯其为人格神，天有情感，故孔子说“天厌之”（《论语·雍也》）；天有智能，故孔子说“知我者，其天乎”（《论语·宪问》），“吾谁欺？欺天乎”（《论语·子罕》）；天有意志，故孔子说“天丧予”（《论语·先进》），“天之将丧斯文”，“天之未丧斯文”（《论语·子罕》），等等。

对此，牟宗三也指出：“孔子在他与天遥契的精神境界中，不但没有把天拉下来，而且把天推远一点。……天仍然保持着它的超越性，高高在上而为人所敬畏。因此，孔子所说的天比较含有宗教上‘人格神’的意味。而因宗教意识属于超越意识，我们可以称这种遥契为‘超越的’（transcendent）遥契。否则，‘知我者其天’等话是无法理解的。……从理上说，它是形上实体。从情上说，它是人格神。”[⑥]这就是

①〔宋〕张载：《正蒙·乾称篇》《横渠易说·系辞上》，《张载集》，中华书局，1978年版。

② 关于“奠基”（foundation-laying）概念，参见黄玉顺：《形而上学的奠基问题——儒学视域中的海德格尔及其所解释的康德哲学》，《四川大学学报》2004年第2期。

③《论语注疏·泰伯》，〔清〕阮元校刻：《十三经注疏》，中华书局，1980年影印版。

④ 黄玉顺：《“超验”还是“超凡”——儒家超越观念省思》，《探索与争鸣》2021年第5期。

⑤ 赵法生：《儒家超越思想的起源》，中国社会科学出版社，2019年版，第9页。

⑥ 牟宗三：《中国哲学的特质》，上海古籍出版社，2007年版，第33—34页。

说，孔子之“天”仍然是外在而超凡的神性之“天”。

2. 德的超验性：内在超越

这个超凡之“天”生成万物，包括赋予人以德性。孔子罕用“性”字，即“夫子之言性与天道，不可得而闻也”（《论语·公冶长》）；他用“德”字来表示德性，如上文所引“天生德于予”。

德性当然是内在的，所以孔子说：“君子怀德。”（《论语·里仁》）德性在“怀”，即是内在的。孔子又说：“吾未见好德如好色者也。”（《论语·子罕》）朱熹引谢氏说：“好好色，恶恶臭，诚也。好德如好色，斯诚好德矣。”[①] 这是以“诚”释“德”，《大学》说“诚其意”乃“诚于中”（《礼记·大学》），“中”即内在之义。这样的“德”，孔子更多地称之为“仁”，当然也是内在的：诸如“为仁由己”（《论语·颜渊》），“我欲仁，斯仁至矣”（《论语·述而》），“夫仁者，己欲立而立人，己欲达而达人”（《论语·雍也》），这里的“己”“欲”“我欲”，无非是揭示德性的内在性。

同时，孔子认为，德性是超验的。须注意的是，“德”或“德性”并不等同于今天所谓“道德”（moral、morality），因为道德可以经验地习得，而德性则是超越经验的。因此，孔子说，“知德者鲜矣”（《论语·卫灵公》），“道听而涂说，德之弃也”“乡原，德之贼也”（《论语·阳货》），这些话都蕴含着对寻常经验的超越。但德性也不是纯粹“先天的”（innate、inborn），而是“性日生而日成”（王夫之语）[②]，需要“崇德”“徙义”才能达至：“先事后得，非崇德与？”“徙义，崇德也。”（《论语·颜渊》）“德之不修，学之不讲，闻义不能徙，不善不能改，是吾忧也。”（《论语·述而》）注疏指出：“徙，迁也”；“徙义，见义则徙意而从之”[③]。这个“崇德”“徙义”的过程，其实就是从经验到超验的内在超越过程，需要“修”，需要“讲”，需要“功夫”。

①〔宋〕朱熹：《论语集注·子罕》，《四书章句集注》，中华书局，1983年版，第114页。
②〔明〕王夫之：《尚书引义·太甲二》，《船山全书》第2册，岳麓书社，1988年版，第299页。
③《论语注疏·颜渊》，〔清〕阮元校刻：《十三经注疏》，中华书局，1980年影印版。

3. 超验者与超凡者的关系：敬畏天命

德性既是内在的，又是超验的，这当然是所谓“内在超越”。但是，这种内在的超验的德性并不能代替外在的超凡的“天”，这是孔子所坚持的立场。在孔子心目中，天在上，人在下，人追求超验性，不过是“下学而上达”，所以他说：“莫我知也夫！……下学而上达，知我者，其天乎！”（《论语·宪问》）邢昺解释：“下学人事，上知天命……唯天知己志也。”[①]这其实是继承了周公“以德配天”的观念，周公强调“秉德，迪知天威”（《尚书·君奭》），“用德，惟典神天”（《尚书·多方》），都是在讲以内在超验之“德”达知、敬奉外在超凡之“天”。

所谓“上知天命”，并不是要以人为天、以人僭天，而是要视“天”为“人”所“敬畏”的对象。这正如牟宗三所说，在孔子那里，“天”仍然“高高在上而为人所敬畏”。所以，孔子讲“畏天命”，邢昺解释：“天命无不报，故可畏之。……‘天网恢恢，疏而不失。’言天之网罗，恢恢疏远，刑淫赏善，不失毫分也。”[②]蒙培元先生亦指出，“‘敬畏天命’就是儒家的宗教精神的集中表现”[③]；孔子的“‘天命’既有道德含义，又有宗教意义”，“从这个意义上说，孔子是一位宗教改革家”[④]；“中国哲学有敬畏天命的思想，有报本的思想，这就是中国哲学中的宗教精神”[⑤]。这也表明，孔子的超验德性不仅具有认知性方面的超越经验的理性内涵，而且更加具有意向性方面的超越感官情感的道德情感内涵，这样的“哲学”乃是一种“宗教哲学”。[⑥]

①《论语注疏·宪问》，〔清〕阮元校刻：《十三经注疏》，中华书局，1980年影印版。

②《论语注疏·季氏》，〔清〕阮元校刻：《十三经注疏》，中华书局，1980年影印版。

③ 蒙培元：《为什么说中国哲学是深层生态学》，《新视野》2002年第6期。

④ 蒙培元：《从孔子的境界说看儒学的基本精神》，《中国哲学史》1992年第1期。

⑤ 蒙培元：《中国学术的特征及发展走向》，《天津社会科学》2004年第1期。

⑥ 参见蒙培元：《心灵超越与境界》，人民出版社，1998年版，第81页；黄玉顺：《“情感超越”对“内在超越”的超越——论情感儒学的超越观念》，《哲学动态》2020年第10期。

（二）孟子的超越观念

孟子继承了孔子的超越观念，尽管有所发展，但仍然坚持人之超验性与天之超凡性之间的分界，追求“知天”“事天”而非以“人”僭“天”。

1. 天的超凡性

与孔子一样，孟子也坚持天生万物。他说：“且天之生物也，使之一本。”（《孟子·滕文公上》）孙奭解释：“天之生万物也，皆使其由一本而出矣。”[①] 这个“本”不是别的东西，就是“天”。这就是说，孟子的“天”同样是万物的本原、本体，这绝非任何“人”所能据有的地位。

其实，孟子所说的“天”，与周公的“上帝”一脉相承。孟子三次提到“上帝”，其中两次虽然是引用《诗》《书》[②]，却都是肯定的口吻；另一次则是他自己的话：“虽有恶人，斋戒沐浴，则可以祀上帝。”孙奭解释：“如恶人虽曰至丑，然能斋戒沐浴，自洁净其身，则亦可以供事上帝矣。孟子之意，盖人能修洁其己，虽神犹享。”[③] 上帝能“享”人之“供”，可见其为人格神。孟子关于“天”的某些表述看起来似乎不是人格神的意谓，其实都不是说的“天”本身，而是说的“天”之“示”，即天的某些显现形式。[④]

正因为如此，孟子特别强调“天”的意志。他说：“君子创业垂统，为可继也；若夫成功，则天也。”孙奭解释：“若夫其有成功，乃天助之也。”[⑤] 孟子又说：“吾之不遇鲁侯，天也。”赵岐明确释为“天意”：“孟子之意，以为鲁侯欲行，天使之矣；及其欲止，天令嬖人止之耳。

①《孟子注疏·滕文公上》，〔清〕阮元校刻：《十三经注疏》，中华书局，1980年影印版。

②《孟子·离娄上》，〔清〕阮元校刻：《十三经注疏》，中华书局，1980年影印版，引《诗经·大雅·文王》；《孟子·梁惠王下》，〔清〕阮元校刻：《十三经注疏》，中华书局，1980年影印版，引《尚书·泰誓上》。

③《孟子注疏·离娄下》，〔清〕阮元校刻：《十三经注疏》，中华书局，1980年影印版。

④ 参见黄玉顺：《天吏：孟子的超越观念及其政治关切——孟子思想的系统还原》，《文史哲》2021年第3期。

⑤《孟子注疏·梁惠王下》，〔清〕阮元校刻：《十三经注疏》，中华书局，1980年影印版。

行止天意，非人所能为也。如使吾见鲁侯，冀得行道，天欲使济斯民也，故曰吾之不遭遇鲁侯，乃天所为也。”[①] 孟子还说：“夫天未欲平治天下也，如欲平治天下，当今之世，舍我其谁也？（《孟子·公孙丑下》）”显然，在孟子心目中，一切皆取决于天之“欲”，即天的意志。

2. 人之性的超验性

正因为一切都取决于天意、天命，“莫非命也，顺受其正”，所以孟子主张“修身以俟之，所以立命也”（《孟子·尽心上》）。然而“俟命”并非消极等待，而是以积极的“修身”为前提的，需要“功夫”；从超越的角度看，这其实也就是从经验境界向超验境界的提升。

这里主要涉及孟子的人性论，通常有两点误解：一是以为孟子之“性”是先天论的，二是以为孟子之“性”是本体论的。讨论如下：

（1）孟子人性论并非本体论。其所谓“性”既非西方哲学的“本体”（noumenon）概念，亦非宋明理学的“本体”概念。上文其实已经表明，与孔子一样，孟子的思想并不是所谓“人本主义”，而是“天本主义”，即以“天”为万物之本。

最容易误解的就是“万物皆备于我”这句话，以为孟子将“我”视为宇宙万物的本体。其实，这里所讲的并非本体问题，而是功夫问题。他说：“万物皆备于我矣，反身而诚，乐莫大焉。”赵岐解释：“谓人为成人已往，皆备知天下万物”；“反自思其身所施行，能皆实而无虚，则乐莫大焉”[②]。显然，这里所谈的乃是“成人”即成为某种人之后的问题。孔子说过：“若臧武仲之知，公绰之不欲，卞庄子之勇，冉求之艺，文之以礼乐，亦可以为成人矣”；即便退求其次，“见利思义，见危授命，久要不忘平生之言，亦可以为成人矣”（《论语·宪问》）。这是何等的后天功夫！所谓“反身而诚”，应联系到孟子的另一番话：“诚者，天之道也；思诚者，人之道也。”（《孟子·离娄上》）孟子严格区分了“天之道”和“人之道”；“反身”即反思，亦即“思诚”，是“人之道”，即人的功夫、境界、超越。

①《孟子注疏·梁惠王下》，〔清〕阮元校刻：《十三经注疏》，中华书局，1980年影印版。
②《孟子注疏·尽心上》，〔清〕阮元校刻：《十三经注疏》，中华书局，1980年影印版。

另一句容易误解的话是“仁义礼智，非由外铄我也，我固有之也”(《孟子·告子上》)。这看起来是说的仁义礼智之“性”都是先天的。其实，这里是在讲“性”的内在性、超验性。所以孟子紧接着引《诗》:“天生蒸民，有物有则。民之秉彝，好是懿德。”这就是说，“民”(即人)及其“德”(即性)都是“天生”的，“此天之所与我者”(《孟子·告子上》)，这是在讲“天”的外在性、超凡性。

(2)孟子人性论并非先天论。首先要注意孟子对两个“性”概念的严格区分，即“天性”和“人性”。告子说“生之谓性”，孟子也承认这种与生俱来的“天性”(《孟子·尽心上》)，但指出这并非特指的“人之性”(《孟子·告子上》)。一方面，“口之于味也，目之于色也，耳之于声也，鼻之于臭也，四肢之于安佚也，性也”(《孟子·尽心下》)，这就是“天性”，然而“有命焉，君子不谓‘性’也”(《孟子·尽心下》)，因为这些都不是“人之所以异于禽兽者”(《孟子·离娄下》)；而另一方面，“仁之于父子也，义之于君臣也，礼之于宾主也，知之于贤者也，圣人之于天道也，命也”，然而“有性焉，君子不谓‘命’也”(《孟子·尽心下》)，孟子认为这才是应当关注的“人性”。

那么，这种人性是否纯粹先天的呢？孟子的措辞值得仔细推敲：性乃“命也”，但“君子不谓‘命’也”，因为“有性焉”。这就是说，仁义礼智之性虽有天之所“命”的先天因素，但又有“性”的因素，这显然是在说“性”并不是纯粹先天的天之所“命”，乃同时有后天的因素。这一点正应了上文所引王夫之的说法:“性日生而日成。”

诚然，孟子说过:“口之于味也有同嗜焉，耳之于声也有同听焉，目之于色也有同美焉。至于心，独无所同然乎？心之所同然者，何也？谓理也，义也。”(《孟子·告子上》)这里将“义”视为“心之所同然者”，似乎是说“义”或“仁义礼智”都是先天的。其实不然，“心之所同然”并不意味着先天，如荀子说“涂之人也，皆有可以知仁义法正之质，皆有可以能仁义法正之具”[1]，此即人人“皆有”的“同

①〔清〕王先谦撰，沈啸寰、王星贤点校:《荀子集解》，中华书局，1988年版，第443页。

然”；“然则礼义积伪者，岂人之本性也哉？”[①] 即“仁义”“礼义”乃后天“积伪”的结果。其实孟子亦有此意，且看这段著名的论述：

> 无恻隐之心非人也，无羞恶之心非人也，无辞让之心非人也，无是非之心非人也。恻隐之心，仁之端也；羞恶之心，义之端也；辞让之心，礼之端也；是非之心，智之端也。……凡有四端于我者，知皆扩而充之矣，若火之始然、泉之始达。(《孟子·公孙丑上》)

这里须注意孟子及儒家对“性”与“情”的区分。这种区分尽管在宋明理学那里才彻底明晰，却发端于思孟学派。朱熹指出：“恻隐、羞恶、辞让、是非，情也。仁、义、礼、智，性也。心，统性情者也。”[②] 按照孟子的表述，作为“情”的恻隐、羞恶、辞让、是非，只是“端”，即仁义礼智之“性”的初始的发端[③]；要使先天的“四端”之“情”转化为后天的“仁义礼智”之“性”，需要经过“扩而充之”的功夫。所以孟子指出：“乃若其情，则可以为善矣，乃所谓善也。若夫为不善，非才之罪也。恻隐之心，人皆有之；羞恶之心，人皆有之；恭敬之心，人皆有之；是非之心，人皆有之。”(《孟子·告子上》) 这里的“情”“才”皆指“四端”之“情”，只是“可以为善”而已，即只是“可以”转化为超验之“性”而已，需要“先立乎其大者，则其小者不能夺也”(《孟子·告子上》)，即需要转化为理性的超验之“性”以后，才不会停留于感性的经验之“情”。

至于孟子紧接着所说的“恻隐之心，仁也；羞恶之心，义也；恭敬之心，礼也；是非之心，智也。仁义礼智，非由外铄我也，我固有之也”，这是语言表达上的问题，显然是与“恻隐之心，仁之端也；羞恶之心，义之端也；辞让之心，礼之端也；是非之心，智之端也”的表达相矛盾的。

①〔清〕王先谦撰，沈啸寰、王星贤点校：《荀子集解》，中华书局，1988 年版，第 441 页。
②〔宋〕朱熹：《孟子集注·公孙丑上》，《四书章句集注》，1983 年版，第 238 页。
③ 关于“端”的理解，参见黄玉顺：《中国正义论的形成——周孔孟荀的制度伦理学传统》，东方出版社，2015 年版，第 208 页。

（3）孟子人性论乃是超验论。孟子所说的人性之“性”，需要经过“反身”、经过“扩而充之”、经过“思”、经过“立”，并经过“养”（“存其心，养其性”《孟子·尽心上》），如此等等，才可以达成，这些都表明，“性”是经过后天功夫的、超越经验的。

这种超验性的一个显著特征，就是“思”，这是孟子反复强调的。他说：“耳目之官不思，而蔽于物，物交物，则引之而已矣；心之官则思，思则得之，不思则不得也。”（《孟子·告子上》）这样区分感官与心思，当然就是区分感性与理性，即理性是超越感性的，亦即超验的。

在孟子看来，圣人之所以超出常人，即在其“思”：“圣人……既竭心思焉，继之以不忍人之政，而仁覆天下矣。”（《孟子·离娄上》）例如：“禹思天下有溺者，由己溺之也；稷思天下有饥者，由己饥之也”（《孟子·离娄下》）；“周公思兼三王，以施四事，其有不合者，仰而思之，夜以继日”（《孟子·离娄下》）；“伯夷……思与乡人处，如以朝衣朝冠坐于涂炭也”（《孟子·万章下》）。特别是伊尹之“思”：“伊尹曰：‘……天之生斯民也，使先知觉后知，使先觉觉后觉。予，天民之先觉者也；予将以此道觉此民也。’思天下之民匹夫匹妇有不与被尧舜之泽者，如己推而内之沟中。”（《孟子·万章下》）这就是说，“思”乃是一种“觉”——道德理性的觉悟。

3. 超验者与超凡者的关系：养性事天。

关于超验的人之“性”与超凡的“天”之间的关系，孟子最有代表性的话是：

> 尽其心者，知其性也；知其性，则知天矣。存其心，养其性，所以事天也。（《孟子·尽心上》）

这里的“尽心”而“知性”、“存心”而“养性”都是功夫，其目的乃是“知天”以“事天”：人应当养成内在超验的“性”，从而侍奉外在超凡的“天”。“知性”以“知天”是人的理性的事情，“养性”以“事天”是人的意向（情感、意志）的事情。

总之，孔孟的超越观念乃是：人的内在的超验性乃是指向而非取代外在的超凡者。因此，内在的超验性恰恰是“外向的”（outward）；余英时以为是“内向的”（inward），显然不对，无法解释孟子所诉求的“知天”以“事天”。

三、宋明理学的超越范式：僭天

如果说孔孟儒学的内在超越是以外在超凡者的存在为前提的，因而是“以性事天”的超越范式，那么，宋明理学的内在超越则是否定外在超凡者的，因而是“以人僭天”的超越范式。新士林学者批评宋明理学：“宋明儒学的发展基本上是向内在化方面走，超越性的价值几乎丧失殆尽。”[①]这个批评是中肯的，这里的“超越性”是指的外在的超凡性（the transcendent）。这里且以宋明理学中最具代表性的程朱理学和陆王心学为典型，加以分析。

（一）程朱理学的超越观念

在究竟是否存在着外在超凡之“天”这个问题上，程朱理学往往自相矛盾，有时承认“天”的外在性，但更多的时候却大讲“心即天”“性即天”。这就是说，程朱理学尽管与孔孟儒学一样强调内在心性的超验性，却是“过度超越”，以致“越界”，以内在的超验性吞没了外在的超凡者。这在当时的世俗格局中是情有可原的，但也造成了严重的现实后果。

1. 程颐的超越观念

二程兄弟思想差异颇大，有些学者甚至认为程颢不属于“理学”，而属于“心学”。冯友兰先生即认为，程颐是朱熹理学的先驱，而程颢则是陆王心学的先驱。[②]蒙培元先生也认为：“程颢提出‘心即天’的思想，为后来的陆九渊一派所继承，形成了主观唯心论的心学体系”[③]；

① 转引自郑家栋：《从“内在超越”说起》，《哲学动态》1998年第2期。
② 冯友兰：《中国哲学史》下册，商务印书馆，2011年版，第869页。
③ 蒙培元：《理学的演变——从朱熹到王夫之戴震》，方志出版社，2007年版，第107页。

“程颢提倡天地万物皆吾心所生，或以吾心为本”，“从这个意义上说，程颢开了心学之端”[①]。有鉴于此，本文讨论“程朱理学”不涉程颢，只论程颐。

程颐接受了张载的“天人合一”命题。张载主张“一天人”“天人一物”[②]，强调“天人不须强分”[③]，“天人一物，辄生取舍，可谓知天乎？”[④]但他偶尔也有天人二分、即承认外在超凡者的表达，如说“天人所为，各自有分”[⑤]，进而承认，唯有“天”据有本原、本体的地位：“天为万物之祖”，“天道运行，生育万物也”。[⑥]本来，这样的观念必然合乎逻辑地否定人之“心”“性”的本原、本体地位；然而，程颐更多的却是大讲“天人合一”，认为“心也，性也，天也，非有异也”[⑦]。

关于“心”，程颐说：“一人之心即天地之心”[⑧]；“此心即与天地无异，不可小了佗”[⑨]。在程朱理学，这里所说的“心”并不是“心统性情”之“心”，而是“性”，于是程颐提出：“性之自然者谓之天”[⑩]；“天下更无性外之物”[⑪]。在程朱理学，“天”与“理”相当，“理当然者，天

---

① 蒙培元：《理学范畴系统》，人民出版社，1989年版，第434、476页。另可参见：刘宗贤：《程颢“识仁”思想及其与陆王心学的关系》，《文史哲》1994年第1期；卢连章：《论程颢心学思想的传承》，《天中学刊》2003年第1期；辛世俊：《程颢心学思想奠定陆王心学基础》，《河南日报》2019年6月30日。

②《正蒙·乾称篇》，章锡琛点校：《张载集》，中华书局，1978年版，第64页。

③《横渠易说·系辞下》，章锡琛点校：《张载集》，中华书局，1978年版，第232页。

④《与吕微仲书》，章锡琛点校：《张载集》，中华书局，1978年版，第351页。

⑤《河南程氏遗书》卷十五，〔宋〕程颢、程颐著，王孝鱼点校：《二程集》，中华书局，1981年版，第158页。

⑥《周易程氏传》卷一，〔宋〕程颢、程颐著，王孝鱼点校：《二程集》，中华书局，1981年版，第698、697页。

⑦《河南程氏遗书》卷二十五，〔宋〕程颢、程颐著，王孝鱼点校：《二程集》，中华书局，1981年版，第321页。

⑧《河南程氏遗书》卷二上，〔宋〕程颢、程颐著，王孝鱼点校：《二程集》，中华书局，1981年版，第18页。

⑨ 同上书，第22页。

⑩《河南程氏遗书》卷二十五，〔宋〕程颢、程颐著，王孝鱼点校：《二程集》，中华书局，1981年版，第318页。

⑪《河南程氏遗书》卷十八，〔宋〕程颢、程颐著，王孝鱼点校：《二程集》，中华书局，1981年版，第204页。

也"[①]；"曰'天'者，自然之理也"[②]；然而，"性即理也，所谓理，性是也"[③]。于是，"理也，性也，命也，三者未尝有异"[④]。这就是"道"，而"道未始有天人之别"[⑤]；"问：'圣人与天道何异？'曰：'无异。'"[⑥]于是，人之性与天之理同一，人与天同一，即人之性既是超验的，也是超凡的。

这种"天人合一"的观念其实是很危险的。在程颐心目中，能够与天为一的"人"并非任何一个人，而是"圣人"，即"天与圣人同"[⑦]；"圣人之神（此处'神'指人的精神——引者注），与天为一，安得有二？"[⑧]所谓圣人，即达到了至高的超验境界的人。然而在世俗格局中，这个"天人合一"的圣人往往就是自诩"圣王合一"的帝王，亦即所谓"圣王"。例如程颐解释《周易·师象传》"承天宠也"时说："天谓王也。"[⑨]这样一来，天就是王，王就是天，这就是人的僭越所导致的权力的僭越。

不过，程颐最终也不得不承认："天人之际甚微，宜更思索"，"未

①《周易程氏传》卷一，〔宋〕程颢、程颐著，王孝鱼点校：《二程集》，中华书局，1981年版，第757页。

②《河南程氏遗书》卷二十四，〔宋〕程颢、程颐著，王孝鱼点校：《二程集》，中华书局，1981年版，第313页。

③《河南程氏遗书》卷二十二上，〔宋〕程颢、程颐著，王孝鱼点校：《二程集》，中华书局，1981年版，第292页。

④《河南程氏遗书》卷二十一下，〔宋〕程颢、程颐著，王孝鱼点校：《二程集》，中华书局，1981年版，第274页。

⑤《河南程氏遗书》卷二十二上，〔宋〕程颢、程颐著，王孝鱼点校：《二程集》，中华书局，1981年版，第282页。

⑥《河南程氏遗书》卷十八，〔宋〕程颢、程颐著，王孝鱼点校：《二程集》，中华书局，1981年版，第209页。

⑦《周易程氏传》卷一，〔宋〕程颢、程颐著，王孝鱼点校：《二程集》，中华书局，1981年版，第702页。

⑧《河南程氏遗书》卷二上，〔宋〕程颢、程颐著，王孝鱼点校：《二程集》，中华书局，1981年版，第22页。

⑨《周易程氏传》卷一，〔宋〕程颢、程颐著，王孝鱼点校：《二程集》，中华书局，1981年版，第735页。

易言也”[①]；“天道甚大，安可以一人之故，妄意窥测？”[②]确实，任何超验者（有限的存在者）都不可能完全理解超凡者（无限的存在者），否则就是理性的狂悖。

2. 朱熹的超越观念

首先必须申明：这里并非全面评价朱熹的思想。事实上，朱熹的思想系统中包含着某些近代性的因素。例如其著名命题“即物穷理”[③]，就蕴含着近代知识论的萌芽。胡适甚至说：“程颐、朱熹一派认定格物致知的基本方法，大胆的疑古，小心的考证，十分明显地表示一种‘严刻的理智态度，走科学的路’。”[④]这种说法不无道理。但这里只讨论朱熹的超越观念问题。

朱熹有两个不同的“天”概念：（1）与“地”相对的“天”概念。“天地”都是形而下的“气”。朱熹说：“要之，通天地人只是这一气”[⑤]；“自天地言之，只是一个气”[⑥]。因此，“天地”与“理”的关系，即“气”与“理”的关系。他说：“有理而后有气，虽是一时都有，毕竟以理为主。”[⑦]（2）绝对的“天”概念。这个“天”是一个形而上者，即与“理”同。朱熹说：“天者，理而已矣”[⑧]；“天，即理也”[⑨]。

我们这里要讨论的朱熹“天”概念是形而上的、与“理”同位的概念，而非形而下的“天地”对举、与“气”同位的概念。

---

①《河南程氏遗书》卷十八，〔宋〕程颢、程颐著，王孝鱼点校：《二程集》，中华书局，1981年版，第238页。

② 同上书，第215页。

③〔宋〕朱熹：《大学章句集注》，《四书章句集注》，中华书局，1983年版，第6—7页；〔宋〕黎靖德编，王星贤点校：《朱子语类》卷四十六、卷七十五，中华书局，1986年版，第1173—1174、1935页。

④ 胡适：《胡适文存二集》卷二，欧阳哲生编：《胡适文集》第3册，北京大学出版社，1998年版，第195页。

⑤〔宋〕黎靖德编，王星贤点校：《朱子语类》卷三，中华书局，1986年版，第36—37页、第46页、第47页、第49页。

⑥〔宋〕黎靖德编，王星贤点校：《朱子语类》卷五，中华书局，1986年版，第85页。

⑦ 同上。

⑧〔宋〕朱熹：《孟子集注·梁惠王章句下》，《四书章句集注》，中华书局，1983年版，第215页。

⑨〔宋〕朱熹：《论语集注·八佾》，《四书章句集注》，中华书局，1983年版，第65页。

与程颐一样，朱熹所说的“天”也存在着矛盾。他也有过天人二分的表达，例如：“程子说赞化处，谓‘天人所为，各自有分’，说得好”[①]；“人做得底，却有天做不得底”[②]；“天莫之为而为，非我所能必”[③]；“‘忠者天道，恕者人道’，此‘天’是与‘人’对之‘天’”[④]；“天自是天，人自是人，终是如何得似天？”[⑤]但朱熹总体上继承了张载和程颐的“天人合一”立场。他尽管曾对“人与天为一”的命题加以批评，但那是针对《论语·学而》第一章的诠释问题，而不是对这个命题本身的批评。[⑥]在他看来，“大抵天人无间”[⑦]；“天即人，人即天”[⑧]。

朱熹首先否定了天或上帝的人格性或神性：

> 问：“‘上帝降衷于民。’‘天将降大任于人。’‘天祐民，作之君。’‘天生物，因其才而笃。’‘作善，降百祥；作不善，降百殃。’‘天将降非常之祸于此世，必预出非常之人以拟之。’凡此等类，是苍苍在上者真有主宰如是邪？抑天无心，只是推原其理如此？”曰：“……这个也只是理如此。”[⑨]

> 周问：“‘获罪于天’，《集注》曰：‘天即理也。’此指获罪于苍苍之天耶，抑得罪于此理也？”曰：“天之所以为天者，理而已。……故曰：‘其体即谓之天，其主宰即谓之帝。’……但非如道家说，真有个‘三清大帝’着衣服如此坐耳！”[⑩]

①〔宋〕黎靖德编，王星贤点校：《朱子语类》卷六十四，中华书局，1986年版，第1570页。
② 同上书，第1570页。
③〔宋〕朱熹：《论语集注·颜渊》，《四书章句集注》，中华书局，1983年版，第134页。
④〔宋〕黎靖德编，王星贤点校：《朱子语类》卷二十七，中华书局，1986年版，第691页。
⑤〔宋〕黎靖德编，王星贤点校：《朱子语类》卷九十四，中华书局，1986年版，第2401页。
⑥〔宋〕黎靖德编，王星贤点校：《朱子语类》卷二十，中华书局，1986年版，第455页。
⑦〔宋〕黎靖德编，王星贤点校：《朱子语类》卷八十七，中华书局，1986年版，第2245页。
⑧〔宋〕黎靖德编，王星贤点校：《朱子语类》卷十七，中华书局，1986年版，第387页。
⑨〔宋〕黎靖德编，王星贤点校：《朱子语类》卷一，中华书局，1986年版，第5页。
⑩〔宋〕黎靖德编，王星贤点校：《朱子语类》卷二十五，中华书局，1986年版，第621页。

对于向天祷告，朱熹斥之曰："天只在我，更祷个甚么？"[①]

大致来说，朱熹哲学的几个重要范畴之间存在着这样一种关系：以"理"代"天"，以"性"代"理"，因而以"性"代"天"；而"性"主要指"人"之性，于是最终以"人"代"天"。

（1）以"理"代"天"。如上所引，在他看来，"天者，理而已矣"；"天即理也"；"天之所以为天者，理而已"。朱熹还说："以理言之谓之天。"[②]朱熹思想并非"理气"二元论，而是"理"一元论，所以才与程颐同属"理学"。显然，"理""天"同位，都是本原、本体范畴。

（2）以"性"代"理"。朱熹说："性即天理"[③]；"性者，天理之全体"[④]。在他看来，"天地间只是一个道理，性便是理"[⑤]；"性者，即天理也，万物禀而受之，无一理之不具"[⑥]。所以，他很推崇程颐的"性即理"命题："(程子)'吾之心，即天地之心；吾之理，即万物之理……'这几句说得甚好。……程先生又说：'性即理也'，更说得亲切。"[⑦]

（3）以"性"代"天"。以上两个逻辑环节的必然结论，就是以"性"代"天"。这个逻辑就是：既然"性即理，理即天"[⑧]，那么，"心性，便是天"[⑨]。进一步说，"性即天"的逻辑又必然导出这样的结论："天下无性外之物"[⑩]；"天下未尝有性外之物"[⑪]。这里尤须指出：按照孔孟的超越范式，性是内在的、超验的，天是外在的、超凡的；而按朱

①（宋）黎靖德编，王星贤点校：《朱子语类》卷九十，中华书局，1986年版，第2292页。
②（宋）朱熹：《孟子集注 · 万章章句上》，《四书章句集注》，中华书局，1983年版，第309页。
③（宋）朱熹：《孟子集注 · 告子章句上》，《四书章句集注》，中华书局，1983年版，第325页。
④（宋）黎靖德编，王星贤点校：《朱子语类》卷六十，中华书局，1986年版，第1434页。
⑤（宋）黎靖德编，王星贤点校：《朱子语类》卷四，中华书局，1986年版，第68页。
⑥（宋）黎靖德编，王星贤点校：《朱子语类》卷五，中华书局，1986年版，第96页。
⑦（宋）黎靖德编，王星贤点校：《朱子语类》卷九十七，中华书局，1986年版，第2483—2484页。
⑧（宋）黎靖德编，王星贤点校：《朱子语类》卷六十，中华书局，1986年版，第1424页。
⑨ 同上书，第1428页。
⑩（宋）黎靖德编，王星贤点校：《朱子语类》卷四，中华书局，1986年版，第61页。
⑪（宋）黎靖德编，王星贤点校：《朱子语类》卷二十，中华书局，1986年版，第476页。

熹的超越范式，既然性即理、性即天，那么，性就不仅是超验的，而且是超凡的。

（4）以“人”代“天”。“性”毕竟是“人”之性（朱熹虽然也讲万物各有其性，但毕竟主要讲人性），因此，“性即天”逻辑地蕴含着“人即天”。故朱熹说：“天即人，人即天。人之始生，得于天也；既生此人，则天又在人矣。凡语言动作视听，皆天也。只今说话，天便在这里。”[①]“盖以理言之谓之天，自人言之谓之命，其实则一而已。”[②]

以“人”代“天”，必然以“心”代“天”，这是由于朱熹接受张载的命题：“心统性情。”[③]朱熹认为：“盖心之未动则为性，已动则为情，所谓‘心统性情’也。”[④]所以，朱熹才说：“吾之心，即天地之心”[⑤]；“心体是多少大！大而天地之理，才要思量，便都在这里”[⑥]；“又云：‘理遍在天地万物之间，而心则管之；心既管之，则其用实不外乎此心矣。……’次早，先生云：‘……要之，理在物与在吾身，只一般。’”[⑦]

这里尤其要注意“心则管之”“心既管之”的“管”字。如果按照孔孟的“天本主义”，应当是天管一切；然而按照朱熹的“人本主义”，则人管一切，乃至管天管地。故朱熹说：“‘人者，天地之心。’没这人时，天地便没人管。”[⑧]对于《尚书》所说的“天工，人其代之”（《尚书·皋陶谟》），朱熹这样解释：“‘天秩、天叙、天命、天讨’，既曰‘天’，便自有许多般在其中。天人一理，只有一个分不同。”[⑨]按照朱熹“天即人，人即天”的逻辑，则“天工人其代之”就意味着人代替天行

①〔宋〕黎靖德编，王星贤点校：《朱子语类》卷十七，中华书局，1986年版，第387页。

②〔宋〕朱熹：《孟子集注·万章章句上》，《四书章句集注》，中华书局，1983年版，第309页。

③〔宋〕张载：《性理拾遗》，章锡琛点校：《张载集》，中华书局，1978年版，第374页。

④〔宋〕黎靖德编，王星贤点校：《朱子语类》卷五，中华书局，1986年版，第93页。

⑤〔宋〕黎靖德编，王星贤点校：《朱子语类》卷三十六，中华书局，1986年版，第977页。

⑥〔宋〕黎靖德编，王星贤点校：《朱子语类》卷三十五，中华书局，1986年版，第926页。

⑦〔宋〕黎靖德编，王星贤点校：《朱子语类》卷十八，中华书局，1986年版，第416页。

⑧〔宋〕黎靖德编，王星贤点校：《朱子语类》卷四十五，中华书局，1986年版，第1165页。

⑨〔宋〕黎靖德编，王星贤点校：《朱子语类》卷七十八，中华书局，1986年版，第2020页。

使权力。这样的“天工人代”[①]，岂非“以人僭天”？

（5）以“圣”代“天”。正如程颐一样，朱熹所说的能够“天工人代”的“人”，当然绝非普通人，而是圣人。所以他说：“圣人便是天，天便是圣人”[②]；“若圣人，则超然与天地同体矣”[③]；“圣人之心，即天下之理”[④]。不仅如此，天也必须听从圣人：“圣人意要如此，天便顺从，先后相应，不差毫厘也。”[⑤]但是，在世俗格局中，所谓“圣人”只可能有两种情况：要么是帝王本人（孔子之前的道统谱系），要么是帝王的臣属（孔子之后的道统谱系）而终究听命于帝王；然而“这两种情况都蕴含着权力的僭越”[⑥]，都是“以权僭天”。

（二）陆王心学的超越观念

较之程朱理学，陆王心学对外在超凡之“天”的否定更加彻底。如果说，程朱理学那里还存在着“天”的外在性与内在性的矛盾，那么，到陆王心学这里，外在之“天”就几乎完全被内在之“心”吞没了。

1. 陆九渊的超越观念

其实，不仅程朱“理学”讲“理”，陆王“心学”也讲“理”。陆九渊最著名的话是：“宇宙便是吾心，吾心便是宇宙。千万世之前有圣人出焉，同此心、同此理也；千万世之后有圣人出焉，同此心、同此理也；东南西北海有圣人出焉，同此心、同此理也。”[⑦]但他的另一个著

①〔唐〕吴兢：《贞观政要·论择官》，上海古籍出版社，1978年版，第92页。
②〔宋〕黎靖德编，王星贤点校：《朱子语类》卷六十八，中华书局，1986年版，第1700页。
③〔宋〕黎靖德编，王星贤点校：《朱子语类》卷二十九，中华书局，1986年版，第754页。
④〔宋〕黎靖德编，王星贤点校：《朱子语类》卷一百二十，中华书局，1986年版，第2914页。
⑤〔宋〕黎靖德编，王星贤点校：《朱子语类》卷六十九，中华书局，1986年版，第1731页。
⑥ 黄玉顺：《“超验”还是“超凡”——儒家超越观念省思》，《探索与争鸣》2021年第5期。
⑦〔宋〕陆九渊：《杂说》，〔宋〕陆九渊著，钟哲点校：《陆九渊集》卷二十二，中华书局，1980年版，第276页。

名命题是“心即理”：“人皆有是心，心皆具是理，心即理也。”[①] 在他看来，“此理甚明，具在人心”[②]；“人心至灵，此理至明，人皆有是心，心皆具是理”[③]；“万物森然于方寸之间，满心而发，充塞宇宙，无非此理”[④]。这就是说，归根到底，“心”是宇宙万物的本原、本体，既是超验的，又是超凡的。

显然，“心即理”与“性即理”的区别是陆王与程朱的根本区别所在。为此，陆九渊以“心”为终极根据，对程朱“天理、人欲”二分的思想进行了批判：

> 天理、人欲之言，亦不是至论。若天是理，人是欲，则天人不同矣。此其原，盖出于老氏。《乐记》曰：“人生而静，天之性也；感物而动，性之欲也。……”天理、人欲之言盖出于此。《乐记》之言亦根于老氏。……《书》云：“人心惟危，道心惟微。”解者多指人心为人欲，道心为天理，此说非是。心，一也，人安有二心？……因言《庄子》云：“眇乎小哉，以属诸人；謷乎大哉，独游于天。”又曰：“天道之与人道也相远矣。”是分明裂天人而为二也。[⑤]

这是更加彻底的“天人合一”，即内在超验之“心”与外在超凡之“天”的同一。然而此“心”毕竟是人之心，“正理在人心，乃所谓‘固有’”[⑥]。于是，陆九渊将“人”与“宇宙”等同起来：“宇宙不曾限

①〔宋〕陆九渊：《与李宰》，〔宋〕陆九渊著，钟哲点校：《陆九渊集》卷十一，中华书局，1980年版，第149页。

②〔宋〕陆九渊：《与曾宅之》，〔宋〕陆九渊著，钟哲点校：《陆九渊集》卷一，中华书局，1980年版，第7页。

③〔宋〕陆九渊：《杂说》，〔宋〕陆九渊著，钟哲点校：《陆九渊集》卷二十二，中华书局，1980年版，第276页。

④〔宋〕陆九渊：《语录上》，〔宋〕陆九渊著，钟哲点校：《陆九渊集》卷三十四，中华书局，1980年版，第423页。

⑤ 同上书，第395—396页。

⑥〔宋〕陆九渊：《与李宰》，〔宋〕陆九渊著，钟哲点校：《陆九渊集》卷十一，中华书局，1980年版，第150页。

隔人，人自限隔宇宙”[①]；“宇宙内事，是己分内事；己分内事，是宇宙内事”[②]。归根到底，就是心与天同、人与天同：“心之体甚大，能尽我之心，便与天同。”[③]

然而在世俗格局下，这样的内在超越势必走向君主专制，他说：“此理在宇宙间，固不以人之明不明、行不行而加损。……垂象而覆物，天之职也；成形而载物者，地之职也；裁成天地之道，辅相天地之宜，以左右民者，人君之职也。”[④]这就是说，人君统管天地、人民。他论证道：“民生不能无群，群不能无争，争则乱，乱则生不可以保。王者之作，盖天生聪明，使之统理人群，息其争，治其乱，而以保其生者也。”[⑤]这里可以明显地看到荀子的影响。[⑥]于是，陆九渊所谓“自作主宰”[⑦]，最终在世俗格局中却是帝王主宰。

2. 王守仁的超越观念。

正如上文对程颐、朱熹、陆九渊等的评价，这里也不是要全面评价王守仁的思想。笔者曾这样评价王守仁：“尽管他本人的思想并不具有现代性的性质，而且其形下层级的伦理政治哲学仍然是在致力于维护帝国时代的君主专制主义的社会规范及其制度，在社会上‘破山中贼’、在精神上‘破心中贼’，即主观上仍然是君主专制的卫道士；然而，其形上层级的那种以‘心’本体取代‘性’本体、由个体之‘心’

①〔宋〕陆九渊:《语录上》,〔宋〕陆九渊著，钟哲点校:《陆九渊集》卷三十四，中华书局，1980年版，第403页。

②〔宋〕陆九渊:《杂说》,〔宋〕陆九渊著，钟哲点校:《陆九渊集》卷二十二，钟哲点校，中华书局，1980年版，第276页。

③〔宋〕陆九渊:《语录下》,〔宋〕陆九渊著，钟哲点校:《陆九渊集》卷三十五，中华书局，1980年版，第443页、第444页。

④〔宋〕陆九渊:《与朱元晦》,〔宋〕陆九渊著，钟哲点校:《陆九渊集》卷二，中华书局，1980年版，第26页。

⑤〔宋〕陆九渊:《保民而王》,〔宋〕陆九渊著，钟哲点校:《陆九渊集》卷三十二，中华书局，1980年版，第382页。

⑥〔清〕王先谦撰，沈啸寰、王星贤点校:《荀子集解》，中华书局，1988年版，第179页；《礼论篇》，第346页。

⑦〔宋〕陆九渊:《与胡达材》,〔宋〕陆九渊著，钟哲点校:《陆九渊集》卷四，中华书局，1980年版，第56页。

来体证‘天理’的观念，确实开启了儒学走向现代性的可能，所以才会出现上述的王门后学中的儒学现代化、个体主义倾向，包括黄宗羲、戴震那样的颇具现代性的思想观念。”[①]但本文只讨论王守仁的超越观念及其问题。

王守仁是“心学”的集大成者。他说:“君子之学，心学也。”[②]心学最核心的概念当然就是“心”，那么，从超越的角度看，何谓“心”?

(1)“心”的超验性:心即性。按照程朱继张载讲的“心统性情”，不能说“心”是超验的，因为其中“情”是经验的，唯有“性”才是超验的。而王守仁则认为，“心”就是超验的，因为在他看来，“心”就是“性”。他明确讲:“心，性也”[③];“尽心即是尽性”[④]。显然，王守仁所谓“心”，不仅有别于程朱之“心”，而且有别于孟子之“心”。如孟子讲“四端”之“心”，皆属于“情”，并没有超验性。王守仁取消了孟子对感性的“天性”与理性的“人性”的区分，认为:“所谓汝心，却是那能视听言动的，这个便是性，便是天理。”[⑤]本来，“视听言动”在孟子那里属于“耳目之官不思而蔽于物”(《孟子·告子上》)的“形色，天性也”(《孟子·尽心上》)而“君子不谓‘性’也”(《孟子·尽心下》)，王守仁却说“视听言动”“便是性，便是天理”。显然，在王守仁这里，整个“心”就是超验的。

(2)“心”的超凡性:心即天。在王守仁这里，“心”不仅是超验的，还是超凡的，与“天”同位。他明确讲:“心即天，言心则天地万物皆

① 黄玉顺:《论阳明心学与现代价值体系——关于儒家个体主义的一点思考》,《衡水学院学报》2017年第3期。另可参见黄玉顺:《论“重写儒学史”与“儒学现代化版本”问题》,《现代哲学》2015年第3期;《论儒学的现代性》,《社会科学研究》2016年第6期。

②《谨斋说》，吴光等编校:《王阳明全集(新编本)》卷七，浙江古籍出版社，2010年版，第280页。

③ 同上。

④《传习录上》，吴光等编校:《王阳明全集(新编本)》卷一，浙江古籍出版社，2010年版，第6页。

⑤ 同上书，第40页。

举之矣。"[①]这里的逻辑乃是："心，性也；性，天也。"[②]他说："如今人只说天，其实何尝见天？……心即道，道即天。"[③]还说："心之本体无所不该，原是一个天。"[④]

显然，这是针对程朱那里作为形而上者、与"天"同位的"天理"或"理"而论的。王守仁说："心即理也。天下又有心外之事，心外之理乎？"[⑤]"心之体，性也，性即理也。天下宁有心外之性？宁有性外之理乎？"[⑥]在他看来，"心之本体即是天理"[⑦]（"本体即是天理，只是一个"[⑧]）；"理也者，心之条理也"[⑨]；"此心无私欲之蔽，即是天理，不须外面添一分"[⑩]。他所谓"无性外之理，无性外之物"[⑪]，也就是"无心外之理，无心外之物"[⑫]。因此，"既无其心矣，而尚何有所谓天理者乎？……吾心即物理，初无假于外也。……物理即吾心，不可得而遗

①《答季明德》，吴光等编校：《王阳明全集（新编本）》卷六，浙江古籍出版社，2010年版，第228页。

②《谨斋说》，吴光等编校：《王阳明全集（新编本）》卷七，浙江古籍出版社，2010年版，第280页。

③《传习录上》，吴光等编校：《王阳明全集（新编本）》卷一，浙江古籍出版社，2010年版，第23页。

④《传习录下》，吴光等编校：《王阳明全集（新编本）》卷三，浙江古籍出版社，2010年版，第105页。

⑤《传习录上》，吴光等编校：《王阳明全集（新编本）》卷一，浙江古籍出版社，2010年版，第2页、第3页。

⑥《书诸阳伯卷》，吴光等编校：《王阳明全集（新编本）》卷八，浙江古籍出版社，2010年版，第294页。

⑦《传习录上》，吴光等编校：《王阳明全集（新编本）》卷一，浙江古籍出版社，2010年版，第29页。

⑧（清）黄宗羲著，沈芝盈点校：《明儒学案（修订本）》上，中华书局，2008年版，第191页。

⑨《书诸阳伯卷》，吴光等编校：《王阳明全集（新编本）》卷八，浙江古籍出版社，2010年版，第294页。

⑩《传习录上》，吴光等编校：《王阳明全集（新编本）》卷一，浙江古籍出版社，2010年版，第3页。

⑪《传习录中·答罗整庵少宰书》，吴光等编校：《王阳明全集（新编本）》卷二，浙江古籍出版社，2010年版，第83页。

⑫《传习录上》，吴光等编校：《王阳明全集（新编本）》卷一，浙江古籍出版社，2010年版，第6页。

也。”[①] 总之，“心外无事，心外无理”[②]。所以，王守仁批评朱熹：“晦庵谓：‘人之所以为学者，心与理而已。’心虽主乎一身，而实管乎天下之理；理虽散在万事，而实不外乎一人之心。是其一分一合之间，而未免已启学者心、理为二之弊。此后世所以有专求本心，遂遗物理之患，正由不知心即理耳。”[③]

总之，在王守仁看来，“心也，性也，天也，一也”[④]。

（3）良知：兼超验与超凡。王守仁最突出的理论是“良知”论。在他那里，“良知”既是超验的，与“性”同位；又是超凡的，与“天”或“理”同位。一方面讲“良知”的超验性，王守仁说：“是非之心，不待虑而知，不待学而能，是故谓之良知。”[⑤] 这等于说，“良知”就是先天之“性”。另一方面又讲“良知”的超凡性，王守仁说：“‘先天而天弗违’，天即良知也；‘后天而奉天时’，良知即天也。”[⑥] 这样的“良知”当然就是万物的本原、本体，创造万物：“良知是造化的精灵。这些精灵，生天生地，成鬼成帝，皆从此出，真是与物无对。”[⑦]

就“理”而论，他认为“天理”即“良知”：“天理在人心，亘古亘今，无有终始；天理即是良知。”[⑧] 更具体地讲，“夫心之本体，即天理也；天理之昭明灵觉，所谓良知也”[⑨]。“夫万事万物之理，不外于吾

①《象山文集序》，吴光等编校：《王阳明全集（新编本）》卷七，浙江古籍出版社，2010年版，第261页。
②《紫阳书院集序》，吴光等编校：《王阳明全集（新编本）》卷七，浙江古籍出版社，2010年版，第255页。
③《传习录中・答顾东桥书》，吴光等编校：《王阳明全集（新编本）》卷二，浙江古籍出版社，2010年版，第47页。
④《传习录中・答聂文蔚》，吴光等编校：《王阳明全集（新编本）》卷二，浙江古籍出版社，2010年版，第94页。
⑤《大学问》，吴光等编校：《王阳明全集（新编本）》卷二十六，浙江古籍出版社，2010年版，第1019页。
⑥《传习录下》，吴光等编校：《王阳明全集（新编本）》卷三，浙江古籍出版社，2010年版，第121页。
⑦ 同上书，第115页。
⑧ 同上书，第120页。
⑨《答舒国用》，吴光等编校：《王阳明全集（新编本）》卷五，浙江古籍出版社，2010年版，第203页。

心。而必曰‘穷天下之理’，是殆以吾心之良知为未足，而必外求于天下之广以裨补增益之，是犹析心与理而为二也。”[①]他评论道：“明道云：‘吾学虽有所受，然天理二字，却是自家体认出来。’良知即是天理。体认者，实有诸己之谓耳。”[②]总之，王守仁的主张是：“吾心之良知，即所谓天理也。……是合心与理而为一者也。”[③]

（4）“吾心”：自我之狂。儒家固有狂者、狷者。孔子说过：“不得中行而与之，必也狂狷乎！狂者进取，狷者有所不为也。”邢昺解释：“狂者进取于善道，知进而不知退；狷者守节无为，应进而退也。二者俱不得中。”[④]这就是说，“狂”“狷”皆非中道。万章问孟子：“孔子在陈，何思鲁之狂士？”孟子答：“孔子岂不欲中道哉？不可必得，故思其次也”；“如琴张、曾皙、牧皮者，孔子之所谓狂矣”。赵岐注：“狂者，进取大道而不得其正者也”；孙奭疏：“琴张、曾皙、牧皮三者，皆学于孔子，进取于道而躐等者也”。[⑤]所谓“躐等”，是说逾越等级。超验者僭越超凡者，当然也是一种“躐等”。

王守仁即属于狂者，好谈“吾心”如何如何。他说：“天理之在吾心，而无假于外也”[⑥]；“虽至于位天地，育万物，未有出于吾心之外也”[⑦]；“天下之人心皆吾之心也”[⑧]。显然，“吾心”既是超验的，又是超凡的。“吾心”作为本原、本体的“良知”，又叫“灵明”。他说：“我

①〔清〕黄宗羲著，沈芝盈点校：《明儒学案（修订本）》上，中华书局，2008年版，第193页。

②《与马子莘》，吴光等编校：《王阳明全集（新编本）》卷六，浙江古籍出版社，2010年版，第232页。

③《传习录中·答顾东桥书》，吴光等编校：《王阳明全集（新编本）》卷二，浙江古籍出版社，2010年版，第49—50页。

④《论语注疏·子路》，〔清〕阮元校刻：《十三经注疏》，中华书局，1980年影印版。

⑤《孟子注疏·尽心下》，〔清〕阮元校刻：《十三经注疏》，中华书局，1980年影印版。

⑥《祭国子助教薛尚哲文》，吴光等编校：《王阳明全集（新编本）》卷二十五，浙江古籍出版社，2010年版，第1004页。

⑦《紫阳书院集序》，吴光等编校：《王阳明全集（新编本）》卷七，浙江古籍出版社，2010年版，第255页。

⑧《传习录中·答聂文蔚》，吴光等编校：《王阳明全集（新编本）》卷二，浙江古籍出版社，2010年版，第88页。

的灵明，便是天地鬼神的主宰。天没有我的灵明，谁去仰他高？地没有我的灵明，谁去俯他深？鬼神没有我的灵明，谁去辨他吉凶灾祥？天地鬼神万物离去我的灵明，便没有天地鬼神万物了。”[①] 还说：“为天地万物之宰者，非吾身乎？其能以宰乎天地万物者，非吾心乎？……然则天地万物也，非吾心则弗灵矣。……故曰：‘人者，天地之心，万物之灵也，所以主宰乎天地万物者也。’”[②] 这样的“吾心”之所以是狂僭“躐等”，因为它以内在超验之“心”顶替了外在超凡之“天”。

（5）“圣人”：权力之僭。拥有此等超越之心的“人”绝不是芸芸众生的凡人，而只能是“圣人”。王守仁虽然说“良知之在人心，无间于圣愚，天下古今之所同也”[③]，然而，尽管“良知良能，愚夫愚妇与圣人同，但惟圣人能致其良知，而愚夫愚妇不能致，此圣愚之所由分也”[④]。“《中庸》云‘惟天下至诚为能尽其性’；又云‘知天地之化育，质诸鬼神而无疑，知天也’。此惟圣人而后能然，故曰‘此生知安行，圣人之事也’。”[⑤] 所以，“人各有能有不能，惟圣人而后无不能也”[⑥]；“惟圣人而后能无悔，无不善也，无不诚也”[⑦]。由此可见，所谓“天人合一”，其实是说：“天地圣人皆是一个，如何二得？”[⑧]

本来，在孔孟儒学中，圣固然是超验的，但绝不是超凡的。这是因为：一旦以超凡性加之于“圣”，而在世俗格局中又不得不以“圣”

①《传习录下》，吴光等编校：《王阳明全集（新编本）》卷三，浙江古籍出版社，2010年版，第136页。

②《年谱附录一》，吴光等编校：《王阳明全集（新编本）》卷三十五，浙江古籍出版社，2010年版，第1351—1352页。

③《传习录中·答聂文蔚》，吴光等编校：《王阳明全集（新编本）》卷二，浙江古籍出版社，2010年版，第86页。

④《传习录中·答顾东桥书》，吴光等编校：《王阳明全集（新编本）》卷二，浙江古籍出版社，2010年版，第54页。

⑤ 同上书，第48页。

⑥《龙场生问答》，吴光等编校：《王阳明全集（新编本）》卷二十四，浙江古籍出版社，2010年版，第956页。

⑦《悔斋说》，吴光等编校：《王阳明全集（新编本）》卷二十四，浙江古籍出版社，2010年版，第953页。

⑧《传习录下》，吴光等编校：《王阳明全集（新编本）》卷三，浙江古籍出版社，2010年版，第133页。

加之于帝王，诸如“圣上”“圣主”“圣明”之类，“在这种境况下，政权与教权的合而为一就意味着世俗生活与神圣世界合而为一”[①]，这也就意味着权力成为主宰一切的超凡力量。但在王守仁的文章里，每见这样的“圣”称，兹举数例：“今圣主在上”[②]；“主上圣明洞察”[③]；“方今圣上推至孝之仁，以子爱黎元”[④]；“圣主聪明不世出”[⑤]；“此诚圣主遇灾能警，临事而惧之盛心也”[⑥]；“幸遇圣上龙飞，天开日朗”[⑦]；“如此圣明之君”[⑧]；“臣等莫不仰叹圣主包含覆帱之量，范围曲成之仁，可谓思深而虑远也已”[⑨]。所以，他上疏皇帝，这样说：“冒昧建言，唯圣明察。”[⑩]这样一来，上文所谓“唯圣人”就成了“唯帝王”。其实不仅王守仁如此，本文所论程颐、朱熹、陆九渊等皆然。这并不是苛责古人，而是意在指出：一旦内在的超验性僭越了外在的超凡性，那就意味着以人僭天，在世俗格局中的最终结果就是权力的僭越。

尤其值得注意的是王守仁的这一番话：

---

① 赵嘉霖：《重建超越之维：现代性进程中“世俗与超越”之张力的应对——评黄玉顺“变易本体论”思想》，《当代儒学》第18辑，四川人民出版社。2020年版，第213—222页。

②《自劾不职以明圣治事疏》，吴光等编校：《王阳明全集（新编本）》卷二十八，浙江古籍出版社，2010年版，第1065页。

③《答聂文蔚》，吴光等编校：《王阳明全集（新编本）》卷二，浙江古籍出版社，2010年版，第89页。

④《奏报田州思恩平复疏》，吴光等编校：《王阳明全集（新编本）》卷十四，浙江古籍出版社，2010年版，第503页。

⑤《答方叔贤》，吴光等编校：《王阳明全集（新编本）》卷二十一，浙江古籍出版社，2010年版，第866页。

⑥《陈言边务疏》，吴光等编校：《王阳明全集（新编本）》卷九，浙江古籍出版社，2010年版，第304页。

⑦《辞免重任乞恩养病疏》，吴光等编校：《王阳明全集（新编本）》卷十四，浙江古籍出版社，2010年版，第488页。

⑧《与黄宗贤》，吴光等编校：《王阳明全集（新编本）》卷六，浙江古籍出版社，2010年版，第234—235页。

⑨《辨诛遗奸正大法以清朝列疏》，吴光等编校：《王阳明全集（新编本）》卷二十八，浙江古籍出版社，2010年版，第1071页。

⑩《年谱三》，吴光等编校：《王阳明全集（新编本）》卷三十四，浙江古籍出版社，2010年版，第1333页。

> 知天，如知州、知县之知，是自己分上事，已与天为一；事天，如子之事父，臣之事君，须是恭敬奉承，然后能无失，尚与天为二。此便是圣贤之别。[①]

他还更为明确地说过：“盖尽心、知性、知天者，不必说存心、养性、事天。”[②]这是公然批评孟子。孟子说：“尽其心者知其性也，知其性则知天矣。存其心，养其性，所以事天也。”（《孟子·尽心上》）而王守仁认为，“知天”即“与天为一”，“事天”则“与天为二”。就其对孟子的理解而论，王守仁大致没错，即孟子所要坚持的正是“与天为二”；然而就其立场而论，王守仁在这个问题上反对孟子，他要追求“与天为一”。这正是儒家超越观念的两种范式的最典型表现。

（原载《南京大学学报》2021年第5期）

①《传习录上》，吴光等编校：《王阳明全集（新编本）》卷一，浙江古籍出版社，2010年版，第6页。

②《传习录中·答聂文蔚》，吴光等编校：《王阳明全集（新编本）》卷二，浙江古籍出版社，2010年版，第93页。

自由与超越

——基于康德哲学的一个讨论

黄裕生

何谓超越？这既是哲学之问，也是宗教之问。因为无论是哲学还是宗教，它们都是超越的产物，因而都是基于超越性的存在才是可能的。不过，把超越作为一个问题凸显出来的，始于把自己的哲学称为超验哲学（die transzendentale Philosophie）的康德，而汉语世界对超越问题的思考与讨论首先也源于对康德相关思想的化用。所以，为了更有针对性地把问题讨论下去，我们就从康德开始我们的讨论。

一

康德在《实践理性批判》里写道："纯粹理性本身包含着（对）它自身的一切运用的批判的准绳。所以，一般实践理性批判有责任阻止受经验性条件限制的理性的僭妄，即想要以唯一的方式独自给出规定意志的根据。纯粹理性的运用，仅当存在它这样的理性这一点得到确定，才是内在的（immanent）；相反，那受经验性限制而要求独裁的理性的运用则是超越的（transzendent），这体现在它落入了完全超出了它自己的领域之外的要求和命令。这与关于纯粹理性在思辨运用中所说的情况正好相反。"①

①［德］康德《实践理性批判》A31，《康德著作集》（Wilhelm Weischedel 编辑出版）第 7 卷，suhrkamp taschenbuch wissenschaft 56（Suhrkamp Verlag Frankfurt am Main）1974，第 121 页；李秋零主编：《康德著作全集》第 5 卷，中国人民大学出版社，2007 年版，第 17 页；［德］康德著，邓晓芒译：《实践理性批判》，人民出版社，2003 年版，第 17 页。

这里，与《纯粹理性批判》一样，康德是在理性的运用角度讨论内在的与超越的。如果我们把理性的这种运用视为一种运动，当然也可以说，在康德这里，理性的运动有内在的运动与超越的运动。但是，这种超越的运动是非法的，因而是消极的。

就理性的理论运用而言，理性要朝之运动的是自己之认识能力的对象。因此，对这种运用的批判—分析的首要任务就是对认识能力本身的分析，以便弄清它的边界与真正的对象。分析的结果就是：作为一种认识能力，理性只能作为受经验性条件限制的理性才能朝向其真正的对象运动。也就是说，理性只有限制在可能的经验事物之内，它才能触及真正的对象而给出真知识；一旦理性不受可能的经验事物的限制，那么它就必越出可认识的对象而导致谬误。这意味着，就认识领域而言，也即理性的理论运用而言，受经验性条件限制的理性的运用（运动）是一种内在（immanent）的运用，也即在自己的边界内的运动。因此，这种受经验性条件限制的理性有理由要求作为唯一的方式运用于对象领域。与此相应的运用，则是不受一切可能的经验事物的限制的理性的运动，也即使范畴脱离一切可能经验的运动。这种脱离经验的理性运动朝向的必定是不可知的自在领域，也即不可成为认识之对象的异域。因为一切可认识的事物只存在于经验之中，只作为可能的经验事物出现。这意味着，作为认识能力，理性一旦脱离经验而作为纯粹理性本身，它的运动恰恰是一种朝向不可知的异域的越界运动。这也就是理性在理论运用中超越的（transzendent）运用。

简单说，在理性的理论运用中，只有纯粹理性本身会发生超越的运动。但是，在理性的实践运用中，情况恰与此相反。如果说理性在理论运用中所朝向的是认识的对象，那么它在实践运用中所要运用其上的则是能给出行动的意志。理性以两种方式去规定（决定）意志，也即给意志提供作出决断的理由，从而给出行动：一种是以纯粹理性本身去规定意志而给出行动，一种是以受经验性条件限制的理性去规定意志而给出行动。

这里很关键的一点是，就实践角度而言的纯粹理性，就是指纯粹实践理性。何谓纯粹实践理性？当康德这样区分的时候，并非意味着有两种理性，一种叫纯粹理论理性，一种叫纯粹实践理性。纯粹理性只有一个，但它有两种基本功能或基本能力。纯粹理性之为纯粹实践理性乃是指纯粹理性具有这样一种能力，即单凭它自身就能决定意志，从而给出行动的能力。在康德这里，作为纯粹实践理性的这种纯粹理性就是自由意志。自由意志之为自由意志就在于它能够单凭自身而无需任何假借就可以规定我们的整个意志而做出行动。因此，只要能证明有这种纯粹实践理性[①]，那么，它运用于意志领域就是它的权限，是它分内的事情，不存在越界或过分的要求。

因此，在实践运用中，纯粹实践理性的运用恰是内在的，而不存在超越或越界的问题。存在越界危险的恰是受经验性条件限制的理性。因为当理性以“受经验性条件限制的理性”这种方式去规定意志的时候，它实际上是以“在某种经验条件下期待出现某种相应结果”这种方式去确立某种行为准则，以作为规定意志的根据，从而给出行动。这一方面意味着，理性以这种方式给出的行为准则都是一种假言命令或假言要求，另一方面则意味着理性总是要借助自身之外的事物才能决定意志，否则，理性就无法期待所期待的结果。因此，理性以这种方式确立起来的行为准则必定都只是经验性的而不具有普遍性。比如，“年轻时应当勤俭节约，以免老来受穷”这样的行为准则就是受经验性条件限制的理性确立起来的准则。这里，“应当勤俭节约”这一要求是基于期待“免于老来受穷”这一结局而做出的。因此，对于不惧老来受穷的人来说，它就是无效的，而在现代福利社会这一条件下，它也不再有效。但是，由于我们生活中大量的行为准则都是由这种“受经验性条件限制的理性”确立起来的，或者说，是理性在各种经验性条件下确立起来的，并发挥着重要作用，因此，我们的理性往往无视或忘却它单凭自身就是能给出规定意志的根据，而是把“在经验条件下确立行为准则，从而给出规定意志的根据”当作自己规定意志的唯一

① 康德在《实践理性批判》序言里明确表示，这部作品的主要工作就是要证明“有纯粹实践理性”，这一证明也就是对自由意志的证明。

方式。简单说，由于习惯于在各种经验条件下给出规定意志的根据，理性遗忘或掩盖了自己的纯粹性而沉沦为“经验理性”，并把这种“经验理性”身份当作规定意志的唯一方式。在康德看来，这就是“受经验性条件限制的理性”的僭越。也就是说，当“经验理性”把自己当作规定意志的唯一方式时，它也就超越出自己的边界而是一种超越的运用。因为意志有两种被规定的可能方式，但是当“经验理性”把自己当作规定意志的唯一方式时，也就意味着否定或排挤掉了另一种方式。

康德在这里的意思是说，就理性的实践运用而言，纯粹理性本身并不存在超越运用的问题，只有“经验理性”才会发生这种超越的运用。这正好与理性的理论运用的情况相反：在那里，受经验性条件限制的理性只会在自己的领域里运动，只有脱离经验的纯粹理性才会有超越运用的问题。纯粹理性在理论运用中的超越运动“扩大”了所运用的领域：把本是不可认识的事物纳入认识领域，其结果是理性的“毁灭”，也即陷入自我矛盾的困境。

从上面的讨论，可以引出三方面的内容：（1）从理性的运用角度看，无论是其理论运用还是实践运用，超越都是一种非法越界的消极运动，因此恰恰是需要避免的。（2）由于这种超越就是越界，因此这里没有内在超越与外在超越的区分；内在的，都不是超越的，超越的，都不是内在的。（3）由于理性在运用上会超越界限，因此，理性本身一方面有不同层次的界限，另一方面又会打破这些界限。

那么，理性为什么会越过这些界限呢？对这一问题的讨论，也许才能揭示出康德哲学为我们理解积极的超越运动所能提供的启示。下面我们先从讨论理性在理论运动中为什么会越界这一问题来进一步展开我们的主题。

二

理性在其理论运用中之所以会越界而动，按康德自己的说法是基于理性的本性，那就是超出有限事物—部分事物，而朝向无限者—整体者[①]。也就是说，理性本身首先会从有条件者（有限物）过渡到无条件者（无限物），从部分跳跃到整体，理性才会运用自身的认识能力试图去认识这无条件者或整体，因而才会产生消极的超越问题。如果理性不从对有条件者—部分物的关切—牵联（sich interessieren）中脱身出来而朝向无条件—整体者，从而打开一个再无条件的绝对域，那么，理性便不会试图把自己的认识能力带入这个领域，因而便没有越界的运动。这实际上意味着，理性的非法越界以它一个基于自身本性的跳跃为前提。

如果把理性在无条件的绝对域里启用自己的认识能力视为消极的超越，那么，在这里，我们则可以把理性从有限者—部分者跳跃出来而敞开一个超出了理性自身之认识能力之外的无条件的绝对域—整体域视为理性的一种积极的超越。这种运动之所以是一种超越，在于两个方面：首先是这一运动是理性不满足、不热切于有限物—条件者的存在而从有限物—条件者的存在（实在）中突破—跃身出来[②]。作为有限的理性存在者，我们的日常生活，包括我们的理性的理论活动，总是热切于与可能的经验事物打交道，也即总是把自己的兴趣、关切投注在所有那些能在经验中被给予我们的有限物或条件者上。不过，我们的理性虽然是有限的，却并不完全满足、沉没于有限的经验世界的现实存在，它的本性使它会从这种对有限物的现实存在的关切、投注中脱身而出。如果我们把对有限物的现实存在的关切与投注视为一种耽执，那么，从这种耽执中突破出来就是一种破执，一种纵身跃出的

① 参见康德《纯粹理性批判》辩证篇导论部分。

② 列维纳斯称人的真正出现是中止“耽于存在”（inter-essement）而“跃出存在”（des-inter-essement）。参见［法］列维纳斯著，王恒、王士盛译：《论来到观念的上帝》第二版序言，商务印书馆，2019 年版。

解放，因而它构成了理性积极的超越运动的一个方面。

但是，理性的这种破执并非走向空无，它在引导我们从有限物—条件者—部分物的现实存在域里跃出的同时把我们引向了无条件者—整体者。理性把我们引向无条件者—整体者首先并不是为了认识它或者通达它，而首先是向我们揭示，没有这一无条件者—整体者，那些有条件者—部分物的现实存在就是不可靠、不完整的。因此，对于理性存在者来说，不得不承认、接受有无条件者—整体者。也就是说，我们有能力认识、通达的经验世界，也即由有条件物或有限物构成的现实领域，需要与无条件者联系起来，才是完整而可靠的。虽然这无条件者超出了我们的理性与感性的认识能力，因而也即说它超出了我们这种理性存在者及其现实世界之外而永远不可能作为现实的对象被给予我们，但是为了我们的现实世界的可靠性与完整性，我们却不得不承认与接受它作为我们的现实世界的一个“额外的前提”而与之联系在一起。

作为理性存在者，只有承认与接受这样一个额外的前提，我们的生活世界才不只是一个由部分物、条件物构成的现实领域，而且还有一个无条件者—整体者构成的非现实—非时空的领域，因此，我们的生活世界才是一个有统一性的整体世界而且是完整可靠的。在这里，无条件者虽然不在我们可以通达的有条件者系列里，因而它是现实之外的额外，但是，正是这个非现实的额外使条件者系列获得完整性而使所有条件者（有限者）获得了统一性。如果我们的生活世界只有有限物构成的条件者系列，或者只有由部分物构成的局部领域，那么，我们的生活世界就飘浮在一个不确定的条件者之河里，或者由于只有局部关联却没有整体统一性而随时可能断裂、瓦解为零散的拼盘。由于只有承认并接受一个无条件的额外者，才使条件者系列也即现实领域成为完整而可靠的世界，因而承认并接受它不仅是必要的，而且也是积极的。在这个意义上，我们说，在理性上承认并接受一个额外的无条件者作为我们的现实世界的必要前提，构成了理性的积极的超越运动的另一面。

理性积极的超越运动的这两个方面实际上也就是它的两个环节：跃出现实（有限—条件—部分）界，朝向绝对—无条件者并将之接受为现实世界必要的额外者。在这个超越活动中，重要的是理性把绝对—无条件者承认、接受为我们生活世界不可或缺的额外者。这里，额外者一方面是理性不得不承认与接受的，另一方面这个额外者不在理性的认识能力之内，因而它是超出理性的。因此，如果说理性跳出条件世界而朝向无条件者，并把无条件者接受为条件（现实）世界必要的额外者是理性积极的超越运动，那么在这里，理性的超越运动乃是指向理性自身之外或之上的领域，而不是理性向自己的超越。

在理性这种积极的超越运动里，理性在从现实界抬起眼光而朝向绝对域时，却并非对现实界的否定，恰是在肯定现实界的前提下把目光投向无条件者，或者更确切说，恰恰是为了现实界的可靠性与完整性才把目光投向那额外者。所以，这里，“破执”不是一个否定的环节，而是一个寻求绝对可靠、绝对开端、绝对完整、绝对自主的环节。这意味着，理性所打开的超越域既超出了现实界，又与现实界密切相关。我们且通过分析现实界不可或缺的最高原因来进一步呈现这一点。

我们生活于其中的现实世界就其可认识而言，它总是可通过概念得到规定、把握与通达。甚至对于认识活动而言，能够在概念中被把握、构造的世界才是现实而有规律的世界，因而也才是可靠的世界。那些使现实世界成为可被通达、构造的基础性概念就是康德所说的范畴，而其中一个核心范畴就是因果性关系。

在正如其他范畴一样，因果关系范畴一方面来自我们的知性是先验的（apriori），而不是经验的，但是，另一方面，知性又是在与可能性经验相关时才给出了包括因果关系在内的范畴。因此，根据因果性范畴在现象事物也即经验事物之间确立起来的各种因果性关系具有普遍有效性，因而是客观可靠的。但是另一方面，由于因果范畴只是在涉及可能的经验时才被知性给出来的，因此，它也只能被应用于经验领域。这意味着，根据知性确立起来的因果性关系都只是有限物与有限物之间的关系。而我们的知性也只对有限物之间的因果关系感兴趣，也只满足于有限物与有限物之间的因果关系。所有有限物也就是有条件物。因此，对知性世界来说，所有的因果关系都只是有条件者之间的因果关系。这意味着，在我们的知性领域里，也即在理性的认识领域里，因果链条是一个有条件物之间的因果关系链：

……Aa—Ab—Ac—Ad—Ae—Af……

而这样的因果链则是一个不完整的因果链，因为其中总有事物（原因物）还没有原因。如果我们只是知性存在者，或者说，只是作为知性的认识主体，那么，这样的因果链条虽然是不完整的，却也是可靠的。因为知性会满足于有限物，会信靠眼下达到的原因物。但是，对于不会止步于有限物的理性来说，这个不完整的因果链则是不可靠的，因为从就其本性而言不会满足于有限物的理性的眼光看，一个没有最后原因的因果链会使整个因果链陷入自相矛盾之中：这个因果链一方面说所有事物都是有原因的，但是另一方面它自己却由于不完整而表明总有事物是没有原因的。

但是，这个因果链在经验世界又具有普遍必然性，因为它是基于因果关系范畴确立起来的，而因果范畴又是基于知性与可能可经验而由知性给出来的，因而是可靠的。为此，需要把这种因果链条从自相矛盾之中解救出来。对于理性来说，这是一个必须解决的问题。但是，显然，理性只有一条路可走，那就是通过把目光投向无条件者来完成这个任务。而这样的无条件者就是再无原因的最高原因，它构成了所有原因的原因，也即构成了因果系列中的最后也是最高的原因。这个最高原因之为最高原因就在于它一方面是一切事物的原因，而它自己却再无原因，它自己就是它自己的原因。

因此，这个最高原因不仅是一个无条件者，而且是一个拥有绝对自主—自动性（die absolute Spontanitaet）的存在者，因为如果它不能完全从自己出发进行自主的自动，那么它就既不可能成为自己的原因，也不可能成为其他原因的原因。这样一个能够从自己出发进行自动的原因才是一个拥有绝对自主—自动性的原因即是自由因。这个自由因虽然不可能出现在我们的经验世界，但是，对于我们这种理性存在者来说，它却构成了经验世界的因果链条的一个可能的最后环节，从而保障了整个因果链条的完整性与可靠性。

这意味着，对于我们这种有限的理性存在者来说，如果为了保障在经验世界里具有普遍必然性的因果链条不陷入矛盾而是可靠的，那么，就必须—必然地承认并接受，我们的世界里有一个自由因，有一个能够完全从自身出发开出一个因果系列的绝对的自主—自动者。有这样一个绝对的自主—自动者，我们的世界才是完整的一个整体，并因而才是可靠的。

这种构成我们世界之整体性的绝对的自主—自动者，康德称之为超验的自由（die transzendentale Freiheit）。

这里，我们生活的世界有相互联系的两个部分，一个是现实部分，也即能在时—空感性里被给予的可知领域，另一个是我们无法在时—空里与之打交道的不可知领域，也即是非现实部分。也就是说，我们生活于其中的世界不只是一个可感可知的世界，同时也是一个超越出了我们的感知能力之外而不可感知的世界。正是有这样一个超出的领域，我们的世界才是一个有完整统一性的整体世界，正如我们上面讨论表明的，所有原因都统一于自由因，整个因果链条才是完整而且可靠的。

从这里，我们可以进一步看到，理性的积极超越既是从条件者到无条件者、从部分到整体的跨越，同时也是从必然性向自由的突破。在这种超越中，两个领域既是断裂的，同时又是相互关联着的：现实领域是我们发现、朝向绝对域的出发点，而绝对域则是现实域获得完整性与可靠性的前提。如果我们把自然视为这里的必然的现实领域，那么自由则是自然之上的“额外”。理性的积极超越运动就是破出自然，打开并认肯额外的自由。

三

上面我们通过分析理性的理论运用来讨论积极的超越运动，但是对于理解超越来说，更为重要的则是要通过分析理性的实践运用来进一步讨论，而理性的实践运用的核心在于理性的自由运动。

在第一节里我们讨论过，在理性的实践运用中，只有经验理性会发生超越：它把自己当作规定意志的唯一方式。当康德把这一超越视为一种越界运动时，也就意味着，他通过揭示这种超越的非法性来显示理性在实践方面有一种积极的超越运动：理性能够单凭自己去规定意志而给出行动，也就是说，理性能够彻底摆脱经验处境而独立于经验处境去规定意志，或者说，理性可以破开一切经验处境而从中跃身出来，独立而自主地给意志提供行动的充分理由。就经验理性总是根据我们的经验处境去给出行动而言，它实际上是在经验处境（或经验条件）与行动之间确立起一种因果性关系，而就纯粹理性是破出经验处境而单从自身出发去规定意志而给出行动而言，它则是在自己与行动之间确立起因果性关系。不过，这是两种不同的因果关系：前者是一种自然因果关系，而后者则是自由因果关系。所以，理性在实践运动里的超越性在于它能展开出一种自由的因果系列。这一超越运动有两个环节：一个是破出经验处境，摆脱经验条件；另一个则是独自决定意志而给出行动。前一个环节是一种解放与独立行为，后一环节则是自主的行为，因此它以前一环节为基础。从这里，我们可以发现，理性在其理论运动与实践运动中所完成的积极超越在这一点上是一样的：破出必然性的存在而朝向超验的自由存在。

实际上，康德正是从超验的自由去理解人的自由。他在《实践理性批判》里要做的一个核心工作就是证明存在着一种“纯粹实践理性”，而纯粹实践理性之为纯粹的实践理性就在于，单凭这种纯粹理性本身就能给出行动，从而作为自由因而开出一个因果系列。因此，在康德看来，这种纯粹实践理性就是一种超验的自由——能够绝对地自主—自动的存在。因此，证明纯粹实践理性的存在就是证明超验自由的存在。虽然我们作为超验的自由者不能像作为整体的超验自由者那样是一个绝对的开端而可以开出整个世界的因果系列，而只是一个能开出实践性的有限因果系列。但是，就我们能够完全从自己出发，以绝对自主—自动的行动开出自己的因果系列而言，我们在拥有绝对的自主—自动性这一点是与之一样的。康德正是从我们这种有限的超验自由中引出道德法，也即成就德性的基本法。这一工作无论对于康德来说还是对于整个人类思想史来说，都是划时代的工作。因为正是这一工作把人类在理性的实践运动方面，也即在人类个体的道德生活方面的超越性作出最全面、最彻底的呈现确立了基础。在康德这里，理性在实践运动方面对经验处境的独立性以及独自开启一个因果系列，这只是人在实践方面的超越性的一个起始环节。换个角度也可以说，在行动上或生活中，我们有一种基本的超越性，那就是能够独立于一切处境而不受制于一切外在条件，包括一切强制与诱惑，并能够只从自己的意志出发决定一切。

就哲学史而言，奥古斯丁早在康德之前就已揭示了这一环节的超越。康德的推进在于，他在揭示了人的纯粹实践理性也即自由意志具有能够否定一切外在的、自然的制约而独自给出行动这种超越性能力的同时，论证了自由意志在进行自由决定时是有法则的，而且这种法则不来自别处，就来自自由意志本身，否则，自由意志就不成其为自由意志。因为如果自由意志不能凭来自其自身的法则做出善的行为，也就是说，这一自由意志只能借助来自自身之外的法则才能行出善的行为，它就只能行恶或者不善不恶，那么，这样的自由意志就不是自由意志。

因此，在康德这里，理性在实践运动中的超越性不仅在于我们的理性使我们能够独立于一切经验条件，也即独立于一切处境性条件而给出行动，而且还在于我们的理性（自由意志）使我们能够给我们自己颁布行为法则，从而使我们能够行善就德。简单说，理性不仅使我们能独立于一切外在条件而行动，而且使我们能够自我立法并遵循—坚守自身法则而行动。后者构成了我们道德生活的超越性的第二个环节。不过，这两个环节是相互依赖的：如果理性没有独立性环节的超越，就不可能有颁布法则并坚守法则这一环节的超越；而如果理性没有能独自颁布法则，而只能借助自身之外的命令才能获得行动的法则，那么它也就不可真正有独立于一切外在条件的超越性。所以，它们相互依赖地构成我们的道德生活的初始超越性。

就前一个环节而言，我们的超越性既是对自身的自然本性的突破，也是对我们生活于其中的自然的突破；而就第二环节而言，这种超越乃是中断自然对我们的支配而把我们交给了纯粹理性（自由意志）去支配。就自由乃是我们每个人内在的最高存在而言，我们的初始超越乃是一种自我提升的超越：把自然的自己提升为自由的自己，或者说，使自己成为超出自然的自己。但是，另一方面，这种自由的自己只是作为可能性而并非作为现成物存在于每个人身上；同时，人们只是在与他者（他人或神）的关系中才能认识、自觉到自己的自由而确立起自由的自己，而这既是我们每个人的理性自我成熟、自我认识为纯粹理性的过程，也是自由意志自我打开、自我净化为纯粹自身的过程。就此而言，这种超越并非只是每个人单纯自身内部的超越，而是向自身之上那有待于成就的更高的自己超越，或者说，向只在与他者的关系中才降临的更高的自己超越。正是在这种向自身之上的更高自己的超越中，我们把自己的自然本性献祭给了纯粹理性，献祭给了自由意志，从而让在与他者的关系中获得成熟与纯粹化的理性（自由意志）占有我们每个人。正是这种成熟而纯粹化的理性既使每个人成为一个真正能独立自主的个体，也使每个人成了真正普遍的个体。

在这个意义上，理性在实践运动中的这种初始超越是一种自我提升的超越，却并非单纯的自我内部的超越，而是向自身之上的超越。这意味着，作为理性存在者，我们的自我超越向来都是向自我（自身）之上或之外的超越，而从来没有向自我内部超越的所谓“内在超越”。理性存在者的任何自我提升的超越都以他之外的他者的出场或临场为前提，没有打开与他者的关系，任何自我超越都是不可能的。因此，即使从初始超越看，只有自我超越，而从来不存在内在超越。

在康德这里，作为自由意志的纯粹理性给我们颁布的行为法则，是一种只出于自由意志本身的一种纯粹性法则，而与任何经验处境、质料条件无关。因此，当理性给我们颁布这种纯粹性法则的时候，包含着两方面的要求:（1）在任何处境下都应当遵循道德法则而行动；（2）在任何处境下，在任何时候，都应当坚持把道德法置于首位并完全出于道德法而行动。前者是一个守住底线道德法的命令，后者则是对最高美德也即最高之善（das oberste Gut）的诉求。也就是说，我们的理性不仅给我们颁布道德法则并要求我们遵循道德法则，而且还要求人们成就最高美德。

但是，就人性的有限性而言，人在有生之年不可能达成这样的最高美德。对于也生活在感性世界而渴望幸福的人来说，他在任何处境下都面临种种诱惑与制约，并且只有基于对这种处境性条件的权衡而确立起来的行为准则，才能回应处境性的条件而幸福地生活。因此，他在意志上永远处在究竟是把道德法则还是把处境性准则放在首位的挣扎之中。因此，对于因有感性（低级）欲求而追求幸福的人类个体来说，在有生之年显然无法完全避免为了幸福而试图把处境性准则放在首位的冲动。这意味着，在有限的生命里，无人能成就最高美德，也即无人能达到最高之善。但是，成就最高美德却是出自纯粹理性本身的一个无条件命令，或者说是出自自由意志的一个必然要求。既然成就最高美德是理性的一个无条件的必然命令，那么，它就不能落空，也不应落空，倒是必然能实现，也必然要（应）实现。

这意味着，虽然在我们的有生之年无法实现最高美德，但是，它却必在我们别处生命的努力中实现。为此，理性不得不进一步承认并接受我们必有不随我们的身体死亡而结束的不死者，那就是不朽（死）的灵魂。通过我们的灵魂在告别我们的身体之后持续地再努力，才足以保障成就最高美德。因此，如果最高之善必然要实现是理性的无条件要求，那么，理性就必然要承认“灵魂不朽”或“有不朽之灵魂”，并且不得不接受之。这里，理性基于自身的道德要求而打开了此世生命之外的别处生命，突破了我们的有限生命而跨向了无限的生命。如果说理性在其理论运动里的超越只是单纯从有条件者向无条件者、从有限者到无限者（整体者）的跨越，那么这里的超越则不仅是单纯由有限到无限的跨越，而且是向另一个世界、另一个时段的跨越。这里，我们可以把这种向另一个世界与另一时段的跨越视为理性在实践运动中完成的超越的第三个环节。如果说前两个环节的超越还只是在一个时段一个世界里的跳跃，那么，第三个环节的超越则跳离了一个时段一个世界而启开别处的时段与别处的世界。

不过，这别处并非只有不朽与最高美德。因为对于有限的理性存在者来说，居有他的理性发现，要求他成就美德固然是可能的，也是应当的，因而是合理的，但是，合理的并不一定公平公正。对于同时也拥有感性欲望（也即相对于自由意志的低级欲求力）的理性存在者来说，他不仅欲求美德，也欲求幸福；而在他身上的理性看来，在成就美德这一优先前提下，他要求幸福是正当的，也即说，在有德这一前提下，他对幸福的欲求是值得满足或应予满足的。简单说，在每个人身上的理性看来，每个人成就的美德配享相应幸福，这是公平公正的，也才是公平公正的。这意味着，对居有着我们的理性来说，最高的美德理当享有最高的幸福，这才是公正的，并且也才是完满的善。

这首先因为对一个整体的人，也即既有理性又有感性的人来说，有德固然是善的，而有最高美德则是一种最高的善，但是，有德无福则使这种善仍是有缺陷之善，而如果有最高之德却无最高之福，则使这种最高之善仍是不完整之善。其次，由于美德是以把纯然的道德法置于处境性准则之上的优先地位为前提才是可能的，这意味着，对于有限的人来说，有美德的生活不仅不能保障幸福，甚至还常常错过幸福，因为在我们生活于其中的这个世界里，优先遵循处境性准则行事反而更可能获得幸福。因此，理性一方面无条件要求我们以道德法则为优先而过有德的生活，但是，另一方面，这种有德的生活不仅无法保障我们的生命也要求的幸福，而且与那些不以道德法为优先而行事的人相比，有德的生活甚至还可能妨碍我们的幸福。在所有理性存在者的理性看来，这显然是不公平、不公正的。对于这种普遍的理性来说，尤其严重的是，如果接受理性的无条件命令而努力过有德的生活却总是没有幸福或少有幸福，那么，理性的这种无条件命令对于整体的人来说将失去持续的推动力，甚至使我们的自然存在完全成了理性命令的阻碍而使我们陷入自我分裂。简要地说，德福不配必导致三个后果：善永远不完满，世间存在明显不公平、不公正，整体之人陷入自我分裂。这也是德福不配使理性面临的三个困境。

正如理性为了最高美德的现实性不得不承认与接受灵魂不朽一样，如果理性要走出这三个困境，也即要克服三个不合理的存在状况，它不得不承认与接受德—福必相匹配，因此，有最高的美德，必有最高的幸福与之相称。这种既有最高美德又有最高幸福的统一，才使最高之善（das oberste Gut）成为完满之善，康德称之为至善（das hoechste Gut）。唯有承认并接受这种至善的合理性与真实性，理性才能化解三大困境而使自己的命令既是正当的也是公平的且是可行的，从而才现实地是合理的。这意味着，对于我们的理性来说，它不仅需要承认与接受灵魂不朽，以便克服我们的有限性而保障最高美德的可实现性，而且需要承认与接受至善的存在，以便克服它给它所居有的整体之人带来的三个困境。

承认与接受至善同时也是发现或打开至善。对至善的这种发现可以被视为理性在实践运动中发生的第四个环节的超越。前三个环节都构成了这一超越的前提。在这个环节里，人类个体不仅实现了最高美德，而且获得了最高幸福，而这同时也意味着实现了最高的公正。所以，在人的理性的超越运动里，总是有朝向的，而且是总朝向美德、幸福与公正，而最终则朝向一个绝对的希望——至善。任何超越都意味着突破，或者说都包含着突破与跳跃。就至善这一环节而言，人们既突破了感性生命或身体生命的此岸性界限，也突破了对此世幸福的欲求，而把这种欲求延迟到此世之外。基于道德且为了道德，理性通过这一环节里的超越活动把我们对幸福的欲求的满足延迟到如此遥远的别处，以致这别处从来无法在这里显示过任何现实性的痕迹，它与这里的现实性是完全断裂的。在这个意义上，这一环节的超越是跨越度最大的超越：它跨向了与这里的一切现实性完全不一样的另一个世界，后者甚至以前者的彻底终结为前提，因而是一个绝对的异域，一个绝对的别处，简单说，是生—死之别异。在这个环节里，理性不顾生—死之绝对界限，而跨越了生—死之别异，它以留下我们的身体为代价跨越了生—死的鸿沟。在这个超越里，理性为每个人打开了一个包含绝对公正、最高幸福于自身的绝对希望。

虽然这一环节跨过了身体的界限，但是，它延迟对欲求的满足并不是放弃欲求，而只是延迟了欲求及其满足。毫无疑问，这种延迟同时是一种冒险，它使被延迟的欲求可能落空。实际上，所有延迟都隐藏着这种冒险，不过，所有延迟同时包含着确信，也即确信被延迟的欲求能得到满足，否则就不可能有任何延迟。在日常生活里，我们总是延迟着各种欲求。这种延迟通常基于两个考虑（原因）：一个是基于伦理—道德规则（包括伦理习俗）。比如饥肠辘辘时便会有强烈的进食欲望，但是，出于礼让老人的伦理习俗，在老人未动筷子前，我只能端坐不动，等待老人开吃，或者基于不可窃取这一律令，对他人存放的食物我只能望而兴叹而等待属于自己的食物。这些等待都是对欲望的延迟。另一类考虑是基于技术规则，包括各种智谋、策略，比如人们熟知的欲擒故纵（郑伯欲灭其弟而先纵其非），还有卧薪尝胆式的复仇等。生活的经验表明，基于这两种原因被延迟的欲望或欲求大都能得到满足或补偿，所以人们通常会实施这类延迟，甚至习惯于这类延迟。也就是说，这类延迟的经验效果总体上是可预期的，因而这种延迟包含着的信心或确信是可寄托的。

但是，至善如何是可预期而且可寄托的呢？在至善里，有两个预期支撑着所有的延迟：一个是德—福分毫不差地相称，一个是有最高的福与最高的德相称。这两个预期要是现实可能的，它才能使通过它们而实施的所有延迟成为可能。但是，这两个预期如何才是现实可能的呢？尽管人们的理性有能力造就人们的美德，但是，单凭人自己的能力不可能造就相应的幸福。首先因为人的理性本身虽然追求公正公平，但是我们的理性自身却无法准确、公正地裁定自己或他人的德性层级，以及配享的幸福层级，这是其一；其二，幸福需要相应的外在对象，即人自身之外的对象，而人自身无法保障从世界获得或提供这些对象。前者要求有绝对公正的裁定能力，后者则要求有全能的能力。唯有这两种能力的存在者才能保障至善所包含的两个预期而使之成为现实可能的，从而保障了基于这两个预期的所有延迟的可寄托性。

因此，对于理性来说，它不得不承认与接受有一个至善而不得不进一步承认和接受有一个全知全能的上帝。所以，康德写道："为使这种至善成为可能，我们必须接受（annehmen muessen）一个（比我们）更高的、道德的、最神性的和全能的存在者（ein hoeheres，moralisches，heiligstes，allvermoegendes Wesen），唯有这个存在者才能把至善的两种因素结合起来。"①

这里，有必要提示三点非常重要的内容：（1）为了使至善成为可能，我们是必须"接受"上帝，而不是"假设"上帝，因为假设可以出于理性的理论性的主观要求，但是这里是基于理性的实践性的要求，是被理性贯穿的整体生命的要求，所以，这里的 annehmen 应理解为"接受"，而不是假定意义上的假设。（2）那个我们不得不接受的上帝是在我们人之外的，而不是在我们人之内的，当然也不是只在我们的理性之内的，它在我们的理性之外，也在我们的整个能力之外②。（3）不仅如此，我们不得不接受的上帝不只是在我们之外的存在者，而且是一个高于我们的全能的道德存在者。

我们所提示的这三方面内容表明，理性在其实践运动中完成的第五个超越环节，也是最后一个环节的超越绝非理性内部的自我展开，倒是理性朝向自身之外与之上的绝对他者而敞开自己的运动，以便每个被自由理性所居有并因这种居有才成为真正能独立自主的人类个体

---

①［德］康德：《单纯理性范围内的宗教》，参见李秋零主编：《康德著作全集》第 6 卷，中国人民大学出版社，2007 年版，第 6 页；卡西尔编辑出版的《康德著作集》（*Immannuel Kants Werke*,Verlegt Bei Bruno Cassirer, 1923）第 6 卷，第 143 页。

② 康德在另一个地方写道："因此，道德（die Moral）不可避免地（unumgaenglich）导致宗教。因而，道德也就延伸到了人之外（ausser dem Menschen）的一个权威的道德立法者这一理念。"上引中译本第 7 页，卡西尔版《康德著作集》第 6 卷，第 144 页。

将这个绝对他者接受与认肯为绝对的保障者：不仅是绝对的公正—公平的保障者，也是一切出于道德而被延迟了欲求满足的保障者。所有因道德而被欺凌、被损害的失败者，都将因为有这一绝对他者的保障而必获追偿与荣光，所有有德而被亏欠了福分的吃亏人，都将因为绝对他者的担保而获得弥补。这里要附带指出的是，虽然守法行德者能够从绝对他者那里获得福报的保障，但这并非意味着人们守法行德是为了从绝对他者那里获得福报。当且仅当守法行德只是出于道德法本身，而绝无其他动机或考虑，人们才有资格获得这样的保障，这是其一；其二，这样的保障不是为了报偿人们的德性本身，而是出于公正。

在这里，绝对他者之为绝对他者，就在于就其全善、全知、全能而言既是绝对的一，也是绝对的差异者——它与我们以及万物之间有绝对的差异，绝对的鸿沟。因此它作为绝对的一并非是在一与多的对应中的一，而是超越了一与多的对应。它之为一，并非意味着有一个多与它对应，它才为一，相反，它独立于一切多，一切多以及与多对应的一都是来自绝对的一。在一与多对应中的一，是关系中的一，逻辑上与事实上都无法独立于多而存在。但是，绝对的一则超越于这种一与多的关系，因此，它不仅在我们之外且在我们之上。理性的超越运动总是不断朝向更高的他者，直至绝对他者。这一方面是理性出于自身的合理性诉求的运动，另一方面也是理性接受绝对他者的引导而不断朝向自身之外与自身之上的绝对异域打开自己的跃升。

四

从上面有关超越环节的讨论，可以发现，无论是从最初的自我超越，还是朝向绝对他者的超越，都是一种向自身之上或自身之外的更高层级的跃升，而不是单纯的向内运动或内在运动。任何超越运动总是与发现、打开运动者自身之上或之外的他者域为前提的，否则就不可能有任何超越运动。这更高的他者域固然是运动者的理性发现、打开的，甚至看起来是由理性“引导”出来的，但是，这个他者域却是理性本身永远无法完全通达、把握的，也就是说，它永远在理性的能力之外。我们通过理性打开了一个理性自身能力之外的他者域，就如我们通过窗户打开了一个窗外的世界一样，无论我们的目光投向多远，永远都有视野之外的异域。我们通过我们的目光打开了一个视域，同时却是视野之外的异域引动着我们的目光越出滞点而不断上挪远眺。

因此，关于超越，我们可以给出如下定理：

定理Ⅰ：超越运动是有限存在者的运动。

对于无限存在者来说，不存在超越运动的问题，因为它不仅已包含着一切可能性于自身之中，而且它的可能性就是现实性。所以，它没有欠缺而是完满的。它包含着一切有限存在者而是每一个有限存在者的异己—异在者，但它则没有异己者。因此，它存在本身就是超越的——包含一切事物又超越于一切事物。换句话说，它不需要通过超越运动来完善与提升自己。有限存在者的有限性在于它总有一个在它之上或之外的异己者，或者说，它就存在于与包含着更多可能性的异己者或异在者的关系之中。因此，它才有超越的必要与方向。虽然并非所有有限存在者都能进行超越运动，但是，只有有限存在者才需要超越运动。所以，超越运动必是有限存在者的运动。

定理Ⅱ：超越运动总是运动主体朝向自身之上或之外的超越者提升自身的运动。

对于有限存在者来说，任何无异己的自我运动，都只是一种朝向单纯同一性的自己的运动。如果这种自我运动是可能的，必定只是一种自我重复或自我轮回，而不可能是一种有所突破、有所提升的超越运动。作为有限存在者，如果它的自身不存在于与自身的异己或差异之中，也就意味着它只存在于单纯的同一性之中，或者说，它只是作为单纯的同一性而存在。而只有同一性存在的存在者也就意味着它必是一种被限定了的封闭性存在者，因为它再没有可使自己差异化为另一个自身的可能性。因此，这种只有同一性存在的存在者的自我运动只能是一种简单的自我重复。

从另一个角度看，这意味着，任何能进行超越运动的主体都必存在于差异之中：它的自身存在就是一种异己的存在，或者说，它自身就存在于与自身的差异之中。它是其自身，却又不仅仅是它自身；它总还有使自身差异化为另一个自身的可能性。这等于说，这样的运动主体是一种敞开的存在。正是这种总还有可能性还尚未到来的敞开者，它才能向自身之上或之外的异己者敞开而朝之运动，通过把悬存于异己者的更多可能性现实化为自身而提升自身。因此，这种朝向异己者方向的超越运动同时也就是跳出自身而成就了更高自身的运动。

定理Ⅲ：超越运动同时也是运动主体接近—亲近超越者的运动。

这里的超越者也就是他者域，而在根本上则是包含着一切有限者又超越一切有限者的无限者。就这个无限者包含着每一个有限者之一切可能性而言，它也是每一个超越运动的主体的自身，不过，不是这一主体的同一性自身，而是这一主体的一个差异化或异己化的自身；或者更确切说，无限者是这一主体获得使其能够突破滞点并打开差异化自身之可能性的源泉。简单说，无限者总包含着运动主体的差异化自身。但是，就这一无限者超越一切有限者而言，它则是每一个超越运动主体的一个绝对异域，一个这一主体永远无法跨过的异己的绝对他者。

虽然超越运动的主体与超越者之间有不可跨过的鸿沟，但是，超越者作为超越运动的方向，这一运动同时也就是向超越者接近的运动。而就运动主体在超越运动中打开的差异化自身，或者说那些使差异化自身成为差异化自身的所有可能性，都被包含在超越者的存在里而言，超越运动向超越者的接近，同时也是向超越者亲近——将超越者的更多可能性纳入自身而提升自身、完善自身。

定理Ⅳ：所有超越运动都是基于自由才是可能的。因此，只有有限的自由存在者才会有超越运动。

对于单纯存在于必然性里的事物来说，它除了被封闭于既定程序里的存在以外，不再有其他可能性，它一旦超出既定程序，它就完全不再是它自己。因此，它没有更高或更完善的自己。作为如此这般已完成了的存在者，它只是整个必然性世界里的一个环节而已，不存在朝向一个绝对异己者提升自身的可能。因此，对于任何必然性事物来说，都不存在超越运动的问题。

相反，只有能跳出必然性而能自主—自动的存在者，也即自由存在者，才有超越的问题。因为只有这样的自由存在者才能在摆脱必然性的封闭而置身于可能性之中的同时，能自主地在可能性之中筹划自己的存在。而这样的存在者才一方面意味着它是未完成者而能打开差异性的自己，也即尚有其他可能性的自己，因此它能够且需要在自己的存在中不断现实化更多的可能性，以成就更完善的自己；另一方面意味着它必在自己的存在中打开一个善—恶的分界线，因为任何真正的自主筹划都必定面临好—坏（善—恶）、更好与更坏的抉择，否则就不会是自主筹划，而这进一步意味着，自由存在者必存在于有善—恶的价值世界里。这等于说，自由存在者的生活必是一种有价值方向的生活。这个价值方向在标识着更善、更高的同时也指示出了最善与最高的价值整体全者，我们通常称之为全善者或至高者。虽然在我们的生活世界里不可能完全实现或充分抵达这一全善者，但是，所有的善之为善全在于这个绝对标准。对于有限的自由存在者来说，这个全善者构成了它的绝对异域，一个它能够且需要朝之改善自己、提升自己的超越者。

这在根本上意味着，只是对于有限的自由存在者来说，它才能打开一个使它能够且需要朝之提升自己的超越者。在这个意义上，我们说，只有基于有限存在者的自由，才会有超越运动。超越运动既基于自由，也展示了自由。

根据定理Ⅱ与定理Ⅲ，我们可以引出定理Ⅴ：

超越运动既是运动主体自我突破、自我提升的运动，也是朝向绝对的异在者而接近绝对异在者的运动。因此，不存在什么内在超越的运动。

根据定理Ⅳ，所有可能的超越运动都是出于有限的自由存在者，而这种有限的自由存在者没有单纯的同一性的自身，而只有差异性的自身，也即它的自身总处在还有其他可能性之中。这是因为这种有限自由者一方面总是在打开自己的某种或某些可能性的同时也提示着尚有其他可能性被悬欠着，因此，它的自身尚待充实、尚待完善，另一方面，作为有限的自由者，它在打开自身的可能性存在的同时，也打开了自己的一个存在处境，那就是被抛状态：自己不得不自由。这一被抛处境指示了一个包含着一切可能性于自身之中的绝对源头，一个在我们这种有限的自由存在者之先与之上的整体存在者。就它包含着一切可能性于自身之中而言，我们所能打开的所有可能性都可以被视为是从这一源头那里获取的。因此，我们的任何超越运动虽然可以被视为一种自我提升、自我突破的运动，因而可以理解为一种自我超越的运动，却并非一种自我内部的内在超越运动。因为有限自由者的任何自我突破、自我打开，都与我们不得不与之打交道的绝对源头这一在先且在上的绝对异在者相关：我们并非单纯从孤立的自身打开可能性，而是在与我们从中被抛出的绝对源头的关系中打开我们的可能性。我们自身的可能性不在别处，只在与在我们的自由中被指示出来的绝对异在者的关系中。正因为如此，我们无法穷尽自身的可能性。所以，我们永远与自身处在差异性的关系之中而无法在自主筹划中完成自身。

这一方面意味着，作为有限的自由者，由于我们总是与自身处在差异性的关系中，因此，我们有自我超越，却没有内在超越；另一方面则意味着，我们的超越运动有境界，而没有尽头。

从内在超越到感通

蔡祥元

引言

内在超越是牟宗三重构儒家思想体系的核心概念。他借鉴康德批判哲学的思路，在熊十力体用说的基础上，对儒家义理进行了批判性改造。如何理解其改造的价值与力度，到今天仍充满挑战。有无超越问题，如何理解内在超越，不仅关乎对牟宗三本人的思想解读，也关乎当下儒学发展的思想方向。

笔者注意到，当前学界对于内在超越说有两大典型批评：一个是张汝伦①、黄玉顺②等学者着眼于外部世界的超越性视野提出的批评；另一个是杨泽波③着眼于牟宗三与康德哲学的思想关系提出的批评，他特别围绕智的直觉如何可能的问题，对内在超越说的思想特点与困境作了一系列解读与批评。这两个批评，可以说，分别从外部和内部去"终结"牟宗三的内在超越说，对我们理解、评估牟宗三乃至中国古代哲学的基本精神提出了两个重要挑战。牟宗三哲学体系建构的一个重要契机就是康德哲学的理性界限问题。他通过回应康德哲学的"直觉"观来跨越此界限，并以此来重新诠释宋明理学的基本精神。这在某种意义上完成了一次中国哲学的"世界化"或"现代化"转型，也即，在西方哲学的视域中重新提出中国哲学的基本问题，并展示中国传统哲学独特的哲理特征。

① 张汝伦：《论"内在超越"》，《哲学研究》2018 年第 3 期。

② 黄玉顺：《中国哲学"内在超越"的两个教条——关于人本主义的反思》，《学术界》2020 年第 2 期。

③ 杨泽波：《论牟宗三儒学思想方法的缺陷》，《哲学研究》2015 年第 1 期。

本文通过追溯内在超越说的儒学背景和康德哲学背景，并重新考察智的直觉如何可能的问题，一方面回应外部批评，表明内在超越确实构成了中国哲学的一个基本特质；另一方面则表明，智的直觉虽有其内部困境，但牟宗三所展示出来的基本思路还可以有进一步的发展空间。这就是笔者最后尝试引出的感通视角，它将通过重新审视人心的认识能力或生存可能性，参考并对话西方哲学康德以降的认识论批判尤其是现象学传统，尝试以更为学理化的方式表明内在超越如何可以有进一步的发展空间。

一、内在超越说的两大责难

先看张汝伦、黄玉顺的外部批评，主要有两个方面：第一个方面是对内在超越的消解及其思想后果的批评。张汝伦认为内在超越是矛盾的概念，自身难以圆融，并认为这个概念也不符合传统儒家的超越观。黄玉顺则认为西方哲学传统也有内在超越，因此它并不构成中国哲学特质。不仅如此，在他们看来，内在超越的思想模式与西方近代哲学的主体性转向具有某种平行关系，后者是造成现代价值危机的重要原因之一。另一方面是对外在超越的诉求。在指出内在超越的问题之后，他们都转向中国古代“天”的观念，表明其中蕴含着外在超越的维度。

关于外在超越的视角后面再回应，这里先看一下他们对内在超越的批评是否切中牟宗三哲学的要害。牟宗三的内在超越说是熊十力体用说的深化。他吸取了熊十力对中国古代哲学本体观的基本洞见，也即，此本体是可以当下体认、当下直接呈现的，不是理智通过推理活动来设定的。[①] 牟宗三内在超越说的思想建构，跟熊十力这里指点出的此种对待“本体”的态度有直接关系。正是这个态度触及了中西哲学的一个重要分水岭。用康德的话说，就是对形上本体的直觉也即“智的直觉”是否可能？康德认为这是不可能的，这是上帝的能力。牟宗三

① 熊十力:《十力语要》，岳麓书社，2011 年版，第 251 页。

则通过重构儒家哲学义理表明它是可能的。因此，对内在超越义理的展示，需要结合牟宗三对理性界限问题的思考与回应。张汝伦与黄玉顺也都看到了康德与牟宗三的思想关联。他们都指出，在康德那里，上帝是一种理智的假设，不是理性直观的对象。黄玉顺为了证成西方近代哲学同样具有内在超越的维度，对此还作了进一步的解读。他指出，既然上帝是实践理性的公设，而实践理性乃是人的理性，这就表明"上帝"终究也是内在于人的理性之中的。[①] 张汝伦通过考察康德之后在德国古典哲学的发展，表明康德那里不能被直观的"超越"者有一个内化的过程，并到黑格尔那里实现了超越的内在化，也即实现了"内在超越"。张汝伦还总结指出，此种"内在超越"不是超越者的主观化，而是一种纯粹思维王国中的"逻辑"。[②] 但是，由此也可以看到，虽然他们都注意了德国古典哲学中有个超越者的内在化维度，但都没有明确意识它与儒家传统中形上本体的"内在化"有关键不同。康德那里的上帝关涉的只是一种理性"设定"，因此是一种理性设定的"内在"，哪怕是黑格尔的绝对精神，其本质正如张汝伦所总结指出的是一种纯粹思维中的"逻辑"，可以说某种纯理性的东西。正是这种理性或理性的设定，在熊十力及牟宗三看来是外在于生命的东西。儒家的形上本体与此不同，它是内在于人的生命—存在的，可以为我们所直接体认。"吾人与天地万物，从本体上说是同体，即是同此大生命。"[③] 也因此，不仅仅康德，乃至整个德国古典哲学的主体性，在熊十力、牟宗三看来，都可以视作为某种形式的"外在超越"，从而有别于儒家（乃至整个中国哲学传统中）那种可以在生命中获得直接体认的"内在超越"。

在熊十力看来，不仅德国古典哲学中的思辨性特征与中国哲学的精神是隔膜的，甚至叔本华、柏格森那种注重体验、注重直觉的生命

① 黄玉顺:《中国哲学"内在超越"的两个教条——关于人本主义的反思》,《学术界》2020 年第 2 期。
② 张汝伦:《论"内在超越"》,《哲学研究》2018 年第 3 期。
③ 熊十力:《新唯识论》，中国人民大学出版社，2006 年，第 109 页。

哲学也不同于中国古代哲学的生命观。[①]按熊十力的说法，我们可以说，西学传统中的生命体验没有超越的维度，它只从“习海”亦即从熟习的日常经验中去考虑生命，“不越习海之域”，看不到人的固有生命相对日常经验的有一个“越出”的维度，而这正是内在超越的思想立足点。张汝伦、黄玉顺都没有对中西两种不同的“超越”作出回应，这里姑且称之为外部批评。在我看来，外部批评者真正的思想诉求在于外部世界的超越性问题，后者确实对内在超越说、儒家哲学乃至整个中国传统哲学提出了一个重大挑战。

再看杨泽波的内部批评。他清楚地看到并指出牟宗三传承了熊十力的有关良知呈现的观点，因此其基本思路与整个宋明理学是一贯的，也就是都立足于儒家心学。但他同时指出，牟宗三的思维方式相比前人并无突破，只不过换种方式强调良心本心具有本源性地位，并未对其做进一步的理论透视。[②]其缺陷的根源在于牟宗三的思想方法受限于感性理性的两分模式。在他看来，儒家的道德结构具有欲性、仁性和智性三个维度，感性与理性大致对应于第一种和第三种，从而忽视了最重要的中间维度。这个缺陷使得他对理学心学的判教有失偏颇。不仅如此，也正是这个缺陷，使得他对“智的直觉”的相关阐发偏离了康德问题的要义，充满了对后者的误解。所以在他看来，牟宗三的思想方法已经过时了，可以“终结”了。[③]笔者很认同杨泽波对内在超越说困境的分析和批评，但是不赞同他对此困境根源的分析。牟宗三“智的直觉”的提出，就是要在感性和理性二分框架之外寻求一个“居间领域”，可以说，“内在超越”说的要义正是在于对“仁性”的展示，而不是要将它纳入感性和理性的框架之中。“所以这是在第一序的存有—客观的或主观的—外，凌空开辟出的不着迹的‘虚室生白吉祥止止’的居间领域，……”[④]

① 熊十力:《新唯识论》，中国人民大学出版社，2006年，第108页。
② 杨泽波:《论牟宗三儒学思想方法的缺陷》，《哲学研究》2015年第1期。
③ 同上。
④ 牟宗三:《心体与性体》(上)，上海古籍出版社，1999年版，第188页。

因此，内在超越可以构成理解儒家哲学特质的一个重要视角，但是，我们也不能把它作为“教条”简单接受下来，需要结合康德的视角进一步追问其可能性，如此才能更好把握其问题与洞见，看它有无进一步的发展空间。

二、内在超越与儒学的思想传统

我们先看内在超越的视角在儒学传统中是否存在，以及它跟早期儒学中“天”的外在超越义是何种关系。

牟宗三的内在超越说是相对于西方哲学与宗教的外在超越说而言的。牟宗三本人也已经意识到这一概念可能包含理解上的矛盾，他指出“内在”与“超越”是相反的（“Immanent 与 Transcendent 是相反字”）。[①] 牟宗三为什么要把这两个矛盾的词合在一起使用呢？这是为了标识中西方文化传统对超越者理解上的区别。西方哲学宗教传统中的超越者，无论是上帝还是实体，整体而言，都具有一种超出自然界或现实世界的存在方式。中国古代哲学传统中的天或天道同样也具有这个维度。但是，与西方传统不同，中国古代哲人，无论儒家还是道家，都在寻求如何把此外在的天跟人心打通。“内在超越”标识的就是这一哲理特征。

那么，这样一种思想特征是否存在呢？牟宗三对此就作了特别考察。他认为中国古代的“天”或“天命”与西方的上帝在超越维度方面是相似的，但是它与人的德性一开始就有某种关联，这是它与西方宗教意识中的上帝的区别所在。[②] 他根据《尚书》中的文字总结指出，周人的天命观有两层含义：一方面，它高高在上，决定人间吉凶，掌控人类的命运，这是古代人对超越者的通常领会，中西无异；另一方面，在如何对待天命方面，出现了以德配天的理路，通过敬德修德，来获得天命的庇佑。虽然如此，牟宗三依然指出，早期的“德”还没

① 牟宗三:《中国哲学的特质》，上海古籍出版社，2007 年版，第 20—21 页。
② 同上书，第 15 页。

有达到与天命相贯通的意思，换言之，这里的天及天命人仍以早期的（外在）超越义为主。[①]这种（外在）超越的维度在孔子那里还保存着。

但是，孔子在实践仁的过程中，又发展出了另外一种天——一种和仁也即人的德性有内在关系的“天”或“天命”。比较典型的有如下几个地方：

> 子曰：“大哉尧之为君也！巍巍乎！唯天为大，唯尧则之。荡荡乎！民无能名焉。巍巍乎！其有成功也，焕乎，其有文章。”（《论语·泰伯》）
>
> 子曰：“吾十有五而志于学，三十而立，四十而不惑，五十而知天命，六十而耳顺，七十而从心所欲，不逾矩。”（《论语·卫灵公》）
>
> 子曰：“不怨天，不尤人，下学而上达，知我者，其天乎！”（《论语·宪问》）
>
> 孔子曰：“君子有三畏：畏天命，畏大人，畏圣人之言。小人不知天命而不畏也，狎大人，侮圣人之言。”（《论语·季氏》）

这几处的“天”与“天命”，如果单纯着眼于其（外在）超越义，义理上就不通透。一种外在超越的天，尧如何能效仿它，并以它为楷模？对于此种“天”或“天命”，根据孔子上面的自述，他到五十岁左右才有真切领会。牟宗三据此指出，孔子通过“下学而上达”达到了与天命的“遥契”，从而作出了“知我者其天乎”的感叹。尽管如此，牟宗三依然指出，孔子对天命的遥契中包含着敬畏，因而还保留超越的维度。[②]但是，如此一来，践仁以通天命的思想路子就打开了。孟子将孔子那里隐含着的“践仁知天”发展为“尽心知天”，这个维度就得到了进一步凸显。一个外在超越的天是不可能通过人自己的“尽心知性”就可以知道的。这种意义上的天，与超越的上帝或实体相比，它相对于人心而言，已经具有明显的“内在性”特征了。《中庸》直接将

① 牟宗三：《中国哲学的特质》，上海古籍出版社，2007年版，第16页。

② 同上书，第33页。

仁与天、进而将人德与天德关联起来："肫肫其仁，渊渊其渊，浩浩其天。苟不固聪明圣智达天德者，其孰能知之？"（《中庸》）牟宗三认为到《中庸》这里，超越的遥契转变成了内在的遥契，消除了超越之天的宗教意味。[①]

我们知道，整个宋明理学的主要思想焦点就在于对此天道人道的贯通上，既包括义理的辨析，也包括工夫的实践。牟宗三的内在超越正是接着孔孟以降宋明理学的基本思路而来的。这个内化或者说儒学的这个发展合不合理，能否经得起康德式的批判，是可以讨论的。但是，否认儒学传统中存在这么一种思想特征，这就不成立了。

那么，内在与超越有没有可能实现相互贯通呢？张汝伦的真正担忧也在此。在他看来，天的超越性主要是指哲学层面的那种无限性、绝对性概念，而人心乃是有限之物，有限的东西自然不可能跟绝对无限之物相等同。天之为天，就是相对于人的有限性而言的。[②] 杨泽波对牟宗三的批评也与此相关。因此，我们需要结合康德哲学的视角，对内在超越说本身再作进一步审视。

三、内在超越与理性的界限

牟宗三有关"超越"一词的使用虽然义理上是着眼于康德哲学而来的，但它与康德的相关界定并不完全一致，尤其跟现代比较流行的康德术语的翻译出入较大。他一方面用"超越"来翻译 transcendental，而以"超绝"和"超离"来翻译 transcendent。[③] 另一方面，牟宗三并不严格在康德界定的 transcendental 下使用"超越"一词，相反，而是在 transcendent 层面使用该词。比如，在《中国哲学特质》中，他在阐发内在超越时，明确使用的是 transcendent 来注释"超越"。[④] 因此，牟

① 牟宗三：《中国哲学的特质》，上海古籍出版社，2007 年版，第 34 页。
② 张汝伦：《论"内在超越"》，《哲学研究》2018 年第 3 期。
③ 牟宗三：《中西哲学之会通十四讲》，上海古籍出版社，2007 年版，第 38、93 页。
④ 牟宗三：《中国哲学的特质》，上海古籍出版社，2007 年版，第 20 页。

宗三有关“超越”一词的使用，虽然有康德哲学的渊源，但不能完全视作对康德相关语词的翻译。就其自身的思想体系而言，“超越”主要针对康德的 transcendent 而言。当他着眼于中国哲学来反思此超越的本体界时，他改变了康德那里的超出经验、隔离于经验之外的意思，相反，此超越界是可以为“人心”所通达的。“内在超越”说的就是此种通达的可能性。

牟宗三在《现象与物自身》一书的开端处指出，康德哲学的《纯粹理性批判》及其整个哲学有两个预设：一个是现象与物自身的区分，一个是人的存在的有限性。这两个预设是有关联的，后一个预设更根本，它潜在地蕴含第一个预设。牟宗三对康德的批判性解读就是从第一个预设入手，通过对第二个预设也即人的有限性进行重新审视，来回应第一个预设留下的难题。

牟宗三认为，康德有关现象与物自身的区分是超越的，这个观点只是随文点到，并未给予明晰的说明，且包含内在的矛盾。从物自身来说，它只是一个人类知识永远无法企及的彼岸，在这个意义上，它只是一个逻辑设定，容易成为“空洞的概念”。[①] 另一方面，它又不能只是一个空洞的逻辑概念，因为没有它，现象呈现的多样性复杂性就不能得以说明，换言之，现象的多样性本身除了主体的先验感性形式以外，还需要物自身的内在支撑。因此，物自身应该是有真实内容的。所以康德又退一步指出，物自身可以是智的直觉对象。但是，这种直觉能力只为上帝所拥有，人类具有的只能是感性直觉，所直觉到的只能是现象。[②] 牟宗三认为，即便如此，物自身依然只有形式的意义。因为人不是上帝，也就不拥有智的直觉，因此，我们永远不能从正面了解物自身的积极内容是什么。这就进一步导致物自身及其与现象的区分都基于一个假定。[③]

为此，牟宗三接着康德的基本思路对它进行了改造。首先，他借

① 牟宗三:《现象与物自身》，吉林出版集团有限责任公司，2010 年版，第 9 页。
②［德］康德著，邓晓芒译:《纯粹理性批判》，人民出版社，2004 年版，第 306—307 页。
③ 牟宗三:《现象与物自身》，吉林出版集团有限责任公司，2010 年版，第 10 页。

助神学的基本理路，表明上帝的直觉，也即智的直觉，不只是单纯的认知，而同时也是一种创造。与神学或宗教中的造物不同，他所谓的这种哲学层面的上帝造物，说的并不是上帝创造出具体的有限存在物，而是物自身。在牟宗三看来，康德这个说明同样不充分，只是概念层面指点。因为，如果上帝创造的只是物自身，而我们对物自身又无直观，这就表明，对于“上帝造物”这件事，我们同样不可能有正面、积极的“知识”。[①] 因此，这个困境也就不能从“上帝”侧予以化解，于是，牟宗三转向人的主体侧。根据康德的思路，人只具有感性和知性这两种认知形式，从而我们的所知只能局限于现象。牟宗三把它称为有限心。相应地，能够进行智的直觉的就是无限心。这是康德的基本划分。牟宗三指出，康德只是作了这个区分，但并未给予明确理由表明，为何人只有感性和知性，为何必须以时间空间这样的形式去直观以及用这样的概念（知性范畴）去思考？这里同样隐含着一个理路的困境：如果我们只有感性和知性，我们只有有限心，我们的知就永远局限于现象界，那么，我们何以知道有“物自身”？何以知道我们所知的只是现象，而不是物自身？

对于这样一个困境，康德本人也明确指出过，他在《未来形而上学导论》中写道，“界限”一词在此具有比喻的意谓，本身是一个无法被证成的概念，因为对此界限的勘界需要知道界限的两侧，需要跨越界限，而对于物自体的那一侧，人类知性是无从进入的，对知性而言，“物自体”同时就意味着一个“空”的领域。[②] 这里我们可以接着康德的思路说，“物自体”本身也是一种理念。这一理念对认知而言没有实际的内涵。因此，上述困难不能在思辨理性内部得到解决，哪怕是主体对自我的反思，这种反思所直观到的依然是“现象”——诸种心理活动的体验与事实，而不是“本体”。

我们知道，康德由此转向实践领域。这一在认知领域没有积极内

① 牟宗三:《现象与物自身》，吉林出版集团有限责任公司，2010 年版，第 10 页。

②［德］康德著，李秋零译注:《未来形而上学导论（注释本）》，中国人民大学出版社，2013 年版，第 98 页。

容的物自体在实践领域却可以发挥作用，有其积极价值。康德对传统形而上学的批判揭示出，传统形而上学的对象（亦即理念）是理性自身思辨的结果，是理性追求终极统一性的“意愿”的映射，不能把它作为实体对象来对待，那样一来就会造成先验幻相。但是，这种追求统一性的意愿或目的本身并没有错，它出自理性的本性，虽然就认知来说没有积极内涵，不能得到彻底满足，但它可以用来指导我们的实践。只要把理念作用调节性原则来对待，那它就是有积极含义。①人类的实践活动本身也是经验的，能够“彰显”本体领域的并不是所有的实践活动，而只有道德实践。换言之，道德感能够给我们显露“本体”。这个“本体”就是“主体的自由”。康德的“自由”不是通常经验领域或心理学层面的自由现象，真正的自由或本体层面的自由无法被认知，因为我们的认知活动总是带着“因果关系”的范畴，从而无法发现“自由”。自由是在实践活动中通过道德律启示出来的。可以说，自由是在实践的道德感中“折射”出来的，它直接源自一种不受事实约束的、超出事实因果链之上的“应当”意识。自由虽是实践理性的基本概念，在康德的思想体系中，它扮演的角色却不止于此，它同时构成了纯粹理性乃至整个思辨理性之整体的“拱顶石”。②通过自由，理性的实践运用与理论运用被联结成为一个整体，使其整个理性的思想大厦得以前后一贯。正如前面所指出过的，在康德批判哲学中，由于人类理性的限制，我们无法对“自在之物”获得直观，容易成为一种思辨的设定，导致整个世界现象（包括客观现象与主观现象）都奠基于某种“设定”之上，其实在性不能获得保障。实践理性则为我们透露出其中的某种“实情”，也即自由，从而让“自在之物”获得了某种实在性。③

虽然如此，在牟宗三看来，康德这里依然有一个很大的“跨越”。

①[德]康德著，邓晓芒译:《纯粹理性批判》，人民出版社，2004年版，第278—279页、第539页。

②同上书，序言第2页。

③同上书，第4—5页。

因为自由这个概念充满道德、价值的意味，它作为主体现象背后的“物自身”问题不大，但是，它如何能够成为客观现象背后的“物自身”呢？牟宗三认为，要跨越上述界限必须重新审视智的直觉。按康德的观点，智的直觉是无限心，只有上帝才有，人类不可能具有，因此，对于客观现象背后的“自在之物”（或“物自身”）不可能有直觉，从而我们也就无从知晓其实情。这就反过来表明，只要证成人具有智的直觉，我们就可以同时获得对主观、客观两种现象背后的“自在之物”的直觉。换言之，只有赋予人以智的直觉，康德哲学的上述两难才能得到化解。而这一步，康德本人并未做到。[①]

四、智的直觉如何可能

我们先看一下牟宗三如何在中国哲学语境下证成智的直觉，从而完成其对康德所划下的“界限”的超越，然后再考察他的证成是否合理。牟宗三接着康德的思路区分了两种直觉，一种是通常意义上的直觉，也即感官直觉，这是康德所许可的，也即人所具有的直觉能力；另一种就是智的直觉，它是对“自在之物”的直觉。此种直觉的独特性在于，它同时也是物的创生原则，直觉即创造，一般来说这是上帝所具有的能力。那么，这一作为存有论层面的创造性实现原则［Principle of ontological（creative）actulization］[②] 的直觉对人来说是否可能呢？

牟宗三以张载有关“识知”和“心知”（或“见闻之知”与“德性之知”）的区分表明，这种意义上的“直觉”对于儒家传统而言是可能的。按张载的观点，识知或见闻之知是通过人的耳目来完成的，用来获得对通常事物的认知，心知或德性之知不同，它是用来把握天、太虚或天道的。

> 见闻之知，乃物交而知，非德性所知；德性所知，不萌于见

① 牟宗三:《现象与物自身》，吉林出版集团有限责任公司，2010 年版，第 12 页。
② 牟宗三:《智的直觉与中国哲学》，中国社会科学出版社，2008 年版，第 160 页。

闻。(《正蒙·大心篇》)

天之明莫大于日，故有目接之，不知其几万里之高也。天之声莫大于雷霆，故有耳目属之，莫知其几万里之远也。天之不御莫大于太虚，故心知廓之，莫知其极也。(《正蒙·大心篇》)

这里的关键在于心知是如何把握天道的。张载用了“心知廓之”来描述它。牟宗三指出，这里的“廓之”表明“心知”把握天道的方式不是把它作为认知对象（如果那样，会陷入对象化的巢窟，产生先验幻相），而是“廓之”，即以开阔其心以达到与天道的如如相应，并以此获得对天道的体知。因此心知是通过“廓之”来让天道得以“形著”的。那“心知廓之”是如何可能的呢？牟宗三注意到张载用“合内外于耳目之外”来描述它：

人谓己有知，由耳目有受也；人之有受，由内外之合也。知合内外于耳目之外，则其知也过人远矣。(《正蒙·大心篇》)

牟宗三以此对张载的区分作了进一步辨析。在他看来，通常的识知或耳目之知，是通过内外相合而来的，因此它以内外或能所的区分为前提。心知不同，它是“合内外于耳目之外”，这就表明它不是简单的“合内外”。换言之，它不是在内外、能所已经现成存在的前提下去实现双方的相合——这是识知，而是本心仁体的自身朗现，在这种朗现中实现的内外之合。因此，心知的“合内外”跟识知的“合内外”是不同的。一个以能所、内外的区分为前提，一个则先于此种区分而发生的。按牟宗三的说法，这种朗现才首先成就了主客、内外、能所的区分。在这个意义上，这种朗现就具有创生义。[①] 为此，牟宗三又把“心知”的呈现称为“圆照”。圆照不是静态地观照，此圆照同时还具创生义，其所照者即是其所创生者。在本心的圆照和遍润之中，万物不是以被认知的对象出现，而是以“自在之物”的姿态显示自身。这种意义上的圆照或德性之知，既不同于在感性层面对事物的感知，也

① 牟宗三:《智的直觉与中国哲学》，中国社会科学出版社，2008 年版，第 161—163 页。

不是以范畴的方式对事物的认知。按牟宗三的说法，它只能是康德意义上的智的直觉。[①]

在张载这里，与此心知相对应的表述还有“诚明之知”“天德良知”等，它们说的都是本心仁体的朗现，亦即一种对本体的直觉。由于此种直觉不是对物的外部直观，而是通过返身、反观自身而获得的对自身心性本体的洞察，所以，如此洞察到的本体也就可以称为心体、性体，由于它同时就是天道自身的朗现，此心性之体同时就是道体、诚体、神体。在牟宗三看来，此一思路不是为张载所独有，而是贯穿在《论语》《孟子》《中庸》《易传》之中，为濂溪、明道、象山、阳明等宋明儒者所共有。

以上还是概念的疏解，为了避免陷入单纯的概念思辨，牟宗三还以康德式的批判为视角，对智的直觉如何可能，作了进一步的诠释与辩护。辩护的关键在于回应康德的责难，也即，我们人类作为有限的存在，如何可能具有这种智的直觉。他从理论和实践两方面来证成这种直觉是如何可能的。

先看智的直觉在理论上是如何可能的。该问题的关键在于，作为道德行为之根源的本心仁体何以能够同时作为万物之根源的道体？对此牟宗三首先表明，儒家道德哲学中的心性之体不同于康德的自由意志。在康德那里，道德律令的发出者就出自人的自由意志本身，而在儒家哲学中，作为道德行为之根基的本心仁体内涵上要广得多。心性之体并不局限于人类的心性，它是绝对而普遍的，可以超出道德领域而涉入存在界，成为万物存在的根据。由于它涵盖天地万物，心性之体最终指向的就是一个纯粹的创造原则本身。那么，这种意义上的心性之体是否存在呢？牟宗三指出，儒家的本心或良知都是依从孔子的“仁”而来的，而仁心的发动与运作不会只限制于道德领域，推其极可以与天地万物共为一体。正因为如此，仁心可以挺立为仁体，也即通过仁心体物而成为万物之体，以此成就物之为物。这就是仁心本体的创生性或创造性原则。这是正面阐说仁心本体必然同时挺立自身为道

① 牟宗三:《智的直觉与中国哲学》，中国社会科学出版社，2008 年版，第 163 页。

体，以成就物之为物。从反面来说，如果心性之体只局限于道德领域，那么它就不足以成为无条件的道德律令的发出者。因为那样一来，自由意志就会受制于外物而沦为习心、成心，不足以成为无条件的命令发布者，不能成为绝对无待的主体。

牟宗三又接着表明，这种意义上的本心仁体不仅在概念上是合理的，它在事实上也是存在的，它就彰显于我们的实践活动之中。本心仁体在道德层面的呈现就是如孟子所说的，见父自然能孝，见兄自然能悌，当恻隐自然恻隐，当羞恶自然羞恶，这是本心自然的发动。这种本心仁体的发动并不局限于人与人之间。人的悱恻、不忍之感会自然波及万物，施与万物。① 可以说，本心仁体时时活跃在我们待人接物的过程中。在我们待人的过程中，仁心表现为道德规范的根源。在我们接物的过程中，它能够"润生"万物。因此，这样一种时时活跃着的本心仁体，并不是一种理智的假定，而是可以具体呈现于我们的生活之中。

以此，牟宗三从儒学的视角出发对康德智的直觉给予了新的解释，本心仁体的"自知自证"就是其感通润物而成人成物的过程，这也就是智的直觉之创生性的表现。牟宗三由此表明，中国儒学传统完全认可了智的直觉也即无限心的存在，并且是可以归之于人的，它就是人之为人的本心、大心。此本心、大心也就是一种本源性的创造原则，它不只是显现于道德行为之中，同时也具有存有论的含义。② 由此，牟宗三完成了对内在超越的双重辩护。可以说，牟宗三借助康德哲学的思路，完成了对儒学心性哲学的一次批判性改造与当代重建，里面触及存在论、认识论的核心问题。

五、智的直觉面临的双重困难

牟宗三通过重新诠释张载的心知或德性之知，表明它就是智的直

① 牟宗三:《智的直觉与中国哲学》，中国社会科学出版社，2008 年版，第 166—168 页。
② 同上书，第 173 页。

觉。智的直觉如何可能的问题，其关键在于表明一种道德层面的本心如何能够同时就是形上层面的道心。牟宗三用“明觉”来综括仁心如何同时兼具这两个维度。智的直觉就是本心仁体的“明觉”活动，既“自觉”，又“觉他”。[①]但是，在这两方面，牟宗三的论述都有困难。

1. 外部困境：对康德“物自身”的改造

明觉的关键在于它不是对一个已经存在的对象的觉察，而是它在觉察的行为之中给出对象。如果这是可以证成的，那么，智的直觉也就是可能的。但是，明觉物、觉润物，跟创生物有关键区别。觉润通常需要物已经存在，而创生意味着给出物的存在。牟宗三也意识到这里有理路上的困难。为此，他对“物之自在”作了重新诠释。他指出，在智的直觉中，万物得其自在（“在其自己”），如此直觉到的就不是现象，而是物自身或自在之物，也即“物之在其自己”。换言之，在本心仁体的觉润中，万物得其“自在”。

> 一切存在在智的直觉中，亦即在本心仁体之觉润中，都是为一“在其自己”之自在自得物（万物静观皆自得），都不是一现象的对象，如康德所认知地规定者。[②]

这确是中国哲学的一个基本理路。但是，我们也不难发现，中国哲学语境中的物之“自在”“自得”，与康德批评哲学中的“物自身”或“自在之物”，并不能简单等同。康德的“物自身”或“自在之物”是着眼于它跟现象的区分而来的。在康德这里，“自在之物”为现象奠基，现象是人的感性形式跟自在之物相融合的产物，由于我们总是透过这种先验的感性形式（也即时间与空间）去看物，因此，我们所直观到的东西总是时空之中的现象，而无法只直观到现象背后的“物自身”。中国哲学语境中的“自在”“自得”说的是物不受人为干涉、任其自然而然。听任万物自然而然、得其自在，并不等同于把握该现象背后的“自在之物”。由此我们可以说，牟宗三这个对接在根子处是错

① 牟宗三：《智的直觉与中国哲学》，中国社会科学出版社，2008 年版，第 174 页。
② 同上书，第 173—174 页。

位的。他并没有接着康德的视野，正面回答人类如何能够透过现象直觉到其背后的物自身。他回应康德问题的基本策略是修改了康德有关“物自身”的界定。当然，牟宗三自己也意识到了这里其实涉及两种不同的“自在”或“物自身”，并指出，中国哲学语境下的自在、自得才是“物自身”的积极含义，言外之意就是康德的“物自身”是一个消极的概念。[①]在这个意义上，我们也就不能说他误解了康德哲学的概念，而是对后者进行了有意的改造。通过重新“界定”物自身来化解矛盾，不失为一种方案，正如康德之后的费希特、谢林、黑格尔乃至叔本华等，无不尝试着通过改造康德哲学的某些维度来打开新的哲学视野，以此来消解康德哲学的某种不彻底性。

2. 内部困境：创生义不明

牟宗三通过逆觉体证来说明本心仁体对自身的明觉是如何可能的。在儒家传统中，人心确实有一个“大心”的维度。问题是，这个维度是一种独断的形而上设定（一种“先验理念”），还是确有其思想实情可言？自觉是本心仁体对自身的明觉，它所自觉到的就是本心仁体，牟宗三又称之为逆觉体证。这种自觉或逆觉体证不能简单理解为对内心知觉活动的反思。反思活动仍是对象性的，它把握到的乃是经验性的内容与经验性的“我”。逆觉体证把握的是“大我”“本我”。通常的知觉活动（无论外部知觉还是内部知觉）都是以能所的区分为出发点的，也即它总是“能觉者”对“所觉者”的知觉。逆觉体证不同，它没有这种能所的区分。本心仁体在逆觉体证中不是作为“对象”被把握，相反，它本身正是在“觉”的活动中作为“明”之体而朗现。因此，逆觉体证说的就是本心仁体自身的彰显。[②]

那么，本心仁体如何彰显自身呢？它就彰显在我们的人伦日用之中。虽然人伦日用是经验性的，离不开感触界，但是，我们可以透过本心在感触界的活动而反观其本体，达到对自性的明觉。比如，见父能孝，见兄能悌，该恻隐自恻隐，该羞恶自羞恶。这些孝悌恻隐羞恶

① 牟宗三:《智的直觉与中国哲学》，中国社会科学出版社，2008 年版，第 174 页。
② 同上书，第 171 页。

之情，都是经验性的，但是我们能够孝悌恻隐羞恶之心则不是经验性的，它是纯智的。在经验的目光中，我们看不到自己的本心。虽然人心总是活动在感触界，但是由此感触界的活动可以折射出“本体”。[①]此“体”并不能离开它在经验界的活动而被直观，只能在其活动中以逆觉的方式领会其存在；并且，即便在逆觉中把握其存在，所把握到的存在也不是对象化的实体。如此明觉到的本心仁体就是创生性本身。[②]对此，牟宗三还有多种不同的表述，比如，诚体、神体、寂感真几等。如此，人心就不只是有限心，而同时具有一个无限心的维度，后者乃是人心之本。自觉的关键就在于，我们通过内部的直觉或逆觉体证，认识到自身的存在就是那个创生不已的“寂感真几”（或“诚体”“神体”）。经验层面的自我，当然不具有这种能力。牟宗三把经验层面的“我”称为“逻辑的我、结构的形式的我”。它是“真我”（本心仁体）的某种“曲成”或“坎陷”。这样一来，就有两个不同层面的“我”，相应地，也就有两个不同层面的存在。世间的事物对“逻辑的我”而言，也即对“经验层面的我”而言，表现为与“我”相对的现象；对作为本心仁体的真我看来，它就表现为物自身，呈现的是“自在相”。

以上是逆觉体证的基本思路。虽然已经极为精微与细致，但创生义并未得到明确展示。这里面涉及宋明理学的一个关键问题，也即觉跟生成的关系。我们知道，程（伊川）朱都反对以觉训仁。在他们看来，仁（对应的是“生”“生生”“生意”等）才是更为本源性，以觉训仁，会陷入禅的空幻困境。牟宗三也注意到了这个问题，他尝试通过区分两种“觉”的含义来化解它。“觉”除了程朱所担忧层面的知觉义以外，还有仁心本体的警觉义。“觉是‘恻然有所觉’之觉，是不安不忍之觉，是道德真情之觉，……”[③]这就是前面所讲的仁心本体的自觉。这个意义上的“觉”正是仁心本体自身的朗现。但是，这并没有解决问题。万物跟仁心本体的关系由此就成为一种单纯的显—隐模式：

① 牟宗三:《智的直觉与中国哲学》，中国社会科学出版社，2008 年版，第 171 页。
② 牟宗三:《心体与性体》（上），上海古籍出版社，1999 年版，第 35 页。
③ 牟宗三:《心体与性体》（下），上海古籍出版社，1999 年版，第 229 页。

从识知的角度看，万物乃是现象，从心知的角度看待，万物就是仁心本体的朗现。但是，仁心本体的"生生"之意并未由此得到落实。天地"生"物，跟本体朗现，两者之间并不能简单画等号。

当然，这有可能通过重新诠释"生"来化解。牟宗三也确实这样做了。他明确指出，此"创生"不是指经验层面的创造，而是本源层面地"生生"，对此，他又用"即存有即活动"进一步诠释它的特点。[①]牟宗三对"生生"的这一重新刻画，也有意接取了西方哲学的存在论视角，但他并没有真正解决问题。存有与活动如何相"即"，在这里更多是对本源层面的创生义作了某种概念疏解，并未展示其可能性，所以关键处只能用"妙运""神化"来刻画它。但是，这就容易沦为思辨性的玄学。

六、从内在超越到感通

我们注意到，在论及人的精神生命如何能与天地万物共为一体的时候，牟宗三提及了"感通"。他说，成圣不只是限制于提升个人道德，而必须同时能够"上通"天命与天道的。[②]那么，如何实现这种上通呢？他用"感通"来说明人与天道的贯通：

> 换句话说：便是人生的幽明两面与宇宙的幽明两面互相感通而配合。[③]
>
> "知我其天"表示如果人能由践仁而喻解天道的时候，天反过来亦喻解人，此时天人的生命互相感通，而致产生相当程度的互相了解。[④]

为什么我们可以通过感通达到与天命天道的贯通呢？因为仁的本

① 牟宗三:《心体与性体》(上)，上海古籍出版社，1999年版，第36页。
② 牟宗三:《中国哲学的特质》，上海古籍出版社，2007年版，第28页。
③ 同上书，第29页。
④ 同上书，第32页。

性就是感通。感通可以让我们的生命逐层扩大，超出“自己”，达到与亲人、与他人、进而与天地万物共为一体的生命状态。这个思路在《心体与性体》《中国哲学的特质》和《智的直觉与中国哲学》等著作中均有提及：

此正是开辟创造之源、德行之本者。故由其指点与启发而可总谓此体之本质实性曰觉曰健，以感通为性，以润物为用。①

感通是生命（精神方面）的层层扩大，而且扩大的过程没有止境，所以感通必以与宇宙万物为一体为终极，也就是说，以“与天地合德、与日月合明、与四时合序、与鬼神合吉凶”为极点。②

何以能如此放大？须知儒者所讲的本心或良知，都是根据孔子所指点以明之的“仁”而说的。仁心底感通原则上是不能有封限的，因此，其极必与天地万物为一体。③

尤其是，牟宗三在论及智的直觉如何可能时，其关键处也是转向感通。他指出，无限心就是仁心之感通本性所在。可以说，感通是实现“合内外”的枢机。这种“合”不是认知层面能所相符的“合”，而是摄物归心的创生性的“合”，这就是仁心的“感通”：“吾人今日可随康德名曰‘智的直觉’之知。……这是‘万物皆备于我’的合，这不是在关联方式中的合，因而严格讲，亦无所谓合，而只是由超越形限而来之仁心感通之不隔。”④上述意义上的感通或仁，才是人心的根本，是人的真实生命所在，也是其内在超越的最终依据。

但是，以上有关感通的论述，牟宗三只是随文提及，对感通的运作本身并无进一步展开。如果不对感通如何可能的问题做进一步剖析，那么感通同样会成为一个“大概念”，跟“妙用”“神化”一样，容易成为玄学或神秘主义。牟宗三有关“感应”的分析可以视作其感通论

① 牟宗三：《心体与性体》（下），上海古籍出版社，1999年版，第228页。
② 牟宗三：《中国哲学的特质》，上海古籍出版社，2007年版，第30页。
③ 牟宗三：《智的直觉与中国哲学》，中国社会科学出版社，2008年版，第166页。
④ 同上书，第162页。

的一部分。他区分了两种不同的感应：一种是“物感物应”，也即经验层面外物感动人心的方式，此种接物的方式把握物的“现象”；另一种是“神感神应”，这就是本心仁体的觉物方式，它把握到的是“无相”的物自体。

> 知体明觉之感应既是无限心之神感神应（伊川所谓“感非自外也”），则感无感相，应无应相，只是一终穷说的具体的知体之不容已地显发而明通也。即在此显发而明通中，物亦如如地呈现。物之呈现即是知体显发而明通之，使之存在也。故知体明觉之神感神应即是一存有论的呈现原则，亦即创生原则或实现原则，使一物如如地有其“存在”也。[①]

从牟宗三对“神感神应”的论述中我们不难看出，他已经陷入了一种概念循环说明的困境之中。两种感应方式的区分是为了更好说明智的直觉如何可能，也即一种对物自身的直接明觉如何可能。但是，他这里又直接用“物自体”的明觉来说明“神感神应”，这并没有推进问题，只是在原有概念中兜圈子。

围绕感通何以可能，通过吸取并对话现象学视域中的本质直观、价值直观，来进一步阐发感通是如何运作的，这一视角可以称之为感通现象学。与内在超越论的外部批评者不同，笔者以为，外部世界的超越性问题只能通过深化认识论的方式来重构，而不是通过回归人类文明早期的那种外在超越者来获得；也不同于内部批评者，感通现象学可以视作对内在超越如何可能的一个现象学展示，它不是去“终结”内在超越论，而是对它的深化或拓展。

（原载《中国哲学史》2021 年第 5 期）

① 牟宗三:《现象与物自身》，吉林出版集团有限责任公司，2010 年版，第 85 页。

内在与超越之间

——论牟宗三的内在超越说

赵法生

学者们大多承认儒学具有超越性，超越性的中心问题，是人与无限者的关系问题，这在基督教中是神人关系问题，在儒学中就是天人关系问题。20世纪下半叶以来，牟宗三等现代新儒家提出了儒家内在超越说，余英时则称之为“内向超越”。内在超越说是现代儒学最具有影响力的思想建构，但关于此说本身是否成立，学界向有争议。对此一问题讨论，其实是儒学在现代社会的自我反思、自我体认与重新定位，对于儒学的返本开新和现代转型极为重要。

一、超验与超越

现代新儒家的内在超越思想，发端甚早，经过一个较长过程才形成思想体系，尤其是经过了牟宗三后半生20多年时间的论证。牟宗三曾在其成熟期著作《心体与性体》中，坦陈其道德形而上学思想受到唐君毅《人生之体验》一书中《自我生长之途程》和《人文精神之重建》一书中《孔子与人格世界》两文的影响，前书出版于1943年，后书出版于1954年。在1953年出版的《中国文化精神之价值》中，唐君毅说：“在中国思想中，于天德中开出地德，而天地并称，实表示一极高之形上学与宗教的智慧。……故天一方不失其超越性，在人与万物之上；一方亦内在于人与万物之中，而宛在人与万物之左右或上下。”[①] 牟宗三关于内在超越的说法，在1955年《人文主义与宗教》中，已经有了“亦内在亦超越”的提法，在20世纪60年代初的《人文主

① 唐君毅：《中国文化之精神价值》，正中书局，1974年版，第338页。

义与宗教》中有更清楚的表述，但如何予以哲学的证明，将它发展为一个严整的思想体系，可以说穷尽了牟宗三后半生的精力，一直到1974年的《智的直觉与中国哲学》《现象与物自身》，以及1985年的《圆善论》才最终完成。

牟宗三在1955年所作《人文主义与宗教》一文中指出：

> 儒家所肯定之人伦（伦常），虽是定然的，不是一主义或理论，然徒此现实生活中之人伦并不足以成宗教。必其不舍离人伦而即经由人伦以印证并肯定真善美之“神性之实”或“价值之源”，即一普遍的道德实体，而后可以成为宗教。此普遍的道德实体，吾人不说为“出世间法”，而只说为超越实体。然亦超越亦内在，并不隔离；亦内在亦外在，亦并不隔离。若谓中国文化生活，儒家所承继而发展者，只是俗世（世间）之伦常道德，而并无其超越一面，并无一超越的道德精神实体之肯定，神性之实、价值之源之肯定，则即不成为其文化生命，中华民族即不成一有文化生命之民族。此上溯尧舜周孔，下开宋明儒者，若平心睁眼观之，有谁敢如此说，肯如此做，而忍如此说？佛弟子根据其出世间法而如此低抑儒家，基督徒根据其超越而外在之上帝亦如此低抑儒家。①

显然，牟宗三提出内在超越说的意图，在于通过与基督教和佛教的比较，探寻儒家道德中的文化精神之所在。在他看来，儒家的文化生命并不表现在对于外在至上神的无条件信仰，如基督教和佛教那样，而是儒家人伦道德本身蕴含着“普遍的道德实体”，作为儒家“神性之实”或“价值之源”，表明儒家人伦同样具有宗教超越意义。不但如此，他认为“中国文化生命所凝结成之伦常礼文与其超越而普遍之道德精神实体尤具圆满之谐和性与亲和性”②，作为人文宗教的儒教，“落下来为日常生活之轨道，提上去肯定一超越而普遍之道德精神实体。此实体通过祭天祭祖祭圣贤而成为一有宗教意义之‘神性之实’‘价值

① 牟宗三:《生命的学问》，广西师范大学出版社，2005年版，第63页。
② 同上书，第64页。

之源'……故与人文世界不隔：此其所以为人文教也，如何不可成为一高级圆满之宗教？"[①]他由此判定儒教为圆教而基督教为离教，因为后者单纯依靠外在的上帝解决自身的道德，"道德与宗教未通气"[②]，导致道德原则与自我心性之间缺少内在关联。可见，内在超越说本身是基于判教比较而得出的结论，其背后是在花果飘零的时代背景下反思并维护儒家精神价值的深长忧思。

他在20世纪60年代出版的《中国哲学的特质》中，对于内在超越的概念作了更为清楚的说明：

> 天道高高在上，有超越的意义。天道贯注于人身之时，又内在于人而为人的性，这时天道又是内在的（Immanent）。因此，我们可以用康德喜用的字眼，说天道一方面是超越的（Transcendent），另一方面又是内在的（Immanent与Transcendent是相反字）。天道既超越又内在，此时可谓兼具宗教与道德的意味，宗教重超越义，而道德重内在义。[③]

天道体现了儒家的超越性，但因为天道同时又下贯到人，成为人性而内在于人本身，由此成就了儒家既内在又超越的精神品格。内在超越概念的提出，目的在于证明儒家义理不仅是一般意义上的伦理学，同时具有宗教性意义，足以使人安身立命。

值得注意的是，牟宗三关于内在超越的说法中，实际上包含着两个不同向度，一是上下的向度，另一个是内外向度，牟宗三在《人文主义与宗教》中说到了儒家伦理在何种意义上是宗教后，随即指出"然亦超越亦内在，并不隔离；亦内在亦外在，亦并不隔离"，将超越与内在，与内在和外在，在同样的意义上加以使用。牟宗三关于内外问题的关注不仅体现于上文，同载于《生命的学问》中的《从西方哲学进至儒家学术》一文中，他批评斯宾格勒关于中国文学美术集中于

① 牟宗三：《生命的学问》，广西师范大学出版社，2005年版，第65页。
② 同上书，第332页。
③ 牟宗三：《中国哲学的特质》，台湾学生书局，1974年版，第26页。

社会义务而“不需要向深处探索”的论断时，也指出儒家“‘善的形式’不徒是外在的，且亦是内在的，是则彻上彻下，彻里彻外，已至通透之境”[①]，也把“彻里彻外”和“彻上彻下”相提并论，并未显著区分二者。有学者认为，1958 年《宣言》同样是将内在与超越、内在与外在两重关系“打并为一”了。

儒学义理中的上下和内外两个向度，发端于儒学的初创期，分别指向不同的精神义涵。上下的向度即天人关系，它指向一个高于人的神圣性存在即天，表达牟宗三所说“神性之实”，是“提上去”才能达到的境界，它显然指向天人之际的超越问题。早期巫文化关注的核心是沟通天地，诗书中的“上帝”中的上字指向的正是高高在上的人格主宰，《诗经·大明》中有“明明在下，赫赫在上，天难忱斯，不易维王……天监在下，有命既集，文王初载，天作之合”，《诗经·小明》则有“明明上天，照临下土”。天在诗书时代是具有人格意识的主宰者，“天监在下”正是周代伦理宗教中宗教意识的典型表达，也就是儒教本有的超越性义涵，早期儒教对于超越性的眷注显然是通过“上下”维度来表达，这一维度在儒家发生人文主义转型之后并未就此消失，《论语·述而》子路引用“诔曰：祷尔于上下神祇”，《中庸》说：“《诗》云：‘鸢飞戾天，鱼跃于渊’，言其上下察也。君子之道，造端乎夫妇，及其至也，察乎天地。”

内外向度的问题意识则不同，它是儒家思想内向化转变的产物，肇始于周代宗教精神趋于衰落的春秋时期，而孔子仁学的创立无疑是这种转向的思想标志。孔子创立仁学，以仁为礼的内在依据，儒家内外问题由此开出，而为七十子及其后学所深化讨论，《大学》“诚于中，形于外”，《大戴礼记·曾子立事》“作于中则播于外也”，《大戴礼记·文王官人》“以其见，占其隐”，《礼记·乐记》“故乐也者，动于内者也；礼也者，动于外者也”，郭店楚简《六德》“仁，内也。义，外也。礼乐，共也”等都是此一问题。上下问题指向天人关系，内外问题则首先指向了身心关系，《大学》的“诚于中，形于外”意思是内

① 牟宗三：《中国哲学的特质》，台湾学生书局，1974 年版，第 31 页。

在性情必然会有其身体呈现，故接下来说“富润屋，德润身，心广体胖，故君子必诚其意”，曾子有疾时所说“动容貌”“正颜色”“出辞气”（《论语·述而》），以及孟子说的“胸中正则眸子正”，皆就身心关系而言。儒家对于身体的重视源自西周以来的威仪观，威仪是礼仪实践所形成的身体气象，是儒家身体观的原型，但威仪观时代尚没有内在心性的觉醒。在孔子之后，伴随着内在主体意识的觉醒，身心关系从而产生并以内外问题表达出来，指向了内在精神与身体和家国天下的关系问题。七十子关于内外问题的讨论，是承接孔子以仁为礼基础之思路，进一步探讨礼乐的内在性情依据，证明儒家道德的合理性，用以回应道家等关于儒家道德不合人性的批评，内外向度并没有取消上下向度，前者体现了儒家的宗教性，后者体现了儒家人文面向，前者指向天，而后者侧重于人，合起来才有构成儒家天人之学的完整形态。因为礼乐具有内在的情感基础，如《性自命出》说的“道始于情”，并不意味着情本身就是道，道的展开过程就是教，而“教，所以生德于中也”，所以，道德虽然具有性情的基础，但对于孔子和七十子而言，性情本身并不能等同于道德，道德是因顺人的内在感情进行教化的产物，是“因人之情而为之节文”的结果。七十子关于内与外的讨论被导向人性论的轨道，再经由思孟学派而形成了性善论。但后面还要讨论，即使孟子的性善论也没有取消儒学中的上下问题。这就是为什么理学通过重新诠释孟子以重构儒家形而上学，反而强化了其超越面向的原因。

但在牟宗三关于内在超越的论述中，上下问题被归约为内外问题，上下问题实际上被内外问题消解了，以内外关系作为儒家超越性的证明，经过他的诠释，先秦儒家天人思想发生了滑转，这种滑转是如何发生的？

这一滑转的思想动因在于牟宗三本人的“道德的形而上学”思想建构。他的“道德的形而上学”深受康德影响而又力图超越康德。鉴于基督教神人二分的理念，中世纪宗教哲学中的“超越”，其内涵自然指向神圣对于世俗的超越。康德将 transcendental 理解为先验的，比如时空概念等先验范畴，它们提供了普遍必然的先验判断，为知识的形成提供了可能条件，比如一切数学命题都是这样的先验综合判断[①]。transcendent 则是“超越的”意思，它标志着超出知识的界限，而非为知识提供条件。有学者认为:“就西方思想的发展而言，康德哲学中 transcendent 的用法实代表了一种重大的转向，具体地说，康德哲学中的 transcendent 应译为‘超验’而非‘超越’，因为以‘超验’取代‘超越’，正是康德哲学的着意之笔，由此阻断了由知识直接通向形而上学与信仰的道路。”[②] 牟宗三认为，康德哲学中的 transcendent 应译为“超绝”“超离”，并将 transcendental 和 transcendent 的含义等同起来:“这里‘超越的’一形容词意思是‘超绝’或‘超离’义，即 transcendent 一词之意义。在康德‘超越’一词语‘超绝’或‘超离’用法不大相同。‘超越’是指某种先验的东西，先乎经验而有，不由经验得来，但却不能离开经验而又返回来驾驭经验，有此一往来，便是 transcendental 一词之意义。……transcendent 往上超越一往不返，故超越而外在，这外在是以超离定，简称曰外指，immanent 则虽超越而又不离经验，简称曰内指或内处。”[③] 将 transcendent 解读为“往上超越一往不返，故超越而外在”，强调的是这一概念的形上指向不再与经验发生关联，是经验所无法达到的，故曰“超离”，超越并最终脱离经验的羁绊；与此相对应的是 immanent 所表达的“虽超越而又不离经验”，在牟宗三看来，后者显然更符合儒家思想的品格。由此可见，对于康德而言，无论 transcendental 还是 transcendent，都是知识论概念，前者提供知识所以可能的先天条件，后者则明确划出了知识的界限，知识之外的领域就是“超越”的领域，就是物自体的领域，就是上帝、自由和永生这些课题，无法被人类直观或者直觉，是知识无法证明的。但儒家的天人关系，所表达的并非知识论而是存有论，在牟

①[德]康德著，邓晓芒译，杨祖陶校:《纯粹理性批判》，人民出版社，2004 年版，导言第 3 页。

② 郑家栋:《断裂中的传统——信念与理性之间》，中国社会科学出版社 2001 年版，第 210 页。

③ 牟宗三:《会通四十讲》，台湾学生书局，1990 年版，第 50—51 页。

宗三看来，康德所划定的知识与自由之间的界限，在儒家那里并不存在，因为儒家除了“感触的知觉”之外，还有“智的直觉”，所以有限之人完全可以把握无限的物自体，从而使人的知性进入自由的领域。不但如此，“智的直觉”或曰“自由无限心”，所把握的乃是存有的本体和实体：“此道德的实体虽有人的道德意识而显露，但却不限于人类而为一‘类名’，因而亦不只开道德界。它是无限的实体，是生化之原理，因此，同时亦开存在界。”[①]这个实体或者本体就不再是康德意义的transcendental（先验）或transcendent（超离），它超越于万物之上而由内在于万物之中，故而既超越又内在。自由无限心即人的本心本性，创生性的宇宙道德实体即天命，二者相即不离，即《中庸》的“天命之谓性”，儒家“道德的形而上学”因此而证成。

实际上，牟宗三的论证是从康德关于超验和超越的知识论概念出发，却最终脱离了康德的知识论进路，按此进路，物自体对于人而言永远是“幽暗”，因为没有智的直觉将它“朗现”出来，因此，超越的永远无法成为“内在的”。[②]但是，智的直觉恰恰不是知识论概念，康德的知性和理性都不具备它的认识功能，它超越了感性和理性的局限，在康德笔下是上帝才具有的能力，但牟宗三认为中国传统认为人人都具有智的直觉，所以儒家才认为人人皆可以为尧舜，佛教认为人人皆可成佛，这恰好是牟宗三否定康德“超验”以至于有“超验”而导致“超离”的哲学进路，转向中国传统的“超越”方式的结果。

二、内在超越的证成

那么，牟宗三是如何开出内在超越路径的？

牟宗三断定康德只有道德的神学，没有道德的形而上学，因为康德认为意志自由无法为人类的知识所把握，所以道德之保证只能寄托于上帝存在和灵魂不死，而道德神学与道德形而上学的分野，正是内

① 牟宗三:《现象与物自身》，台湾学生书局，1971年版，第38页。
② 牟宗三:《现象与物自身》，台湾学生书局，1976年版，第61页。

在超越理论形成的关节点。

牟宗三认为，康德的实践理性观念证明了道德法则具有超出于感性经验的先验性、普遍性和绝对性，却无法回答纯粹理性的法则如何是实践的。康德认为，“一纯然的思想，其本身并不包含任何感觉的东西，其自身如何就能产生一种苦和乐的感觉，这是完全不可能去辨识的。也就是说，不可能使这成为先验地可理解的”[①]，这一问题超越了知识范围之外。所以，在康德的道德理性法则与道德实践之间发生了某种断裂，道德的理性法则只能是个设准。这种基于知识论的断裂，在康德看来是必然的，在牟宗三看来是不正常的，它使得康德所谓的意志自由成了空论，弥补此种断裂，证明应然之理如何变为实然，正是道德的形而上学的目的所在，并由此开启了一种不同于外在超越的路径。

为弥补此一断裂，牟宗三转向了儒家的良知呈现说，引用熊十力的观点，认为良知不是假设而是呈现，它本身具有自律自决的力量，因而是自由的。他认为:“阳明的良知，后来刘蕺山的意，乃至康德的自由、意志之因果性，都是这性体心体之异名，各从一面说而已。”[②]这个自由自律的心性本体，即心体或者性体。他在《中国哲学十九讲》中说:“而中国哲学，如王阳明所说的良知，本身即是一种呈现。有如孟子所说之‘四端之心’，它也是当下即可呈现的，所以王学中的王龙溪喜欢说‘当下良知’。如果良知当下只是一种设准、一种假定，而不能当下呈现，那么讲一大套道德法则，根本就毫无影响力可言”，成圣做贤也就失去了可能。他断言:“康德哲学中，道德实践的力量不够，所以在此不能不重视‘心’的问题。”[③]儒家本心与良知本身所具有的动力因，比照出了康德道德理性法则的不足，也昭示了牟宗三用儒家心性思想改造康德实践理性法则的可能。

牟宗三指出，孔孟通过义利之辨，主张“杀身成仁”“舍生取义”，

① 转引自牟宗三:《心体与性体》(上)，上海古籍出版社，1999年版，第129页。
② 同上书，第153页。
③ 牟宗三:《中国哲学十九讲》，上海古籍出版社，1997年版，第286页。

将道德法则提高到一切功利的考量之上，具有了与康德道德原则一般的超验和普遍性意义。那么，这样一种超验性的道德法则如何能够落实到人伦日用呢？他引用了孟子所说“理义之悦我心，犹刍豢之悦我口”(《孟子·告子上》)。那么，心何以会“悦”理义呢？因为“心即是理。理义悦心，心悦理义（心之所同‘然’，‘然’是动字），……而悦理义之心与情必须是超越的本心本情，如是它自然非悦不可，而这‘悦’是一种必然的呈现。他自给法则就是悦，就是兴发力”[①]。这里援引了孟子的论证，因为本心即是道德理义，自然“悦”理义。孟子将此种“悦”归之于人的自然本性，他曾说：“舜之居深山之中，与木石居，与鹿豕游，其所以异于深山之野人者几希。及其闻一善言，见一善行，若决江河，沛然莫之能御也”(《孟子·告子上》)，人心本身就具有向善的力量。

如上文所引，牟宗三的心体与性体同时具有与康德的自由意志同样的含义：“此性是普遍的，先验的，而且是纯一的，并不像气性那样，多姿多彩，个个人不同的”[②]，它是先验和普遍的。这里有一个需要解释的问题，孟子本人并没有说心性具有不同于任何质料的形式意义，牟宗三何以将二者联系进而等同起来呢？关键在于理气二分，通过理学的性二元论，他认为此性是用理为性而非用气为性，因而获得了与康德道德理性法则一样的纯粹和普遍性。但是，虽然可以说本心具有超越性，所谓“尽其心者，知其性；知其性则知天矣”(《孟子·尽心上》)，不过，很难说孟子的本心是超验的，因为一个与经验具有质的不同的心本体概念，在孟子书中是难以寻觅的，故牟宗三增加了一步工作，就是将孟子的心和情提上去，提升至超越层面，进而与康德的道德理性法则沟通和等同起来，他认为心和情都是可以“上下其讲的”，上讲是就其超验意义来说，下讲是就其经验意义而言。经此上提之后，“道德感、道德情感不是落在实然层面上，乃上提至超越层面转而为具体的而又是普遍的道德之情与道德之心，最后又必是性体心

① 牟宗三：《心体与性体》(上)，上海古籍出版社，1999年版，第143页。
② 同上书，第105页。

体合一”[①]。这样的本心与本情具有“兴发力”故能“悦”，“悦”即活动[②]，故纯粹的理性法则本身具有活动义，直贯到实然层面，将超验的应然与经验的实然打通为一。康德由于只重视道德法则的抽象性、普遍性与必然性，“而对于超越之心与情则俱未能正视也。若以儒家义理衡之，康德的境界，是类乎尊性卑心而贱情者”[③]，“卑心而贱情”的确是对于康德道德哲学的精要概括，因为心与情都被归入了质料范畴，而道德法则只有与一切质料划清界限才能确保自身的纯粹形式特征。

如此一来，儒家道德的形而上学就克服了康德的纯粹理性无法与实践打通的弊端，牟宗三说它同时具有三重含义：截断众流、涵盖乾坤与随波逐浪。截断众流是指儒家道德法则的普遍性与必然性，使它能够斩断一切功利主义的羁绊，由“所欲”归于“所性”，以透显道德人格之尊严；所谓涵盖乾坤系指儒家之心体与性体不仅具有道德意义，同时也是天地之性，乃宇宙创造万事万物的寂感真几和生化之理，是宇宙万物之本体与实体，具有宇宙论意义；所谓随波逐浪是说儒家的心体性体不仅是纯粹理性形式，还由践仁尽性的实践工夫落实为人伦日用，使得超验的应然落实为生活的实然，最终将纯粹理性与生活世界打通。[④]

牟宗三认为，康德的道德哲学本身已经蕴含着通往道德的形而上学之可能，但是，他却没有将道德理性作“充其极”的发挥[⑤]，所谓“充其极”，就是突破纯粹理性法则与实然世界的界限，康德认为人何以会对纯粹形式的道德法则感兴趣，是人类的知性所无法理解的，二者之间的作用机理对于人也是不可知的。可是牟宗三认为，根据儒家的“心即理”，道德法则本身即心，是具备自我兴发力的，通过本心承体起用的自我呈现，可以直贯社会生活领域。他由此断定康德只有

① 牟宗三:《心体与性体》(上)，上海古籍出版社，1999年版，第108页。
② 同上书，第143页。
③ 同上书，第110页。
④ 同上书，第118页。
⑤ 同上书，第153页。

客观性原则而没有主观性原则[①]，客观性原则就是客观必然的理性准则，主观性原则就是本心的自我呈现，他因此也就无法将理性法则“充其极”，无法确证人类的意志自由。牟宗三认为，他通过“心即理”实现了主客观法则的统一，所以他如是说：“性即是道，性外无道；心即是理，心外无理。性、道（亦曰性、天）是道德的亦是宇宙性的性、道，心、理是道德的亦是宇宙性的心、理；而性道与心、理其极也是一”[②]，性与道、心与理的会极归一，其实是天与人的会极归一，这是它从道德的神学转进到道德的形而上学的关键所在，但天人合一却是用主观和客观的统一来解释的，超越性的上下关系被解读为认识意义上的主客观关系，但此种主客观又不再是知识论意义上的主客观，而是心性论意义上的主客观。

除了儒家心性学之外，牟宗三对于康德哲学的改造，还借鉴了佛教“一心开二门”的义理架构。《大乘起信论》认为，如来藏自性清净心又称真常心，开出了真如门和生灭门，真如门是清净法界门，生灭门是生死流转门，后者包括烦恼法和污染法。由如来藏清净心开出真如门顺理成章，何以开出生灭门却不容易解释。实际上，如来藏清净心开真如门是直接开出，开生灭门是曲折地开出。真常心本自清净，但略一昏沉、一念不觉即堕入无明，也就是无明风动。那么，何以会无明风动呢？牟宗三认为，康德道德哲学给出了较为明确的答复：“我们的意志不是神圣意志，而我们的格言与道德法则亦常不能相合，这是为什么呢？这乃是因为我们有感性；由于我们有感性，所以常为物欲所牵引，因而有无明，有昏沉，……至于上帝则无感性，上帝的意志是神圣，上帝是毫无阻碍的。”[③]他接着说：“在此，康德所讲的‘感性’，照儒家讲，则是人的私欲，如王阳明所说的‘随躯壳起念’。”[④]在这里，他借用康德关于理性与感性的划分，结合宋儒的天理人欲之

① 牟宗三：《心体与性体》（上），上海古籍出版社，1999年版，第141页。
② 同上书，第155页。
③ 同上书，第278页。
④ 同上。

别，来解答无明风动的缘起，融合康德与儒佛的理路十分明显。

牟宗三对于“一心开二门”的佛学架构给予了很高的期许：“因为就哲学发展的究极领域而言，这个架构有其独特的意义。我们可以把它看成是一个有普遍性的共同模型，可以适用于儒释道三教，甚至亦可以笼罩及康德的系统。若将其当作形而上学的问题看，则此种问题即是‘实践的形上学’（practical metaphysics），而不属于平常的‘理论的（知解的）形上学。’（theoretical metaphysics）”[①] 如果说比照康德的道德理性法则的形式特征说明了儒家道德的原则同样具有纯粹性，通过儒家的本心与良知概念赋予康德道德理性法则以兴发与活动义，从实现应然法则与实然层面的贯通，那么，“一心开二门”的义理架构，则为将超验法则如何能够贯穿到实然的感性世界提供了一个理想化的理论框架。这一框架的重要意义在于，它认为感性实然世界中人的意欲行为同样为真常心所开出，不过是曲折地开出来罢了，因为“就般若智或自性清净心说，行动本身就是无漏清净法；但若只对识心当现象看，则自然是有漏生灭法”[②]，也就是说，行动到底是无漏法还是有漏法，端看是从清净心还是寻常识心而言，而佛家认为人人本具此二心，犹如孟子认为人人皆有大体和小体一样。由此两种心，便透显出作为感官对象的事物也具有物自身的意义。

于是，内在的理性与超越的世界打通了，超越不再是“超离”的，不再是往而不返，它虽然对于现象界具有超越意义但同时又向下贯穿于现象界。由于儒佛皆认为人有自性清净心，有智的直觉，从而将设准变为呈现，所以，被康德横亘在理性法则与现象世界之间的鸿沟就被填平了。正因为基于儒佛的智慧看出了康德道德哲学的不圆满不究竟处，能够加以改造进而克服其不圆满不究竟[③]，康德的道德的神学，最终被改造为道德的形而上学，这同时也就是意味着内在超越形态之证成。

① 牟宗三：《中国哲学十九讲》，上海古籍出版社，1997 年版，第 281 页。
② 同上书，第 285 页。
③ 同上书，第 284 页。

三、问题和出路

可见，牟宗三的内在超越说，综合了儒家心学、佛学和康德哲学，是一个综合性的现代儒学思想体系建构，这三种思想资源在这一体系中发挥的作用各不相同。

在论证内在超越时，康德思想的结构无疑给予他很大影响，他曾在1983年出版的《中国哲学十九讲》中说："依照康德的说法，形上学可分为'内在的形上学'（immanent metaphysics）与'超绝的形上学'（transcendent metaphysics）两种。所谓内在的形上学指的是康德哲学中的超越的分解，也就是指具有客观妥效性的先验综合知识而言。而超绝的形上学则是指理性所提供的理念（Ideas），比如'超越的辩证'中，理性的心理学所提到的'灵魂不灭'即属于超绝的形上学。"[①]牟宗三指出康德哲学中也有内在与超绝两种形而上学，与他所着力分析的儒家思想中内在与超越两个面向恰成对比。康德的两种形而上学皆由理性的分析所发现，其中超绝的形而上学所发现的理念如灵魂不死等，无法由人的知识来证明，如何克服其中所蕴含的天人分裂正是牟宗三内在超越说理论的核心关切，如何弥合康德理性道德哲学与儒家心性之学在形上理念方面的差异，也因此成为他理论建构的重点。

康德的实践理性思想，从超验角度论述了道德法则的纯粹性，使得伦理学的基本原则从功利主义的束缚下解放出来，凸显了道德法则的崇高与庄严，将人的主体性提到前所未有的高度。从某种意义上，康德为孔孟的仁义思想作了理性化论证，并因此受到牟宗三高度重视，以康德实践理性为儒家的自律道德作了有力的论证。康德认为道德原则具有先天性、普遍性和必然性，并非起源于经验而是高居于经验之上，牟宗三认为孔子的仁同样是先验和普遍法则，是道德的先天依据，"以为仁完全是后天的，经验的，甚至是非常之肤浅与表面的"[②]，虽然他并未忘记指出孔子的仁并非抽象的普遍而是具体的普遍。孟子以

① 牟宗三:《中国哲学十九讲》，上海古籍出版社，1997年版，第281页。
② 牟宗三:《心体与性体》（上），上海古籍出版社，1999年版，第101页。

后的儒家都是以逆觉体证的方式去把握作为先天道德理性之本体的性体。所以，他认为，儒家道德理性的三义中的第一义即截断众流，已经“融摄康德《道德底形而上学的基本原理》中所说的一切”①。康德将理性与质料二分的原则，深刻地影响了牟宗三对于儒家道德哲学的理解。为了确保心体对于经验和质料的绝对优先性，牟宗三将心与气完全隔离开来，在他看来，如果本心属于气或者与气有直接的联系，必然导致用气为性，使得心体丧失其纯粹性和先验品格。但是，康德的道德理性观并非没有缺陷，席勒、叔本华和舍勒等都批评康德将道德理性法则与质料截然分开，使得道德原则丧失了实践功能与现实基础，可以说，康德为了保持道德法则的绝对与纯粹而牺牲了其现实性，具体表现为他将一切情感作为质料法则排斥出道德法则之外。儒家则不同，在考察道德的基础时，先秦儒家十分注意区分情和欲，果断地将欲排挤出道德的基础范围，而将情作为道德建构的主要基础，《性自命出》的“道始于情”就是典型表达。

经由康德纯粹理性概念对于本心的超拔倾向，通过“一心开二门”的影响而进一步强化。因为真如门和生灭门均由如来藏清净心所生，经过了康德纯粹理性提纯过的本心，在具有了截断众流的特征后，经由如来藏清净心的第二次提升，解决了纯善的心性本体如何会产生私欲的难题，从而完全具有了宇宙本体化生万物涵盖乾坤的功能。但是，第一义的截断众流与第二义的涵盖乾坤，要想真正落实到人文世界，必须经由第三步的随波逐浪，将那个纯粹至善的心性本体，通过实践工夫落实到实然世界，实现两个世界的贯通。但是，在经过了上述两部抽离超拔之后，至为关键的第三步却面临着前所未有的考验。

在康德影响下，为了保持心体的纯粹超验性格，他将心和情上提到超越层面，断然否定心、情与气有任何关联。这显然不是孔孟道德本心的性格，孟子的本心发源于四端，而四端皆情，不过不是自然感情而是道德感情。同时，孟子的将良知与夜气相提并论，表明本心同样是一种气的存在，不过是一种特殊的气，帛书五行传称之为“德

① 牟宗三:《心体与性体》(上)，上海古籍出版社，1999年版，第101页。

气”。正因为本心与情和气的这种内在关联，它才内在地具有活动力量，进而睟面盎背，践形生色，发于四肢，畅于事业，将道德本心呈现到人的身体气象，并贯彻到家国天下的伦理实践。宋学已降的心学代表也同样重视气，明道说“性即气，气即性”①，又说“论性不论气，不备；论气不论性，不明”，并加注说“二之则不是”②。所谓“二之则不是”，即不将性与气视为两个不同实体。阳明说：“生之谓性，生字即是气字，犹言气即是性也。气即是性，人生静而以上不容说，才说气即是性，即已落在一边，不是性之本原矣。孟子性善，是从本原上说。然性之善端须在气上始见得。若无气，亦无可见矣。恻隐、羞恶、辞让、是非，即是气。程子谓论性不论气不备，论气不论性不明，亦是学者各认一边，只得如此说。若见得明白时，气即是性，性即是气，原无性气之可分也。”③明确说“恻隐、羞恶、辞让、是非，即是气”，当然是孟子说的大体之气即德气。所以，从孟子及其后学一直到明道和阳明，都没有否认性与气的内在联系，将心性视为一种道德性的气，这是儒家实践工夫所必需的前提。

就此而言，牟宗三的心学，虽系从阐释传统心学而来，但在义理上已经与传统心学有了显著不同，演变为一种新的心学，由于将心和情上提到纯粹形而上的层次，否定其与气的内在关联，本心的超验性得以提升，沦为一种纯粹抽象的存在，从而面临着如何接通实然世界的尴尬难题。在先秦儒家道德思想中，形而上的道体所以能够内在于形而下的万物，是依靠气一元论的宇宙观为前提条件。牟宗三的新心学，通过借鉴康德的纯粹理性、佛家的如来清净心，将本心从质料世界中彻底抽离出去，使之沦为一种完全抽象化的本体，这个本体完全可以不依靠质料媒介而创造实然世界，就如同佛教将世界归本于空、道家的无中生有一样。

所以，牟宗三借鉴康德道德理性对于儒家心性的哲学化诠释，虽

①〔宋〕程颢、程颐著，王孝鱼点校：《二程集》，中华书局，1981年版，第10—11页。
② 同上书，第81页。
③〔明〕王阳明：《传习录》，江苏古籍出版社，2001年版，第164—165页。

然强化了道德原则的崇高与纯粹，却无形中抽去了儒家工夫的动力因，使他一再强调的儒家践行工夫也因此而丧失了现实的基础和可能。因为儒家的仁义正是经由践形养气的工夫实践，才得以具体落实，气是通往人格修养工夫的不可或缺的媒介。儒家工夫不同于佛道工夫，就在于它是修身为本，注重身心一体，并经由身心工夫延伸到家国天下，在敦伦尽分中达成人格提升。

所以，我们在牟宗三那里，很少看到关于身体意义的正面阐述，也很少看到关于礼的意义的强调。在心体被完全本体化、抽象化和形式化之后，身心关系实际上已经不存在，而作为行为规范的礼的本来意义首先在于“正身”，可是，由于心体在道德实践方面已经获得了无条件的绝对性，获得了绝对自由，身心关系与礼的规范已经不再与心性具有曾经的内在联系，先秦儒家那里被同时强调的内外两个维度，实际上被单一的内在维度所取代。事实上，牟宗三将实践工夫提到很高的地位，但是，他的心性论本身却使得儒家的工夫不但丧失了现实的基础和可能，在理论上也只具有不言而喻的意义，不再考虑工夫得以实施的前提条件。儒家的心性论历来是为工夫奠定基础的，心性的意义只有通过工夫来落实和检验，由于牟宗三将心学的主观性“充其极”，使得儒家道德视域中的内外问题完全内在化，最终失去了真正进入工夫领域的可能。经由两步抽离提升所重构的心性本体，虽然在其绝对的先验性、抽象性和形式化方面达到了前所未有的高度，但也面临着“高处不胜寒”的困扰，它无法找到通达形下世界的阶梯和通道，心性与本来作为它一体两面的工夫最终脱节，这意味着心学基本性格的重大转化。

牟宗三本人对于他给儒家心学所带来的此种义理形态的转化有清楚的意识，他曾经将自己的内在超越思想与康德之后的德国唯心论进行比较，他引用了德国学者缪勒的话，说这种“德国理想主义”的特征在于“向着人的最内在部分的突进即是向着我们最本质的本性，在人的本然行为（那超越的行为）即是争取自己、争取人的内部天赋然而隐而不见的神性和无限性的当儿，‘实有’本身不是就成了我们的人的‘本性’，成为我们最内在的绝对的天赋素质，换句话说，成为我们的本质了吗？于是，在主体性里便有神性在”，牟宗三认为德国理想主义在“基本义理与方向上与儒家的成德之教并无二致”[①]，至于二者的相通处，“只要看‘人而神’与‘无限绝对的实有本身即为我们人的本性’这两点即足够”。[②]牟宗三的内在超越说的确与德国理想主义的思想理路相一致，将唯心论推到极端，将内在本性作为最高的宇宙实有，使人本身成为上帝[③]。在内在超越的思想中，自然是通过人具有“智的直觉”，这本来属于上帝的天资，于是，天人之间的距离完全消弭了。

所以，内在超越说是会通儒家、大乘佛理和康德道德理性的产物，显示了开阔的视野和丰富的思想资源，显示了丰富卓绝的辨析力与创造力，是现代儒学最为重要的思想体系创构，将儒家心性提高到了前所未有的地位，主体精神的高扬达到极致。但是，这种高扬不是没有代价的，它将心性的主观向度与作用“充其极”，带来了两方面的理论后果，在内外关系上，摄外入内，实际上取消了内外向度，从而将儒家一切关于身心修养和家国天下的道德实践无条件地归纳到主体心性的作用之中，使得心性之学与工夫断裂。其次，它将天道完全主体化、人本化和内在化，将天人关系完全转变为内在的精神省察与追求，从而在实际上取消了天人之际和天人关系问题，这实际上意味着超越问题本身的解构。对于后者他是自觉的，对于前者他是非自觉的。

这样一种儒家义理形态的产生，有其客观时势的原因，即儒家客观存在的社会教化体系被一扫而空，于是必须通过一种孤悬于天地之间的精神去论证儒家依然具有合法性意义，以承担儒家精神生命在特殊历史关头存亡绝续的使命，现代新儒家为往圣继绝学的使命的悲怆与豪迈意识也时常涌现于他们的笔端，具有撼动人心的力量。但是，如果我们承认儒家体用一源的义理特征，那么，儒家之所以为儒家，之所以能够在数千年里维系民族文化生命，恰恰是以上下与内外

① 牟宗三:《心体与性体》(上)，上海古籍出版社，1999 年版，第 159 页。
② 同上书，第 160 页。
③ 同上书，第 158 页。

这两个向度的同时并存为必要前提，通过上下维度展示其对于超越性存在的追求，通过内外向度落实到人伦日用，构建其与实然世界的链接，使得儒学成为一种立体的教化体系。而将心性的主观意义"推其极"的内在超越思想，最终的结果是导致了儒家超越性本身的丧失和实践工夫的解构，导致了儒学与形上天道与形下生活领域的双向联系的同时中断，这样一种结果自然不是牟宗三本意，却是这一思想形态客观上所难以避免的。因此，儒学虽通过现代新儒家苦心孤诣的思想创造维系了其精神命脉，但是转过头来，或许发现自己身处无路可走的境地，因为向上和向外的通道实际上均已封闭。这意味着，现代新儒家发动的这场波澜壮阔且影响深远的思想运动，已经走到了它的尽头，无论从思想还是实践领域，儒家都需要探索新的路径以适应时代的需要。

（原载《哲学动态》2021 年第 10 期）

论儒家的超越性

——以孔子为典范的探讨

韩　星

一、孔子超凡入圣的经学诠释

《论语·为政》中，孔子自述其一生："吾十有五而志于学，三十而立，四十而不惑，五十而知天命，六十而耳顺，七十而从心所欲不逾矩。"历代对这一章诠释很多，各抒己见，不一而足。本文主要从超越性角度对其作经学诠释。

（一）第一个阶段：十有五而志于学

关于《论语·为政》中"吾十有五而志于学"，历代注疏如下。《白虎通·辟雍》："古者所以年十五入太学何？以为八岁毁齿，始有识知，入学学书计。七八十五，阴阳备，故十五成童志明，入太学，学经籍。学之为言觉也，悟所不知也。故学以治性，虑以变情。故玉不琢，不成器；人不学，不知道。子夏曰：'百工居肆以致其事，君子学以致其道。'故《礼》曰：'十年曰幼，学。'《论语》曰：'吾十有五而志于学，三十而立。'"皇侃《义疏》："志者，在心之谓也。孔子言我年十五而学在心也。十五是成童之岁，识虑坚明，故始此年而志学也。"邢昺《注疏》："言成童之岁，识虑方明，于是乃志于学也。"朱熹《集注》："古者十五而入大学。心之所之谓之志。此所谓学，即大学之道也。志乎此，则念念在此而为之不厌矣。"《朱子语类》卷二十三《论语五》："古人于十五以前，皆少习父兄之教，已从事小学之中以习幼仪，舞象舞勺，无所不习。到此时节，他便自会发心去做，自去寻这道理。志者，言心之念只在此上，步步恁地做，为之不厌。"

今诠：《白虎通》、邢昺、朱熹都认同古代贵族十五而入大学，因为这个时候由孩童走向成人，识虑方明，于是就有志于学。十五入学之“十五”，在不同经籍中也略有差异，不用求确解，是概数而已。关键是“志”与“学”。《毛诗序》：“志者，心之所之也”，“志”是一种强烈、明确的人生意向。“学”什么？《白虎通》说是学经籍。学是觉悟的意思，通过经籍的学习改变性情，学以致道，明白宇宙人生的大道。刘宝楠《论语正义》说：“学不外道与礼也”，志于学即志于“道”和“礼”，这种诠释应该更符合孔子当时的实际。孔子自己就说过：“朝闻道，夕死可矣”（《论语·里仁》），把“道”作为他终生追求的目标。杨树达《论语疏证》云：“寻《述而篇》云：‘志于道。’《里仁篇》云：‘士志于道而耻恶衣恶食者，未足与议也。’一再言志道，不言志学。此独言志学，不言志道者，孔子之谦辞，实则志学即志道也。”唐君毅也说“孔子的志于学就是志于道”①。朱熹解“大学之道”，是指他在《大学集注》中所说的“大学者，大人之学也”。朱熹将古代学校教育以十五岁为界分大学小学，而“大人”原指在高位者，如王公贵族。儒家经典中的“大人”一般指圣人，如《易传·乾文言》对“大人”这样解说：“夫大人者，与天地合其德，与日月合其明，与四时合其序，与鬼神合其吉凶……知进退存亡，而不失其正者，其唯圣人乎！”所以，志于大学之道就是志于成为圣人，概括起来讲，就是孔子当时虽然可能没有像西周贵族子弟那样很规范地完成小学向大学的系统学习，但参照古代贵族教育，也是大概十五岁左右有志于通过学习礼乐文化，由学致道，参悟先王之道，变化性情，念兹在兹，学而不厌，以“成圣”为人生理想目标。“成圣”以今天的话来说，就是在精神境界上达到圣人。所以冯友兰先生也说过：“这个‘学’，并不是求增加知识，而是求提高精神境界。”②

① 唐君毅：《中华人文与当今世界补编》（一），广西师范大学出版社，2005 年版，第 216 页。

② 冯友兰：《对于孔子所讲的仁的进一步理解和体会》，《孔子研究》1989 年第 3 期。

（二）第二个阶段：三十而立

关于《论语·为政》中“三十而立”，历代注疏如下。郑玄注：“有所成也。”皇侃《义疏》：“立，谓所学经业成立也。古人三年明一经，从十五至三十，是又十五年，故通五经之业，所以成立也。”邢昺《注疏》：“有所成立也。”朱熹《集注》：“有以自立，则守之固而无所事志矣。”《朱子语类》卷二十三《论语五》：“便自卓然有立，不为他物移动；任是说虚，说空，说功，说利，便都摇动他不得，以至‘富贵不能淫，贫贱不能移，威武不能屈’。”

今诠：汉唐注疏解为孔子通五经之业，学业有所成立，这显然是以经学时代为背景的讲法，比较狭隘。朱熹解为人格“自立”，能够固守道德人格，无论什么情况都不为所动，与孟子“富贵不能淫，贫贱不能移，威武不能屈”的大丈夫人格相似。唐君毅认为，自立的意义如用新名词来说，是人格的树立，三十而立，是指孔子至三十岁其人格已坚固刚健地树立起来了。在唐君毅看来，《论语》中“三军可夺帅，匹夫不可夺志”表现的是树立人格的刚健精神，“岁寒然后知松柏之后凋”表现的是坚固精神。不过，回到孔子时代的具体语境，他多次提到“立于礼”，如《论语·泰伯》说：“立于礼”，《论语·尧曰》又说：“不知礼，无以立也”。《左传·昭公七年》记载鲁国贵族孟僖子病重将死，召其两个儿子孟懿子与南宫敬叔说：“礼，人之干也，无礼，无以立。”并说孔子是圣人之后，回顾孔子祖上几代精通礼乐，希望他们师事孔子学礼，所以“三十而立”应该是指立于礼。戴望《论语注》云：“立，立于礼。”杨树达《论语疏证》按：“三十而立，立谓立于礼也。盖二十始学礼，至三十而学礼之业大成，故能立也。”而“礼”在当时就是文化、文明的代名词，包含的内容非常广泛。孔子有礼乐的家学，又有从小勤奋好学的积累，以复兴礼乐文化、重建王道理想为自己安身立命的担当，到三十岁就能够以礼立足于社会，在开办私学、培养弟子以及整理古代文化典籍等事业上，“孔子以诗书礼乐教，弟子盖三千焉，身通六艺者七十有二人”（《史记·孔子世家》），在当时社会上影响越来越大。

人格自立和立于礼两说也并不矛盾，两者互补，人格自立倾向于内在超越，立于礼倾向于外在超越，内圣外王的格局雏形已成。

（三）第三个阶段：四十而不惑

关于“四十而不惑”，历代注疏如下。孔安国注：“不疑惑。”皇侃《义疏》：“惑，疑惑也。业成后已十年，故无所惑也。故孙绰云：四十强而仕，业通十年，经明行修，德茂成于身，训洽邦家，以之莅政，可以无疑惑也。”邢昺《注疏》：“志强学广，不疑惑也。”朱熹《集注》：“于事物之所当然，皆无所疑，则知之明而无所事守矣。”《朱子语类》卷二十三《论语五》：“于事物当然更无所疑。”什么是“事物之所当然”？朱熹的《答或人》说：“穷理者，欲知事物之所以然，与其所当然者而已。知其所以然，故志不惑；知其所当然，故行不谬。非谓取彼之理而归诸此也。”《朱子语类》卷二十三《论语五》又说：“不惑，谓识得这个道理，合东便东，合西便西，了然于中。”

今诠：《说文解字》（下文中简称《说文》）云：“惑，乱也。”因迷惑而烦乱。孔安国、皇侃将这段话主要解为经明行修，在经学和德行修养方面没有疑惑了，可以入仕从政了。朱熹是以理学来解，知晓事物当然之理，就可以智慧通明，对世事没有疑惑了。《论语·子罕》和《论语·宪问》都有“知者不惑”的话。朱熹对《子罕》篇“知者不惑”的注释是“明足以烛理，故不惑”，钱穆的注释更好理解，即“知者明道达义，故能不为事物所惑”。成为一个智者，能够明白万事万物的道理，不再有什么疑惑。

那么，到底不惑什么？《论语·颜渊》：“子张问崇德辨惑。子曰：‘主忠信，徙义，崇德也。爱之欲其生，恶之欲其死。既欲其生，又欲其死，是惑也。’”同篇樊迟问：“敢问崇德、修慝、辨惑”，子曰：“善哉问！先事后得，非崇德与？攻其恶，无攻人之恶，非修慝与？一朝之忿，忘其身，以及其亲，非惑与？”从这两处看，不惑至少有不正确地好恶、逞一时之忿之意。《论语·阳货》：“年四十而见恶焉，其终也已。”郑玄注：“年在不惑而为人所恶，终无善行。”邢昺《注疏》：“此章言人年四十犹为恶行，而见憎恶于人者，则是其终无善行也已。以其年在不惑，而犹为人所恶，必不能追改故也。”年四十还有恶行，为世人厌恶，此人就完了。

杨树达引《孟子·公孙丑上》，公孙丑问曰：“夫子加齐之卿相，得行道焉，虽由此霸王，不异矣。如此，则动心否乎？”孟子曰：“否，我四十不动心。”并按曰：“孔子四十不惑，尽知者之能事也。孟子四十不动心，尽勇者之能事也。孔孟才性不同，故成德之功亦异矣。”就是说，如果把孔子的“四十不惑”理解为“知者不惑”的话，那么，就与孟子“四十不动心”相似，不过孔子是尽知者之能事，孟子是尽勇者之能事。

（四）第四个阶段：五十而知天命

关于“五十而知天命”，历代注疏如下。孔安国注：“知天命之终始。”韩愈、李翱《论语笔解》进一步解说：“韩曰：‘天命深微至赜，非原始要终一端而已。仲尼五十学《易》，穷理尽性以至于命，故曰知天命。’李曰：‘天命之谓性，《易》者，理性之书也。先儒失其传，惟孟轲得仲尼之蕴，故尽心章云：尽其心所以知性，修性所以知天。此天命极至之说，诸子罕造其微。’”皇侃《义疏》：“天命谓穷通之分也。谓天为命者，言人禀天气而生，得此穷通，皆由天所命也。天本无言，而云有所命者，假之言也。人年未五十，则犹有横企无睚，及至五十始衰，则自审己分之可否也。”并引孙绰云：“《大易》之数五十，天地万物之理究矣。”邢昺《注疏》：“命，天之所禀受者也。孔子四十七学《易》，至五十穷理尽性知天命之终始也。”朱熹《集注》：“天命，即天道之流行而赋于物者，乃事物所以当然之故也。知此则知极其精，而不惑又不足言矣。”《朱子语类》卷二十三《论语五》：“则穷理尽性，而知极其至矣。”“知天命，便是不惑到至处，是知其所以然，如事亲必孝，事君必忠之类。”“不惑，则知事物当然之理矣。然此事此物当然之理，必有所从来。知天命，是知其所从来也。”

今诠：五十岁是人生一个分水岭，从《周易》来说《大易》之数五十，孔子五十以学《易》，综合孔安国、韩愈、李翱、皇侃、邢昺之说，孔子人生的曲折、政治的不顺以及经验和教训，结合《周易》的印证，使孔子大概到五十岁左右就通过穷理尽性以至于命，能够证知人生穷通的天命之始终。[①]

朱熹把“天命”解为“天道之流行而赋于物，事物所以当然之故”，经过不惑之年，他穷理尽性，人生境界不断提升，上达天道，知事物当然之理的来源，就是知天命。这样看来，朱熹的诠释境界要阔大高远。

刘宝楠《论语正义》对“天命”作了文献考察后概括说：“言圣人之德能合天也。能合天，斯为不负天命。不负天命，斯可以云知天命。知天命者，知己为天所命，非虚生也。盖夫子当衰周之时，圣贤不作久矣。及年至五十，得《易》学之，知其有得，而自谦言无大过，则知天之所以生己，所以命己，与己之不负乎天，故意知天命自任。命者，立之于己，而受之于天，圣人所不敢辞也。他日桓魋之难，夫子言‘天生德于予’。天之所生，是为天命也。惟知天命，故又言：‘知我者其天。’明天心与己心相通也。”这就是说，孔子至五十岁已经具备圣人之德，可以与天合，故证知天命。他也提到孔子五十学《易》与知天命的关系，并通过《论语》中孔子言“天生德于予”“知我者其天”来说明知天命就表明圣人之心与天心相通，开始进入天人合一之境，“知天命即知此天人合一之道之理之性而行之”[②]，也就是冯友兰先生所说的“孔子在五十岁左右，就进入天地境界了”[③]。天地境界就是圣人境界。

① “孔子五十而知天命之知，是证知义。”熊十力：《读经示要》，中国人民大学出版社，2009 年版，第 115 页。

② 唐君毅：《中华人文与当代世界补编》，广西师范大学出版社，2005 年版，第 221 页。

③ 冯友兰：《对于孔子所讲的仁的进一步理解和体会》，《孔子研究》1989 年第 3 期。

（五）第五个阶段：六十而耳顺

关于“六十而耳顺”，历代注疏如下。郑玄注：“耳闻其言，而知其微旨。”皇侃《义疏》：“顺，谓不逆也。人年六十，识智广博，凡厥万事，不得悉须观见，但闻其言即解微旨，是所闻不逆于耳，故曰耳顺也。”邢昺《注疏》：“顺，不逆也。耳闻其言，则知其微旨而不逆也。”张载《正蒙·三十》：“六十尽人物之性，声入心通。”朱熹《集注》：“声入心通，无所违逆，知之之至，不思而得也。”《朱子语类》卷二十三《论语五》：“耳顺，是‘不思而得’，如临事迎刃而解，自然中节，不待思索。”“不惑是事上知，知天命是理上知，耳顺是事理皆通，入耳无不顺。”

今诠：汉唐诠释都是在郑玄基础上的发挥，人到了六十岁左右，见多识广，智慧明通，听到别人讲什么，就能知晓其背后精深微妙的意旨，并不感到违逆不顺。因《说文》解释“圣，通也”，宋儒解为声入心通，无所违逆，不思而得，事理皆通。“聖”字，甲骨文中像人竖起耳朵倾听之状，旁边有口，表示说话，即善用耳，又会用口。《说文》云：“圣，通也。从耳，呈声。”段玉裁注：“圣从耳者，谓其耳顺。”本义是通达事理的意思。耳顺正所谓圣通，已经是圣人境界了。唐君毅先生认为：“耳顺是说境界，不是说工夫。在志学，而立，不惑阶段皆可说工夫，知天命还可勉强说工夫，耳顺则无工夫可说。声入心通，寂然不动，感而遂通，只是描述此境界。”[①]蔡仁厚先生还阐发了这一境界的内外通之义：“此时，内外打成一片，人我、物我通而为一，外在的种种切切，皆与自己的心灵相感相通而浑然一体……‘五十知天命’表示天人上下通而为一，‘六十而耳顺’表示物我内外通而为一。知天命加上耳顺，才使孔子的生命‘纵横二度，融合相通’，如果只有‘知天命’，而没有‘耳顺’，便只有纵向的上达，而欠缺横向的涵容。有了横向的涵容，才能‘通众人之心，类万物之情’，才能显发‘民胞物

① 唐君毅：《中华人文与当代世界补编》，广西师范大学出版社，2005年版，第222页。

与'的仁者情怀。"[①]天人上下通，人我、物我内外通，就是合内外之道的境界。

（六）第六个阶段：七十而从心所欲不逾矩

关于"七十而从心所欲不逾矩"，历代注疏如下。马融注："矩，法也。从心所欲，无非法者。"[②]皇侃《义疏》："从，犹放也。逾，越也。矩，法也。年至七十，习与性成，犹蓬生麻中，不扶自直。故虽复放纵心意，而不逾越于法度也。"邢昺《注疏》："矩，法也。言虽从心所欲而不逾越法度也。孔子辄言此者，欲以勉人志学，而善始令终也。"朱熹《集注》："从，如字。从，随也。矩，法度之器，所以为方者也。随其心之所欲，而自不过于法度，安而行之，不勉而中也。"又引胡宏说："至于一疵不存、万理明尽之后，则其日用之间，本心莹然，随所意欲，莫非至理。"《朱子语类》卷二十三《论语五》："所欲不逾矩，是'不勉而中'。"

张居正给万历皇帝讲《论语》提到此句时说："又进而至于七十，则工夫愈熟而行能入妙，凡有所为，随其心之欲，不待检点，无所持循而自然不越于规矩法度之外，盖庶几乎浑化而无迹者矣。"[③]张居正认为，孔子经过一生修炼，到七十岁工夫已经达到精熟神妙之境，所作所为顺心而已，不用自我检点，不必持循法典，自然合于规矩法度，是一种精神自由与天地万物浑然一体的化境。

今诠："矩"，本来是画方形的工具，代指一切言行之法度准则。马融、皇侃、邢昺把"从"解为"放纵"，"矩"解为"法度"，但清人焦循不同意马注、皇疏，其《论语补疏》曰："矩即絜矩之矩。己欲立而立人，己欲达而达人，以心所欲为矩法，而从之不逾者，所恶于上不以使下也，所恶于下不以事上也，所恶于前不以先后也，所恶于

① 蔡仁厚：《孔子的生命境界：儒学的反思与开展》，吉林出版集团有限责任公司，2010年版，第9—10页。

② 程树德：《论语集释》一，中华书局，1990年版，第77页。

③ 陈生玺主编：《张居正讲评〈论语〉》，上海辞书出版社，2007年版，第15页。

后不以从前也，所恶于右不以交于左，所恶于左不以交于右。皇《疏》解为‘放纵其心意而不逾法度’，非是。马云‘无非法’，尚未得。”[①]“絜矩之矩”见于《大学》，也即《论语》中的“忠恕之道”，不是外在的法度。《论语集释》引刁包曰：“矩即尧舜以来相传之中，以其范围天下而不过，则为矩。矩所以为方，引绳切墨，无锱铢之或爽也。在贤人则拟议而合，在圣人则从容而中……故曰随其心之所欲，而自不过于法度也。”[②]刁包解“矩”为尧舜以来相传之中，圣人从容而中，也就是不勉而中。所以朱熹解为随心所欲，不勉而中，不违背天理法度。这合于《中庸》“诚者，不勉而中，不思而得，从容中道，圣人也”。圣人顺心任情，无不合乎天理；起心动念，都不离于中道。

唐君毅先生说：“此即天理流行，言行皆可为法则之境。”[③]唐先生的说法与历代不同，他认为“矩”是孔子到了圣人境界以后言行举止就是法则，即《中庸》所讲的“动而世为天下道，行而世为天下法，言而世为天下则”。此时，孔子已达到心与道合一、身与道合一的境界，其所思所想、所言所动就是天下万世的法则。

（七）总论

朱熹《集注》引程子曰：“孔子生而知之也，言亦由学而至，所以勉进后人也。立，能自立于斯道也。不惑，则无所疑矣。知天命，穷理尽性也。耳顺，所闻皆通也。从心所欲，不逾矩，则不勉而中矣。”又曰：“孔子自言其进德之序如此者，圣人未必然，但为学者立法，使之盈科而后进，成章而后达耳。”《朱子语类》卷二十三《论语五》：“‘十五志学’一章，全在志于学上，当思自家是志于学与否？学是学个甚？如此存心念念不放，自然有所得也。三十而立，谓把捉得定，世间事物皆摇动我不得，如富贵、威武、贫贱是也。不惑，谓识得这个道理，合东便东，合西便西，了然于中。知天命，便是不惑到至

① 程树德：《论语集释》一，中华书局，1990 年版，第 78 页。

② 同上。

③ 唐君毅：《中华人文与当代世界补编》，广西师范大学出版社，2005 年版，第 222 页。

处，是知其所以然，如事亲必孝，事君必忠之类。耳顺，是‘不思而得’，如临事迎刃而解，自然中节，不待思索。所欲不逾矩，是‘不勉而中’。”“穷理只自十五至四十不惑时，已自不大段要穷了。‘三十而立’之时，便是个铺模定了；不惑时便是见得理明也。知天命时，又知得理之所自出；耳顺时，见得理熟；‘从心所欲不逾矩’时，又是烂熟也。”

宋明理学家主要是以“理”贯穿学为圣人的过程，故非常重视作圣之功。宋儒认为，学做圣人的“作圣之功”，首先得在“气象”上下工夫：“学者不学圣人则已，欲学之，须是熟玩圣人气象。不可止于名上理会。如是，只是讲论文字。”（《程氏外传》卷十）这就是说，古代圣人因时间久远，今人已经无法面对面接触，获得直接而生动的感受。为了完整地把握古圣先贤的思想，领略他们的风采，就要善于在他们遗留下来的语言文字中感受他们的“气象”。他们从《论语》《孟子》有关孔、颜、孟的记载中，得出了孔子如同“天地”、颜子如同“和风庆云”、“孟子，泰山岩崖之气象。观其言皆可见之也矣”（《遗书》卷五）的不同感受来。这样，“熟玩圣人气象”便成为理学家追求作圣之功的传统。心学也形成自己的“作圣之功”。陈白沙曾经通过静坐见吾心之体，日用间种种应酬随心所欲，稽诸圣训有头绪来历，于是自信地说找到了“作圣之功”，黄宗羲后来评述说：“作圣之功，至先生（白沙）而始明，至文成（阳明）而始大。”（《明儒学案》卷五《白沙学案上》）当然，陈白沙的静坐工夫是受到道佛影响，也有孟子心性之学的渊源，后来王阳明也是这样，与孔子具体的途径方法不同，更重视性命的修炼工夫，但目标都是成圣。

从“不惑”到“知天命”是成圣的一个重要转折点，《朱子语类》卷二十三《论语五》：“‘四十而不惑’，于事上不惑。‘五十而知天命’，知所从来。”“文振问‘四十不惑，五十知天命’。曰：‘此两句亦相离不得。不惑，是随事物上见这道理合是如此；知天命，是知这道理所以然。如父子之亲，须知其所以亲，只缘元是一个人。凡事事物物上，须是见它本原一线来处，便是天命。’”“不惑，是见道理恁地灼然；知天命，是知个源头来处恁地彻。”从“不惑”到“知天命”是从人事到天理，知其然到知其所以然，是从明显地见道理到彻底地见到本源。

毛奇龄《四书剩言》补卷一也比较“不惑”与“知天命”说：“若‘不惑’‘知天命’，则以经证经。不惑是知人，知天命是知天；不惑是穷理尽性，知天命是至于命；不惑是诚明，知天命是聪明圣知达天德。盖不惑则于人事不贸乱，如《贾谊传》‘众人惑’之惑；知天命则全契天德，徐邈所谓‘合吉凶善恶而皆本之于定命’。”毛奇龄引用其他儒家经典证明了“不惑”与“知天命”之间的差异。

二、孔子超凡入圣的分析比较

在历代注疏中，多以《论语·为政》“吾十有五而志于学，三十而立，四十而不惑，五十而知天命，六十而耳顺，七十而从心所欲不逾矩”这章为儒家成圣的典范。

张栻认为，这一章是孔子以自身为典范，让后来学者知圣人可由学而至，学圣有次第不可躐等。他说：“此章圣人身为之度，使学者知圣可学而至，而学不可以躐等也。夫‘志学’者，其本也，譬诸木之区萌、水之一勺，必有是本而不已焉。曰志学者，心存乎正而不他也。圣人之所以为圣人者，以其有始有卒，长久日新而已，必积十年而一进者，成章而后达也。夫子固生知之圣，而每以学知为言者，明修道之教以示人也。立者，得于己而不失也。不惑者，理明义精，无所疑也。知天命者，究极夫天之所为也。耳顺者，入乎耳者无不通也。从心所欲不逾矩者，不勉不思而皆天则也。”（《论语解》卷一）

顾宪成认为，这一章是作圣妙诀，其《四书讲义》云：“这章书是夫子一生年谱，亦是千古作圣妙诀。曰志曰立曰不惑，修境也；曰知天命，悟境也；曰耳顺曰从心，证境也。即入道次第亦纤毫不容躐等矣。”顾宪成从工夫论认为本章是千古作圣妙诀，孔子经过自我修炼，在人生不同阶段达到不同境界：志学、而立、不惑是修境也，知天命是悟境，耳顺、从心所欲是证境。所以是个修道悟道证道的次第不能躐等。

康有为认为，此章是圣学、圣功，他说："心之所之谓之志，学即孔子神明圣王之学。后此以立教天下者，但立教成于晚暮，而定志则在十五。……立者，大力凝固，铸炼如铁而不摇。不惑者，大明终始，烛照如日而不眩。《书》：'天其命哲，命吉凶，命历年。'盖人受生于天，有哲命，有禄命。知天命者，穷理尽性，以至于命，凡天人、阴阳、鬼神、幽明、死生之故，通微合漠，阐幽洞明，诸天无穷，知亦无穷也。耳顺者，神气风霆，闻声皆彻，通于人天也。……从心所欲不逾矩者，义理血气，凑泊浑融，官止神行，声律神度，而神明变化，旁行不流也。孔子自言进学自得之序，盖其逊词以勉学者。然圣功之次第，与圣学之精深，亦可窥一斑矣。"[①] 从为学之道来说，此章可见圣学次第；从修养工夫来说，此章可见圣功精深。

钱穆认为，此章是儒家下学上达的完美表述，他说："此章乃孔子自述其一生学之所至，其与年俱进之阶程有如此。学者固当循此努力，日就月将，以希优入于圣域。……自志学而立而不惑，皆下学；自此以往，则上达矣。知天命，故不怨天；耳顺，故不尤人。此心直上达天德，故能从心所欲不逾矩，而知我者惟天。知命耳顺，固非学者所易企，而不怨不尤，则为学者所当勉。行远自迩，登高自卑，千里之行、起于足下，学者就所能为而勉为之，亦无患乎圣学之难窥矣。"[②] 他认为，孔子以自己一生的学养与生命成长阶段，告诉后学按照这样的道路与方向努力就可以优入圣域。他又把这六个阶段分成"下学"和"上达"两大阶段：志学、而立、不惑是下学，知天命、耳顺、从心所欲是上达。"下学上达"见于《论语 · 宪问》"不怨天、不尤人，下学而上达。知我者其天乎！"历代注疏解为下学人事，上达天命或天理，"下学上达"是说在天人互动中由"下学"人事入手修养至"上达"天道，即达到天地境界，成就圣人人格。[③]

---

① 康有为：《论语注》，中华书局，1984 年版，第 18—19 页。

② 钱穆：《论语新解》，生活 · 读书 · 新知三联书店，2012 年版，第 27 页。

③ 韩星：《〈论语〉仁学体系新诠》，《黑龙江社会科学》2020 年第 2 期，人大报刊复印资料《中国哲学》2020 年第 7 期全文转载。

笔者认为，在“耳顺”以后，不管外在的际遇如何变化，孔子的心态平和而坦然下来，常常静静地体会着天人之间的真谛。最终，“道”充盈于他的心灵与身体，此时，他就是道，道就是他，这就是心与道合一，身与道合一的境界[①]，“圣人者，道之极也”（《荀子·礼论》）。由下学而上达就是超凡而入圣。从个人角度来讲，就是超越凡俗，优入圣域；从世界角度来讲，就是超越世俗，进入圣境。这就是儒家超越性的道路。

三、圣人境界印证

孔子到了圣人境界到底是怎样的境界？就是《中庸》所说的：“大哉圣人之道！洋洋乎！发育万物，峻极于天。”“仲尼……上律天时，下袭水土，辟如天地之无不持载，无不覆帱；辟如四时之错行，如日月之代明。万物并育而不相害，道并行而不相悖。小德川流，大德敦化，此天地之所以为大也。”显然这是一种天地境界。

冯友兰先生以人对应宇宙人生觉解程度的不同来划分不同层次的人生境界，即自然境界、功利境界、道德境界、天地境界。这四种境界是一个从低级向高级的发展过程，境界高低完全取决于觉解程度的多少，标志着人格完善的程度。“天地境界，需要最多底觉解，所以天地境界，是最高底境界。至此种境界，人的觉解已发展至最高底程度。至此种程度人已尽其性。在此种境界中底人，谓之圣人。”[②]这五种境界正对应着孔子曾把人格分为庸人、士、君子、贤人、圣人五个阶段。[③]需要强调的是，这五重境界高级境界可以涵摄低级境界，圣人境界涵摄前四种境界。冯友兰还认为，要达到不同的境界，“还需要一种工夫，以维持此种境界，以使其常住于此种境界”[④]，这就是说，在学为圣

① 韩星：《超凡入圣：孔子的人格境界》，《中华孔学》2019年第3期。

② 冯友兰：《贞元六书》，华东师范大学出版社，1996年版，第558页。

③《孔子家语·五仪解》载孔子回答路哀公曰：“人有五仪，有庸人、有士人、有君子、有贤人、有圣人，审此五者，则治道毕矣。”

④ 冯友兰：《贞元六书》，华东师范大学出版社，1996年版，第561页。

人的过程中境界与工夫密切结合，不可分割，相辅相成。

圣人是“最完全底人”①，“圣也者，人之至者也”②。《史记·孔子世家》曰：“自天子王侯，中国言六艺者折中于夫子，可谓至圣矣！”明世宗时，礼部会诸臣议曰：“人以圣人为至，圣人以孔子为至。”（《明史》卷五十《志第二十六》）孔子的人格涵摄了所有人，所以，以凡人眼光看他是凡人，以君子标准看他是君子，以贤人标准看他是贤人，以英雄豪杰标准看他是英雄豪杰，以哲学标准看他是哲人，以教育标准看他是教育家，以政治标准看他是政治家，等等。

孔子成了圣人后所做的事情，仍然是凡人日常所做的，因此，他是即凡而圣。这种“即凡而圣”就是《中庸》的“极高明而道中庸”，不离世间而又超越世间的境界。对此，冯友兰先生在《新原道》中分析说：“圣人的境界是超世间底……但超世间并不是离世间，所以中国的圣人，不是高高在上，不问世务的圣人……即世间而出世间，就是所谓超世间。因其是世间底，所以说‘道中庸’，因其又是出世间底，所谓说是‘极高明’。即世间而超世间，就是所谓‘极高明而道中庸’。”③余英时把超越世界（道）和现实世界（人伦日用）看成是“不相悬隔的”，“既非距离遥远也非高下悬殊”，他用了“不即不离”来概括二者的关系④。郭齐勇先生也说：“孔孟儒学的人格境界论有两个要点，一个是它的终极至上性，即与天道相联系的‘圣’的境界，另一个是它的经世致用性，即与人道相联系的‘凡’的现实。前者是最高的理想，后者是理想的实现，两者之间密切沟通，不可脱离。有的论者只看到儒学的世俗伦理的一面，不承认它的超越性；有的论者又只看到儒学的高明理想的一面，不承认其所具有的现实性。关键的问题

① 冯友兰：《贞元六书》，华东师范大学出版社，1996年版，第558页。
②《邵雍集》，中华书局，2010年版，第7页。
③ 冯友兰：《贞元六书》，华东师范大学出版社，1996年版，第707—708页。
④ 余英时：《论天人之际——中国古代思想起源试探》，联经出版事业股份有限公司，2014年版，第227—228页。

是要理解天道与人道、神圣与凡俗的贯通。”[1]天人贯通，圣凡贯通，不即不离，即世间而超世间，极高明而道中庸，正是儒家超越性的基本特征。

圣人境界作为最高的人格境界，有了凡人不能知晓、不能言说、不可思议的内容，就给人们一种“神妙莫测”之感。引用冯友兰的话说：“天地境界中底，最后自同与大全……大全是不可说底，亦是不可思议，不可了解底。”[2]圣人这种“同与大全”给人的就是“神”的感觉，而这种“神”不是天外来客，还是“圣”具有的。孟子把人格分为六类：善人、信人、美人、大人、圣人、神人。《孟子·尽心下》云：“可欲之谓善，有诸己之谓信。充实之谓美，充实而有光辉之谓大，大而化之之谓圣，圣而不可知之之谓神。”初看孟子在“圣”之上还加了个“神”，其实“此是圣而神”，“至圣神位，则圆教成”[3]，这个“神”不是宗教中鬼神的“神”，不是圣之上还有神，而仍然是圣人神秘莫测的那部分。在儒家信仰体系中，圣贤人物死后的精灵也被称为“神”，如《尚书·大禹谟》：“乃圣乃神。”《伪孔传》：“圣无所不通，神妙无方。”《左传·庄公三十二年》：“神，聪明正直而壹者也。”《周易·说卦传》：“神也者，妙万物而为言者也。”《周易·系辞上》：“阴阳不测之谓神。”王弼注云：“神也者，变化之极，妙万物而为言，不可以形诘。”这就是中国祭祀圣贤礼仪中把以往的圣贤作为“神”的原因。在这个意义上说，圣人也有神性，祭祀圣贤的礼仪从宗教的视角也类似于宗教仪式，但中国人重视的是通过祭祀活动对生者的道德教化作用，即“祭者教之本也”（《礼记·祭统》）、“慎终追远，民德归厚”（《论语·学而》）之义，而没有一味地追究神灵如何、神灵世界如何，进而构建一个彼岸世界，发展为宗教。所以，“祭祀以为人也”（《左传·僖公十九年》），非为神也，祭祀以人道为依归，彰显的是人文精

① 郭齐勇：《孔孟儒学的人格境界论》，《华中师范大学学报》（人文社会科学版），2000年第6期。

② 冯友兰：《贞元六书》，华东师范大学出版社，1996年版，第561页。

③ 牟宗三：《圆善论》，吉林出版集团有限责任公司，2010年版，第256页。

神。“所以说，儒家虽不同于一般的宗教，但它却是含有宗教意识的，是能表现宗教之功能作用的，是能显发宗教之超越精神的。只是它并不向上攀依，并不一往不返，而是‘摄宗教于人文’，以人文化成天下。终能使‘人本、神本、物本’通而为一，而完成一个‘正盈、圆盈’之教的基本模型。”[①] 就是说，在蔡仁厚看来，儒家是有宗教意识、发挥宗教功能、显示超越精神的，但总体上以人文统摄宗教，所以是一种“正盈、圆盈”之教模型。这实际上是对其师牟宗三先生圆教说的发挥。[②]

四、结语

孔子认为自己是学而知之，不是生而知之。另外，《论语・述而》中，孔子曰：“我非生而知之者，好古，敏以求之者也。”“太宰问于子贡曰：‘夫子圣者与？何其多能也？’子贡曰：‘固天纵之将圣，又多能也。’子闻之，曰：‘太宰知我乎？吾少也贱，故多能鄙事。君子多乎哉？不多也。’”《论语・子罕》中，孔子自认他是学而知之，经过一生努力，超凡入圣，在儒家圣贤谱系上承前启后，被称为“至圣”，具有典范意义。孔子之前的圣王是既圣且王，而孔子有德无位，却开启了儒家圣学、圣道、圣教的传统。此后颜回、曾子、子思、孟子也优入圣域，但成色略差，故以孔子为标准，分别是复圣、宗圣、述圣、亚圣，在文庙中成为紧贴孔子的四配，享受祭奠。其他哪怕是朱熹、王阳明这样的儒学大家，也只是大儒大贤。

孔子所体现的儒家超越精神是内在超越与外在超越的双重进路，并在他这里圆融一体。在内在超越方面，其渊源有西周的“敬德保民”和春秋“德”思潮，形成了以仁为核心，注重于修己以敬、心性修养

① 蔡仁厚：《孔子的生命境界：儒学的反思与开展》，吉林出版集团有限责任公司，2010 年版，第 16 页。

② 当代新儒家中，专论及于圆教者有方东美、唐君毅、牟宗三等，而尤以牟先生开发最多，详见王财贵：《新儒家圆教理论之特殊性》，《第三届当代新儒学国际学术会议论文集之二》，文津出版社，1997 年版，第 45—67 页。

的内圣，发展出了孟子和后来宋明理学的心性儒学传统；在外在超越方面，其渊源是上古以来的礼乐传统和春秋“礼”思潮，形成了以礼乐为主体，注重立礼成乐，以礼乐治国平天下的外王，发展出了荀子为代表的社会政治儒学传统。内在超越与外在超越的关系是合内外之道，此道即天道即人道，故也是天人合一之道。儒家或儒教的宗教性或宗教成分往往是通过相互联系的内在超越和外在超越体现出来的，内在超越如《孟子》《中庸》的“诚”，《大学》中的定、静、安、虑、得等，都涉及儒家的宗教性体验与道德实践；外在超越主要是祭祀礼仪使人们产生“与天地合其德，与日月合其明，与四时合其序，与鬼神合其吉凶”（《周易·文言传》）的宗教性体验与道德实践。从儒家思想整体看，这种超越性被道德统摄，故儒家有宗教性和宗教方面内容，但不是典型的宗教，而是以道德为依归的丰富复杂、博大精深的学术思想体系和修养实践体系。如果从中外文化比较来看，中国大致以内在超越为主，外在超越为辅；西方则以外在超越为主，内在超越为辅。

（原载《黑龙江社会科学》2021年第2期）

遍在与超越：儒家的形上追求及其实现路径

丁为祥　孙德仁

任何文化都不能没有超越追求，古诗所谓“人生不满百，常怀千岁忧”（《汉乐府·西门行》）可以说就是人之超越性追求的表现。但说到超越[①]，又不能不承认这是一个极容易导致分歧的问题。据说当年仓颉造字，本来是文明的一种发展与进步，但在《淮南子》的诠释中，却出现了所谓“天雨粟，鬼夜哭”的现象，为什么会如此呢？在《淮南子》看来，这就主要是因为“能愈多而德愈薄矣”（《淮南子·本经训》）。很明显，对于同一事件之不同方向的诠释，也就体现着不同的超越性指向，或者说不同的诠释方向首先就是由其不同的超越性指向决定的。所以，中国文化确实存在着不同的超越性指向；而各种不同的思想流派及其相互的分歧，也就首先体现在其不同的超越性指向上。但中国文化同时又是一种特别注重融合的文化，各种不同文化之异彩纷呈，同时又表现着中国文化之相互吸取与相互融合的能力。

一、儒与道：从“互绌”到“互补”

从中国文化之原生态来看，其不同追求指向的分歧可能无过于儒

① 关于超越、超越意识或超越性追求，都是由对“此在”人生的自觉与不满所引发的人类追求精神的一种普遍现象，所以说“常怀千岁忧”本身就表现了人的一种最基本的超越祈向。但所有的超越都必须从“此在”出发——所谓“千岁忧”固然表现了个体对“此在”生命的一种超越性期盼，而老子的“天下万物生于有，有生于无”（《道德经》第四十章）则表现了道家对天地万物生成演化之宇宙论式的超越；至于佛教“有无双遣”之“缘起”论说以及其“本空”智慧，则又蕴含着一种对宇宙万物生成演化之本体论式的超越。就中国哲学的超越性指向而言，它虽然发端于对“此在”人生的自觉与不满，而宇宙论与本体论则分别代表着其超越追求的两个不同层级，从这个角度看，其超越又必须以形上境界作为追求指向。

道两家。当孔子形成继绝存亡的人生志向后，他曾专赴洛阳向老子请教礼的问题，结果却被老子批评了一顿。老子曰：

> 子所言者，其人与骨皆已朽矣，独其言在耳。且君子得其时则驾，不得其时则蓬累而行。吾闻之，良贾深藏若虚，君子盛德，容貌若愚。去子之骄气与多欲，态色与淫志，是皆无益于子之身。吾所以告子，若是而已。(《史记·老庄申韩列传》)

老子的这一批评主要在于提醒孔子“君子盛德，容貌若愚”，因而做人也就应当像良贾那样“深藏”，而不要有什么远大志向，因为所有远大的志向不仅“无益于子之身”，而且只能招致不断地被伤害。老子对于存身的重视，也可见于《道德经》所谓的“吾所以有大患者，为吾有身。及吾无身，吾有何患”(《道德经》第十三章）的说法。但老子的这一批评却并不对应于孔子之问，也没有回答孔子的问题。因为孔子是为了弄清礼的问题才来请教的，而从老子所概括的“子所言者，其人与骨皆已朽矣，独其言在耳”来看，也说明孔子所请教的都是历史上有所作为的圣贤；至于老子的关怀则主要定位在自我之如何存身、如何免遭伤害上。所以，对于这一会面，司马迁归结说：“世之学老子者则绌儒学，儒学亦绌老子。‘道不同，不相为谋’，岂谓是邪？”(《史记·老庄申韩列传》）中国历史上的儒道互绌，可能也就以这种不同关怀侧重与不同追求指向的方式表现出来了。

但如果比较两家的思想，则儒道之间的分歧与互绌并不止这一点。因为对社会现实的思考固然可以使他们形成不同的关怀侧重，但其不同关怀侧重的形成无疑还存在着较为复杂的思想文化根源。比如同样面对“礼崩乐坏”的现实，孔子无疑是从道德理想出发而思以救之，而老子则主要关怀自我之如何存身以免遭伤害。对于人伦文明，孔子主张德治，强调礼乐教化，而老子则认为“失道而后德”，主张“小国寡民”，并认为只有退回到“使人复结绳而用之”(《道德经》第八十章）的时代才算是至德之世。至于人生愿望，孔子希望“老者安之，朋友信之，少者怀之”(《论语·公冶长》)，老子则认为“如婴儿之未孩”

才是人生的最佳状态，因为婴儿的特点恰恰在于"于世无伤"，故"蜂虿虺蛇不螫，猛兽不据，攫鸟不搏"（《道德经》第五十五章）。总之，由于老子认为文明每一步的发展都意味着人之德性的退化，所以就主张唾弃文明，希望退回到那种"鸡犬之声相闻，民至老死不相往来"（《道德经》第八十章）的状态去。至于宇宙观，老子也持同样的逻辑，即所谓"天下万物生于有，有生于无"（《道德经》第四十章），所以就要退回到那个"惚兮恍兮，其中有象；恍兮惚兮，其中有物"（《道德经》第二十六章）的状态去。那么，老子是否真的认为只有原始的洪荒状态才代表着人的至上追求呢？其实也未必，他不过是通过对文明与德性之反比关系的认知来表示自己的人生忧虑而已，所以，后来王弼所概括的"崇本息末而已"[①]则差可比拟老子的人生追求。

对于老子这种认识，笔者曾将其概括为"反向溯源"的认知视角，即对于任何一种事物，老子都要求溯其根源，并从始源的角度加以把握；而其具体表现，则可以称为"崇本以息末，守母以存子"[②]的认知视角。作为一种文化指向，也可以说是沿着时间的维度所展开的一种"反向溯源性"的认知指向。[③]由于这种"溯源"是沿着时间的维度展开的，因而也可以称之为宇宙论的模式。但老子这种"有生于无"之"反向溯源"的宇宙论视角却受到了庄子的批评。庄子指出：

> 有有也者，有无也者，有未始有无也者，有未始有夫未始有无也者。俄而有无矣，而未知有无之果孰有孰无也。（《庄子·齐物论》）

庄子的批评就是指老子这种"有生于无"式的追溯实际上是陷入了一种"恶无限性"，但却仍然解决不了有与无之"果孰有孰无"的问题。所以庄子就必须另辟蹊径，并通过"天地与我并生，而万物与我

① （魏）王弼：《老子指略》，楼宇烈：《老子道德经注校释》，中华书局，2008年版，第198页。
② 同上书，第196页。
③ 于为祥：《论"儒道互补"的结构性特征》，《哲学研究》2018年第9期。

为一”（《庄子·齐物论》）之“共在”的方式来回答这一问题。

但庄子的这一转向其实是转向了“太虚”这种空间维度的回答，所以也就有了其所谓的“并生”“为一”之说。实际上，对于老子这种宇宙论式的追溯最根本的抗衡力量主要来自儒家。一般说来，儒家对于事物的把握方式往往表现为两个维度：就事物之整体际遇及其命运而言，儒家往往会表现为一种“向前看”，这一点尤其表现着其与道家“反向溯源”视角的对立，比如孔子关于人生的许多论述，诸如“为学”“立志”以及人生理想等等，虽然也是从时间的维度展开的，但究竟是“反向溯源”还是“指向未来”却表现着儒道两家在视角上的对立；而就事物本身所以如此的性质而言，儒家往往又会表现出一种所谓内向或内在性思考，这就像孔子在分析鲁国政治时所概括的“祸起萧墙”（《论语·季氏》）一样。儒家把握事物的这两个维度，前一个维度固然与道家相反，但都属于通过时间加以展现的宇宙论维度；而后一个维度即所谓内向性思考，后来又成为其与佛家诸多因缘的主要视角。

儒家的这两个维度，分别表现在《易传》与《中庸》两个文本中。《易传》相传为孔子所作，但从其中大量的“子曰”来看，显然未必出于孔子，不过，说其成于七十子之手当是较为可信的。而《易传》最重要的一点，就在于系统地表达了儒家的宇宙论思想。比如：

> 《易》有太极，是生两仪。两仪生四象。四象生八卦。八卦定吉凶，吉凶生大业。（《周易·系辞上》）
>
> 天尊地卑，乾坤定矣。卑高以陈，贵贱位矣。动静有常，刚柔见矣。是故刚柔相摩，八卦相荡，鼓之以雷霆，润之以风雨；日月运行，一寒一暑。乾道成男，坤道成女。（《周易·系辞上》）
>
> 有天地然后有万物，有万物然后有男女，有男女然后有夫妇，有夫妇然后有父子，有父子然后有君臣，有君臣然后有上下，有上下然后礼义有所错（措）。（《周易·序卦》）

这无疑表现了儒家的宇宙论思想。但这种宇宙论之不同于道家主要在于两个方面：其一，道家的宇宙论是反向溯源的结果，也是通过反向溯源的方式表现出来的；而儒家的宇宙论则正好相反，它不是指向宇宙之始源，而是从某个始源（比如“太极”“天地”）出发以指向未来，儒家之所以重视生生之道，既有所谓“生生之谓易”（《周易·系辞上》）的原因，同时又有“天地之大德曰生”的缘由，实际上都是通过“天地之大德”的“生生之道”以指向未来的。其二，儒家的宇宙论之不同于道家，还在于其宇宙论中的一切事物都带有强烈的道德烙印，比如从“天地”“动静”“刚柔”一直到“日月”“寒暑”“男女”，实际上都既有自然的属性，同时也带有道德的属性。这又是与道家所根本不同的。如果说道家的宇宙论主要表现为一种“守母以存子”的生存智慧，那么儒家的宇宙论则主要表现了一种“天地之大德曰生”的精神。

至于《中庸》，则是明确通过内在性原则表现了儒家的一种超越追求精神。当然，《中庸》的形成本身既可以说是儒道思想相冲突的产物，也可以说是儒家对于道墨两家尤其是道家的反应与表现。请看《中庸》的如下表达：

> 天命之谓性，率性之谓道，修道之谓教。道也者，不可须臾离也，可离非道也……喜怒哀乐之未发，谓之中；发而皆中节，谓之和；中也者，天下之大本也；和也者，天下之达道也。致中和，天地位焉，万物育焉。（《礼记·中庸》）
>
> 唯天下至诚，为能尽其性；能尽其性，则能尽人之性；能尽人之性，则能尽物之性；能尽物之性，则可以赞天地之化育，可以赞天地之化育，则可以与天地参矣。（《礼记·中庸》）

这是《中庸》前后两个部分的起首两段，也可以视为子思在道墨两家的左右夹逼下对儒家思想的一种重新整理与学理化表达。但在这一表达中，儒家既有其内在的天人合一根据，也有其外在的“天地位焉，万物育焉”之所谓宇宙论关怀；而对儒者个体来说，这种立足于天人合一基础上的宇宙论关怀，也就是人的“参天地、赞化育”追求。

本来，从《中庸》的这一表达到孟子的“君子所性”[①]，实际上就已经展现了儒家的一种带有境界性质的宇宙论关怀，但由于这种宇宙论的个体性与应然特色，与实然世界之间还有一定的距离，加之其后荀子又完全从实然世界出发，既消解天的神圣性，同时又排除了人与天之间的道德性关联，而其关于实然宇宙之见解又完全符合人们的见闻知觉。所以，荀子也就完全从人之感觉见闻的客观性与普遍性出发，从而形成了一种建立在客观普遍性基础上的宇宙论：

> 水火有气而无生，草木有生而无知，禽兽有知而无义；人有气、有生、有知亦且有义，故最为天下贵也。(《荀子·王制》)

这种从“水火”到“草木”再到“禽兽”一直到“有气、有生、有知亦且有义”之“人”的规模，就是一种标准的宇宙论；而这种宇宙论的特色，也就在于通过实然的气机生化，渐进且阶梯性地说明了现实世界的形成，因而也非常符合人们对于天地万物所以生成的一般性常识。

在这一基础上，也就形成了一种建立在实然存在与人之见闻知觉基础上的客观宇宙论。所以，在《易传》、荀子的影响下，汉儒的宇宙论也就表现为如下情形：

> 天地未分之前，有太易，有太初，有太始，有太素，有太极，是为五运。形象未分，谓之太易；元气始萌，谓之太初；气形之端，谓之太始；形变有质，谓之太素；质形已具，谓之太极。五气渐变，谓之五运。(《孝经纬·钩命诀》)

从荀子到汉儒，其宇宙论实际上都建立在这种气机生化的基础上，所谓气机生化，实际上不过是人对自身见闻知觉之一种“宇宙论玄

① 孟子云：“君子所性，仁、义、礼、智根于心，其生色也，睟然见于面，盎于背，施于四体，四体不言而喻。”(《孟子·尽心上》) 这就表现了一种带有境界性质的宇宙论情怀。

想”[1]或“宇宙论推演”而已，所以其既有一种无可否认的客观性，也能够从人的见闻知觉中得到证明。但这种宇宙论并不专属于儒家，毋宁说是儒道融合的产物。[2]首先，从孔子与老子的分歧来看，其视角之差别就表现在实然的“存身”关怀与应然的道德理想之间。其次，老子宇宙论的指向是反向溯源的，而儒家的宇宙论则是参天地赞化育而指向未来的，就此而言，这种宇宙论无疑借鉴了道家实然世界基础上的认知视角，而其性质与关怀指向又归本于儒家。因而也可以说，汉唐宇宙论的形成本身就是儒道融合的产物。如果说孔子与老子的相会就是儒道分歧的起始，那么汉唐宇宙生化论的形成也就代表着儒道两家“互补”性视角的初步形成。

二、儒佛道：从“并行”走向“融合”

儒道两家宇宙论的融合代表着其相互形成了一种基本的共识，虽然这种共识并不意味着思想视角的完全一致，但对我们置身其中的这个世界而言，毕竟代表着一个共同认可的世界。儒道两家都属于中国本土的思想流派，相互虽然有异，毕竟也有同的一面，因而从一定程度上说，所谓儒道融合也就可以说是一种求同存异式的统一。

但数百年后，这种以儒家为主、以道家为辅的宇宙生化论却不得不遭逢一次从未经历过的严厉批评，这就是由印度传来的佛教所提出的批评。如果说儒道两家的思想视角虽然有异，毕竟还共享一个生存世界；至于相互的思想视角之异，对双方而言也可以说是心知肚明的。但对于佛教这个外来者而言，则其相互之“异”就超过了儒道两家所固有的共识与传统；至于其批评，对儒道两家所津津守护的相互之异

① 刘述先先生曾把这种既没有实证根据但又比较符合人们认知之见闻逻辑的宇宙论描述称为“宇宙论的玄想”，参见刘述先：《朱子哲学思想的发展与完成》，台湾学生书局，1995 年版，第 273 页。

② 关于荀子思想之儒道融合特色，参见丁为祥：《发生与诠释——儒学形成、发展之主体向度的追寻》中的“儒道之前后式统一——荀学的规模及其走向”一节，人民出版社，2015 年版，第 318—335 页。

同时又作为各自的传统而言，虽然也有“异”的成分，但在佛教看来，儒道两家本质上却是同一的。这样一来，对佛教而言，也就必须对儒道两家进行一种概括性的捆绑——揭示其共同本质的批评。而这种批评主要是以华严五祖宗密的《华严原人论》为代表的，宗密写道：

> 今习儒道者，只知近则乃祖乃父，传体相续，受得此身；远则混沌一气，剖为阴阳之二，二生天、地、人三，三生万物，万物与人，皆气为本。[①]
>
> ……天地之气本无知也，人禀无知之气，安得欻起而有知乎？草木亦皆禀气，何不知乎？又言，贫富贵贱，贤愚善恶、吉凶祸福皆由天命者，则天之赋命，奚有贫多富少，贱多贵少，乃至祸多福少？苟多少之分在天，天何不平乎？[②]
>
> 所言万物皆由虚无大道而生者，大道即是生死贤愚之本，吉凶祸福之基。基本既其常存，则祸乱凶愚不可除也，福庆贤善不可益也，何用老庄之教耶？[③]

上述反诘，不仅批评了儒道两家所共同认可的宇宙生化论，而且在宗密看来，仅仅立足“混沌一气”基础上的宇宙生化论既不足以说明人与草木的区别，也不足以说明人生中何以会存在“贫富贵贱”与“贤愚善恶”的现象。这说明，仅仅立足于“混沌一气”并不足以说明人伦世界之所以形成，也不足以说明人与人的差别，更不足以支撑人伦文明本身。所以，经过对儒佛道三教理论的一番比勘之后，宗密总结说：“二教唯权，佛兼权实。策万行，惩恶劝善，同归于治，则三教皆可遵行；推万法，穷理尽性，则佛教方为决了。”[④]对于儒道两家而言，这就等于是对其以气为本之宇宙生化论的一种穷根究底的批评。

那么，宗密这种批评的根据何在呢？就其批评的依据而言，主要

①〔唐〕宗密:《华严原人论 · 序》，石俊、董群校释，中华书局，2019年版，第11页。
② 同上书，第64—66页。
③ 同上书，第37页。
④ 同上书，第21页。

在于佛教的缘起论；而佛教理论所以成立之根本依据，又在于其“八不正道”与“八正道”所彰显的“空”。关于佛教对儒道两家“混沌一气”之宇宙生化论在学理层面的批评，这一点其实在僧肇从“独得老庄之心要”[①]到最后皈依于大乘空宗的过程中就已经表现出来了；而其批评，也就集中在儒道两家宇宙生化论之有、无“相生”上。肇论写道：

> 然则万物果有其所以不有，有其所以不无。有其所以不有，故虽有而非有；有其所以不无，故虽无而非无。虽无而非无，无者不绝虚；虽有而非有，有者非真有。若有而不即真，无不夷迹，然则有无异称，其致一也。
>
> ……《中观》云：物从因缘故不有，缘起故不无。寻理即其然矣。所以然者，夫有若真有，有自常有，岂待缘而后有哉？譬彼真无，无自常无，岂待缘而后无也？若有不能自有，待缘而后有者，故知有非真有。有非真有，虽有不可谓之有矣。不无者，夫无则湛然不动，可谓之无。万物若无，则不应起，起则非无，以明缘起故不无也。[②]

这就是说，儒道两家的宇宙生化论所以成立的依据说到底不过是一种“有无相生”或“有无异称”而已，而在僧肇看来，无论是“有”还是“无”，实际上都不足以自立，说到底不过是一种因缘起现而已。所以说“有其所以不有，故虽有而非有；有其所以不无，故虽无而非无”，意即支撑“有”的并不是“有”本身，而是缘起；支撑“无”的也不是“无”自身，而是缘灭。那么所谓“有无”又是如何成立的呢？这就是“物从因缘故不有，缘起故不无”——既然万事万物都是因缘而起，因缘而灭，那么它就既不是真有，也不是真无——既然儒道两家的“有无相生”都要通过佛教的缘起缘灭之说来获得自身的存在规

①〔南北朝〕慧皎：《僧肇传》，《高僧传》卷五，中华书局，1992年版，第249页。
②〔东晋〕僧肇：《不真空论》，张春波：《肇论校释》，中华书局，2010年版，第52、56页。

定，那么这就正好证明了佛教的“诸法无自性”[①]——所谓缘起缘灭之“空”而已。

应当承认，当僧肇从“独得老庄之心要”到接受大乘佛学之“空观”智慧时，就已经从缘起缘灭的角度完成了对儒道两家“以气为本”之宇宙生化论的扬弃。而其所引用《中论》的以“不生亦不灭，不常亦不断，不一亦不异，不来亦不出”[②]为特色的“八不正道”也确实是“能说是因缘，善灭诸戏论”[③]的；至于佛教所倡导的“八正道”“四圣谛”等就已经进入佛教之修行法门了。但由于当时的儒家学者仍然从所谓“形神”关系的角度来讨论实存与形上境界的关系，因而由肇论所提出的问题其实并没有得到儒道两家的重视。[④]这就使宗密不得不以“原人论”的方式来批评儒道两家的宇宙生化论了。

从宗密“原人论”的批评上溯肇论以缘起论与中观破除儒道两家建立在“有无异称”基础上的宇宙生化论，可以看出佛教主要在于突出“本空”与“假有”两重世界的统一。在佛教看来，儒道两家的宇宙生化论说到底不过就是建立在缘起缘灭基础上的“假有”立论而已，根本没有达到“中观”的高度，当然也无法理解佛教的“本空”智慧。那么，佛教的“本空”又指什么呢？实际上，佛教的“空”既不是指实存意义上的实体空，也不是指境界意义上的寂灭空，而仅仅是指“诸法无自性”——所谓生生化化的缘起缘灭世界根本就没有一个足以支撑自己存在的依据而已，所以《中论》强调说：“众因缘生法，我说即是空。亦为是假名，亦是中道义。”[⑤]意即所有的实然生化万象，都是因缘而起，因缘而灭，所以就有“我说即是空”一说，但这个“空”只是破除各种因缘，指出各种因缘之无自性而已，并不是认为在因缘之外或因缘之后还存在着一个所谓“本空”的世界。因而，佛教的这

① 龙树著，鸠摩罗什译:《中论 · 观因缘品》,《大正藏》卷三十，第 0003b 页。

② 同上书，第 0001b 页。

③ 同上。

④ 丁为翔:《从“形神之辨”到“性气之归”——中国哲学的特征及其内在张力》,《陕西师范大学学报》2017 年第 6 期。

⑤ 龙树著，鸠摩罗什译:《中论 · 观因缘品》,《大正藏》卷三十，第 0033b 页。

个“空”实际上只具有破除、否定之空化义，却并不具有实际存在的意义。①

但对儒道两家来说，能够理解佛教的缘起缘灭之说，大体上也就可以理解其“众因缘生法，我说即是空”了。不过，由于儒道两家并不能放弃自己的实然世界以及建立在这个实存世界基础上的现实关怀，因而虽然人们也可以理解所有的实然生化说到底不过是一种缘起缘灭现象，但儒道两家却仍然要从自己天人合一的理论背景出发来理解佛教的“本空”说，这样，佛教所谓缘起世界就被儒道两家理解为一种“妙有”，而支撑这个“妙有”的则是一种以“空”为本的“本空”世界。如此一来，佛教的缘起论就被理解为现象界；而其所谓“本空”则被理解为一种本体世界。这就形成了儒佛道三教各自的理论依据：有、无、空；至于所谓气机生化现象，则属于三教所共享并公认的现实世界。

经过两晋南北朝士人的广泛熏习，佛教已经牢牢占据了以形上追求为特征的“本空”世界，而在佛教刺激下的道教，又占据了“山林”世界。这样，对儒学而言，也就只能固守于注经一隅了，这就是“三教并行”；至于“方内”与“方外”的比喻，则又属于儒家世俗世界对于自身与佛道二教的一种建立在比较基础上的特殊称呼。由于佛老占据了方外世界，且有其高深的理论为据；而儒学则由于其既不脱离世俗生活，又不脱离官场政治，因而往往被讥之为方内俗学。这种方内与方外的对峙格局，一直维系到宋明理学崛起。所以，当张载著《正蒙》时，其弟子范育还不得不因为这一时代常识而为张载辩解说：

> 自孔孟没，学绝道丧千有余年，处士横议，异端间作，若浮屠老子之书，天下共传，与《六经》并行。而其徒侈其说，以为大道

① 关于佛教“空”的这一涵义，是牟宗三通过对佛教之“空”与宋明理学家批评佛老以“空无为本”的详细比勘才得以发现的。从这个意义上说，宋明以来人们动辄指责佛老以“空无为本”云云，起码对佛教而言，其批评是不相应的，亦即其批评并没有准确理解佛教之“空”的原本涵义。请参阅牟宗三:《心体与性体》(一)“附录”——《佛家体用义之衡定》,《牟宗三先生全集》第5册，联经出版事业有限公司，2003年版，第599—688页。

精微之理，儒家之所不能谈，必取吾书为正。世之儒者亦自许曰："吾之《六经》未尝语也，孔孟未尝及也"，从而信其书，宗其道，天下靡然同风……①

范育的这一描述，可以说是对张载时代中国思想格局的一种准确把握。而这一点同时也构成了张载哲学探讨的现实出发点。

另一方面，由于代表方外世界的佛老之学从来都没有停止向方内世界的渗透与发展，不仅向代表庙堂的官场进军（当时已有"缁衣宰相"的说法），同时也在不断地向儒家世俗世界与经典系统渗透。而儒家的《中庸》《大学》，原本只是《礼记》所汇集的杂篇碎章，在汉唐经学的古老套路中也并未得到应有的重视，正是佛教徒的率先研读才发现了其中的微言大义，并以之服务于佛门修养。这就形成了一种"融合"的趋势，但却是由佛教所率先发起的；接着，道家、道教不仅形成了"重玄"的走向，而且也从外丹走向内丹，这又代表着道教的新动向。所有这些，都代表着一种新的思潮走向，这就是"三教融合"。在这种条件下，宋明理学作为儒学再次崛起的代表，不过是顺应隋唐以降"三教融合"的大趋势而已。

三、"虚气相即"：天道体用两面的统一

那么，作为"三教融合"的后来者与儒学再次崛起的代表，宋明理学究竟要解决什么问题呢？这就是儒家传统的"天人合一"以及如何对其进行重新论证与具体落实的问题。这一问题不仅构成了整个理学的中枢与轴心，而且也体现着"三教融合"的精神以及对佛老智慧的积极吸取，包括对儒学自身理论规模的拓展与推进。而这种推进、深入与拓展，也就以"首""尾"的方式集中体现在理学从张载到王阳明的发展中，尤其体现在张载的"天人合一"论与王阳明的"知行并在"说中。

①〔宋〕张载:《张载集》，中华书局，1978 年版，第 4—5 页。

作为宋明理学的奠基人之一，张载所面临的首要问题，就是如何能够在吸取佛老形上智慧的基础上重塑儒家的超越追求，这就包含着对一直作为儒家开物成务之依据的“天”之重新理解与重新塑造。由于当时陕西处于宋与西夏军事对峙的前沿，因而张载早年也曾研究兵法，并为抗击西夏上书时任陕西经略副史的范仲淹，“公一见知其远器，欲成就之，乃责之曰：‘儒者自有名教，何事于兵！’因劝读《中庸》。先生读其书，虽爱之，犹未以为足也，于是又访诸释老之书，累年尽究其说，知无所得，反而求之《六经》”[①]。在对佛老之学认真钻研的基础上，张载的一个基本发现，就是“知人而不知天，求为贤人而不求为圣人，此秦汉以来学者大蔽也”[②]。此后，又经过反复的参照比较，他进而认为，“孔孟而后，其心不传，如荀、扬皆不能知”[③]。

那么，在这些认知的基础上，张载究竟如何重塑儒家的“天人合一”追求呢？对于这一问题，张载确实形成了一些不同于秦汉儒者的论述，比如他明确推翻了秦汉儒者对于“天”的原有看法，并认为“天无心”“天本无心”。张载指出：

> 天无心，心都在人之心。一人私见固不足尽，至于众人之心同一则却是天理，总之则却是天。故曰天曰帝者，皆民之情然也，讴歌讼狱之不之焉，人也而以为天命。[④]
>
> 天本无心，及其生成万物，则须归功于天，曰：此天地之仁也。[⑤]
>
> 人鲜识天，天竟不可方体，姑指日月星辰处，视以为天。[⑥]

很明显，张载确实推翻了前人关于“天”的种种论说，但他既认为“天本无心”，又明确坚持“及其生成万物，则须归功于天”，并且

①〔宋〕张载：《张载集》，中华书局，1978年版，第381页。
② 同上书，第386页。
③ 同上书，第273页。
④ 同上书，第256页。
⑤ 同上书，第266页。
⑥ 同上书，第177页。

还认为“天竟不可方体”，那么这个“天”的含义也就大可值得深究；至于“指日月星辰处，视以为天”，则说到底不过是一种“姑指”而已。这说明，张载的“天”确实已经有了新的内涵。

那么这个新内涵是什么呢？这就必须从形上本体的高度来重新规定“天”。由于“天竟不可方体”，所以张载只能借助无形无象的“太虚”来规定；至于所谓气化流行，则如“指日月星辰处，视以为天”一样，说到底不过是一种“姑指”而已。于是，张载对于“天”以及围绕天道本体所展开的哲学体系就有了如下规定：

> 由太虚，有天之名；由气化，有道之名；合虚与气，有性之名；合性与知觉，有心之名。[①]
>
> 太虚者，气之（所）体。气有阴阳，屈伸相感（而）(之）无穷，故神之应也无穷；其散无数，故神之应也无数。虽无穷，其实湛然；虽无数，其实一而已。阴阳之气，散则万殊，人莫知其一也；合则混然，人不见其殊也。[②]

从张载对“太虚”与“气化”的这些不同规定来看，二者完全是一种体用关系；而“太虚”与“气化”之存在方式，也就是一种“虚气相即”的方式。“虚气相即”是笔者二十多年前关于张载哲学之博士论文出版时所用的书名，[③]但在揭示张载天道体用两面之相即而又统一这一点上还是比较准确的，笔者觉得也能够接受历史的检验。

正因为张载澄清了天道之体用两面，所以他才能够依据这种体用关系展开对佛老之学反戈一击的批评。比如还在《正蒙》的首章，张载就明确写道：

> 彼语寂灭者往而不返，徇生执有者物而不化，二者虽有间矣，以言乎失道则均焉。

---

①〔宋〕张载:《张载集》，中华书局，1978 年版，第 9 页。
② 同上书，第 184 页。
③ 丁为祥:《虚气相即——张载哲学体系及其定位》，人民出版社，2000 年版。

聚亦吾体，散亦吾体，知死之不亡者，可与言性矣。[①]

……若谓虚能生气，则虚无穷，气有限，体用殊绝，入老氏“有生于无”自然之论，不识所谓有无混一之常；若谓万象为太虚中所见之物，则物与虚不相资，形自形，性自性，形性、天人不相待而有，陷于浮屠以山河大地为见病之说。此道不明，正由懵者略知体虚空为性，不知本天道为用，反以人见之小因缘天地。明有不尽，则诬世界乾坤为幻化。[②]

在这一总体性的批评中，所谓“语寂灭者”，自然指佛教及其涅槃追求而言，而所谓“徇生执有”，则是指道教之长生久视追求；至于所谓“以言乎失道则均焉”，则又指二者都陷入了一种理论上的“体用殊绝”。因而，张载之所以认为聚散皆“吾体”，从其“姑指”的角度看，固然都是指气化流行而言的，但从形上超越的角度看，则又不过是“吾体”之不同状态与不同表现而已。所以在他看来，“知死之不亡者，可与言性矣”；至于“姑指”“聚散”以及其所表现的气化流行，说到底也都是天道本体的作用表现。因而气化流行包括所谓聚散表现，都是不足以言说“死而不亡”之性的。至于佛道两家之理论错谬，自然属于“体用殊绝”；而与之相反的儒学，则可以“虚气相即”之体用不二来概括。

在这一基础上，儒学的发展方向也就明确了，这就可以以如下语言来表达：

天人异用，不足以言诚；天人异知，不足以尽明。所谓诚明者，性与天道不见乎小大之别也。[③]

天所性者通极于道，气之昏明不足以蔽之；天所命者通极于性，遇之吉凶不足以戕之；不免乎蔽之戕之者，未之学也。性通乎气之外，命行乎气之内，气无内外，假有形而言尔。故思知人不可

①〔宋〕张载:《张载集》，中华书局，1978年版，第7页。
② 同上书，第8页。
③ 同上书，第20页。

不知天，尽其性然后能至于命。[①]

这里所谓“诚明”，正是就“虚气相即”之人生落实及其表现而言的：而“太虚”作为“天德”“天道”之根本依据，也就落实在人道之“诚”上；至于人之禀气赋形，则既是气化流行的表现，同时也需要人的认知之“明”才能掌握。所以说：“天所性者通极于道，气之昏明不足以蔽之……性通乎气之外，命行乎气之内。”从这个角度看，儒家的天人合一追求，就既要“诚明两进”，同时还必须通过个体的“尽性然后能至于命”来实现。这也可以说是张载关于宋明理学天人合一追求的一个标准表达。

四、“知行并在”：体用不二之人生表现

张载虽然准确地表达了宋明理学的天人合一追求，但对后者而言，这只是一个超越性理想性的指向。至于这种理想究竟如何才能落实以及怎样才能进入现实的人生，这又集中表现在王阳明的“知行并在”说中。

所谓“知行并在”其实只是王阳明“知行合一”说的一个指标性表达，意即“只说一个知已自有行在；只说一个行已自有知在”[②]，实际上也就是对其“知行”之所以“合一”的一个具体说明。关于王阳明的“知行合一”及其基本指谓，笔者可以说是言之屡屡，[③]概要而言，也就是从人之主客、身心到知行两面，都具有一齐并到的特征，所以，王阳明曾借用身心关系，将其称之为“形著习察，实有诸己者也”[④]，意

①〔宋〕张载：《张载集》，中华书局，1978年版，第21页。

②〔明〕王守仁撰，吴光等编校：《王阳明全集》，上海古籍出版社，1992年版，第4页。

③丁为翔：《王阳明“知行合一”之内解内证》，《哲学与文化》2016年第8期；《王阳明“知行合一”的本意及其指向》，《孔学堂》2016年第3期。

④王阳明在《答罗整庵少宰书》中写道：“世之讲学者有二，有讲之以身心者，有讲之以口耳者。讲之以口耳，揣摸测度，求之影响者也；讲之以身心，形著习察，实有诸己者也，知此则知孔门之学矣。”详见〔明〕王守仁撰，吴光等编校：《王阳明全集》，上海古籍出版社，1992年版，第75页。

即人的内在自觉（习察）之知与外在推致（形著）之行的一时并到性。

正由于王阳明的“知行合一”主要是将知行关系提升到主客、内外与身心关系的角度来把握的，因而也就不期而然地与先秦儒学尤其是儒家经典系统中的说法统一起来了。请看如下观点：

> 有诸内，必形诸外。(《孟子·告子下》)
>
> ……诚于中，形于外，故君子必慎其独也。(《礼记·大学》)

所以，王阳明“知行合一”说的全部根据也就在于《孟子》与《大学》关于人之内外在世界的一致性上，所谓“身心之学”“知行合一之教”包括其“形著习察”表现，其依据也就在于孟子的“有诸内，必形诸外”一点上。

但是，如果将王阳明的“知行并在”说与先秦儒学的内外一致逻辑稍加比较，又会发现其相互之间还具有一种互逆而又互证的特征。请看其不同的论证方式：

> 仁形于内谓之德之行，不形于内谓之行。义形于内谓之德之行，不形于内谓之行。礼形于内谓之德之行，不形于内谓之行。智形于内谓之德之行，不形于内谓之行。圣形于内谓之德之行，不形于内谓之行。①
>
> 今人却就将知行分作两件去做，以为必先知了然后能行，我如今且去讲习讨论做知的工夫，待知得真了方去做行的工夫，故遂终身不行，亦遂终身不知。②

如果对上述两段稍加比较，就可看出《五行》篇主要在于强调人的外在行为必须有其内在的依据，不然的话，就仅仅是一种装样子的“行”，所以就要反复对比有内在根据的“德之行”与仅仅见之于外在表现之“行”的差别。而王阳明关于“知行合一”的论证则主要在于强调主体的内在之知必须落实到能够见之于外在的客观行为中，

① 湖北荆门市博物馆编:《郭店楚墓竹简·五行》，文物出版社，1998年版，第149页。
②〔明〕王守仁撰，吴光等编校:《王阳明全集》，上海古籍出版社，1992年版，第4—5页。

不然的话，就是“被私欲隔断，不是知行的本体了”[①]。这样看来，《五行》篇的逻辑主要在于强调人之德行必须有其内在的依据从而表现于“外”；而王阳明的“知行合一”则主要在于强调必须以其客观“外在的行为”（行）来证明其“内在的德性”（知），并认为，如果不能见之于外在的行为，那就是“被私欲隔断”，所以说，只要“终身不行”，那也就只能说是“终身不知”了。

“知行并在”与“德之行”的这种互逆而又互证的关系，就使儒家的道德理性成为一种内外双彰的关系，而这种内外双彰首先表现在张载具体表达其天人合一追求的“虚气相即”上，亦即天人合一首先也就表现在天道本体之体用两面的相即不离上。当然，二者也有一定的区别，所谓“虚气相即”主要在于表达天道本体及其发用流行两面的统一——“太虚”与“气”，正好代表着天道之体用两面，所以张载总是强调“太虚不能无气，气不能不聚而为万物，万物不能不散而为太虚”[②]。说到底，“太虚”与“气”包括天下万物，都是一种体用相即的关系。但到了王阳明，则这种关系也就落实为主客、身心、内外与知行的互逆与互证关系了，所以阳明说：“夫体用一源也，知体之所以为用，则知用之所以为体者矣。”[③]又说：“盖体用一源，有是体即有是用，有未发之中，即有发而中节之和。今人未能有发而中节之和，须知是他未发之中亦未能全得。”[④]也就是说，天人合一落实于人道，也就必然要体现在人的“知行并在”的活动中。这样一来，当从张载的天人、虚气包括诚明关系进展到王阳明的身心、内外与知行关系时，也就表明儒家的天人合一追求已经从天道领域进入人生实践的范围了，而王阳明的“知行并在”正是将儒家的天人合一追求落实于愚夫愚妇之伦常日用中的表现。从这个角度说，王阳明的“知行合一”也就代表着对儒家道德理性及其天人合一精神之一种人生实践的落实，不仅落实

①〔明〕王守仁撰，吴光等编校：《王阳明全集》，上海古籍出版社，1992年版，第4页。
②〔宋〕张载：《张载集》，中华书局，1978年版，第7页。
③〔明〕王守仁撰，吴光等编校：《王阳明全集》，上海古籍出版社，1992年版，第146页。
④同上书，第17页。

于愚夫愚妇的日常生活中，而且也落实到愚夫愚妇的“一念发动”[①]之间了。

在这一基础上，佛教的本体超越意识（一定程度上也包括道家的宇宙根源意识），也就全然落实并凝聚于儒家的人伦世教与日用酬酢之中了。请看王阳明与其弟子的一段对话：

> 先生尝言：“佛氏不著相，其实著了相。吾儒著相，其实不著相。”
>
> 请问。
>
> 曰“佛怕父子累，却逃了父子；怕君臣累，却逃了君臣；怕夫妇累，却逃了夫妇：都是为个君臣、父子、夫妇著了相，便须逃避。如吾儒有个父子，还他以仁；有个君臣，还他以义；有个夫妇，还他以别；何曾著父子、君臣、夫妇的相？”[②]

很明显，正像张载曾以儒家的“体用不二”来批评佛老的“体用殊绝”一样，王阳明这里也是以儒家伦常生活中的处处“著相”来证明其实际上的“不著相”；而佛家看起来是“一相不著”，实际上却恰恰表现了时时处处的“著相”。那么，王阳明为什么能够得出如此结论呢？这就主要表现在佛家的“逃避”与儒家道德理性的遍在性与内在性上。正因为其遍在，所以儒家也就可以处处尽伦——尽其伦常之爱；此张载“民胞物与”情怀所以成为可能。正因为其内在，所以儒家也就可以时时尽己——尽其生命之职分；此王阳明“知行并在”说的道德实践所以成为一种必然。反观佛教，则由于其时时处处的“逃避”，因而反倒成为其时时“著相”与处处“著相”的表现了。这样一来，从张载到王阳明，也就以儒家道德理性的遍在性与内在性，完成了对儒家“天人合一”追求的论证与落实。

那么，从儒家自古以来的“天人合一”追求到张载的“虚气相即”

①（明）王守仁撰，吴光等编校：《王阳明全集》，上海古籍出版社，1992 年版，第 96 页。

② 同上书，第 99 页。王阳明“何曾著父子、君臣、夫妇的相”之问，可谓是儒家通过内在与道德实践之超越精神的具体表现。

再到王阳明以“知行并在”为特征的“知行合一”说，此中究竟展现了一种什么样的逻辑呢？实际上，正像儒家的“天”必须落实于“人”一样，“太虚”也必须落实并内在于气化流行之中；而人的内在自觉之“知”也就必须落实于其实践推致之“行”中。至于这种落实的动力及其实现的可能，主要建立在其存在之遍在性与自觉之内在性的基础上，“太虚”之所以能够成为张载哲学的天道本体，就在于“太虚”的无所不在性，尤其内在于气化流行之中；而在王阳明心学中，道德理性之无所不在、良知本体的无所不在，也就表现在良知随时随处可以通过人之身心日用、行住坐卧，从而全面贯注于人的实践生活之中。所以说，儒家的形上境界及其超越追求精神，也就全面地体现在其形下的现实生活中；而以外在行为作为其内在信念存在与否的证明，这就是王阳明对儒家传统的天人合一精神、对宋明理学之重大主题的一种全面落实与有力推进。

（原载《国际儒学》2021 年第 4 期）

浅析“超越”及牟宗三的“内在超越”论

傅有德

近年来，中国哲学界对于超越或超越性概念的讨论甚为热烈。其中，对于新儒家的代表人物牟宗三所提出的内在超越论评析最引人注目，或褒或贬，众说纷纭。笔者对牟宗三先生缺乏足够研究，不敢深谈。这里仅就“超越的”或“超越性”的含义作一辨析，并就牟先生的“内在超越”论稍加评析，以期就教于学界的内行专家。

“超越”，英语是 transcendent，有人译为“超验的”，有的则译为“超越”，牟宗三先生用“超越”，有时也释之为“超绝”，还有学者用“超俗”“超凡”等，不一而足。其实，“超越”在牟宗三所针对的康德哲学中是个形容词——transzendent。在西方语言中，形容词是用以描述或修饰名词或代词的，表示某人或某物的性质、状态、特征或属性。因此，“超越的”也指“超越性”。要明白“超越的”含义，必须知道它所表述或修饰的名词或代词是什么，即弄清“谁”或“什么”是“超越的”。在英语中，形容词前面加定冠词即可名词化，这个被名词化的词即为形容词所表述的对象。在这里，transcendent 加上定冠词 the，即 the transcendent，可译为“超越者”。因此，所谓“超越的”指的就是“超越的”主体或“超越者”（the transcendent）的性质或状态。众所周知，在宗教神学中，超越者是上帝（God）、天使、众神；在哲学形而上学中，则指万物或道德之源的“终极实在”（ultimate reality），以及其他非物质、无形体的实在（reality）、实体（substance）、理型（form）、共相（universal），等等；从知识论视角看，超越者指的就是所有那些无法通过人的感性经验所认识的东西（the unknowable）。

那么，“超越者”究竟超越了什么而具有了“超越的”性质或状态呢？首先，“超越者”超越的是自然万物的性质和属性。所以，宗教上经常用“超自然的”（supernatural）这个形容词来述说上帝之“超越的”性质和存在状态。那么，自然界或世间万物有何性质被超越呢？大致说来，万物是“有形体的”（corporal）、“物质性的”（physical，material）、“在空间中的”（in space）、“在时间中的”（in time）、“有限的”（finite）、“相对的”（relative）、“偶然的”（contingent）、“他因的”（other-caused），诸如此类。超越者的“超自然的”性质就是这些形容词的反面，即“无形体的”（non-corporal）、“非物质的”（nonphysical 或 immaterial）、“无空间的”（non-spatial）、“无时间的”（timeless）、“无限的”（infinite）、“绝对的”（absolute）、“必然的”（necessary）、“自因的”（self-caused），等等。要言之，超越者超越的是自然界事物的性质或状态，所谓“超越的”或“超越性”，即与具体事物“相分离”，并“在事物之外”“独立存在”的性质或状态。显而易见，既然超越者超越了诸如物质性、时空性、有限性之类的性质，那么，也就不会被感官所感知，不会由感觉经验通过理智的加工上升为知识，这也是哲学家们之所以说超越者是“超验的”的缘故。这便是“超越的”或“超越性”在宗教与形而上学上的基本含义。

然而，细究起来，“超越的”含义还可以进一步分疏，于是就有了“外在的超越性”与“内在的超越性”的区别。

具体说来，“外在的超越性”强调的是超越者的“外在性”，即在自然界与人世间之外而“独立存在”的性质。例如，犹太教中的雅威或上帝，伊斯兰教中的安拉，印度教中的大梵天，神道教中的天照大神，还有中国古代文献所述“绝地天通”后“神人不杂”的神祇、昊天上帝，等等。此类神灵外在于人间，虽然可以通过先知或巫觋之类的中介与人沟通，但其存在状态是全然“外在的”，所以说是“外在的超越者”。此外，在西方哲学史上有介于宗教与哲学之间的自然神论（Deism）一派，古希腊的亚里士多德，荷兰的托兰德，英国的廷格尔、洛克，法国的伏尔泰、孟德斯鸠等，就属于这一派。他们有一个共同的特点，即认为神是世界万物的起始因或创造者，“外在于”万物，但在创造世界后便任由自然界自动运行，不再干预世间万物了。可见，自然神论的上帝也属于纯粹"外在的超越者"。

除了这种纯粹"外在的超越者"，还有一种内在于世间，但又与具体的事物和人相分离的超越者，可谓"半外在半内在的超越者"。此类"超越性"的典型例证是犹太教中的上帝。在犹太教中，一方面，上帝被描述为超越于世间和空间以外的"自有永有者"，他创造万物又超越于万物之上。另一方面，希伯来《圣经》又告诉人们，上帝降临在亚伯拉罕面前，赐给他"应许之地"；上帝降临在西奈山顶，亲自授予摩西"十诫"；上帝呼召撒母耳、约拿单、以赛亚、耶利米等多位先知，让他们做出预言。在后《圣经》时代，《塔木德》将上帝描述为犹太人的保护神，任凭他们散居何处，都有上帝相随，以便回应犹太人随时随地的祈求。但是，犹太教经典明示，尽管上帝按照其"形象"造人，尽管上帝造人时将"生命之气"（breath of life）吹入人的鼻孔，从而使人"成了有灵的活人"，尽管先知们可以接受神的启示，尽管祭司可以通过献祭、普通人可以通过祈祷与上帝沟通，但是，上帝没有内化于人，以致使人获得神性，进而成为神性人物。在犹太教中，先知可以通神并传达神意，但先知并不能将神摄入自身，使自己变为有神性的人。简言之，犹太教中的上帝虽然是"外在超越的"，但就其也"降临于世"而言（不内在于人），又可以说是"内在的"。犹太教中有一个专有名词"舍金纳"（shekhinah），指的就是这一临在于世，与人或物既相即又相离的上帝。除犹太教外，中国民间信仰的诸神，如神农、赵公元帅、妈祖、灶王、关老爷，道教中的山河土地之神，都属此类，中国民间有"过往的神灵"一说，意思也大抵如此。这类"内在于世"而"外在于人和物"的"超越者"应该属于"半内在、半外在的超越者"。

除了上述纯粹"外在的超越者"和"半外在半内在的超越者"以外，还有"内在的超越"一说。就是说，超越者"在具体的事物之内"，同时又在逻辑上与该事物或人是"分离的""独立的"。例如，柏拉图哲学中的"理型"、中世纪经院哲学的实在论主张的"共相"，黑格尔主张的"绝对精神"，都是一方面内在于事物之中，另一方面又逻辑地与寓于其中的事物“相分离”或“独立”自在。换言之，它们在事实上是“内在”于人或物的，但在逻辑上又“先于”或“超越于”众人诸物。

牟宗三的“超越”论就属于此类“内在的超越”论。在牟宗三那里，天命“收摄于人心”，成为人的性，因而成为“内在的”（imminent）；但就其源于天命而言，它又是“超越的”（transcendent）；如果“超越的”意思仅仅是“外在的”，那么，说“内在的超越”（Imminent Transcendent），就是在说“内在的外在”，无异于说“好的坏”，这在逻辑上是自相矛盾、无法成立的，正如学界有人批评的那样。但是，如前面所述，“超越的”还有别的意思，如“非形体的”“非物质的”“非时空的”“非有限的”“超验的”，等等，那么，说收摄于人心的天命——人性——既内在于人，又是“超越的”，就变得可以理解，文通字顺了。它无非是说，天命内在于人而成为人性，而人性是超乎时空的，非物质性的“超越者”。在这个意义上，内在于人的“天命之性”或“自由无限心”属于“内在的超越者”。在这个意义上，“内在的超越性”是可以成立的。

在哲学或宗教的历史上，认同“内在的超越”的例证还有许多。例如古罗马后期的新柏拉图主义，其代表人物普罗提诺提出的“流溢说”认为，“超越的”“无限的”太一神是宇宙万物之源。太一流溢出“努斯”（心灵），然后又从“努斯”流溢出灵魂，再由灵魂流溢出物质世界。万物有灵，人亦有灵。灵魂是来自太一的神性之光，在万物之中，人的灵魂所具有的“神性之光”最强。人的灵魂不甘于寄寓肉体，总是要追求本源，期盼与太一神合一；而人在通过冥想进入“出神”状态时，即可达到与太一神的合一。可见，这是一种宗教意味很强的神秘主义观念。事实上，世界各大宗教中大都包括神秘主义的派别，例如犹太教内的卡巴拉、哈西德派，伊斯兰教的苏菲主义，基督教的异端“灵知主义”，等等。尽管各家各派学说异趣，但有一个共同点，就是相信人通过或冥想、或读经、或祈祷等不同形式的修炼，在直觉或“内观”中可以通神，达到与上帝（或诸神）的合一。前述牟宗三所谓通过“智的直觉”而使心性（与天命一体）呈现，且能够达到“通体透明”的程度，显然带有浓重的神秘主义色彩。

如果说牟宗三的“内在超越”论有可指摘之处，我以为不在于“内在的超越”概念有矛盾，而在于他在逻辑上置换了“超越者”和“超越的”的意义，同时极大地夸大了主观心性的作用。说其置换概念，意思有二。其一是说，他将原本的超越者——外在的、超时空的、无限的天、天命（客观精神），通过对于“天命之谓性”的诠释，使之变为内化于人的性这一主观精神，实际上是利用了“超越的”含义模糊性改换了超越的主体，使天的超越性变成了人的超越性。其二是说，他有时把“超越的（transcendent）”这个表述事物性质或状态的形容词内涵变换为动词 transcend 或 transcending，取其“超越”或“提升”的意思，认为人通过心体性体的呈现完全体悟到天道或天命，进而消除了基督教中的神人隔绝，使人“豁然开朗”，“上升”到了“天人合一”的境界。这就游离了“transcendent”作为一个形容词来表述事物性质和状态的本义。

那么，牟宗三的“内在超越”论是否为他的道德奠定了形而上学基础呢？答案是值得怀疑的。在康德哲学中，理智不能直观，因而无法认识“物自身”领域，“超验的”上帝理念是出于德福一致的需求而“设定”的，并非真正的实在。因此，尽管康德承认“上帝”理念的存在，但坚持道德法则来自实践理性的自由意志，而非源于上帝。牟宗三为了解释道德的终极根源，发明了“理智的直观”，并赋予其通天“秘道”的功能，相信人的心、性、天一线贯通，从而自诩为道德确立了形而上学的终极根据。实际上，如上所述，通过“理智的直观”而达致的“自由无限心”的“朗现”，只是一种神秘的体验或幻觉，并不是真正的事实状态。因此，他所谓性天一体的道德形而上学理论也必然带有神秘与虚幻的性质。

牟宗三式的“内在超越”论有一根本缺陷，这就是将中国古代某些哲学家主张的“天人合一”理解为“天人同一”。张岱年在解释“天人合一”概念时指出，中国哲学史上的“天人合一”有两层意思：其一是说“天人相类”，即人与天相类似（similar）。这一学说的典型代表是董仲舒的“天副人数”论，即认为人的五官四肢与天的面貌相符合，人类处事之礼也是源于“天道”并符合天道的。“天人合一”的第二种意思是“天人相通”，即认为人心人性与上天相通，因此，尽心即可知性而后可以知天，存心养性而后事天。关于这个意思的天人合一，以孟子的哲学最为典型。其实，“天人合一”还有一层意思，这就是“天人同一”，即认为天和人（性命心性）是同一个东西（identical）。宋代程伊川就说过：“天人本无二，不必言合”，南宋陆象山、明代王阳明的心学认为“宇宙便是吾心，吾心便是宇宙”“心外无理”“心即是理”。牟宗三的“内在超越”论继承了陆王心学的衣钵，即认为心性与天命一体，心性的呈现就是天命的呈现，这无异于主张“天人同一”论。在以上三种“天人合一”说中，前两种在逻辑上是通的，因为“天人相类”暗含的前提是天人相分，意思是相分而又相符；“天人相通”也包含着天人相分，但天人之间可以上下贯通。唯有“天人同一”在逻辑上是成问题的。《中庸》之“天命之谓性”纵然包含了人性乃天命“下贯”而成的意思，但这只能说天命与人性之间是因果关系，换言之，它表明人性是天命内化于人的结果。但显而易见，因果关系不是因果等同关系。原因虽然造成了结果，结果中包含了前因的要素，但因果之间毕竟是两个东西，绝不能够统合为一。举例来说，父子之间有因果关系。就是说，儿子的生命是父亲给予的，儿子无疑继承了父亲的基因。但是，我们不能因此说儿子和父亲是同一的，二者仍然是彼此独立的存在。在认识论上，我们也不能说，知道了儿子就知道了父亲。常言道“有其父必有其子”，也只是肯定儿子和父亲之间有相似性，甚至可能有很高的相似性，但是无论如何我们不能在逻辑上推出儿子等同于父亲的事实性结论。还有，如果硬要坚持原因与结果的同一性，会引发很多荒唐的结论。如果天生人，人性即与天同一；天也生动物、植物，动物性和植物性也与天同一；再进一步推论则会得出，人性与动物性、植物性是等同的，这岂不是荒诞不经的？

当然，这里无意完全否认牟宗三“内在超越”论的道德形而上学意义。牟宗三的意图旨在贯通天人，为人伦道德确立形而上学的根基。虽然在逻辑上，其“天人同一”（命性一体）和“内在超越”论是不“通透”的，但是，如果我们不以理性主义或逻辑学观之，将其视为一以贯之的哲学，而以神秘性的宗教或准宗教观之，那么，其“内在超越”论所蕴含的苦心孤诣和致思路径也就可以同情地理解了。

论儒学的双向超越说

梁　涛

《中庸》“天命之谓性”是说天赋予我们的即是性，实际是将天命落实于性，将性与天道相贯通。由于我们每一个人的性都是来自天，所以我们在尽己之性的同时，也可以尽他人之性，尽物之性。“能尽其（注：己）性，则能尽人之性。能尽人之性，则能尽物之性”，最终“可以赞天地之化育”，“与天地参”（《礼记·中庸》），达到天人合一的境界。借用牟宗三先生的说法，这是一种内在超越的思想。即一方面天道超越而内在，“天道高高在上，有超越的意义。天道贯注于人身之时，又内在于人而为人的性，这时天道又是内在的。……天道既超越又内在。”[1]这里的“超越”主要是外在的意思，指“天道高高在上”，外在于我们，是价值的根源和源头，而不必用康德的超验（transcendent，牟宗三译为超越）来理解。另一方面人道内在而超越，由于天道性命相贯通，人扩充自己的本性就可以上达天道，“与天地参”。这里的“超越”乃是指人的自我超越，是人在道德实践方面一种精神性的努力与追求，是一种精神境界上的自我提升。故内在超越实包含超越而内在与内在而超越之意，前后两个超越含义并不完全相同，但又存在一定的联系，有了外在超越者，人的自我超越才有方向和目标。需要说明的是，这种内在超越的思想是后起的，在郭店简《性自命出》和《中庸》中才出现，到孟子那里进一步完善。在此之前，《诗》《书》中的天命观恰恰是一种外在超越。我们知道殷周信奉以帝、天为核心的神灵系统，帝、天即外在超越者，它们不仅令风、令雨、降食，主宰天时，还颁布旨意，根据人们的表现降下福祸。《尚书·高宗肜日》记载商代贵族祖己曰：“惟天监下民，典厥义，降年有

① 牟宗三:《中国哲学的特质》，台湾学生书局，1974 年版，第 30—31 页。

永有不永。”天监视下民，令他们遵从义，并根据其表现赐予或长或短的寿命。这里的“义”即天的意志和命令，但它是外在的，是外在的命令或规范，而不是内在的心性。只不过殷人的义似还没有道德的含义，主要是一种禁忌的规范而不是伦理的规范。[①] 周人由于提出以德配天的思想，认为“皇天无亲，惟德是辅”(《左传 · 僖公五年》引《周书》)，上天公正无私，不会永久保佑一族一姓，而是根据人们的德授予其天命，这里的德同样是外在的。在周人看来，“天亦哀于四方民，其眷（注：顾盼）命用懋（注：勤勉），王其疾敬德”(《召诰》)。上天同情四方民众，寻找任命勤勉者为民主，因而王应该尽快敬德了。故德是君王根据天的意志去保民、惠民，它首先是外在的规范、法则，而不是内在的德性。《诗经 · 烝民》:“天生烝民，有物有则。民之秉彝，好是懿德。”上天降生众民，有一事便有一事之法则。民秉持常法，喜好这美德。“彝”是常法之意，则、彝都是外在规则，而被称为德。《尚书 · 皋陶谟》:“天叙有典，勑我五典五惇哉！天秩有礼，自我五礼有（注：或作‘五’）庸哉！同寅协恭和衷哉！”天规定常法，告诫我要重视五典。天规定了礼法，令我要奉行五礼。共同恭敬而和善。这里的“五典”“五礼”都是外在的规则、礼法，是社会和谐的必要条件，因而也属于德的范畴。天所颁布的法则或者德往往是抽象的，不容易理解和把握，这就需要圣王在天人之间发挥作用了。“惟乃丕显考文王，克明德慎罚，不敢侮鳏寡……冒闻于上帝，帝休，天乃大命文王。”(《尚书 · 康诰》)由于文王等先王以其美德上闻于天，受到上帝的喜爱，被授予天命，故文王的行为往往是符合德的，而“仪刑文王”(《诗经 · 文王》)，效法文王便是认识天命的重要途径。天命与先王之法是联系在一起的，前者是抽象的，是基本原则，后者是具体的，是天命的落实和表现，圣人、先王是沟通、联结天人的核心与关键。《诗》《书》中的天命思想，显然与《中庸》的内在超越有所不同，可以称为外在超越。即一方面天道超越而外在，作为超越者的上帝或天高高

① 梁涛:《〈尚书 · 高宗肜日〉新探——兼论殷周的两次宗教变革及“民”的发现》,《学术月刊》2019 年第 1 期。

在上，它不是内在于人的性，而是颁布外在的规范、法则。另一方面人道外在而超越，人可以通过实践此外在的法则由外而内，转化自我，以实现自我的超越，但往往需要以圣人、先王为中介。这种外在超越显然比内在超越更为古老、久远，在孔子以后的儒学史上也发挥着更为重要的影响，只是受内在超越研究范式的影响，我们对其视而不见罢了。

作为儒学的创立者，孔子的天命观既有外在超越的一面，也有内在超越的一面，对以后儒学的发展产生重要影响。如学者指出的，孔子保留了周人的天命信仰，他自称“获罪于天，无所祷也”（《论语·八佾》），“吾谁欺，欺天乎？”（《论语·子罕》）他主张“君子有三畏”，第一畏就是“畏天命”（《论语·季氏》）。这里的天是超越的，其所命则是外在的。不过由于周人的天命更多是一个集体概念，主要针对一族一姓而言，受命者仅限于天子、君王。孔子则提出“天生德于予”（《论语·述而》），打破了自“重黎绝地天通”以来少数贵族对天的垄断，使天与个人发生联系，成为个人的信仰对象和精神力量，具有重要意义。这样在孔子那里，天所生之德似乎便具有内在与外在的双重含义，尽管孔子尚没有给出明确的说明。从具体语境看，“子曰：天生德于予，桓魋其如予何？”（《论语·述而》）似主要是针对天所赋予的复兴礼乐、传播文化的责任和使命而言，与“子畏于匡。曰：文王既没，文不在兹乎。天之将丧斯文也，后死者不得与于斯文也？天之未丧斯文也，匡人其如予何”（《论语·子罕》）思想相近，这样“德”便是外在的而不是内在的。但从孔子的其他论述来看，其所谓德显然又具有内在的特点。另外，孔子又提出“下学而上达”（《论语·宪问》），认为由“下学”可以上达天道，将天命与个人联系起来，为个人的安身立命、修身成德打开了通道。《论语》中“学”的对象至少包括仁与礼，牟宗三释“下学而上达”为“践仁知天”[①]，注意到仁而忽略了礼，似不够全面，称为“践仁行礼而知天”可能更合适。在孔子那里，仁更多表现为内在的，礼则是外在的，故孔子的天命观

① 牟宗三：《心体与性体》（上），上海古籍出版社，1999 年版，第 19—20 页。

实际包含了内在超越与外在超越的不同面向。一方面孔子自称“天生德于予”，又提出内在性的仁，虽然孔子没有做出说明，但不妨碍以仁去理解德，这样仁便成为遥契天道、沟通天人的超越性概念，每个人都可以践仁而知天，成就个人的德性。另一方面天又以外在于人的姿态向人垂则、立范，要求人们敬天、法天、畏天。“巍巍乎唯天为大，唯尧则之。”(《论语·泰伯》)“咨！尔舜！天之历数在尔躬，允执其中！四海困穷，天禄永终。”(《论语·尧曰》)天代表了世间的公正，是君王效法的对象，也是人间礼法的原则和根据。前者是一种内在超越，可以是针对所有人而言；后者则是一种外在超越，就礼法的制定而言，只能是少数圣人、君王的特权。故孔子的天命观实存在内、外两种维度，既讲内在超越，也讲外在超越。天既可以落实为人内在的德，成为人道德实践的根源和动力，也可以向人垂则、立范，成为人效法的对象，是人间礼法的形上根据。

孔子之后，儒家的天命观分别向内在超越和外在超越两个方面发展。郭店简《性自命出》提出：“性自命出，命自天降。”将性与天道相贯通，显然属于内在超越，只不过其所谓性主要还是指自然人性。《中庸》则提出“诚者，天之道；诚之者，人之道”，以道德性的诚打通性与天道，对内在超越做出进一步发展。到了孟子，一方面提出“仁义礼智，非由外铄我也，我固有之也”(《孟子·告子上》)，“此天之所与我者”(《孟子·告子上》)，另一方面又主张“尽其心者，知其性也。知其性，则知天矣”(《孟子·尽心上》)。前者超越而内在，后者内在而超越，对内在超越做出总结和完善。由于港台新儒家的提倡，这一内在超越的思想广为人们所熟知，并被反复论述、引证，被视为儒家思想的精华和主流。但不可忽视的是，在内在超越之外，儒家同样还存在着外在超越的进路。《逸周书·命训》曰：“天生民而成大命，命司德，正之以祸福。”天降生民众并向其颁布命令，命令其要遵守德，并根据其表现降祸或赐福。这里的大命或德是外在的，它不是落实于性，而是表现为外在的命令、规范。《逸周书·度训》亦曰：“天生民而制其度。”天生育民众而为其制定法度，这里的“度”同样是外在的，它来自作为超越者的天，故是超越而外在。但是明王用此法度教导民众，就可以做到“子孙习服（注：习惯，适应），鸟兽仁德”，故又是外在而超越。《命训》《度训》的天命观与《中庸》显然有所不同，而与《诗》《书》的天命观更为接近，属于外在超越的思想。《度训》《命训》《常训》为《逸周书》的前三篇，其内容前后呼应，向来被认为是一个整体，甚至可能是出于同一作者之手。其中《命训》在清华简中被再次发现，说明《命训》等三篇是可靠的战国文献，它们应该出于子夏后学之手，反映了儒家主外派的天命思想。[①]荀子主张天生人成，其天不仅仅是经验天，同时也是本体天，天不仅赋予人天情、天君，同时还颁布天政，天政即是外在的，是人间礼法的形上根据，荀子思想中也具有外在超越的面向。[②]

搞清了先秦儒家天命观的发展尤其是内在超越与外在超越的差别，就容易对《成之闻之》（以下简称《成》）的天命观作出分析和判断了。《成》虽然提出“天降大常”，但这里的“大常”指推己及人的忠恕之道，它不是落实于性，而是体现为处理人伦关系的原则，不是内在的，而是外在的，与《中庸》的内在超越不同，是一种外在超越。《成》在儒学史上的意义在于，它从外在超越的角度对孔子的仁尤其忠恕之道作出论证，将忠恕上升到天命的高度，为儒家的德治、身教提供形上根据，并以此规定和理解政治，表现出对人格独立和精神平等的肯定与尊重，达到先秦儒家政治哲学的最高水平。同时又提出“圣人之性与中人之性”的问题，认为对于善道也就是天常的不同选择，必然会出现圣人与常人的差别，而且这种差别是巨大和难以逾越的，以此说明君子、圣人治理、教导民众的必要。“天降大常”是确立政治的基本原则，或可视为政道；“君子之于教”则是治理的原则和方法，可以看作是治道。政道与治道间虽存在一定的紧张和冲突，但又是相互联系的，是以政道规定治道，以治道落实政道。《成》思想上的某些突破，

① 梁涛:《清华简〈命训〉“大命”“小命”释疑——兼论〈逸周书〉“三训”的成书与学派归属》,《哲学动态》2021 年第 4 期。

② 梁涛:《“天生人成”与政治形上学——荀子天论发微》,《中国哲学史》2021 年第 5 期。

如“天降大常”，以忠恕为最高政治原则，往往来自其外在超越说，而其可能引起争议的内容，如过分夸大圣人、中人的差别，实际也与外在超越有关。从这一点看，《成》实际触及了儒家政治哲学最核心、最本质的问题，也是儒学现代转型必须面对的问题，因而也可以说，《成之闻之》是郭店竹简中最有理论价值，也最值得重视的一篇。

心性之主客观的统一与超越存有论之建立

——论牟宗三“内在超越”的本质特性兼及大陆儒学的相关论述

李洪卫

当代儒学的讨论基于思想自身以及实践发展的要求进入了一个新的历史阶段，其中最显著的特性是将“超越性”作为一个显豁的思想问题提了出来，这不仅是学理推进的需要，也基于不少学者探索儒学实践演进的内在视野。从研究主体来说，既有当代大陆儒学学者，也有中西哲学研究的学者。就大陆儒家学者来说，对牟宗三“内在超越”的批评成为重建儒学超越论的出发点，中西哲学研究的专家，有的对超越性概念作了深入研究和分疏，也有对牟宗三“内在超越”提出个人批评意见。有鉴于此，对牟宗三“内在超越”的本质特性做出新的阐发以回应相关的讨论也成为学术探讨的现实要求，此为本文撰写旨趣。

一、对“内在超越”的相关批评

晚近以来对牟宗三“内在超越”的批评有几种，一种是延续先前的一般性批评，即认为用“内在超越”来概括中国传统思想难以成立，譬如张汝伦教授曾经撰文对牟宗三的“内在超越”提出严厉批评，他最核心的问题与此前长时段中大家[①]提出的问题近似，即天道如果“超越”又何以“内在”？如果“内在”又何以“超越”？他说：“首先，我们可以问，当天道贯注于人身而为人之性时，如何又能说它‘高高在上’？如何还有‘超越的意义’？其次，按照牟宗三的观点，人之性是贯注于人身的天道，而人之性就是‘创造性本身’，那么天道是否就是‘创造性本身’？若是，那么说‘性与天道’岂不就是说‘性与性’？

① 与诸如早期冯耀明等学者的问题相类似，只是冯耀明偏一点语义分析角度。

若不是，那么天道与人性不是一事，也就不可能既内在又超越。就像基督教承认人身上有神性，但不会说上帝既内在又超越一样。"[①]他和一般论者一样也将牟宗三的"内在超越"界定为"超越的主观化"："'内在超越'或'内向超越'的说法，实际上导致以心代天，最终取消了天的超越性。""其实天人关系问题真没有主张'内在超越'或'内向超越'论所说的那么简单。内在超越也好，内向超越也好，实质是将天纳入人心之中。"[②]这里张汝伦先生有一个前提即"超越"只能是外在超越，内在超越就是将外在超越之物内心化、主观化："某些研究者用'内在超越'来描述中国传统哲学思想的特征，表面看并未拒绝'超越'概念，实际却是偷梁换柱，通过将它内在化为人心而使之有限化和主观化，从而在根本上消解了它。"[③]他认为，这种内在超越的进路将外在超越之物限定了而且主观了，黄玉顺教授则称之为"僭天"[④]。

黄玉顺教授以心僭天的说法与张汝伦教授的批评具有相似性，但是黄玉顺教授在其他方面与前面观点不同的是，他承认中国文化传统是"内在超越"，但是却认为"内在超越"是人本主义的偏向，是当代世界的错误趋向，这是第二种批评。他说："'内在超越'并非中国哲学的独有特征，而是中西哲学共有的普遍特征；不论中西，'内在超越'并不是比'外在超越'更优越的思想进路，恰恰相反，它的人本主义

① 张汝伦：《论"内在超越"》，《哲学研究》2018 年第 3 期。

② 同上。

③ 同上。

④ 黄玉顺教授列举了他所认为的心学代表人物王阳明思想的几个主要问题：第一，心的超验性，心即性。他认为，王阳明取消了孟子对感性与理性的对立性区分，心就是超验的。第二，心的超凡性，心即天。"心，性也；性，天也""心之体无所不该，原是一个天""心即理也"，凡此等等，都表明王阳明的心也，性也，天也，一也。第三，良知，兼超验与超凡。在王阳明那里，良知既是理、天理，同时又是"造化的精灵"，表明既是超验的（性）又是超凡的（生天地鬼神）。第四，吾心，自我之狂。"这样的'吾心'之所以是狂僭的'躐等'，因为它以内在超验之'心'顶替了外在超凡之'天'"。第五，圣人，权力之僭。黄玉顺教授罗列了阳明书信和奏疏中一些关于"圣上"的语汇，指摘阳明是"唯圣人"并成了"唯帝王"，当然他也指出，这些现象同样存在于宋代儒家那里，但是他想强调的是，"一旦内在的超验性僭越了外在的超凡性，那就意味着以人僭天，在世俗格局中的最终结果就是权力的僭越"。以上详见黄玉顺：《"事天"还是"僭天"——儒家超越观念的两种范式》，《南京大学学报》2021 年第 5 期。

背景存在着严重的问题。"[1]黄玉顺教授认为中西哲学都存在着内在超越或内向超越的问题，西方哲学的近代转型是一个内向化的转型，这个问题导致神圣性的沦丧和人本主义的狂飙，导致存在和价值双重的源头失落，以及对抗现实权力的超越性的丧失。

其实我对黄玉顺教授这番论证的目的是有部分赞同的。他把西方近代哲学以及中国近代哲学的历史变迁放置在反对欧洲中世纪经院哲学层面，以及放置在对中国历史传统的现代反思层面，张扬理性、反对宗教与教会等方面来审视，但是他同时认为这种启蒙的人本主义也带来了严重的问题。他对于当下科学技术发展有一个反思，他说："最近的一个显著的例子，就是新科技所带来的价值危机，诸如基因编码竟能够在'硬件'上造人，人工智能竟能够在'软件'上造人；如果没有外在的神圣超越的规训，其后果实在是不堪设想。显而易见，人本主义根本无法应对这些问题，而是南辕北辙、缘木求鱼的做法。"[2]我对此也有同感，我不赞同的是，他把以牟宗三为代表的现代新儒家看作是人本主义历史背景下的衍生品或本身就是人本主义的产物，这种简单化的看法与现代新儒家产生的历史背景及其思想主张都是不相吻合的。黄玉顺教授这里的推理依据是：西方哲学的转向是内在超越的转向，[3]但是他仅仅从"内在超越"的概念就确认牟宗三等人提出的"内在超越"同样是人本主义根基，也被放置在同样的被批评的位置上，这是需要论证和澄清的。

第三种观点是任剑涛教授提出的看法，他认为，牟宗三提出的"内在超越"是一种权法，不是常道，是因应西方文化尤其是基督教文化入侵的临时性考量，[4]而牟宗三后学将它坐实并非牟宗三本意，同时

---

① 黄玉顺：《中国哲学"内在超越"的两个教条——关于人本主义的反思》，《学术界》2020年第2期。

② 同上。

③ 这个说法是否成立还有待于论证，近代西方哲学的演进存在着人本主义的理论，但是我认为用"内在超越"来概括非常简单化和不准确。

④ 任剑涛：《内在超越与外在超越：宗教信仰、道德信念与秩序问题》，《中国社会科学》2012年第7期。

也是不可靠的，这个说法如果我们仔细研读牟宗三文本应该是不谛之论。但是任剑涛的看法也具有一定的洞见，譬如他说:“正是从各个文化传统都具有宗教性的预设出发，牟宗三才将儒家的宗教性问题摆上了台面，并以宗教性与道德性、内在性与外在性的对比性立论，将儒家安顿在兼具超越性与内在性的价值定位上面，相应地将基督教安顿在超越性与外在性的价值定位上面。文化的类型比较结论，是牟宗三这一断定的积极意义所在:他将德性价值体系的儒家面对宗教的压力，转换成为界定儒家思想特质的观念动力。”① 任剑涛特别认为，牟宗三包括余英时都是因为要应对西方现代化话语而来，或者说是为了证明中国文化传统具有现代性因子而提出内在超越和内向超越的看法。我们这里只能说，如果说余英时在这方面有一定的自觉，还是有些接近的，因为他的话语常常受到西方学术概念的影响，譬如新教伦理与中国商人伦理、反智传统的中国挪用等都是西学概念套用的结果，他有一点儿观念先行然后补充论证的意味，② 但是这个批评放到牟宗三头上应该是不适用的。牟宗三完全没有以此作为现代转化基石的设计，同时也没有如此则是现代化路向之所必然的看法，他关注的焦点是东西方之“存有论”的异同。在牟宗三那里没有观念先行的设定，即他对于东西方内在、外在的设定没有刻意的目标设计，这些看法只是对哲学理路和文化理路整理得出的结论。因此，我认为任剑涛这里的结论是不可靠的。他说:“在牟宗三，这主要是基于为儒家价值提供现代性的正当性辩护的考虑；在余英时，则主要是基于中国文化是不是具有现代价值的申述。因此，两者关于儒家或中国文化价值系统的内在超越特质的论述，都不可避免带有为儒家或中国文化进行完满性辩护的痕迹。”③

① 任剑涛:《内在超越与外在超越:宗教信仰、道德信念与秩序问题》,《中国社会科学》2012 年第 7 期。

② 张汝伦则认为，余英时的内在超越论是受到了史华兹论文（*Transxdence in Ancient China*, Daedalus, Vol. 104, No. 2）影响的结果（参见张汝伦:《论“内在超越”》,《哲学研究》2018 年第 3 期），尤其是余英时晚年回到“内向超越”更是史华兹论文的本来旨趣。

③ 任剑涛:《内在超越与外在超越:宗教信仰、道德信念与秩序问题》,《中国社会科学》2012 年第 7 期。

结果这种仅仅是为了辩护所建构的结论，“在牟宗三和余英时那里的一种权宜性论说，便成为好像是概括儒家或以儒家为主流的中国文化价值特质的不易之论”[①]。任剑涛引用了一些材料说明余英时是“意图优先”，但是把余英时和牟宗三放到一起来审判，容易犯的问题是混同二人研究视角的差异以及落脚点上的不同。任剑涛也是看到这一点，特别强调牟宗三本身所作的宗教论证和哲学论证是有内在区别的，但是宗教论证仍然具有与东西方宗教抗衡的意蕴。[②]他由此得出的结论是：“可见牟宗三的儒家内在超越论的理论志向要比余英时高远：前者意欲对中西文化关系文化体系中宗教与哲学的深层结构加以重组，并在实践上同时解除儒家文化遭遇的科学与信仰难题。后者只是意图表明，中西文化各有其实现文化类似目标的路径。”[③]这个看法是有见地的。

但是，尽管如此，我们还是要看看任剑涛就这个问题所下的一些结论是不是可靠。他说，在看待传统儒学缺乏科学建树的问题时，牟宗三试图回答的问题是，客观自然界的认识与主观道德世界的实践如何统一起来的问题，这是一个康德哲学关心的主旨问题；在针对传统儒学缺乏宗教建制的时候，他意图解决的问题是，外在的上帝引导人超越现实进入宗教世界与人借助于德性修养进入天地境界的水平高低问题。[④]关于第一个问题，这似乎不是牟宗三式的问题，因为牟宗三没有这种两全的考量，因为他把儒教当作“成德之教”，他不认为它能自身开出科学来，而必须经过“良知坎陷”发生一个思维方式转折才能实现相应的转变；关于第二个问题，不能说牟宗三全无此论述，譬如他讲“智的直觉”很容易给人造成一个感觉，即中国哲学尤其是心性之学所提出的良知本心是“理体”，觉悟而后则获得“智的直觉”，而在基督教观念中这是人类不可能有的“智慧能力”，并就此导向东西文化高低的比较。但是我们要说，牟宗三并没有一定要作出一个文化高

① 任剑涛：《内在超越与外在超越：宗教信仰、道德信念与秩序问题》，《中国社会科学》2012 年第 7 期。
② 同上。
③ 同上。
④ 同上。

低较量的主观立意，从这点把握牟宗三应该是不合适的，因为他的现实理想还是西方现代性中的几个价值原则和制度机制，但是在终极价值设定和个人对世界本体的认知上他与西方哲学和宗教的确是不同的，这是两个问题，但是被任剑涛混同在一起并笼统地加以批判了。

任剑涛根据他所立论的根据，超越即宗教性超越，从而认定内在超越的设计“其实就是以不同文化体系间共同存在的追求超越（transcdental）的形式性特点，来指证文化间基本精神指向的差异性结构。这不仅有混淆儒家与基督教的嫌疑，而且有混淆宗教文化与世俗文化的嫌疑”[①]。这个看法也是有洞见的，但是并不完全切合牟宗三讨论“内在超越”的宗旨。其实，牟宗三受到康德哲学影响的主要目标和动力是考察基于中国哲学和文化的“存有论”，他得出的是“道德形上学”建构之结论，这个问题必然触及“超越性”，他所试图建构的道德形上学的确超出了世俗与宗教神圣之间的藩篱，这正是今天大陆儒学试图重建的内容，因此思路之间的冲撞是不可避免的。任剑涛也看到了这一点，所以他就认为，这种哲学的本源性考察被牟宗三替代与转换，即用道德哲学意义上的“超越”替代了宗教实践意义上的“超越”，从而失去了与基督教比较的视野。[②]从牟宗三角度来说，他以中国哲学的本原来修正完善康德仍然将哲学与神学打成两截的理路，[③]核心努力是建构道德形上学，而且认为这不仅是个体的安身立命之本，也是关于世界存在根基的讨论。而任剑涛认为，这种回归德性论的路径，可能导致一个困境，即内在与超越之间的内在冲突撕裂，即内在的不内在，外在的不外在，[④]最终失去价值之源和德性建构的工夫。任剑涛如此立论的根据是，他认为，现代新儒家兴起的背景是基督教的

① 任剑涛:《内在超越与外在超越：宗教信仰、道德信念与秩序问题》,《中国社会科学》2012年第7期。

② 同上。

③ 这主要体现在康德在实践理性最后三个设定方面，牟宗三始终认为这是一个可以圆融解决的问题，即从实践和工夫进路上实现二者之间的贯通，而这在西方哲学和基督教是二重关系，不是统一性的，也由此导致理论与实践分属哲学与宗教之两个领域。

④ 任剑涛:《内在超越与外在超越：宗教信仰、道德信念与秩序问题》,《中国社会科学》2012年第7期。

进入，如何清晰地格义和化解现实境遇的紧张是儒学话语构成的背景，因此背景决定了话语指向。我们不能说任剑涛的说法毫无洞见，应该说有这样一个大背景，否则就不会有 1958 年的《宣言》，但是牟宗三思想的建构根据不在这里，你可以说他在工夫层面上论述不够，更多的还是一个哲学论述，[①] 但是不能就中西冲突的背景说他自己建构的哲学立论不足，因为这是两个问题，他的论述绝不主要是建立在历史背景上的回应，而是建立在基于中国哲学传统尤其是心性论传统之上对形上学的重建，而这个重建必然涉及超越论问题的论述。

第四种批评是杨泽波教授提出的，以试图更加接近于牟宗三思想内在理路所进行的批评。杨泽波认为，“儒家虽然重视超越之天，但这个天只能在假借的意义上创生道德心性，不能在真实的意义上创生道德存有，儒家并没有一个以天为主的超越存有论，只有一个以道德之心为基础的存有论。换言之，儒家只有超越的心性论，没有超越的存有论，儒家的道德存有论只能以道德为基，而不能从超越之天立论。否则，必然造成一系列的混淆，直至影响人们对于道德存有论的理解和接受——牟宗三超越存有论的最大失误可能就在这里。”[②] 杨泽波认为，牟宗三超越思想容易招致混乱，其原因在于他将天和仁心并列地说，而在杨泽波先生看来，天与仁心应该分层地说，“所谓‘分层地说’是将天与心分类开来，将天作为心的形上源头，再由心来说明天地万物之存在，排除以天直接说明天地万物之存有的可能”[③]。杨泽波教授分层说的意思在于，天是天，但是一个假借而非实在，仅提供一个形上的设定，仁心则赋予万物以意义和价值，故牟宗三所称道的明道的存有论是道德的存有论而非超越的存有论。[④] 他同时认为，牟宗三依

① 虽然牟宗三的哲学不是我们常识理解的不能贯穿现实的书斋之论，但是它毕竟还是基于哲学系统本身的。

② 杨泽波:《超越存有的困惑——牟宗三超越存有论的理论意义与内在缺陷》,《复旦学报》(社会科学版) 2005 年第 5 期。

③ 同上。

④ 杨泽波:《从纵贯系统看超越存有论的缺陷——以明道为中心》,《东岳论丛》2005 年第 1 期。

据孔子、子思、孟子和《易传》所论证的先秦的“道德存有论”并不存在。[1]总体来说，牟宗三试图建构的天道与心性贯通的内在超越架构，在杨泽波教授这里看来似乎是不成立的，这也是我们后文需要回答的内容。

二、人文教与儒家仁心贯通万物的主观与客观属性

首先，我们需要讨论的是牟宗三所认识的儒家特质及其与“人文主义”的关联性，这是当代大陆儒家批评牟宗三的一个重要问题，即牟宗三所建构的“内在超越”的儒学是人文主义属性的儒学。那么牟宗三自己的看法是什么呢？他每每强调孔子之教是“成德之教”或“人文教”，“人文主义是人文主义，孔子人文教是人文教。两者不可混同”。[2]牟宗三在这里强调了两点：第一，儒家人文教是基于人类生活之常轨的生活之教，是人们的生活轨道，因此是必须遵循的道德法则；第二，这种生活常轨和道德内涵之中包含着“神性之实”或“价值之源”，具有超越性的品格，他说：

> 儒家所肯定之人伦（伦常），虽是定然的，不是一主义或理论，然徒此现实生活中之人伦并不足以成宗教。必其不舍离人伦而即经由人伦以印证并肯定一真善美之“神性之实”或“价值之源”，即一普遍的道德实体，而后可以成为宗教。此普遍的道德实体，吾人不说为“出世间法”，而只说为超越实体。然亦超越亦内在，并不隔离，亦内在亦外在，亦并不隔离。若谓中国文化生命，儒家所承继而发展者，只是俗世（世间）之伦常道德，而并无其超越一面，并无一超越的道德精神实体之肯定，神性之实，价值之源之肯定，则其不成其为文化生命，中华民族即不成一有文化生命之民族。[3]

① 杨泽波：《先秦儒家与道德存有——牟宗三道德存有论献疑》，《云南大学学报》（社会科学版）2004年第5期。

② 牟宗三：《生命的学问》，三民书局，1984年版，第73页。

③ 同上书，第76—77页。

上面一段牟宗三试图说明孔子文教内蕴的“神性价值”即普遍的道德实体，牟宗三一直将此“道德实体”称作是“超越实体”。一方面在牟宗三看来它是宇宙本体，又是现实有限存在的个体的道德理想，因为它的本质即个体生命的本质；同时另一方面它也是“於穆不已”的天道庄严和流行。牟宗三上文更多还是从有限个体的无限追求来看天道的超越性，但是也已经点出它存在于我们人伦日用之中，而在其他地方他则更多的是从生命证成的角度说明个体生命道德的展开如何即是天道，这也是我们下文展开的内容。他在早期依据儒家成德之教的设置来说明儒学的本质在其天道的内在性，而以道德意识彰显之，但是最终以个体的“尽心”即宋明儒家的“万物一体”为成德之终结：

> 一般人常说基督教以神为本，儒家以人为本，这是不中肯的。儒家并不以现实有限的人为本，而隔绝了天。他是重如何通过人的觉悟而体现天道。人通过觉悟而体现天道，是尽人之性。此即孟子所说：“尽其心者，知其性也，知其性，则知天矣。”这尽性知天的前程是无止境的。它是一直向那超越的天道之最高峰而趋。而同时尽性知天的过程即是成德的过程，要成就一切价值，人文价值世界得以全部被肯定（这不是普通所说的人文主义）。家国天下尽涵其中，其极为“仁者以天地万物为一体”。①

牟宗三的意思是，中国古代儒家并不是我们一般意义上所说的“人文主义”，而是尽心尽性成德的“人文主义”，甚至于是试图通达天道的“人文主义”。所谓人文价值得以肯定是指现实世俗社会中的必要价值，即有限生命存在的生活诉求及其价值是儒家所肯定的，但是并不限定于此，而是与天道价值联系起来，构成一种“天道人文主义”，这是儒家尤其是心学一系的最终目标，仅仅用人文主义或仅仅用天道神圣性都不足以涵括儒家尤其是心性儒学的价值诉求。因为它的成德价值不限于世俗价值中的格致诚正目标，或身家天下范围，这是

① 牟宗三:《中国哲学的特质》，吉林出版集团有限责任公司，2010 年版，第 107 页。

我们必须注意到的。牟宗三特别强调孔子的"仁"、孟子的"本心"，而此二者之价值指向通达《易》《庸》等所要求的客观性天道运行的大机理，即"维天之命，於穆不已"，是德性的大流行，是仁的遍润，是宋明儒所强调的"仁体""诚体"以及"仁者以天地万物为一体"者也。

牟宗三认为，能够构成民族文化生命根基的基石不可能只是日常生活习俗，而是必须有其本原性的关于宇宙认识的理念，是对某种道德根基、本原的肯定和认识，有其"神性"的性质。这个"神性"自然不是宗教的神性性质，而这就是牟宗三哲学及其建构的实质：建筑一个具有类似神性属性的道德形上学的架构，这个架构是基于孔子的"仁"而来，以此构成一个彻上彻下的道德形上学，同时范围个体生命乃至于宇宙存在的根源性。而在牟宗三看来，孔子或儒家之"仁"证实了人的内在本质的二重性：感性的经验性与道德理性的先验性的统一，即他所常说的"人虽有限而可无限"，依此出发，道德形上学则可以建立起来，其根据是个体生命之性体，这个性体也是宇宙秩序，由此而有道德与宗教的统一性：

> 宋明儒之将《论》《孟》《中庸》《易传》通而一之，其主要目的是在豁醒先秦儒家之"成德之教"，是要说明吾人之自觉的道德实践所以可能之超越的根据。此超越根据直接地是吾人之性体。同时即通"於穆不已"之实体而为一，由之以开道德行为之纯亦不已，以洞澈宇宙生化之不息。性体无外，宇宙秩序即是道亦道德秩序，道德秩序即是宇宙秩序。故成德之极必是"与天地合其德，与日月合其明，与四时合其序，与鬼神合其吉凶，先天而天弗违，后天而奉天时"，而以圣者仁心无外之"天地气象"以证实之。此是绝对圆满之教，此是宋明儒之主要课题。此中"性体"亦观念居关键之地位，最为特出。西方无此观念，故一方道德与宗教不能一，一方道德与形上学亦不能一。[1]

① 牟宗三:《心体与性体》(上)，上海古籍出版社，1999 年版，第 32 页。

牟宗三在这里突出强调两点：第一，性体无外；第二，圣者仁心无外，其实从根本上说，这二者为一。从道德秩序的严整性和宇宙秩序的自在流行性言，这不是人类现实生命状态的常态，它虽然是人性的本原或本体，但是需要道德实践与工夫涵养才能充分展现出来，这个展示同时也是天道的展现，进而在境界上与天道为一。在此意义上，即在个体成圣的意义上，同时在天道流行的无限性以及个体道德根源性层面来说，它又是超越的。之所以内在，因为道德意识及其本体即在个体生命之中，之所以超越，因为它的展开同时是宇宙天道流行即生生不息的宇宙生命运动方式的展现，这一点在我们没有经过工夫修养和道德实践的磨炼之前是无法展现的，这是个体心、性、天之三元一体、直接贯通的，其证明即在儒学之心学一系“仁心无外”的体证之中。

内在超越的直接根据在心性天之间的直接贯通。心性天之间的关系贯通的直接论述，由孟子开其绪，宋明儒家接其踵，根据即在孟子“万物皆备于我”（《孟子·尽心上》）和明道“仁者，以天地万物为一体，莫非己也。认得为己，何所不至？若不有诸己，自不与己相干。如手足不仁，气已不贯，皆不属己”[①]以及明道对定无内外的阐释，他在《答横渠张子厚先生书》中说：“所谓定者，动亦定，静亦定，无将迎，无内外。苟以外物为外，牵己而从之，是以己性为有内外也。且以己性为随物于外，则当其在外时，何者为在内？是有意于绝外诱，而不知性之无内外也。既以内外为二本，则又乌可遽语定哉！”[②]横渠又在《大心篇》对此作了相应的阐发：“大其心则能体天下之物，物有未体，则心为有外。”[③]象山则谓：“宇宙便是吾心，吾心即是宇宙”“宇宙不限隔于人，人自限隔宇宙。”[④]上述所有言说都在讨论一个问题，即个体身心敞开的境界，即由常人所通常感知的人我、物我的隔离走向感

①〔宋〕程颢、程颐著，王孝鱼点校：《二程集》，中华书局，1981年版，第15页。
② 同上书，第460页。
③〔宋〕张载：《张载集》，中华书局，1978年版，第24页。
④〔宋〕陆九渊著，钟哲点校：《陆九渊集》，中华书局，1980年版，第483页。

通的转变，以达至某种个体身心与外部世界的贯通状态。笔者在《王阳明身心哲学研究》中曾认为：能证得万物皆备于我者大体有三类共同的体认——第一，万物一体，这个一体的进一步解释是用象山语，即"宇宙不限隔于人，人自限隔于宇宙""宇宙即是吾心，吾心即是宇宙"，有一气流通的"通感"才有真确一体的身心状态，即身心敞开的状态和一气流通的状态，这一条是体证的基础和表现，是基础和根本；第二，心即理，无论是象山还是阳明都持此论，因为都是基于第一点而来；第三，理气不能截然对立分开。在这一点上，象山所言不多，但是明道与阳明所论多有。因为宇宙的心是吾心，而吾体之气是宇宙之气，所以是贯通的。这是天地万物贯通的根据。[①] 上述儒家贤者所强调的"仁"或"大心"或"万物一体"都在说明另一个意识，即"感通"或儒家常说的"觉"，即与麻木不仁相反对者。朱子虽然不能明了其中的"觉"[②]，但是他也在这其中发现了万物的"生意"："心须兼广大流行底意看，又须兼生意看。且如程先生言：'仁者，天地生物之心。'只天地便广大，生物便流行，生生不穷。"[③] 朱子其实在这里已经多少扭转了前人的论说，但是他用"生意"解释这个"仁"字也是上述儒家讨论"仁"与万物一体的主要含义之一。牟宗三综合了觉与生生之意，将其概括为"觉润与创生"。牟宗三认为，自孔子以下的儒家，他们从仁（仁心）的觉性入手，既展示了主体的主观的情感属性，即仁心的情感性和超情感性（感通性和觉性），也进而以此展开了其中的万物生存成长的内在蕴含，谓之"觉润与创生"："由不安、不忍、愤悱、不容已说，是感通之无隔，是觉润之无方。虽亲亲、仁民、爱物，差等不容泯灭，然其为不安、不忍则一也。不安、不忍、愤悱、不容已，即直接涵着健行不息、纯亦不已。故吾常说仁有二特性：一曰觉，二曰健。""故吾亦说仁以感通为性，以润物为用。横说是觉润，竖说是

① 李洪卫：《王阳明身心哲学研究——基于身心整体的生命养成》，生活 · 读书 · 新知三联书店，2021 年版，第 377 页。

② 朱子明确批评了谢上蔡以觉训仁，因为他没有此体证。

③〔宋〕黎靖德编，王星贤点校：《朱子语类》卷一，中华书局，1986 年版，第 85 页。

创生。”[①]牟宗三由此展开了仁道与仁心的统一性论述，即天道仁心之同一性论说：

> 综此觉润与创生两义，仁固是“仁道”，亦是“仁心”。此仁心即是吾人不安、不忍、愤悱、不容已之本心，触之即动、动之即觉、活泼泼地之本心，亦即吾人之真实生命。此仁心是遍润遍摄一切，而与物无对，且有绝对普遍性之本体，亦是道德创造之真几，故亦曰“仁体”。言至此，仁心、仁体即与“维天之命，於穆不已”之天命流行之体合二为一。天命於穆不已是客观而超越地言之；仁心仁体则由当下不安、不忍、愤悱、不容已而启悟，是主观而内在地言之。主客观合一，是之谓“一本”。[②]

“天命於穆不已”是牟宗三就天道流行不已而言的，是确认天道之自然运转同时又赅备道德属性之二位一体，是从天道展开的客观面言之，而上文则将仁心的“主观性”与天道流行的客观性统一起来，这是否有其根据？我们看王阳明一段话可以更进一步确认其中的蕴含：

> 黄以方问：先生格致之说，随时格物以致其知，则知只是一节之知，非全体之知也。何以到得溥博如天，渊泉如渊地位？先生曰：人心是天渊，心之本体无所不该，原是一个天，只为私欲障碍，则天之本体失了。心之理无穷尽，原是一个渊，只为私欲窒塞，则渊之本体失了。如今念念致良知，将此障碍窒塞一齐去尽，则本体已复便是天渊了。[③]

“人心是天渊，心之本体无所不该，原是一个天”，这与孟子“万物皆备于我”是同一个意思，不是说万物都在我身，而是说人心澄明之后，了无杂质，与天地万物相沟通无间，一气流通与万物无所隔阂，

---

① 牟宗三：《心体与性体》（中），上海古籍出版社，1999 年版，第 183 页。

② 同上。

③（明）王守仁撰，吴光等编校：《王阳明全集》，上海古籍出版社，1992 年版，第 95—96 页。

也就是孟子“上下与天地通流”之意。如象山所言“宇宙不限隔于人，人自限隔于宇宙”，人与宇宙的隔膜是人的内心之中的意欲杂念所造成的，这就是人的心体的呈露，心体广大与万物合一，万物皆在心体上存在流行不滞，即在一气流通的层面上心与物无所间隔，可以说是无心物之分别了，这就是心体之物。[①] 所以阳明就说：“盖其心学纯明，而有以全其万物一体之仁，故其精神流贯，志气通达，而无有乎人己之分，物我之间。譬之一人之身，目视、耳听、手持、足行，以济一身之用。”[②] 这便是杜维明、黄俊杰以及陈来等所称阳明之有机性的宇宙观，[③] 这个有机指的是人的心身通达、人心溥博如天，渊泉如渊与万物通达，人也与万物一体了，而无有间隔区分，所谓心体之物实际上是万物一体，泯除了心物的对峙和对待而融为一。王阳明在这里所讨论的“物”已经是从心体之渊层面看外物，即心体之物，心与物、心与天泯同。[④] 王阳明上文所讲其实是心体，即心本体的展露，按照宋明儒家的观念及其体证，此心体也即性体，这就是个体心性主观维度与客观维度的统一，个体心性之仁心与天道的统一与同一。通常见解包括前面如张汝伦、黄玉顺教授等直接批评王阳明或牟宗三的“内在超越”是以心代天，其实不然，这里面的心是心体，不是常规意义上的“心”或个体意识、个体意志等方面的表征，所以并不是所谓的“以心代天”，这方面的内容需要深入的身心体验，是基于个体生命工夫基础上的体认，由此才能达成心体与性体的同一，也才能说明心学的本质内涵及其孟子所谓“尽心知性知天”的具体含义。由此可知杨泽波先生对此的批评也是不甚合理的。

① 万物一体是阳明心学的核心问题之一，值得继续研讨，但是鉴于笔者已经就该问题作过相关论述，这里就不再展开，有关该问题的详细论述参见李洪卫：《良知与正义——正义的儒学道德基础初探》第二章，上海三联书店，2014年版。

②〔明〕王守仁撰，吴光等编校：《王阳明全集》，上海古籍出版社，1992年版，第55页。

③ 所谓儒家思想讨论宇宙之内在有机性更早为李约瑟、杜维明、黄俊杰等人倡导，参见李洪卫：《良知与正义——正义的儒学道德基础初探》，上海三联书店，2014年版，第77页注1。

④ 李洪卫：《王阳明身心哲学研究——基于身心整体的生命养成》，上海三联书店，2021年版，第345页。

牟宗三在讨论从孔子到孟子心性思想的进展时认为，孔子是“践仁知天”，而孟子“则将存有问题之性提升至超越面而由道德的本心以言之，是即将存有问题摄于实践问题以解决之，亦即等于摄‘存有’于‘活动’（摄实体性的存有于本心之活动）。如是，则本心即性，心与性为一也。”[①] 牟宗三认为，孔子是生命实践中将自己人之为人的本质属性充分展开“天道”，而孟子则是通过修养工夫和论证直接将世界的存有以道德的本心敞开展现之，而天道“性体”的属性则不再在外，通过人心的本心充分敞开之后而得以呈现并实现心性的合一。牟宗三在这里接着指出，如此，则中国哲学的存有论永远不会走上西方柏拉图开创的外在的、知解的形上学轨道，而其开创之功首先也还是孔子“仁”的概念的提点，“即作为一切德之源之仁，亦即是吾人性体之实也”[②]。牟宗三接着指出，孔子虽然指点此处，但是并没有将之展开，是孟子将它落地：“此即象山所谓夫子以仁发明斯道，其言浑然无罅缝，孟子十字打开，更无隐遁’之义也。”[③] 孟子的十字打开，就是两点：第一，在道德实践层面与修养境界之双重维度讲“尽心知性知天”；第二，在修养境界上提出“万物皆备于我，反身而诚，乐莫大焉”。牟宗三认为这两点统一起来使得孟子将心的本性之无限性得以充分展示，构成“体物而不遗”的无限性与普遍性，[④] 因此他认为，“如果‘天’不是向‘人格神’的天走，又如果‘知天’不只是知一超越的限定，与‘知命’稍有不同，则心性与天为一，‘只心便是天’，乃系必然者”[⑤]。“只心便是天”系明道所言，他说，“只心便是天，尽之便知性，知性便知天。当处便认取，更不可外求”[⑥]。我们看到上述提到的心学家很多都说了这样类似的话，一般现代学者都将之视作“混话”“诞妄之语”，其实不然，这些古人都是学养和生命修养十分丰厚

① 牟宗三:《心体与性体》（上），上海古籍出版社，1999 年版，第 22 页。
② 同上书，第 23 页。
③ 同上。
④ 同上。
⑤ 同上。
⑥〔宋〕程颢、程颐著，王孝鱼点校:《二程集》，中华书局，1981 年版，第 15 页。

之人，并不轻言妄论，也并不是智力障碍者，他们只是在讲他们的生命真实体验。特别要说一下明道这里的"天"，就笔者个人理解，此处之天即他们所常言的"天道"，而不是一个说不清道不明的"天"概念。天道贵在流行不已，用牟宗三所常引《诗经》所云，即"维天之命，於穆不已"，当然，牟宗三重在强调此语中所包含的道德义与存在流行义的统一，而在明道和阳明则重视天道之流行义，但是道德的内涵也在其中，但可能不是最高的，在牟宗三这里，道德的庄重肃穆和尊严依然是天道的真正内蕴。杨泽波先生对牟宗三此处理解有一个批评，他说："孟子'尽心知性知天'的说法只是沿着先前的思想惯性，将天作为道德的心性终极根源，从而为性善论寻找一个确切的形上根据罢了。牟宗三将此句话作道德存有论的解释，并为其超越存有论张目，明显缺乏文本的有力支持。"[①] 这就是杨泽波教授所提出的分层说，即天为第一层次，下降之人心等为下面的层次，不能并列言之，二者之间没有直接的联系，只是一个先验根据而已。但是牟宗三这里并不是并列言之，而是更进一步地同一言之。牟宗三认为，孟子的"尽心知性知天"的根据来自"万物皆备于我"，而杨泽波先生认为，孟子文本中的"物"不外乎"物品物件"和事情（行为物）两种，如果按照物件说，"'万物皆备于我'就等于是说'天下的物品、物件我都具有'，这肯定是不通的"。[②] 因此，他的解释是，"这里的'物'其实仅就道德根据而言，而'万物皆备于我'只是'良心本心我全具有，道德根据就在我心中，除此之外毋需外求'的意思，所以绝对不宜将此处的'物'字解释为道德存有之物"[③]。

根据我们前面所引用的宋明儒家的言论，基本可以知道，宋明儒家所说的"万物一体""体物不遗""大心""合内外之道""宇宙便是吾心"等，也就是象山所言的"宇宙不限隔于人，人自限隔宇宙"，是在体悟

① 杨泽波：《先秦儒家与道德存有——牟宗三道德存有论献疑》，《云南大学学报》（社会科学版）2014 年第 5 期。

② 同上。

③ 同上。

的境界层面上个体与外部世界打破界限、实现贯通的生命状态，根据是气机的贯穿性。也就是说，我们每一个人本来是从存在境界和方式上与外部世界及其存在者之间贯通的，至少是心体流行的层面的贯通，没有经过道德修养和气机修养工夫的人则明显感受到个体与外部世界之间的对立，而在心学的涵养者那里则能实现这种贯通，至少是在生命体悟的层面上有此感受，甚至于实现身心的贯通并构成道德行为上的知行合一，[①]这一点既有存在流行和感通的意义，又有个体道德境界提升的意义，二者构成一个统一。我们作为当代人，没有古人的道德涵养工夫，也即不能有与他们相对应的修养境界，所以对他们的不理解是正常的。但是，这反过来说明，牟宗三对古人包括孟子和宋明儒家的解释基本上是合理的，也就是说，杨泽波先生的批评于此是不成立的。

三、性体之超越性与天道流行：超越存有论的根基与证成

从孟子到宋明儒家一直到牟宗三，他们所强调的是仁心本身的端绪及其完全展开的良知良能的显现问题，从仁心的感通、道德意识以及相关行动冲动的能动性等方面，这都是我们平常所说的主观维度。与此同时，我们从上文可见，仁心既是一个道德属性在个体生命之上的展示，同时它也呈现为气机流行与贯通中的个体身心与外部世界的一体性或有机性，从这个维度说，心体本身即是心的全幅敞开，同时也是生命的性体，也是宇宙大道本身的流行义显示，即宋明儒家所说的“生意”，是生生不息的宇宙动态状，用牟宗三的说法此谓“一本”，即仁心与天道贯通并为一，用牟宗三的话是主观面与客观面的两面饱满，是为“圆教”，此中代表在牟宗三看来则非程明道莫属。牟宗三曾在《心体与性体》中引征《二程遗书》中的若干段落，譬如“满腔子是恻隐之心”“切脉最可体仁”“观天地生物气象”“人心常要活，则

① 参阅李洪卫：《王阳明身心哲学研究——基于身心整体的生命养成》，上海三联书店，2021年版。

周流无穷，而不滞于一隅"等。[①]他说，上文"都是指点天心仁体，其意义同于'於穆不已'的天命流行体，而天命流行体之真实意义，亦即由此天心仁体来证实，天心仁体之觉与健的真实意义全部渗透于此天命流行体中，故其极也，两者完全同一，而仁体即天命流行之体也。此之谓'一本'——本之於穆不已、纯亦不已也"[②]。牟宗三认为，所谓一本即宇宙的创生性的展露，因此这是内在与外在、内在与超越的统一：

> 所谓"一本"者，无论从主观面说，或是从客观面说，总只是这"本体宇宙论的实体"之道德创造或宇宙生化之立体地直贯。此本体宇宙论的实体有种种名：天、帝、天命、天道、太极、太虚、诚体、神体、仁体、中体、性体、心体、寂感真几、於穆不已之体等皆是。此实体亦得总名曰天理或理（Categrical Reason）。此理是既超越而又内在的动态的生化之理、存在之理或实现之理。自其为创造之根源说是一（Monistic），自其散著于万事万物而贞定之说则是多（Pluralistic）。[③]

这个一本的根据在于人心之仁心展露，尤其是其全幅敞开，而其全幅敞开则会"定心"，这二者是一个合一的过程。牟宗三认为，心既是形而下的，又是形而上的，从心的具体经验性存在看，只是心理学的心、经验的习心、感性的心，而易于为外物牵引制约，所以才有定心的问题，而性则不存在这个问题。本心与性为一，而"非本心"则与性二："本心即性，本心常贞定，性体之表现（流行）自亦常贞定，而无所谓浮动、乱动、为外物所累也。"[④]牟宗三将此称作是"形而上的本心"[⑤]。"能尽性存神而兼体无累，则心体贞定，性体之表现亦自贞定。进一步合一地而言之，心体朗现而常贞定，即是性体朗现而常

① 牟宗三：《心体与性体》（中），上海古籍出版社，1999年版，第190页。
② 同上。
③ 同上书，第16页。
④ 同上书，第193页。
⑤ 同上书，第194页。

贞定。是则‘定性未能不动，犹累于外物’之困难即已克服矣。”[1]牟宗三认为从明道来说，这是“形而上的本心”之主观和客观两面的统一，而在横渠那里则客观面更强，主观面则偏弱一点，即挺立义不强。[2]牟宗三认为，从天道仁心之统一维度看，仁的主观与客观两面均是存在的，也是统一的，仁心直接展示之，而天道之流行发用则是其相对于仁心的客观显示，此客观维度亦可谓性体。牟宗三在后期又经常将仁心的主观维度称作是“无限智心”，是经过一些佛教概念的洗礼之后，强调其不滞和流行之意，在这个意义上说，主客观则泯同。

牟宗三指出，性体是道德实践的先天性根据或超越性根据，但是不能用先天性根据或超越性根据命名性体。牟宗三这里所说的“性体”有一特殊的功能，即“道德创生性”或“性能”，是一能“起道德创造之‘创造实体（Creative reality）’”。牟宗三将之称为“道德的性能”“道德的自发性”“道德的自发自律性”或“心之自律”或“意志的自律”，等等。从其统天地万物或宇宙普遍性而言它又是体或形而上的实体，构成本心与形上实体的统一。[3]“心体充其极，性体亦充其极。心即是体，故曰心体”，在这个层面上心体与性体合一：

> 是故心即是“道德的本心”。此本心即是吾人之性。如以性为首出，则此本心即是彰著性之所以为性者。故“尽其心者即知其性”。及其由“万物皆备于我”以及“尽心知性知天”而渗透至“天道性命通而为一”一面，而与自“於穆不已”之天命实体处所言之性合一，则此本心是道德的，同时亦即是形上的。此心有其绝对的普遍性，为一超然之大主，本无局限也。心体充其极，性体亦充其极。心即是体，故曰心体。自其为“形而上的心”（Metaphysical mind），与“於穆不已”之体合一而为一，则心也而性矣。自其为道德的心”而言，则性因此始有真实的道德创造（道德行为之纯亦不已）之可言，是则性也而心矣。是故客观地言之曰性，主观地

① 牟宗三:《心体与性体》（中），上海古籍出版社，1999年版，第195页。
② 同上。
③ 牟宗三:《心体与性体》（上），上海古籍出版社，1999年版，第35—36页。

言之曰心。自"在其自己"言，曰性；自其通过"对其自己"之自觉而有真实而具体的彰显呈现而言则曰心。心而性，则尧、舜性之也。性而心，则汤、武反之也。心性为一而不二。

客观地自"於穆不已"之天命实体言性，其"心"义首先是形而上的，自诚体、神体、寂感真几而表示。若更为形式地言之，此"心"义即为"活动"义（Activity），是"动而无动"之动。此实体、性体，本是"即存有即活动"者，故能妙运万物而起宇宙生化与道德创造之大用。与《论》《孟》通而为一而言之，即由孔子之仁与孟子之心性彰著而证实之。是故仁亦是体，故曰"仁体"；而孟子之心性亦是"即活动即存有"者。[①]

从牟宗三角度看，天道人性通而为一，此即是圆教，而这正是儒家成德之教之内涵。虽然它在先秦孔孟与《中庸》已经初步提出，但是为宋明儒家所充分展开，故能在理论上"成其一本之义"。[②]此之"一本之义"，即两方面都完全饱满，即天道之客观方面与人性内在之主观方面的两方饱满圆融。牟宗三称明道为此"通而为一"之"造型者"，"故明道之'一本'义乃是圆教之模型。从濂溪、横渠而至明道是此回归之成熟。两方皆挺立而一之，故是圆教之造型者。"[③]牟宗三认为，象山和阳明的体证及其结论还只是这个"一本"的主观维度的充分展示，而其客观面相对不如明道那样提撕得更加显豁：

象山与阳明既只是一心之朗现，一心之伸展，一心之遍润，故对于客观地自"於穆不已"之体言道体性体者无甚兴趣，对于自客观面根据"於穆不已"之体而有本体宇宙论的展示者尤无多大兴趣。此方面之功力学力皆差。虽其一心之遍润，充其极，已伸展至此境，此亦是一圆满，但却是纯从主观面伸展之圆满，客观面究不

① 牟宗三:《心体与性体》(上)，上海古籍出版社，1999年版，第36页。

② 这种学说虽然在形式上是理论，是学说，是一种表述，但这只是它的一个表征，是通过文字所能提示表现出来的，本质上，它更是"生命"和"生命智慧"的展示，是内在于个体生命本身的人的本质属性的真正展开。

③ 牟宗三:《心体与性体》(上)，上海古籍出版社，1999年版，第38页。

甚能挺立，不免使人有虚歉之感。自此而言，似不如明道主客观面饱满之“一本”义所显之圆教模型为更为圆满而无憾。盖孔子与孟子皆总有一客观而超越地言之“天”也。此“天”字如不能被摈除，而又不能被吸纳进来，即不能算有真实的饱满与圆满。是则《中庸》《易传》之圆满发展当系必然者，明道之直下通而一之而铸造圆教之模型亦当是必然者，而由此圆教模型而开出之“以心著性”义（五峰学与蕺山学）亦当是必然者。自象山、阳明言，则不须要有此回应，但承明道之圆教模型而言，则应有此回应以明其所以为一为圆，以真实化其“一本”与圆满。自此而言，象山、阳明之一心遍润，一心伸展始真有客观的落实处而客观地挺立。

牟宗三提出三系说，展示了作为心性儒学家追求最高智慧的理想和体会。他认为从濂溪、明道和横渠到五峰是主观与客观两方面都饱满圆润之“圆教模型”，“以心著性”以明心性为一本的最终关切，成就一本圆教（心与性非二而实则为一，也就是天道外在与德性内在的统一与同一）之实，工夫上是“逆觉体证”；象山与阳明则是一心之朗现，一心之伸展，一心之遍润，工夫上也是“逆觉体证”。[①] 而伊川与朱子一系的重心则在道体性体凝聚收缩为“一本体论的存有，即只存有而不活动”之理，“于孔子之仁亦只视为理，于孟子之本心则转为实然的心气之心，因此，于工夫特重后天之涵养（‘涵养须用敬’）以及格物致知之认知的横摄（‘进学则在致知’），总之是‘心静理明’，工夫的落实处全在格物致知，此大体是‘顺取之路’。”[②] 牟宗三这里其实通过这种分系否定了程朱理学之简单的天地之性与气质之性的完全对立，而在心学一系尤其是陆王一系之心之朗现和遍润中展示了心之主体性、能动性和“润物”（即创生和感通意味），其实这其中的“仁气”或“德气”呼之欲出，但是牟宗三终于没有将它们召唤出来，这是略有遗憾的。但如果从严格的角度看，并非德气或仁气而是一气，只是

① 牟宗三:《心体与性体》（上），上海古籍出版社，1999 年版，第 42 页。
② 同上书，第 43 页。

"中"与"和"的问题，有所偏执则不是。其中的超越性在牟宗三看来即心体性体之本质为一的"性能"，这个"性能"具有创生性，从生命本质的内在角度是可以经验的，但是从宇宙发生与流转的角度它是超越的，但又是生命内蕴以良知德性展现的，并以良知全幅呈现为根据和验证的，以此呈现之境界"万物一体"的感通而证实的，即心即理即性，[①]此"内在超越"的本质性：

> 性体是居中的一个概念，是所以能作道德实践之超越的性能——能起道德创造之超越的性能。无限智心（仁）与大道俱在这性能中一起呈现，而且这性能即证明其是一。这性能即是仁心，人本有此能践仁之仁心，仁不是一外在的事物。践仁即如其本有而体现之而已。这"体现之"之能即是具自已之跃动而不容已地要形之于外之能（此义，孔子未言而孟子言之）。是以这仁心即是无限的智心，这性能亦是无限的性能，此其所以为奥体，因而亦即同于天道道体，因而仁体、性体、道体是一也。一切存在俱函摄在这仁心性能中，这能作道德实践能起道德创造的大人生命中。若离开大人之践仁而空谈天道，这便是玩弄光景之歧出之教，亦曰偏虚枵腹之妄大；若隔断天道道体而不及存在，不晓仁心性能之无限性即是道体，这便是小教。两者皆非圣人圆盈之教之规模。[②]

这个超越的无限的性能即"於穆不已"的天道，同时也是个体生命之中的本质内在。故其超越面与内在面俱于此可见。牟宗三从道德本原处说，谓之"道德的形上学"，从道德本原和流行义二处说谓之"超越的存有论"，从天道流行不滞和个体身心不执处说是"无执的存有论"，这三者同调。这属性按照儒家传统唯有道德完备之人才能最充分地展示出来，即天道的客观性和流动性都能在生命的完善状态下得以显示，所以，牟宗三将孔子的"浑沦"的生命状态作为一个严整的

① 这里的"即心即理即性"是从本体呈露角度说的，不是从端绪处说，更不是从日常所说的"心"说；故象山、阳明言"心即理"常被学者诟病，盖不知其为修养境界，同时因象山、阳明简单言之，不加提示，故人常臆断此"心"即日常经验之心，故多会误解。

② 牟宗三：《圆善论》，吉林出版集团有限责任公司，2010 年版，第 238 页。

道德实践性的具体展开。他说，“对于道德性当身之严整（庄严）而纯粹的意义，唯孔子一人是浑沦的表现，是浑然天成，是孟子所谓‘尧、舜性之也’，是《中庸》所谓‘自诚明谓之性’。自孔子以下，皆有分解逆显的意味，就孔子之浑沦变现而逆显，把他的浑然天成打开而逆觉，是孟子所谓‘汤、武反之也’，是《中庸》所谓‘自明诚谓之教’。无论是孟子的‘性善’，或是《中庸》的‘天命之谓性’，皆是由逆觉以显‘性体’之为本，这就是点出道德实践之先天根据，亦可曰超越的根据。”[①] 牟宗三强调，这个超越的道德心就是孟子所说的“仁义内在”，非由外铄，所谓性体就是孔子之“浑沦表现的仁义收摄于性体意味纯粹而先天的道德理性”。[②] 这个纯粹的道德理性不是抽象的而是具体的，只是康德所讲是谓之“自由意志”，而中国传统则谓之“性体”，“自由意志经由其自律性所先验提供的普遍法则是道德行为底准绳，而依中国传统，则是主张先验的普遍的道德法则是性体之所展现”[③]。那么从展现的维度才能真正揭示出理学与心学之间的差异，即一个是只存有不活动，一个是即存有即活动。不活动则自由意志只是设定，而能活动则自由意志是自律和自主。但是，有没有一个共同的根据，这就是儒家所谓“性体”而同时是心学的“心体”，所谓“体”则即构成牟宗三所谓的“超越的根据”，这个超越的根据既是超越的又是内在的，方式在常人则是大多通过“逆觉体证”的方式回复和展开的。牟宗三主要针对的是思辨和分解的知识化进路，这是与大陆新儒家所批评[④]正相反对的，这正是所谓“误解之深”，而误解的根源则是对宋明儒者生命体证的进路从来没有进去过之缘故所致。牟宗三强调，“惟中国传统并没有像康德那样，费那么大的力气，去分解辨解以建立它的先验性与普遍性，而其重点则是落在‘尽’字上（尽性之尽），不是落在辨解

① 牟宗三:《心体与性体》(上)，上海古籍出版社，1999年版，第101页。

② 同上。

③ 同上。

④ 大陆部分儒学家所常批评牟宗三的是仅限于哲学的论说和思辨的解说，而非在儒学的落实层面去思考与讨论，而牟宗三思想出发点则反复证明，牟宗三思想理路的根基即在道德行动的落实上，但是他仅仅在探究这个落实的先验根据和经验根据，这才是与大陆儒学的部分思想家之差异所在。

它的先验性与普遍性上。"[1]牟先生拈出此"尽"字便抓住了中国古代传统道德实践的工夫处和境界之究竟处，以此一体两用，将工夫与境界并举，而这正是孟子"尽心知性知天"真正的核心命脉。同时，牟宗三将性体之超越性与心体之现实性或道德实践的可能性相统一，造就个体生命依康德自由意志之实践的必然性和可能性。从牟宗三试图超越康德的进路说，这不仅是哲学问题，其实首先是个体生命问题，同时又依康德以及牟宗三，这不仅是个体生命问题，而且是形上学的问题或宇宙之问题，虽然在牟宗三看来，康德提出了该问题，无法将之落实，而且事实也是如此，而这正彰显了中国古代贤者们的生命智慧，路径的终点都与"超越的存在"有关，而其中一条路径则是"逆觉体证"之进路。不待辨解之根源即如牟宗三所言，"这是由于精诚的道德意识所贯注的那原始而通透的智慧随性体之肯定而直下肯定其为如此的。故重点不落在这种辨解上，而只落在'尽'字上。"[2]

牟宗三这里特别强调，虽然儒家不作思辨，但是不代表性体不是先验和普遍的，或者没有达到康德的严整性，而事实恰恰相反，他们的境界超过了康德，宋明儒家只是把孔子生命的展现更加以性体心体等概念做了提升。"其大讲性体心体者，亦不过是把这超越的标准提炼得更清楚更确定更不可疑而已。"[3]牟宗三一方面强调性体的普遍性和超越性，一方面又指出康德的哲学仅仅强调了普遍性和超越性，而没有其具体实现的机制，使其哲学成为"设定"或人们常常批评的"规范"，而儒家则不然，它展现的是"既超越而又内在、既普遍而又特殊的那具体的道德之情与道德之心"。[4]但是，按照康德所言，道德情感是不能普遍化而为道德法则的，因此牟宗三强调这个道德心或道德情感可以上下其讲，"下讲，则落实于实然层面，自不能由之建立道德法则，但亦可以上提而至超越的层面，使之成为道德法则、道德理性

① 牟宗三:《心体与性体》(上)，上海古籍出版社，1999年版，第101页。

② 同上书，第102页。

③ 同上。

④ 同上书，第108页。

至表现上最为本质的一环。"[①]实现这个目标之关键在"实践工夫"这个关键环节上，"但这一层是康德的道德哲学所未曾注意的，而却为正宗儒家讲说义理的主要课题"[②]。在这个环节上，牟宗三认为儒家之实践工夫既是普遍的，又是具体的，既上提到超越层面，又实现于现实状态。但是此时的个体道德情感不是如康德所说的"设想的特别感觉"，或有无限差别而不能提供普遍性标准等，这时候的道德情感如孔子之"仁"、孟子的心性是情也是理，"其为具体是超越而普遍的具体，其为特殊亦是超越而普遍的特殊，不是实然层上的纯具体、纯特殊"[③]。

牟宗三指出，西方哲人讨论"实体"（Reality）的很多，如布拉德赖（F. H. Bradley）、怀特海、柏格森、海德格尔、罗素，等等。或自本体论进入，或自知识论进入，或自生物论或实用主义等等，还有如斯宾诺莎、莱布尼茨、笛卡尔等自分析哲学或独断论进入。但是不管他们是讲存有或实体，都没有"性体"概念，都不能像儒者那样从道德实践概念入手，从道德实践的创造之"性体"概念入手才能形成与宇宙创生本身有机联系的形上学，而西方哲人的思路则只是囿于讨论"现象"层面的形上学。只有康德是例外，他是从道德进路入手建立形上学，但是由于意志自由、灵魂不灭和上帝存在等概念本身的设准属性，康德的道德神学无法形成实践理性上的现实性意义，即无法实现其真正的"实践"，使其无法落实，即没有"性体"概念，几乎使"自由意志"概念"挂空"，即缺乏背后实在的（具于个体生命之身）的支撑者。"而其所规划之'道德的形上学'（其内容是意志自由、物自身、道德界与自然界之合一）亦在若隐若显中，而不能全幅展示、充分作成者。"[④]西方的理想主义从贝克莱到黑格尔最终完成，体现为三个方面的特征：观念性、现实性和合理性。但是因为它们也不能具体落实于心性，而无法形成一个实践的哲学，所以，也只是一套生硬的哲学理论。宋明儒学的"成德之教"使宗教与道德合一，也使形上学与道德

① 牟宗三:《心体与性体》(上)，上海古籍出版社，1999 年版，第 108 页。
② 同上。
③ 同上书，第 109 页。
④ 同上书，第 33 页。

合一，这是中国哲学所独具，而为西方哲学所独无。[①]牟宗三依据心体与性体的同一性推演出个体道德意识与天道超越之间的统一，构成内在超越的根基，并构成道德形上学与超越存有论的根基。

牟宗三还从个体对天道的分有及其贯注的角度进一步论证个体生命德性之内在与超越双重性。这个天道关注的特性在个体是"性命"（本性之命）而非生命（在牟宗三那里只是气命）。这个超越性的展开，从个体来说是"性命"的自我完成或完全实现或完全展开，但是此展开不是无中生有，也不是自然生物状态的自然展现，而是分有宇宙大道的个体的内在自我的真正展示。牟宗三反复强调"乾道变化，各正性命"中的性命是性中之命，不是气质之性之中的命："正其性即是定其性，亦即成其性。此是存有论地正、定、成也。'命'即是此性之命，乃是个体生命之方向，吾人之大分，孟子所谓'分定故也'之分。此亦是横渠所谓'天所性者通极于道，气之昏明不足以蔽之，天所命者通极于性，遇之吉凶不足以戕害之'之义也。此显然不就气之凝结说气之性命也。此当是宋、明儒之共同意识，故无人认'各正性命'为气之性命。"[②]牟宗三又借助于《大戴礼记·本命》"分于道谓之命，形于一谓之性"强调，分于道就是分有道的命令而形成个体生命之方向，这就是个体的"大分"，而形于一则不仅是方向了，而是具体落实到每个不同分殊的个体，这就是"性"。牟宗三说："如果'天'不向人格神方向走，则性体与实体打成一片，乃至由实体说性体，乃系必然者。此与汉人之纯粹的气化宇宙论不同，亦与西方康德前之独断论形上学不同。此只是一道德意识之充其极，故只是一'道德的形上学'也。"[③]牟宗三基于他个人对儒家的理解，始终强调先验之理即道德本性之天的存在，即性命之超越性维度，而不是基于气性维度上的后天的性命之气质，牟宗三始终如一使用的"超越性"与康德的概念有一定的相近之处，但最大的差别可能是他始终将"道德理性"设定为"超越

① 牟宗三：《心体与性体》（上），上海古籍出版社，1999年版，第34页。
② 同上书，第30页。
③ 同上。

性”，但是这个道德理性又是内在的，而不是外在超越的。性体是道德理性，但这是客观面的，还需要主观面的人的仁来彰显之，牟宗三最终是从天道流行之体之气与个体生命的统一性和同一性上揭示之：

天道“於穆不已”之生德引生阴阳之气之生化，而亦即由此气之生化而见“於穆不已”之生德。“天地絪缊，万物化醇”，即阴阳之气之生化也。此云天地以气言。实际在生者化者是形气之事，而天道之生德则是所以神妙之者。阴阳之气之絪缊生化即结聚而为个体。此即本体宇宙论地成其为一个体之存在也。“性”之名是对应个体而立，故由此而想到“生之谓性”也。由天道之生德，说到阴阳之气化（生意），接着就说“生之谓性”，好像直由此生德生意（生德是超越地说，生意是内在地说）而说“生之谓性”，实则有许多关联，不是直由此生德生意而说“生之谓性”一语也。说到阴阳之气之氤缊化醇，即是为的说个体之成。“生之谓性”是对应个体之成而说性，不是寡头地直以生德生意为性也。性之实际内容或其内容的意义自然即是那生德生意，但说性则必对应个体之成而说故那两层生字，一是生德，一是生意，实在是通形上形下浑一而言之。生德在备说性之内容，生意乃在说个体之成。如是，“生之谓性”意即在个体之成上而说性，复即以“於穆不已”之生德为此性之本质内容也。由此本体宇宙论的直贯顺成之义理模式而说“生之谓性”（成之谓性）甚为明顺而恰当。前条由“成之者性也”一语而说此义，则成别扭。[①]

牟宗三在这里特别强调这是“性命”的展开，而不是自然“生命”的展开，即其中内蕴分有天道的形上实体之谓。这个生意和流行即牟宗三所强调的客观维度，而主观维度即仁心。但是当说到仁心的时候，从其感通、遍润层面又是客观的和超越的，这样在牟宗三这里所谓“无限智心”即生成。

牟宗三就道德形上学的建构指出，人类个体乃至于群体的道德

① 牟宗三:《心体与性体》(中)，上海古籍出版社，1999 年版，第 127 页。

意识（仁的呈露）即其道德形上学的根基，但是仅仅由此还无法建构一个形上学即包含宇宙存有论的地基，存有论的根据在于前述所论之“仁”的生机性及其展开，而不仅仅是展露：“我依中国的传统，可把形上学的全部重新调整如下：我们依‘人虽有限而可无限’的预设，承认两种知识：（1）智知，智的直觉所成者。（2）识知，感触直觉所成者。我们将依道德的进路先展露道德的实体以直接地开道德界，此相当于康德的‘道德底形上学’——道德之‘形上学的解释’（此词义同于时空之形上学的解释）或范畴之形上的推述，乃是对于道德一概念作分解的推演者）”。[①]这就是我们所熟知的牟宗三所惯常强调的以道德为根基的宇宙的生存论论证，这种论证，牟宗三认为，道德意识只是基于个体生命中本体性端绪或全幅展开的展示，但是并不限于这个“道德意识”的部分展示或全幅展开，更重要的是其中所内蕴的宇宙自身变化的生化机理：“但此道德的实体虽由人的道德意识而显露，但却不限于人类而为一‘类名’，因而亦不只开道德界。它是无限的实体，是生化之原理，因此，同时亦开存在界”。[②]

牟宗三将西方哲学传统中的存有论称之为“内在的存有论”，因为它是从存在的内在结构属性层面着眼的，由一些范畴和判断标识物之存在性，“即内在于一物之存在而分析其存有性也”，他把中国哲学传统中依据“生命智慧”把握的“存有论”称为“超越的存有论”，即不是把握其内在属性，而是把握其存在根据，“明其所以存在之理”：“但依中国的传统，重点不在此内在的存有论。中国的慧解传统亦有其存有论，但其存有论不是就存在的物内在地（内指地）分析其存有性，分析其可能性之条件，而是就存在着的物而超越地（外指地）明其所以存在之理。兴趣单在就一物之存在而明其如何有其存在，不在就存在的物而明其如何构造的”。[③]他认为，超出现象之外考察现象界之存在的根据，在西方一般不被归入哲学范畴，而是归入神学范畴，并将

① 牟宗三：《现象与物自身》，吉林出版集团有限责任公司，2010年版，第34页。
② 同上书，第35页。
③ 牟宗三：《圆善论》，吉林出版集团有限责任公司，2010年版，第259页。

创造万物者名之为“上帝”。[①] 至少从这里的分析我们可以看出，牟宗三思考的兴奋点不在所谓哲学与宗教之间的对立，而是二者在形上学这个术语维度上的融通，即以形上学或道德形上学的名义讨论现象界的存在根据问题，即涉入西方神学的范围，因此这就不是黄玉顺教授等简单将之视为我们日常所理解的反对神学的人文主义之列，而且这是牟宗三始终一贯的观点，这也是他超越论的出发点。所以，黄玉顺教授将牟宗三设定为反对神学属性的人文主义是不对的。当然，黄玉顺教授此番讨论其中所蕴含的良苦用心我们是认同的，即期冀一个超越一切现实权力之上的神圣存在者，以此整合人们的价值认同并超越世俗价值和世俗权力。但是，仅就牟宗三的超越性理论而言，我们必须紧紧抓住他的思想核心和主体脉络才能提供真正的批评靶标。牟宗三在《圆善论》的最后又对他的超越性思想作了一个总结：

> 吾人依中国传统，把这神学仍还原于超越的存有论，此是依超越的、道德的无限智心而建立者，此名曰无执的存有论，亦曰道德的形上学。此中无限智心不被对象化个体化而为人格神，但只是一超越的、普遍的道德本体（赅括天地万物而言者）而可由人或一切理性存有而体现者。此无限智心之为超越的与人格神之为超越的不同，此后者只超越而不内在，但前者之为超越是既超越而又内在。分解地言之，它有绝对普遍性，越在每一人或每一物之上，而又非感性经验所能及，故为超越的；但它又为一切人物之体，故又为内在的。（有人以为既超越而又内在是矛盾，是凿枘不相入，此不足与语。）因此，它之创造性又与上帝之创造性不同，此不可以瞎比附而有曲解也。[②]

讨论超越则必然涉及西方宗教和哲学中的“上帝”观念。牟宗三在讨论人格化的上帝时认为，存在是既成的，它不是人能够创造的，因此从具体人格讨论现实世界的创造问题，必须设定一个“无限存有”

① 牟宗三:《圆善论》，吉林出版集团有限责任公司，2010 年版，第 261 页。
② 同上。

来负此责任，此处便有了分歧，一则是西方的上帝观，一则是中国传统三教中的“无限智心”，但是牟宗三认为，上帝之存在还是人的情识作用的结果，不是真实的而是虚幻的，因为它不是知性所能解决的问题，故它只能是假设，或者即信仰，而信仰则是情识决定，而非理性决定，而且无法证明，实践也不能证明之，但可以说实践需要之。①

牟宗三后期喜用“无限智心”或“无执的存有论”，但只是超越或内在超越说的一个转语。因为“无限智心”表达的是个体仁心至其极之后转成无执的自在，同时与大化流行相一致，不达其极则不会有所谓“无限”更非真正得到“智心”，“无执的存有”也需要在这个维度作理解。但是这个转语之成则在个体道德意识即良知的充其极，即本体良知的全幅呈现，就其全幅呈现说，既是内在的又是超越的，因为它的全幅呈现之体展现为个体心体的展开，即阳明所谓“天渊”的呈现，是心体通达万物即万物一体之境界状态，从这个角度即大化流行之意的显现，从良知本体和大化流行两处说，这都不是我们个体经验的日常所能随意企及的，故它从经验处（理想）和先验处（本体）说都是超越的。我们从传统儒家和牟宗三的论述都可以看出他们所认为的个体有限存在和无限存在的二重性，这当然也是康德的观点，康德又认为这是个体存在的界限，虽然他依据实践理性给出了个体走向的律令，但是这个律令的背后根据是三个设定，由此设定牟宗三认为，它无法像中国儒家那样以成德成圣的方式将之落实。按照儒家之见，凡圣从其本质本无差别，只是常人不能用功于此以回复自己的本性。对个体自我本质肯定与现实批判，又是内在超越的另一个意义之所在。

四、余论

我们相信，前此论述中已经随文回应了前面所提及的学者们的批评，总体上应该也能够部分地回答本文开始所罗列的诸位学者所提出的一些质疑，尤其是关于超越与内在的统一性问题。在本文最后则试

① 牟宗三:《圆善论》，吉林出版集团有限责任公司，2010年版，第189—190页。

图讨论两种不同的批评性意见，而是某种自我成立的看法，譬如赵法生的“中道超越”和黄勇对相关问题的看法，然后再做一总结。

赵法生提出了“中道超越”的论说，他对牟宗三的“内在超越”有同意的地方，也有他的批评，但是从立论主张和方式上不同于前述批评。他主要依据对儒学创始人孔子的分析，试图将内外超越的双向紧张加以调和与圆融，其一，试图在以气为根基的基础上实现身心对立的统一；其二，强调在现实世界之中我们的道德修养如何通过敬畏和身体的修饬实现“下学上达”，这是他不同于牟宗三等植根于仁心观念的看法。从讨论孔子角度说，这些补充与发挥是很有意义的。当代儒学与孔子之后的传统儒学的分野有其相似之处，即仁学与礼学之间的紧张，赵法生的研究则试图居于其间，是比较具体而不是抽象的论说。

他在批评宋明理学如程朱的身心对立的二元观之后试图回到先秦儒家那里，尤其是试图强化“气”的思想在先秦儒家那里的意义。他认为先秦儒家的一个修养路径是，“先秦孔孟儒家并没有忽视身心之间的差异，却没有预设二者之间不可克服的鸿沟，如何让大体渗入小体，使得身体成为心灵实现的场域，促成身心之间的深度沟通融合，正是先秦儒家工夫的重点关注”。[①] 他认为，在孔孟那里的这种融合，不是身心之间无法调和的冲突之下的强行妥协或协调，而是要形成孟子那样的“如火之始燃，泉之始达”“沛然莫之能御”的状态，这当然就是牟宗三上承阳明、泰州诸老，更上达象山、明道直追思孟的路径了。“此种身心一本与一体观，实由孔子开辟，而以孟子的践形生色说为其典范形态。”[②] 这样说，就基本上说到心性学的命脉之处了。但是，赵法生又强调，“只要我们领会‘克己复礼为仁’的本义，我们就会明白，孔子创立仁学，虽然开启了儒学内在面向，但并不意味着只是内在超越。实际上，孔子所开创的是合内外之道的工夫，它旨在贯通内外而

① 赵法生：《儒家超越思想的起源》，中国社会科学出版社，2019 年版，代序第 19 页。
② 同上书，代序第 20 页。

臻于中道，并不偏向于其中的一端。"[①] 其实，赵法生这段话描述孔子肯定是中肯的，因为孔子即如此，但是宋明儒学家包括心学一系和理学一系都不尽然在孔子自身的一路上了，这是宗教和学术发展的必然性所致。

赵法生依据《论语》《中庸》推己及人之论，以及《大学》的"絜矩之道"指出这是孔子儒学的"人人之际"，身心之学即仁礼关系是身心之际，这样"如果天人之际代表了中道超越的上下向度，身心之际代表了中道超越的内外向度，人人之际则开出了中道超越的左右向度，至此，中道超越的上下、内外和左右三个向度全部打开，这一超越的立体格局建构最终完成"。[②] 总体上说，赵法生的中道超越性的三个向度涉及他理解的这样几个问题：第一，孔子没有放弃在他之前已经存在的巫文化和天命观念，首先是孔子敬畏天命，其次是孔子通过仁道展开了道德性维度，但是又保留了天道自然的面相，并由此产生了儒家导向格物致知的可能性；[③] 第二，赵法生认为，孔子的仁道接通了天命与人心之间的联系渠道，在人心中发现了可以证知天道的伟大力量，[④] 这个论述是精彩的，也是与现代新儒家完全一致的。同时他认为，一旦天道仁道打开，则它的工夫实践便导向上下内外四维空间，内外向度则表现为仁与礼之间的关系交织与平衡，这一点是与现代新儒家有所不同的，至少是现代新儒家所不强调的，这也是当代大陆儒学的普遍性共识，但是赵法生在这一方面也比较中道，而不像部分儒学学者那样执着于礼制的偏至，他强调了仁礼之间的平衡；第三点就是"己所不欲，勿施于人"（《论语》）、"诚"（《中庸》）和"絜矩之道"（《大学》）所指示的人际之道，上述三点标志着儒学从周公以德配天转向了孔子的本仁言礼之学，确立其上下、内外、左右三维六度的"中道超越形态"。[⑤] 赵法生同时自承，这种上下、内外和左右都兼顾到的

① 赵法生：《儒家超越思想的起源》，中国社会科学出版社，2019 年版，代序第 20 页。
② 同上书，代序第 21 页。
③ 同上书，代序第 22 页。
④ 同上。
⑤ 同上书，代序第 22—24 页。

中道超越存在的最大问题是“既要充分展开，又要保持平衡，超越的难度也因此而加大”。[①]

赵法生在肯定了孔子的思想创造性展开之后，同时也肯定了孟子思想中的一些天才表述，即性情之间的同一性关系，他认为牟宗三在这个问题上产生了失误性的解读或者是被他自己的理论重构了孟子思想，其核心即孟子思想之中包含着性心气三者之间的同一性和统一性，而牟宗三的心性论强调了心的本体性及其上提以后，便脱去了孟子工夫实践论中养气工夫等方面的内涵，最终导致他消弭了天人之间的距离，完全将性与天内在化，天人之际的界限不见了，从而与孔子甚至孟子的天人观的本义具有了显著差异。[②]他特别指出牟宗三对孟子气论的消解：

> 牟宗三的上述观点，意在克服朱熹理气二分所导致的理只存有不活动的困局，却导致了新的问题，就是与气全然无关的心体究竟是如何具有了活动义？牟先生借助于熊十力的良知呈现理论，说明这一点是不言而喻；可是，与气全然无关的心性究竟如何获得其发用的动力，进入现实的领域，恰恰是需要说明的。在孟子那里，诚如朱熹所言，四端皆情，也都属于气，道德情感自身便具有自我发动的内在力量。实际上，综合起来看，孟子的心性论并非其超越思想的全部内容，孟子的超越思想其实由心性论和气论两个方面构成，养气和践形构成了超越过程的必不可少的内在环节。所以，孟子高度重视养气工夫，在他那里，不但身体的向度不可阙如，超越的最高境界也指向一种气的存有，即养成至大至刚的浩然之气，充塞于天地之间，所谓上下与天地同流，此种境界乃是心性扩充与养气工夫合一的结果。可是，在牟宗三的诠释中，孟子的气论视域已经不见了，情与才皆被抽离了具体内涵而成为虚位字，心性论则被

① 赵法生：《儒家超越思想的起源》，中国社会科学出版社，2019 年版，代序第 25 页。他虽然没有就此而展开，但是已经说明他看到了这种传统文明的特质及其局限性，与之相对比，偏重于内在超越和外在超越的方向性论述也都存在各自的历史困境和未来发展的问题，这可能是人间世之道所不可避免的最深刻的难题和困境。

② 同上书，代序第 29 页。

> 抽象为纯粹的精神修炼，这不但不符合孟子思想的实际，而且面临着与气无关的存有究竟如何接通实践领域这一难题。因此，牟宗三的内在超越说，虽然极大地提升了儒家道德精神的形上高度，但在如何落实到生活世界方面却面临难以克服的困难。它将一切情气提纯以后，建构起一个纯粹主观的心性本体，虽然获得了绝对的精神自由，却无法形成从纯粹形式化的心体性体到实然的身体与社会之间的实践通道。心性一旦与气完全隔开，主体精神由以通达现实世界的桥梁就被拆除了，这不能不导致儒家思想与工夫形态的异变，使之从身心合一、主客贯通的合内外之道，异变为纯粹主观的精神操练，这意味着本来意义的儒家工夫的解构。[①]

赵法生对牟宗三的主要批评是，“牟先生所建构的内在超越说，一方面将天完全内在化从而取消了天人之间的距离，另一方面其最终的结果是导致了儒家超越性本身的丧失和实践工夫的解构，导致儒学与形上天道与形下生活领域的双向联系的同时中断，这样一种结果自然不是牟先生本意，却是这一思想形态客观上所难以避免的”[②]。从赵法生的补充说，他主要是基于两点，第一，牟宗三的道德形上学还是抽象化的，这种抽象导致了儒学实践层面的困难，这也是当代大陆儒家普遍的看法；第二，对心或心性的高扬导致身心之间一体性关联的断裂，尤其是没有关注到先秦“气”思想的维度。这两个说法都不无道理。牟宗三的哲学性论述是与时代的挑战分不开的，即西方思想尤其是哲学的现代进入，理论阐明是他要面对的第一课题，这方面需要讨论的还很多，兹不赘述。就气的思想来说，这的确是牟宗三思想中论述不够充分甚至失有偏颇之处。[③]

① 赵法生：《儒家超越思想的起源》，中国社会科学出版社，2019 年版，代序第 29—30 页。

② 同上书，代序第 31 页。

③ 牟宗三对气的看法是存在并有一定阐述的。从个体道德实践说，他的确更加注重心性本体与气之间的紧张，从天道流行处他也特别强调道德严整性的意义，而对告子“生之谓性”以及阳明的相关观点提出严厉批评。但是，从天道流行的角度，牟宗三还是有一些与气相关的论述，这是我们后面需要继续研究讨论的，尤其是牟宗三关于性、命（涉及气）关系的思考，还有很多需要研究的问题。

如果仅就孔子来说，赵法生的思考是合理的，牟宗三对此也有相同的看法。牟宗三说，从孔子践仁的历程中，他所遥契的天有两重意义，一则是从理上说是形上的实体，一则是从情上说是人格神，“而孔子的超越遥契，则似乎偏重后者”。[①]但是，同时牟宗三又强调《中庸》所阐发的以“诚”为核心的“内在的遥契”，这样传统中高高在上的天道通过个体的仁、诚得以认识和体会，并加以证实，由《中庸》天命、天道转而为一个“形而上的实体”。[②]对牟宗三所常言的“形而上的实体”人们很容易发生误解，认为这是一个哲学概念，其实不然，这在牟宗三那里是一个活的存有并活动的实体，既不是人格神，也不是一个固定不变而且抽象无法体认的概念，这一点是需要特别注意的，但是很明显，这与我们容易辨识、确认和信仰不动摇的人格神类型确实不同。

另外，赵法生对牟宗三没有重视“礼”的超越性提出疑问，礼是否具有“超越性”这本身是值得讨论的，但是我们这里试图说明的是，牟宗三对儒学之为儒教而构成日常生活之规范却是一点儿也不含糊的。他在《中国哲学的特质》之最后对此特别强调了若干：第一，儒教“它须尽日常生活轨道的责任”[③]。涉及伦常生活和日常交往，甚至牟宗三认为其中有永恒的真理、永恒的意义，即“圣人立教”“道揆法守”，但是同时他又强调了第二点，儒教之为人类“精神生活之途径”，其核心是仁以及“性与天道”之基本观念。[④]牟宗三认为，儒教或儒学强调的是“人的觉悟”，这是儒学或儒教的重心，“一般人常说基督教以神为本，儒家以人为本。这是不中肯的。儒家并不以现实有限的仁为本，而隔绝了天。他是重如何通过人的觉悟而体现天道。仁通过觉悟而体现天道，是尽人之性”。[⑤]当然在牟宗三那里天道之最高最后的结晶是道德理性自身，但是与康德最终因其不活动而归结到上帝不同，他是

① 牟宗三:《中国哲学的特质》，吉林出版集团有限责任公司，2010年版，第41页。
② 同上书，第43—44页。
③ 同上书，第101页。
④ 同上书，第104—106页。
⑤ 同上书，第107页。

强调天道之道德本体之活动义、流行义，但是又不失其本质的德性义，此即道德的形上学，道德本体才是宇宙本体，而这一点体现在个体对仁的体证上，最终落实在万物一体的境界上，并呈现为客观面（性体之天道流行）与主观面（主体之仁、诚展开）的同时饱满。

赵法生也发现了孟子思想的整体性，他把这个整体性概括为心性的超越、气的超越和身体的超越。尽心说是心性的超越，养气工夫及其境界则是气的超越，同时他认为，孟子在气的工夫或气论基础上的身心一体是生色践行，是身体的超越，这个超越体现为身心统一，“小体转成为大体展现的场所，身、心、命合一，身体因此具有了超越价值，与威仪观相比，这是自律道德意识指导下完成的身体超越”。[①] 赵法生将之概括为心、身和天命合一的中道超越，因为孟子思想的超越并不局限于向内的一个侧面，“心性的超越倒是必须经由气和身体的超越来实现，故现代新儒家关于孟子内在超越的言说，依然有重新讨论的必要”。[②] 赵法生在《儒家超越思想的起源》一书导论中特别指出，牟宗三将天人关系中的上下维度即宗教和人文两个层面混合为一，将上下问题简化为内外问题，同时因为受到康德哲学的影响，将心和情上提到形而上的层面，抽象掉了气的维度，变成一个抽象化的本体，导致儒家实践工夫的丧失。这里可能存在着一些误读，因为牟宗三虽然没有过多地论及儒家养气工夫，但是他特别强调了本体的流行义和遍润义，其实这也是气和气化的过程。当然，由于牟宗三在这点上确实没有达成完全独立的认识，所以他还是特别突出儒家道德理想主义的维度，同时仅仅强调逆觉体证的工夫也还是不充分的。[③] 正如赵法生所言，仅仅从孟子来说，他的身心一体、道德与命运合一、天道与人道合一、气的养成与浑沦都是孟子思想中的核心要义，需要整全地把握才行。赵法生强调的“恢复儒家对于上下维度的关注，并重建儒家

① 赵法生:《儒家超越思想的起源》，中国社会科学出版社，2019 年版，第 10 页。

② 同上。

③ 台湾学者杨儒宾先生晚近以来对儒家身体观的讨论，在一定程度上是对牟宗三学说的补充，笔者的《王阳明身心哲学研究——基于身心整体的生命养成》则是将身心整体和身心一体看作是王阳明思想重要和内在的构成性要素，是他“知行合一”的实现条件。

的工夫论基础，是内在超越说面临的挑战”[①]。我个人至少是同意最后一点的，即儒家工夫论的重建，但是如果从心学一系的角度看，虽然他们绝不会否认天人之际的说法，但是同时又有“知天”内化的路径，所以由此上下维度和工夫论重建之间究竟是一个什么样的关系，这又变成了一个问题。总之，赵法生的“中道超越”相对于牟宗三的“内在超越”与当下很多儒学家和学者所倡导的“外在超越”是一个折中方案，但是目的并不在于折中，而在于一个基于历史和理论分析的结论。至少从对孔子的分析来看很多议论是合理的，对孟子气论的强调以及对“威仪”的强调都是有其合理性的，而且试图统合仁礼进展和下学上达之“渐修”与心学“顿悟”之间的张力。但是笔者还是认为这是偏向于某种工夫存有论，而不是牟宗三所最终主张的对一般存有论的证明。从这个角度说，二者既有对应性，也有论述的错位。总体而言，赵法生的论述，从大陆儒学偏重于当下实践角度是合理的，从气论补充角度也是有价值的。

另一种讨论是黄勇依据当代西方理论提出的关于道德与宗教关系的思考，他肯定了牟宗三试图论证从个体的有限存在回归到个体本性之“无限存在”的合理性：

> 因此，要么我们认为牟宗三误解了基督教的“上帝”概念，要么牟宗三内在超越的“天”另有别的意思。笔者的倾向是第二种情况。很显然，“天”指的不是天空，因此同基督教的“上帝”一样，天不是世界上存在的万物之一。但是与基督教的“上帝”不一样，它并不外在于世间，而内在于人（这是儒家特别关注的）和世间其他万物。因而它的确是内在的。同时，尽管天作为本体论的实体或真际是作为人性内在于人的，但人在现象的层面上与其形而上的性不是完全相同的。在牟宗三看来，“天”这种内在超越性在《孟子·尽心上》那里说得最明白：“尽其心者，知其性也；知其性，则知天矣。”事实上，人可以尽心、知性而知天，恰恰显示出“天”

① 赵法生:《儒家超越思想的起源》，中国社会科学出版社，2019年版，第11页。

> 就在我们每个人的心中。但在我们尽心知性之前，“天”看起来仍然是超越的。[1]

黄勇强调的是，至少在个体本体敞开之前，天相对于人还是外在的和超越的，这一点与牟宗三略有不同。黄勇进一步展开他对牟宗三“内在超越”的理解并且富有启发的地方是，他认为在牟宗三那里，儒学是道德神学，个体生命是有限的，而人所要成就的德性之中的“真际”或“实体”则是无限的，这就是天，即儒家的上帝。这就是一个人超越有限个体存在达至无限的天道的进程，“它是德性生活超越的基础，也是宇宙生成的基础。正是在这个意义上来说，天道是超越的。当然，它并不存在于有限的人的生活和其他有限的存在之外，而恰恰内在于它们之中。从这个意义上来说，它又是内在的”。[3] 这个说法也符合牟宗三思想的内涵。黄勇本人则持第三种观点，即与内在超越论相同，但是又有一些不同，他给出的不是一个相对静态的“内在超越”，而是一个在宇宙演化中的“内在超越”，即基于二程性、理和生生概念之上的内在超越，即性、理和“神”（儒家意义上的）的整合构成他的内在超越观念，性或理是静态和超越的，但是“神”之妙用则是变化无方的，即“生生之谓易，阴阳不测之谓神”，这是一种宇宙生存发展演变中的内在超越特质，性、理、神本身都是超越的，同时又是内在于宇宙之变化流程之中的，同时个体和人类社会又包含着性、理的普遍性，即内在性，这应该是他所理解的“内在超越”，即他自己所说的第三种超越或“创造性的神学”，当然这个创造不是上帝样式的，而是生生样式的。[3] 黄勇的这种主张其实与牟宗三是可以融合一体的。尤其是，牟宗三本人其实最根本的“道德形上学”“无限智心”“超越的存有论”“无执的存有论”都指向天道与生命展开中的“生生”，而这个内涵的形上总结是“道德神学”（黄勇词）的证成。牟宗三的思想宗旨在于从康德停滞的地方出发，以中国传统思想尤其是道德实践

① 黄勇：《内向超越与多元文化》，上海交通大学出版社，2018 年版，第 238—239 页。

② 同上书，第 240 页。

③ 同上书，第 244—251 页。

和工夫实践论沟通康德哲学与神学的二元化。我们回过来再看学者们反复引征的这段话：

> 天道高高在上，有超越的意义。天道贯注于人身之时，又内在于人而为人的性，这时天道又是内在的（Immanent）。因此，我们可以康德喜用的字眼，说天道一方面是超越的（Transcendent），另一方面又是内在的（Immanent 与 Transcendent 是相反字）。天道既超越又内在，此时可谓兼具宗教与道德的意味，宗教重超越义，而道德重内在义。在中国古代由于特殊的文化背景，天道的观念于内在意义方面有辉煌煊赫的进展，故此儒家的道德观得以确定。西方的文化背景不同，西方人性论中所谓人性 Human nature 之首字母 n 字小写，其实它就是自然的意思，而且恒有超自然（Super nature）与之相对。此超自然始有超越的意味，它属于神性而不属于自然世界（natural world）。西方哲学通过"实体"（Entity）的观念来了解"人格神"（Personal God），中国则是通过作用（Function）的观念来了解天道，这是东西方了解超越的存在的不同路径。①

最前面一段话被大家反复引征以说明牟宗三所论及的"内在超越"，其实同样重要的是"天道既超越又内在，此时可谓兼具宗教与道德的意味，宗教重超越义，而道德重内在义。在中国古代由于特殊的文化背景，天道的观念于内在意义方面有辉煌煊赫的进展，故此儒家的道德观得以确定"。这段话作为对前面一句话的注解说明内在与超越如何而成立：第一，它不是宗教与道德的二元对立与分野，而是宗教与道德的统一，这在很多人无法接受，其实这种统一正是牟宗三苦心孤诣所指明的，也是中国思想之特质之一。这里试图说明的是，西方偏向于宗教意义，而不特别申诉个体内在德性的自发省察和挺立，而中国哲学或儒家并不由此舍弃超越义，即在西方宗教中体现的超越者，即也有超越的特性，但是这个特性是超越，而不是确认某一个"超越者"。第二，"天道的观念于内在意义方面有辉煌煊赫的进展"，这里

① 牟宗三:《中国哲学的特质》，吉林出版集团有限责任公司，2010 年版，第 24 页。

说的是“天道”，而不是天、帝或上帝等等，这一点十分重要，否则就不能转到《易》《庸》和宋明儒学上去，也不能将《易》《庸》和思孟交融。赵法生确立的孔子本身的天命观是牟宗三也承认的，这就是孔子思想的特质，牟宗三不过试图通过“仁”将《易》《庸》和思孟打通，将整个儒学从先秦到宋明都贯穿起来。第三，这是路径的问题，它是和哲学本身的存有论的方式相一致的，即“西方哲学通过‘实体’（Entity）的观念来了解‘人格神’（Personal God），中国则是通过作用（Function）的观念来了解天道，这是东西方了解超越的存在的不同路径”。天道的理解不是通过确认一个至上神来获得，而是通过人体会天道、体察天道，在日常生活中和自身生命中感知与挺立天道来确认天道的存在与运行，这是与西方哲学之“实体”（Entity）不同的，后者正是人格神的哲学基础。牟宗三特别凸显“於穆不已”之义，即其起造和流行之义。“‘於穆’可谓兼有深奥和深透的意义。我们试观这个宇宙，山河大地变化无穷，似乎确有一种深邃的力量，永远起着推动变化的作用，这便是《易经》所谓‘生生不息’的语意。正因为‘於穆不已’的天命，天道转化为本体论的实在（Ontological Reality）或者说本体论的实体（Ontological Sustance）。此思想的形态一旦确定了，宗教的形态立即化掉，所以中国古代没有宗教。”[①]因此无论名称如何，即无执存有论、超越存有论还是道德形上学，都是牟宗三试图建构的一个即道德即宗教又非宗教的实践哲学的体系，这个体系及其实践方式不是外在超越的，而是内在超越的。

① 牟宗三:《中国哲学的特质》，吉林出版集团有限责任公司，2010年版，第25页。

双向超越：论孔子思想的超越性

常会营

儒家不仅是一套伦理学说，更有天人之际的终极关切，具有安身立命的功能，这已经成为学界共识。但是，儒家的超越（transcendence）思想具有怎样的内涵与形态？与其他轴心文明的超越思想有何不同？牟宗三先生提出的内在超越（Immanent transcendence）说[①]是否足以概括儒家超越思想的特色？儒家是否具有“外在超越”（External transcendence）思想？今天的儒家应该如何重建其终极关怀？近年来逐渐成为学界讨论热点。[②]

许多学者对于现代新儒家的内在超越说提出批评商榷。[③]余英时先生在继承内在超越说基础上亦有所变化，他认为：“儒家的内向超越并不自孟子始，而必须上溯至孔子。……孔子创建‘仁礼一体’的新说是内向超越在中国思想史上破天荒之举，他将作为价值之源的超越世界第一次从外在的‘天’移入人的内心并取得高度的成功。”[④]黄玉顺先生认为原始儒家（孔子）的超越是一种神圣外在性超越[⑤]，赵法生先生

① 牟宗三:《中国哲学的特质》，上海古籍出版社，2007 年版，第 20 页。

② 常会营:《“中西会通视域下的儒家超越性问题”学术研讨会综述》，《当代儒学》第 19 辑，四川人民出版社，2021 年版。

③［美］安乐哲著，彭国翔编译:《自我的圆成：中西互镜下的古典儒学与道家》，河北人民出版社，2006 年版，第 43—48 页；任剑涛:《内在超越与外在超越：宗教信仰、道德信念与秩序问题》，《中国社会科学》2012 年第 7 期；李泽厚:《由巫到礼 释礼归仁》，生活 · 读书 · 新知三联书店，2015 年版，第 133 页；张汝伦:《论“内在超越”》，《哲学研究》2018 年第 3 期；黄玉顺:《中国哲学“内在超越”的两个教条——关于人本主义的反思》，《学术界》2020 年第 2 期；任剑涛:《内外在超越之外：儒家内在超越论及其诱发结果》，《上海大学学报》（社会科学版）2021 年第 1 期。

④ 余英时:《论天人之际——中国古代思想起源试探》，中华书局，2014 年版，第 205—206 页。

⑤ 参见黄玉顺《生活儒学的内在转向：神圣外在超越的重建》，《东岳论丛》2020 年第 3 期。

提出孔子的超越是一种包含了外在向度的中道超越，与所谓内在超越具有重大差异[①]。学界对原始儒家特别是孔子思想超越性的认定问题日益凸显。

时至今日，多数学者仍认为孔子思想缺乏超越性，这一观点应该得到纠正。儒家创始人孔子是非常重视天人关系、天命鬼神的，其思想中并不乏外在超越。关于此点，赵法生先生、黄玉顺先生尤重视之，并有相关著述予以论证。[②]那么，孔子思想中这种宗教神学意义上的外在超越是如何具体体现的？除了外在超越之外，其思想中是否还有如《中庸》《孟子》之哲学意义上的内在超越？或者说儒家内在超越究竟是学者们普遍认为的由子思、孟子发端的，还是由孔子所开启的呢？这亦是笔者所力求探讨的一个理论难点。笔者认为，在孔子思想中，既有宗教意义上的外在超越，亦有哲学意义上的内在超越，二者是同时并存、紧密结合、不可偏废的。因此，孔子思想之超越性可称为“双向超越”[③]。通过《论语》中的相关篇章及学者论述，我们可以对此予以体认。

一、神圣之外在超越：孔子论天命、鬼神

双向超越首先便是外在超越，即宗教神学意义上的超越。这一超越形式在西方原始宗教以及犹太教、基督教、伊斯兰教信仰中普遍存在，主要意谓神圣世界对世俗世界、上帝对凡人的超越。当然，在古希腊，还存在一种哲学意义上的外在超越，如柏拉图的“理型”说等，是指理念世界对感官世界、本体世界对现象世界的超越。此处主要就

① 赵法生：《论孔子的中道超越》，《哲学研究》2020 年第 4 期。

② 赵法生：《儒家超越思想的起源》，中国社会科学出版社，2019 年版；黄玉顺：《重建外向超越的神圣之域——科技价值危机引起的儒家反省》，《当代儒学》第 18 辑，四川人民出版社，2020 年版；黄玉顺：《生活儒学的内在转向：神圣外在超越的重建》，《东岳论丛》2020 年第 3 期。

③ “双向超越”一词是 2021 年梁涛先生与赵法生先生探讨孔子“中道超越”说之定义、内涵及特质时所提出，对笔者颇有启发，在此对二位先生表示诚挚谢意！

前者而言。那么，在中华文明发展历史中，在孔子的思想中，是否同样存在宗教神学意义上的外在超越？又是如何具体体现的？

自古以来，天人关系是中国哲人极为关注的一个课题。外在超越之天命、鬼神观念由来已久，延续至夏商周三代。孔子曰："夏道尊命，事鬼敬神而远之，近人而忠焉，先禄而后威，先赏而后罚，亲而不尊；其民之敝：蠢而愚，乔而野，朴而不文。殷人尊神，率民以事神，先鬼而后礼，先罚而后赏，尊而不亲；其民之敝：荡而不静，胜而无耻。周人尊礼尚施，事鬼敬神而远之，近人而忠焉，其赏罚用爵列，亲而不尊；其民之敝：利而巧，文而不惭，贼而蔽。"（《礼记·表记》）如陈来先生所言："西周文化又是三代文化漫长演进的产物，经历了巫觋文化、祭祀文化而发展为礼乐文化，从原始宗教到自然宗教，又发展为伦理宗教，形成了孔子和早期儒家思想产生的深厚根基。"[①] 陈来先生之论述，对周代文化的宗教历史背景及其对孔子和早期儒家思想之奠基，做出了精要概括。《论语》中孔子的天命、鬼神观念亦与之息息相关。

据笔者统计，《论语》中孔子论天命、鬼神及与之相关的所有章节，总计 39 章，占总章数 498 章（参朱熹《论语集注》）的近十分之一，亦不算少。其中的天至少有自然之天、神圣之天两种。[②] 自然之天，例如"唯天为大，唯尧则之"（《泰伯》）、"天何言哉？四时行焉，

① 陈来：《中华文明的核心价值：国学流变与传统价值观》，生活·读书·新知三联书店，2015 年版，第 40 页。

② 冯友兰先生认为中国古典的"天"至少有五种意义，即"物质之天""主宰之天"或"意志之天""命运之天""自然之天""义理之天"或"道德之天"[参见冯友兰《中国哲学史新编》（上卷），人民出版社，1998 年版，第 103 页]；郭沫若先生倾向于孔子之天是自然之天；日本学者狩野直喜认为孔子之所谓天、天命、天道，皆是宗教的意义；徐复观先生则认为孔子之天命为人文主义道德性之天命[参见赵法生：《孔子的天命观与超越形态》，《清华大学学报》（哲学社会科学版） 2011 年第 6 期]。其实物质之天与自然之天差别不大，主宰之天（意志之天）和命运之天（包括宗教意义之天）亦可归于神圣之天，神圣之天是包含主宰性的；道德之天（义理之天）亦被赋予了神圣意义，可归于神圣之天。

百物生焉，天何言哉”（《阳货》）[①]、“犹天之不可阶而升也”（《子张》）几章，说明了春秋时代之天显然有自然之天的意蕴。而这样的自然之天并不具有超越性。[②]黄玉顺先生认为：“孔子那里只有一个天，那是一个外在而神圣的超越者。”[③]从《论语》所载来看，孔子重视神圣之天，亦重视自然之天这一向度。

那么，《论语》中这一神圣之天又是如何体现的？有什么样的文化特色？

首先，神圣之天具有道德性色彩。子曰：“获罪于天，无所祷也。”（《八佾》）这里的天是有神圣性和道德性在里面的，它会根据人之所作所为予以奖赏和惩罚。而仪封人言“天将以夫子为木铎”（《八佾》），亦是神圣之天所为，不以人之意志为转移。但是，在此处仪封人所言，似乎有某种天启的味道在里面，也即天之所为，有一定道德标准，若人能按此道德标准言行，则会为天选之木铎（传令人）。

在周游列国过程中，在宋国面对司马向魋的迫害，孔子毫无惧色，曰“天生德于予，桓魋其如予何？”（《述而》）朱熹注曰：“魋欲害孔子，孔子言天既赋我以如是之德，则桓魋其奈我何？言必不能违天害己。”（《论语集注》）孔子所言颇有上天代言人之色彩，即认为自己是天选之人，上天一定会保佑自己，祸难不会及于己身。孔子与弟子被匡人围困，生命堪忧。孔子亦曰：“文王既没，文不在兹乎？天之将丧斯文也，后死者不得与于斯文也；天之未丧斯文也，匡人其如予何？”（《子罕》）在这里，斯文（礼乐制度）同上面所言之“德”皆神圣之天所降，有着内在的一致性，非人力所能及之。

其次，神圣之天具有惩戒性与神秘性。神圣之天具有惩戒性。孔

① 黄玉顺先生认为：“其实，天‘无言’并不意味着没有人格，正如孔子说他自己‘予欲无言’并不意味着孔子没有人格。”参见黄玉顺：《生活儒学的内在转向：神圣外在超越的重建》，《东岳论丛》2020年第3期。但是，其实正如大多数学者所认可的，孔子此处的“天”理解为自然之天更佳，它虽然无言，但四时依然按照自然规律运行，万物自然生长发育。春秋时期有这种自然之天的观念亦并不稀奇。

② 李祥俊：《儒家内在超越的信念基础与现实意义辨析》，《南京大学学报》2019年第5期。

③ 黄玉顺：《生活儒学的内在转向：神圣外在超越的重建》，《东岳论丛》2020年第3期。

子见南子，子路不悦，故他以“天厌之”（《雍也》）赌咒，此处的天有神圣之意味，可对人之所作所为予以惩戒。为天所厌弃，即天选之人因为恶而遭驱逐，被排除于人选之列。而“迅雷风烈，必变”（《乡党》），亦足见孔子对神圣之天之敬畏，所谓“敬天之怒”（《论语集注》）。对于神圣之天的敬畏，亦体现出孔子担心所作所为有所亏欠于心，而遭受天之惩戒，如《诗经·小雅·小旻》所言：“战战兢兢，如临深渊，如履薄冰。”

神圣之天亦具有神秘性。颜回作为孔门四科德行科之首，“好学，不迁怒，不贰过”，却英年早逝，“不幸短命死矣”（《雍也》）。孔子为之恸哭，曰：“天丧予！天丧予！”（《先进》）天命似乎并不必然是“德福一致”的，体现出神圣之天的神秘性。德行科第三位弟子——冉伯牛之遭遇亦是如此。伯牛有疾，子问之，自牖执其手，曰：“亡之，命矣夫！斯人也而有斯疾也！斯人也而有斯疾也！”（《雍也》）如子夏所闻言“死生有命，富贵在天”（《颜渊》），其认为人之死生，人间富贵荣华皆由天命所主宰，并非由人所能决定，体现了神圣之天的神秘性。“德福不尽一致”的理论困境，是中西哲人共同面临的时代难题，孔子将其归为天命。《庄子·人间世》载孔子之言“知其不可奈何而安之若命，德之至也”，亦是此旨。[①]

第三，神圣之天具有内涵的丰富性。《论语》讨论天命的章句，另如“五十而知天命”[②]（《为政》），“子罕言利与命与仁”（《子罕》），“凤鸟不至，河不出图，吾已矣夫！”（《子罕》）“回也其庶乎，屡空。赐不受命，而货殖焉，亿则屡中”（《颜渊》），“君子有三畏：畏天命，畏大人，畏圣人之言。小人不知天命而不畏也，狎大人，侮圣人之言”（《季

① 赵法生先生总结认为，孔子心目中之天是政权转移和文明兴衰的决定者；是个人德性与智慧的赋予者，又是人生个体命运的决定者；是一切自然现象的决定力量；天不可欺。参见赵法生：《论孔子的信仰》，《世界宗教研究》2010年第4期。

② 余英时先生认为：“轴心突破以后，‘天命’的性质发生了根本的变化，从集体本位扩展到个人本位。……他‘五十而知’的也是他个人所独得的‘天命’，与以前周王朝的集体‘天命’毫无共同之处。”参见余英时：《论天人之际——中国古代思想起源试探》，中华书局，2014年版，第37页。

氏》)，“不知命，无以为君子也”(《尧曰》) 等。天命，其实即天之所命，在《论语》中具有外在超越之神圣色彩，它除了包括天地万物之命，还包括道命、国命、人命等。

1. 道命。孔子曰：“道之将行也与？命也。道之将废也与？命也。公伯寮其如命何”(《宪问》) 此处是言道之天命的，虽然孔子未如此称谓，我们可推知，道之将行或废弛，亦有天命在其中起作用，即道亦有命，故谓之道命。结合《论语》相关篇章，孔子此处所言的“道”，应是有子所言的“先王之道”(《学而》)，子贡则称之为“文武之道”(《子张》)。子曰：“齐一变，至于鲁；鲁一变，至于道。”朱熹注曰：“孔子之时，齐俗急功利，喜夸诈，乃霸政之余习。鲁则重礼教，崇信义，犹有先王之遗风焉，但人亡政息，不能无废坠尔。道，则先王之道也。言二国之政俗有美恶，故其变而之道有难易。”(《论语集注》) 可知朱子认为此处的“道”便是先王之道。在《论语》中，孔子还会用“文”“斯文”来代指先王之道或文武之道。例如子畏于匡。曰：“文王既没，文不在兹乎？天之将丧斯文也，后死者不得与于斯文也；天之未丧斯文也，匡人其如予何？”(《子罕》) 朱熹注曰：“道之显者谓之文，盖礼乐制度之谓。不曰道而曰文，亦谦辞也。兹，此也，孔子自谓。”(《论语集注》) 朱子之注解亦颇合此旨。他认为文是“道之显者”，其实亦即文武之道之显者，礼乐制度是其具体内容。赵法生先生以“文明的兴衰”来解读“天欲丧斯文”[①]，亦深得其旨。道命是天命之一种表现形式，因天命具有神圣性，故其亦具外在超越性。

2. 国命。讨论国命的章句，例如孔子曰：“天下有道，则礼乐征伐自天子出；天下无道，则礼乐征伐自诸侯出。自诸侯出，盖十世希不失矣；自大夫出，五世希不失矣；陪臣执国命，三世希不失矣。天下有道，则政不在大夫。天下有道，则庶人不议。”(《论语·季氏》) 国命，实际上是指一个国家的发展兴衰，亦是天命之一种，具有一定的外在超越色彩。孔子所言的国命是与国家政令结合在一起的，国家政令由

① 参见赵法生：《孔子的天命观与超越形态》，《清华大学学报》(哲学社会科学版) 2011 年第 6 期。

谁来执掌发出，也同时决定了一个国家的存亡延续时间。而国家政令由谁来执掌发出，亦是有天命所系的，如尧曰："咨！尔舜！天之历数在尔躬。允执其中。四海困穷，天禄永终。"（《尧曰》）尧认为帝王相继之次第，在大舜，犹如岁时气节之先后，此是有天命所在的，但还是需要靠诚信执中才堪任之。不然，四海人民困穷，天禄亦会断绝，天命亦会变革。

3. 人命。讨论人命的章句，例如："有颜回者好学，不迁怒，不贰过。不幸短命死矣。""亡之，命矣夫！斯人也而有斯疾也！斯人也而有斯疾也。"（《雍也》）"有颜回者好学，不幸短命死矣！今也则亡。"（《先进》）"富而可求也，虽执鞭之士，吾亦为之。如不可求，从吾所好。"（《述而》）"死生有命，富贵在天。"（《颜渊》）人命，一方面是指人的寿命长短、生死疾病，另一方面也包含了富贵、贫贱、穷通等，而其根源则来源于天。"命矣夫"，朱熹注曰："命，谓天命。言此人不应有此疾，而今乃有之，是乃天之所命也。然则非其不能谨疾而有以致之，亦可见矣。"（《论语集注》）朱子直言人之寿命长短、生死疾病亦是天命。孔子之哀叹弟子颜回不幸早死与冉伯牛身染恶疾，饱含此深深的无奈，正如孟子所言："莫之为而为者，天也；莫之致而至者，命也。"（《孟子·万章上》）"死生有命，富贵在天"，这里的天和命，更倾向于此神圣之天命是不以人之意志为转移的，故具外在超越性。

再来看《论语》中孔子所重祭礼中鬼神之外在超越性。[①] 黄玉顺先生认为："不少学者以为孔子的'鬼神'观念是很淡漠的，这是一种误解。"[②] 确是如此。如果我们深入分析便会发现，孔子并未完全否定鬼神之存在，而只是将重心放在了人事上，而对于鬼神则是存而不论、敬而远之。

---

① 如朱俊艺所言："孔子的鬼神观也是学术界经过了多年的讨论和争论，至今无法达成共识的议题之一。从目前学术界的研究成果来看，大多数学者都主张孔子对鬼神是持怀疑态度，甚至是不信鬼神的。但也有少数学者认为，孔子信仰鬼神，并且态度十分虔诚。探讨与争论的主要问题集中于：孔子是否相信鬼神存在？孔子重视祭礼，是当作政治的工具，还是体现了对鬼神的信仰？"参见朱俊艺：《孔子天命鬼神思想研究》，中华书局，2015 年版，第 148 页。

② 黄玉顺：《生活儒学的内在转向：神圣外在超越的重建》，《东岳论丛》2020 年第 3 期。

与之相应，《论语》中孔子论及的祭礼中包含的鬼神，皆带有这种外在超越性。例如“非其鬼而祭之，谄也”（《为政》），孔子认为如果并非其祖先之神灵而祭祀，那么就是一种谄媚。这应是古代祭祀祖先神的一贯宗旨，是殷周宗法制社会之特色，孔子继承之。“子不语怪，力，乱，神”（《述而》），孔子从来不谈怪异、勇力、悖乱以及神之事。《中庸》中孔子亦曰：“素隐行怪，后世有述焉，吾弗为之矣。”孔子对于这种深求隐僻之理，过为诡异之行之举，认为是在欺世盗名，虽然后世有人称述，但因为其不择善而行，不能行中庸之道，故为孔子所不取。同时，他也不崇尚勇力和悖乱之事，故不言。宋代大儒谢良佐曰：“圣人语常而不语怪，语德而不语力，语治而不语乱，语人而不语神。”（《论语集注》）可谓深得其旨。与祖先之神灵相对的，则是外在诸神，如天神、地祇等，孔子是奉持“敬鬼神而远之”（《雍也》）的，故亦不语。子路问他鬼和死之事，他也说“未能事人，焉能事鬼”“未知生，焉知死”（《先进》）。如《庄子·齐物论》所言，儒家是“六合之外，存而不论”的。既然“存”，说明儒家并未否认鬼神之存在，只是采取了“不论”的态度和方式。

“禹，吾无间然矣。菲饮食，而致孝乎鬼神”（《泰伯》），孔子认为大禹之功德无以非议，其中第一项便是他淡薄自己的饮食，却对鬼神之祭祀特别重视，必丰必洁、必恭必敬。“乡人傩，朝服而立于阼阶”（《乡党》），当乡里人进行驱逐疫鬼的仪式时，孔子便穿上朝服立于东阶一侧，以示其诚敬。“有民人焉，有社稷焉”（《先进》），子路认为有民众可以役使，有社稷之神可以祭祀，就可以为政了，这也体现了当时在国家行政范围内，祭祀社稷之神亦是一项重要任务。《左传·成公十三年》曰：“国之大事，在祀与戎。祀有执膰，戎有受脤，神之大节也。”[①]春秋时期，祭祀与征伐乃国家头等大事，无论祭祀与征伐，皆

① 黄朴民先生认为：“从本质上讲，这八个字乃是了解中国先秦历史及特色的一把钥匙，因为其简洁扼要地道出了古代社会生活的两个根本要义：巫觋系统与政事系统的各司其职，相辅相成。”参见黄朴民：《从神职与政事的分合看先秦史演进》，《光明日报》2021年6月19日第11版。

与神灵有密切联系。根据《礼记・王制》：

> 天子将出征，类乎上帝，宜乎社，造乎祢，祃于所征之地。受命于祖，受成于学。出征执有罪，反释奠于学，以讯馘告。

周代释奠之礼，就与征伐有关，在出征之前，一般要祭祀天帝、社神和祖先神，还要祭祀所征伐之地神灵，以求庇佑，说明当时的鬼神观念是非常强烈的。即便是春秋时代礼坏乐崩，这种祭祀依然还在维持，例如《论语・八佾》中，鲁大夫孟孙、叔孙、季孙奏天子祭祀之乐《雍》收其俎，执政大臣季氏行祭祀泰山之礼，鲁国君臣行祭天之禘礼。尽管孔子视之为僭越，对之颇为愤慨，但至少说明这些祭祀之礼还在勉强维持，亦说明当时君臣及时人眼中鬼神观念还是较为浓厚的。因此，孔子所论天命和鬼神，具有较强的神圣色彩，它构成了孔子思想观念中外在超越之重要维度。

二、哲学之内在超越：孔子论道、德、仁

内在超越亦是“双向超越”的重要维度，即形上哲学意义上的超越。[①]那么，在《论语》中，孔子除了保留天命、鬼神之外在超越，是否还存有哲学意义上的内在超越？若存在，它又是如何得以体现的？下面，我们通过孔子论道、德、仁诸章对此予以探讨，并藉此探讨其哲学意义上的超越性。

《论语》中有很多关于道、德、仁的论述，比如“志于道，据于德，依于仁，游于艺”（《述而》），“本立而道生”“就有道而正”（《学

① 如黄玉顺先生所言：“西方哲学在近代发生了所谓‘认识论转向’（the epistemological turn），本质上乃是主体性转向（the subjective turn），即其超越性的终极奠基者从外在的‘本体’（noumenon）转变为内在的主体，‘哲学研究从外向的对存在的探究，转为内向的对人之自身意识或精神、心灵的探究’。这种内在超越的进路分为两条路线，即理性主义和经验主义。”黄先生列举了笛卡尔、培根、休谟、康德、胡塞尔等近代以来内在超越的代表人物，并将西方哲学的这种内在超越追溯到古希腊哲学，如巴门尼德、苏格拉底、普罗泰戈拉等。参见黄玉顺：《中国哲学“内在超越”的两个教条——关于人本主义的反思》，《学术界》2020年第2期。

而》)，“朝闻道，夕死可矣”“吾道一以贯之”(《里仁》)，“夫子之文章，可得而闻也；夫子之言性与天道，不可得而闻也”(《公冶长》)，“子罕言利，与命与仁”(《子罕》)等。《论语》中之道、德、仁，包括不同的含义和所指。“道”除了前面所言的先王之道(文武之道)，至少还包括仁道、孝道、乡射之道、富贵贫贱之道、天道(中庸之道)、忠恕之道、君子之道、善道等。其中，天道(中庸之道)处于孔子哲学思想体系之最顶端，其余诸道(包括忠恕之道和《大学》中的絜矩之道)则是其在人间社会之体现和落实。[①]“德”则有民德、政德、善德、中庸之德(天德)、仁德、至德、德行、君子之德、小人之德、恩德、文德、大德、小德等，其中最高之德亦应是中庸之德(天德)，其余诸德亦为其所统摄。孔子所论之“仁”，实际上有两种，一曰总名之仁，一曰具体之仁。总名之仁，即德性之全称，亦可称全德之仁。具体之仁，则是指仁所包含之具体德性，例如智、敬、忠、“温、良、恭、俭、让”(《学而》)、“恭、宽、信、敏、惠”(《阳货》)等。笔者此处主要就天道予以考察，并结合道(天道)、德、仁之发展历史及《论语》相关篇章，探究它们三者之间有何内在关系，其超越性又如何。

首先，笔者认为，“天道”多出春秋战国之际，其义大都为自然之天道，并无宗教意味。

对于内在超越说，学界多采牟宗三先生《中国哲学的特质》之表述。其中，牟先生认为天道兼具宗教与道德的意味，宗教重超越义，而道德重内在义。[②]然而其所述背景是西周时期(《诗·周颂·维天之命》)，此时并无“天道”一词。查阅《十三经》及《左传》《国语》《荀子》，“天道”一词大都不载，仅有27处文字可见(加上“天

① 中庸之道由孔子最先提出，子曰：“中庸之为德也，其至矣乎！民鲜久矣。”(《论语·雍也》)中庸之道是天道，同时下贯为人道，即天道即人道，此一论证主要在子思《中庸》一书中具体展开。而在《论语》中中庸之道主要体现为忠恕之道，在《大学》中则体现为絜矩之道，絜矩之道是为政之道，主要体现了忠恕之道中之恕道。此思想参见常会营:《中庸之道、忠恕之道与絜矩之道——儒家“三道”内涵研究》,《齐鲁文化研究》第9辑，泰山出版社，2010年版。

② 牟宗三:《中国哲学的特质》，上海古籍出版社，2007年版，第20页。

之道”20处，则有47处）。通观以上经典原文可知，“天道”多出春秋战国之际，其义大都为自然之天道，并无宗教意味。且从孔子之前鲁国大夫季文子所言“礼以顺天，天之道也”(《左传·文公十五年》)，及其所尊重的同时代郑国执政大夫子产之“天道远，人道迩”(《左传·昭公十八年》)、齐国大夫晏婴之“天道不慆，不贰其命，若之何禳之”(《左传·昭公二十六年》)可知，春秋时期虽然君主大臣祈禳之风仍存，但随着科技发展、理性觉醒，各国之贤大夫已经用自然客观规律来解天道，并在政治上践行之，同时认为礼亦是天道之体现，这亦为孔子所吸收并发展。

牟宗三先生后来亦认识到此点，故他在《中国哲学的特质》一书中亦云:“孔子对天的超越遥契，是比较富有宗教意味的；而发展至《中庸》讲内在的遥契，消除了宗教意味，而透显了浓烈的哲学意味。超越的遥契是严肃的、浑沌的、神圣的宗教意味，而内在的遥契则是亲切的、明朗的哲学意味。”[①] 即在孔子那里，天是具有外在超越性的，故比较富有宗教意味。而从《中庸》开始，内在的遥契是与天道相遥契，故其云消除了宗教意味，透显了浓烈的哲学意味。但是，天道在春秋晚期已具有自然客观规律性，故牟先生认为内在超越（内在的遥契）从《中庸》开始，还有待商榷。[②]

其次，从德、仁之历史发展来看，孔子之前这两个概念已经出现，

① 牟宗三:《中国哲学的特质》，上海古籍出版社，2007年版，第34页。

② 牟先生“内在的遥契”究竟是哲学意味还是宗教意味之观点其实亦存在反复。如在其后所著《心体与性体》（1968年）一书中，他又认为宋明儒所讲者即“性理之学”也。此亦道德亦宗教，即道德即宗教，道德宗教通而一之者也。此“性理之学”亦可直曰“心性之学”。此“心性之学”亦曰“内圣之学”。“内圣”一面在先秦儒家（如其举孔子、曾子特别是孟子、《中庸》、《荀子》、《易传》等）本已彰显而成定型，因而亦早已得其永恒之意义。此“内圣之学”亦曰“成德之教”。“成德”之最高目标是圣、是仁者、是大人，而其真实意义则在于个人有限之生命中取得一无限而圆满之义。此则即道德即宗教，而为人类建立一“道德的宗教”也。此“成德之教”本非是宋明儒无中生有之夸大，乃是先秦儒者已有之弘规。宋明儒所弘扬者无能越此“成德之教”之弘规。此“成德之教”，就其为学说，以今语言之，亦可说即是一“道德哲学”（moral philosophy）。进一步，此道德哲学亦函一“道德的形上学”（moral metaphysics）。参见牟宗三:《心体与性体》（上），上海古籍出版社，1999年版，第3—7页。

并呈现出内在化的趋势。

“仁”这个概念并非孔子首创。据陈来先生《原仁上第二》考察，仁之说在西周已开其端。《国语》里面提到仁的地方很多，其中“仁，文之爱也”“爱人能仁”，说明西周已经开始以爱言仁，确立了慈爱的基本意义。不管甲骨文、金文有没有仁字，确定的“仁”的观念始自春秋时代。[①]与之相应，西周神圣外在超越之天—德，到春秋时期天之神圣性已然逐渐衰落，而（天）德亦逐步内在化（内向化）[②]，并开始重仁。例如“仲尼曰：‘古也有志：克己复礼，仁也。’”（《左传·昭公十二年》）杨伯峻先生认为，“克己复礼为仁”是孔子用前人的话赋予新的含义。[③]而且，与孔子同时代的人似乎也喜欢用“仁”这个字，除了孔子弟子，再比如鲁国大夫孟武伯问孔子：“子路仁乎？”（《论语·公冶长》）阳货问孔子：“怀其宝而迷其邦，可谓仁乎？”（《论语·阳货》）等。下面，我们来探讨一下道（天道）、德、仁三者之间的内在关系。

第三，孔子论道、德、仁及其超越性。

子曰：“志于道，据于德，依于仁，游于艺。”《述而》

魏晋之际何晏的《论语集解》与南宋朱熹《论语集注》在注解此章之道、德、仁时，既有一定的相似性，同时又存在诸多不同之处。在两者看来，所谓道都具有形上之色彩，如《集解》曰“道不可体，故志之而已”，《集注》曰“道，则人伦日用之间所当行者是也”“道者，事物当然之理”。同时，它们皆认为道是“无穷尽、无方体”的。《集解》认为，其他的譬如德、仁等，是道在万物和人身上的落实，如

① 陈来：《仁学本体论》，生活·读书·新知三联书店，2014年版，第101页。

② 余英时先生考察指出：“大致从公元前7世纪中叶起，即在孔子出生前1世纪左右，一个新的精神运动在卿大夫阶层间悄然兴起并一直延续到后世，而与‘轴心突破’相衔接。这一运动可以名之为‘修德’。但这时‘德’的含义已发生了很大的变化，西周时期与王朝‘天命’相联系的集体和外在的‘德’，逐渐转为个人化、内在化的‘德’。……概括言之，春秋各国统治阶层对于君主或执政卿大夫所‘修’之‘德’发生了很深的信仰，他们认为这一内在于人的‘德’具有极大的潜力，远比任何外在力量更能保证国家的安全或解救其危机。”参见余英时：《论天人之际——中国古代思想起源试探》，中华书局，2014年版，第212页。

③ 杨伯峻：《论语译注》，中华书局，1980年版，第123页。

《集解》认为“德有成形，故可据”，道无形体，而德和仁则有形质，另如“文，行，忠，信”（《述而》）等亦是有形质的，它们亦可以说是形上之道在人身上的一种落实和体现。《集注》不同于《集解》，它所言的“德”同于“得”，得其道于心而不失，得的便不是成形的东西，其实即是理而已。《集解》与《集注》注解之相同点是都将仁作为道的下一个层次，也就是说两者皆认为形上之道应该是居于最顶端，而仁则是道之体现（之一）。同时，它们对仁理解又很不相同，《集解》似乎更多的是将仁作为一种外在的功业来看待的，而《集注》则更多的将仁看作一种内在的德性，当然在程朱看来，道还包括义、礼、智在内的。[①]

孔子之仁与心之高度自觉自省自律道德意识（Moral consciousness）密切相关。孟子更曰：“仁，人心也。”（《孟子·告子上》）余英时先生认为：“孔子寻找‘礼’之本，不走巫文化外求之于‘天’的老路，而另辟内求于‘心’的新途，就此点说，他确是为中国轴心突破揭开序幕的第一位哲人。”[②] 余先生所言甚是，孔子以“仁”为“礼之本”，不走巫文化追求外在超越之天的路线，另辟内求于心之新路，这亦是其内在超越思想之重要体现。子曰：“回也，其心三月不违仁，其余则日月至焉而已矣。”（《雍也》）颜回能够做到“其心三月不违仁”，这充分说明仁与心是息息相通的，甚至在一定程度上说，如果没有心之高度自觉自省自律道德意识，就很难做到仁。确如牟宗三先生所言，孔子为代表的儒家进一步“开辟价值之源，挺立道德主体”[③]。就此而言，朱熹《论语集注》将“仁”理解为“私欲尽去而心德之全”自然有其道理。孔子之仁亦包含外在实践之维度，例如其曰：“克己复礼为仁。”（《颜渊》）“桓公九合诸侯，不以兵车，管仲之力也。如其仁！如其仁！”（《宪问》）曾子曰“仁以为己任，不亦重乎？”（《泰伯》）故何晏

① 常会营《〈论语集解〉与〈论语集注〉的比较研究》，北京燕山出版社，2010 年版，第 207—210 页。

② 余英时：《论天人之际——中国古代思想起源试探》，中华书局，2014 年版，第 53 页。

③ 牟宗三：《中国哲学十九讲》，上海古籍出版社，1997 年版，第 59—60 页。

《论语集解》将仁视为外在功业亦有其道理。

从更高的哲学体系层面而言，笔者以为，孔子之思想不但有“上达”（道、天道）之路径，亦有“下贯”之路径，也即“道”（天道）乃是其思想体系之顶端，具形上超越性，而道（天道）绝非如柏拉图之“理型”（“Idea”或“form”）一样，始终与形而下之感官现象世界隔绝，作为存有和价值之源完全在人性之外。[①]孔子之“道”（天道）与之相反，它并非静止不变的，而是一直在变化运行的，这种变化运行亦有其客观规律性。而且，孔子之“道”（天道）是一定要下贯于形而下之感官现象世界的，这种下贯的路径有学者认为是“道”→“德”→“仁”→“艺”[②]。当然，由《论语集解》与《论语集注》来看，德、仁亦可并列而言，即孔子所谓“据于德，依于仁”。

孔子思想受春秋晚期自然之天道观影响，日益由传统的外在神圣超越之天命向自然天道转变。即便其言“五十而知天命”（《论语·为政》），亦绝非如西周时期神圣超越之天命般强烈，因其主要是通过十五志学、三十而立、四十不惑而达致的，是通过客观的学习来洞察了悟天命，而非盲目的迷信崇拜，此时之天命已经带有一定的客观规律性。后面的六十耳顺、七十从心所欲不逾矩，亦是通过长期的学习、了悟、践行而达到的与道（天道）随顺通达、知行合一、圆融无碍。道（天道）是超越的，而又下贯为人之身心（德、仁）、道德实践和政治文明，具有内在性，故道（天道）既超越又内在，可称之为哲学意义上的内在超越。

三、双向超越：孔子外在超越、内在超越及其贯通

在前面，笔者已经论证了孔子的思想中，既包含了天命、鬼神之神圣外在超越，又包含了哲学意义上道（天道）之内在超越。就此而

① 余英时：《论天人之际——中国古代思想起源试探》，中华书局，2014 年版，第 199 页。
② 高书文：《由“艺”而“仁”而“德”而“道”——孔子成德思想逻辑进路之推定》，《孔子研究》2013 年第 3 期。

言，早在儒家创始人孔子那里，已经同时具备了外在超越和内在超越，可称之为“双向超越”。

神圣之外在超越思想有着悠久的发展历史，人格神之天以及鬼神思想观念，在生产力极其落后的原始社会可能已经出现。伴随着原始宗教的产生，这一人格神之天以及鬼神观念得到进一步加强。经历巫觋时代之原始宗教，祭祀时代（夏商）之自然宗教，并逐步走向宗教、政权和宗法制三位一体的周代伦理宗教。孔子之外在超越，正是继承了夏商周三代特别是周代的伦理宗教思想，这其中包含了神圣之天、天命、鬼神和民本、德、礼乐。这已经隐含了天人之际的分野，既有外在超越之神圣，如天、天命、鬼神，又有人文精神（内在主体性）之萌芽，如周代君臣对民本、德和礼乐文化之重视。只是，西周文明的转型是不完全的，人文精神伊始还仅仅局限于贵族阶层[①]。此时，德尚未与人心建立起直接和普遍的联系，主要倾向于一种天命之德，内在主体性仍不太显著。

孔子继承了周代天、天命、鬼神之外在超越思想，当然，他所言的天随时代之发展亦包含自然之天之义，这是需要特别予以区别和注意的。他没有完全趋向周代天、天命、鬼神之外在超越，随着西周后期至春秋时期人们对天命、鬼神之怀疑，在春秋晚期时代背景影响下孔子亦认为天具有自然色彩，道、天道即由自然之天发展而来，具有客观规律性。孔子之道（天道）具有形上之超越性，与之相应，周代具外在超越性之（天）德，在春秋时期愈来愈内在化，并发展为人们衡评政治人物及国家兴衰的重要标准。[②]在春秋时期，仁亦日益受到重视，同德一样，成为人们评价政治人物的道德标准。孔子在此基础上赋予仁以新的时代义涵。孔子之仁包括总名之仁和具体之仁，总名之仁统摄一切具体德性，并将之一体贯穿起来，今日学者所言孔子仁礼

① 赵法生：《儒家超越思想的起源》（代序），中国社会科学出版社，2019 年版，第 5 页。

② 晁福林：《先秦时期“德”观念的起源及其发展》，《中国社会科学》2005 年第 4 期。另可参何发甦：《〈说文解字〉“悳”“德”辨析》，《北京师范大学学报》2008 年第 3 期；姜志勇：《前孔子时代之“德”观念——中华民族“德”观之起源与演变》，《原道》2009 年；梁涛：《郭店简〈成之闻之〉新探》，《孔子研究》2021 年第 4 期。

一体、以仁统礼、释礼归仁，亦正是在此基础上而言。

总之，孔子最终实现了道（天道）—德—仁之理论转化，道（天道）具有形上超越性，德、仁乃道（天道）之具体体现，又内在于人之身心、伦理实践和政治文明，故道（天道）既超越又内在，可称为内在超越。需要特别指出的是，尽管孔子实现了道（天道）—德—仁之理论转化，但并未完全抛弃西周时期形成的神圣外在超越之天（天命）—德思想，以及天命、鬼神思想。即内在超越、外在超越这两种超越在孔子那里是并行不悖的，是既矛盾又统一的，并通过德联系在一起，最终又开出了孔子之核心思想——“仁”。此交叉并非十字交叉，而是类似于“Y”形交叉。外在超越之天（天命）—德与内在超越之道（天道）—德—仁最终在春秋晚期交汇于“德”，并通过春秋晚期天、天命、天道之自然化，最终走向人文道德之“仁”。

由此来看，孔子思想中既有天命、鬼神之外在超越，亦有道、天道之内在超越，可称之为“双向超越”，而且二者是通过“德”一体贯通、紧密结合、不可偏废的，并最终开辟出“仁”之人文新境。牟宗三先生指出：“象山说：‘夫子以仁发明斯道，其言浑然无罅缝。孟子十字打开，更无隐遁。’所谓‘十字打开’者即是将此‘成德之教’之弘规全部展开也。”[①] 也即孔子以仁发明道（天道），其所言圆融无碍；而到了孟子那里，便将孔子道（天道）—德—仁之哲学思想体系充分展开、显豁明朗，如“尽心知性知天”“存心养性事天”“夭寿不贰，修身以俟之，所以立命也”（《孟子·尽心上》），将成德之教全部展开。[②] 孔子之超越思想如一个蓄水池，一方面接纳了夏商周三代特别是周代以来的天命、鬼神之外在超越，同时又接纳了春秋晚期以来流行的自然人文性的道（天道）之内在超越，建立了道（天道）、德、仁一体贯穿的哲学思想体系，开启了中华文明道德理性之门。

① 牟宗三：《心体与性体》（上），上海古籍出版社，1999 年版，第 6 页。

② 同上书，第 258—259 页。

牟宗三“内在超越论”的分层次反思
——兼谈学界的相关争论

吴 倩

近年来，学界对“内在超越论”的讨论日益升温，召开了两场围绕相关问题的学术研讨会：“中西会通视域下的儒家超越性问题”研讨会（中国社会科学院世界宗教研究所儒教研究中心、山东大学犹太教与跨宗教研究中心联合主办，2020 年 8 月 24—25 日）和“超越与感通：儒学与西学第六次工作坊”（山东大学儒学高等研究院等单位联合举办，2021 年 11 月 25 日）。牟宗三的“内在超越论”再度成为热点话题。在此背景下，本文拟重新反省“内在超越论”的基本义涵与内在问题。表面上看，“内在超越论”探讨的是有限的人何以安顿自身生命存在的终极关怀问题，主要诉求是在儒耶对比的宗教性讨论中凸显儒学独特的宗教精神。实质上看，“内在超越论”在儒学宗教性讨论背后，是以本体论和天人关系论为根基的，又密切关联于“宗教人文化”的哲学史论断。职是之故，本文对“内在超越论”的考察分宗教观、哲学史、本体论三个层面展开，尝试结合牟宗三“内在超越论”的诸层次来分析学界的相关争论以及背后的根本问题。

一、“内在超越论”的宗教观层面

在现代新儒学中，“内在超越论”主要是在儒学宗教性讨论中提出来的。以唐君毅、牟宗三等人为代表的第二代新儒家学者大多赞成以“内在超越”一语来状述儒学宗教精神的基本特质。

新儒家中最早有关“内在超越”的论述，见于唐君毅《中国文化之精神价值》（1953 年）一书的第十四章《中国之宗教精神与形上信仰》。在探讨儒家宗教精神时，他认为宗教精神的核心是对超越者之信仰，而东西方宗教的主要差异就是内在超越与外在超越的区别。“天包举自然界，因而亦包举‘生于自然界之人，与人在自然所创造之一切人文’，此所谓包举，乃既包而覆之，亦举而升之。夫然，故天一方不失其超越性，在人与万物之上；一方亦内在人与万物之中，而宛在人与万物之左右或以下。”[①]

牟宗三的“内在超越论”与第二代新儒家学者的基本立场一致，在根本精神上与传统儒学一脉相承。一方面，“内在超越论”肯定儒家哲学具有足以与西方文化相匹敌的“极圆成之教”的超越精神；另一方面，它强调此超越性与西方天人两隔的宗教意义的超越性不同，是一种独特的“内在超越论”。1958 年由唐君毅、牟宗三、张君劢、徐复观共同发表的《为中国文化敬告世界人士宣言》明确指出，中国文化中虽然没有西方那种制度化的宗教，但这不表示中华民族只重现实的伦理道德，缺乏宗教性的超越感情，反而证明“中国民族之宗教性的超越感情，及宗教精神，因与其所重之伦理道德，同来源于一本之文化，而与其伦理道德之精神，遂合一而不可分”。[②] 也就是说，中国文化与西方文化一样，在其对终极关怀问题的思考中具有一种超越精神，表现出宗教性的超越感情。在中国文化这种与伦理道德不可分的超越感情中，宗教性的超越精神与它内在于人伦道德的特性并不互相排斥。内在性与超越性不相对立、宗教性与人伦道德之合一是中国文化之宗教性的特点。

进一步地，牟宗三在中西对比中指出中国文化的“内在超越性”主要是依据中华文明发端之处的“忧患意识”，以区别于西方基督教文明之“恐怖意识”。“忧患意识”与“恐怖意识”的关键区别是重视主体性、道德性。牟宗三分析了中国文化重视主体性的社会根源：“人类最先对于高高在上，深奥不测的天必然引发敬畏；然而日子久了，人类对天的了解渐深：假如在天灾深重的地区（犹太是典型），人不得不

① 唐君毅：《中国文化之精神价值》，广西师范大学出版社，2005 年版，第 336 页。
② 唐君毅：《中华人文与当今世界》，台湾学生书局，1975 年版，第 881 页。

深化了对天的敬畏，特别是‘畏’惧，而致产生恐怖意识，结果凝铸出一个至高无上的天帝，宗教由此而出。假如在天灾不致过份深重，农作足以养生的地区（中国是典型），人类往往能够以农作的四时循环，以及植物的生生不息体悟出天地创生化育的妙理。首先对这妙理欣赏和感恩，冲淡了对天的敬畏观念，然后，主体方面的欣赏和感恩，经年累月地在世世代代的人心中不断向上跃动，不断勇敢化，而致肯定主体性，产生与天和好（Conciliate）与互解（Mutually understand）的要求；而且，不以相好相知为满足，更进一步，不再要求向上攀援天道，反而要求把天道拉下来，收进自己的内心，使天道内在化为自己的德性，……换句话说：把天地的地位由上司、君王拉落而为同工、僚属。”[①] 相较于西方犹太世界之天灾深重、生存条件严苛的社会环境，东方社会的生存条件更加优厚。农业生产的四时循环、生生不息一方面冲淡了人对于人格神之天的恐惧，另一方面提升了人的自信和主体性，将天道领悟为“创生原则”，进而由上司转化为同僚，激发出主体性和伙伴意识。这就是“内在超越”之宗教精神的社会根源。

由此可知，牟宗三的“内在超越论”是在儒耶对比意义上提出来的，力图以此发掘中西方文明不同的宗教精神。“内在超越论”在宗教性层面认为儒学注重主体性、具有忧患意识，以区别于西方基督教凸显人之皈依性的恐怖意识。

二、“内在超越论”的哲学史层面

如果说宗教性问题是“内在超越论”的表层的话，那么哲学史研判就是这个表层之下的深一度分析。“内在超越”的儒学宗教性研判是以哲学史论断为依据的。这一哲学史论断的主要工作是考察殷商到西周的思想变迁以及孔孟儒学在此基础上开启的中国哲学主流方向。

在《心体与性体》中，牟宗三讲到中国传统思想的“对越在天”（即人与天的关系）有两层含义：一是“原始之超越的对”，一是“经

① 牟宗三：《中国哲学的特质》，上海古籍出版社，1997年版，第39—40页。

过孔子之仁与孟子之心性而为内在的对”，而后者（“内在的对”）才是儒学所开启的中国文化精神之主流。“凡诗书中说之帝、天，皆是超越地对，帝天皆有人格神之意。但经过孔子之仁与孟子之心性，则渐转成道德的、形而上的实体义，超越的帝天与内在的心性打成一片，无论帝、天或心、性皆变成能起宇宙生化或道德创造之寂感真几，就此而言‘对越在天’便为内在地对，此即所谓‘觌体承当’也。面对既超越而又内在之道德实体而承当下来，以清澈光畅吾人之生命，便是‘内在地对’，此是进德修业之更为内在化与深邃化。”[①]牟宗三认为，中国传统的超越性思考并不注重上天作为人格神的客观面义涵，并不注重人之“超越的对”，而更重视天作为“创生实体”、人以道德心性契接上天的主观面义涵，更强调人之“内在的对”。在《中国哲学的特质》中，牟宗三亦讲到，如果说中华文明的古老传统强调宗教精神之“超越的对”，至孔子思想中仍有一定的“超越遥契”意味的话，到《中庸》、孟子则日益开启了“内在的对”的“内在超越”传统，并发展为中国文化精神的主流。

这种从“超越遥契”到“内在遥契”的演化历程已经大致揭示了牟宗三“内在超越论”的哲学史依据，这个哲学史依据的更确切表达就是第二代新儒家普遍认同的“宗教人文化”论断[②]。“宗教人文化”论断是“内在超越论”的哲学史基础。

我们可以从以下两点反思“宗教人文化”观点：一是孔子之前的西周文明之人文精神与宗教信仰是何关系？二是孔孟之后，凸显道德主体性的人文思想与信仰之“天”是何关系？

第一个问题的解答取决于我们对殷商至西周宗教变革的研判。有学者重新考察了殷商到西周的宗教变革历程。赵法生认为这一变革不是宗教信仰到人文精神的转变，而是“从自然宗教发展到伦理宗教”，“从而产生了中华民族的伦理性至上神‘皇天上帝’”。[③]宗教变革后的

① 牟宗三：《心体与性体》（中），上海古籍出版社，1999年版，第20页。

② “宗教人文化”论断为第二代新儒家学者徐复观首先提出，他认为先秦儒家自春秋时代开始，发展了以“礼”为中心的人文精神，使三代以来的宗教权威逐渐衰退。参见《徐复观文集》第三卷，湖北人民出版社，2009年版，第58—62页。

③ 赵法生：《儒家超越思想的起源》，中国社会科学出版社，2019年版，第78页。

西周文明虽然凸显了伦理性的人文精神，但并未泯灭此前的上天信仰，“西周的天不仅是一个道德性的至上神，也是一个继承了殷商之帝的主宰权能的人格神”。[①] 具体说来，他从两个方面反思了“宗教人文化”论断对于商周文明演变的认识：

（1）重德的人文精神。

徐复观认为：“周人建筑了一个由‘敬’所贯注的‘敬德’‘明德’的观念世界，来照察、指导自己的行为，对自己的行为负责，这正是中国人文精神最早的出现；……在此人文精神之跃动中，周人遂能在制度上作了飞跃性的革新，并把他所继承的殷人的宗教，给予以本质的转化。”[②] 也就是说，周代的“敬德”“明德”凸显出西周人文精神的自主性特征，进而引导周代文明发生了从殷商宗教精神到西周人文精神的本质性转化。

对此观点，赵法生认为“敬德”的确表明西周文明已经孕育出中国最初的人文精神。但是，“西周之德首先是天命而非人自身的德性，……敬德首先意味着对上天负责，正是在对天的责任意识中才引发了人自身的责任意识。”[③] 因此，西周人文精神的出现并不代表由宗教到人文的转化，而是宗教内部的深度发展——从自然宗教发展到伦理宗教。赵法生认为：“在伦理宗教中，人文精神的开出与宗教的深化是如此密不可分地联系在一起的，是同一个进程的两个方面，以至于如果我们否定了宗教深化本身，也就等于否定了人文精神。”[④] 因此，“敬德”的人文精神之出现不是对“人格神”之天的否弃，而是宗教的深度发展。“在西周伦理宗教中，对于天命的信仰越虔诚，由此激发的道德意识就越是庄严和坚定，宗教信仰和人文精神形成了一种正相关关系。”[⑤]

（2）以“敬”为中心的忧患意识。

徐复观强调了“敬”在周初人文道德中的统摄地位，认为它凸

① 赵法生：《儒家超越思想的起源》，中国社会科学出版社，2019 年版，第 79—80 页。

②《徐复观文集》第三卷，湖北人民出版社，2009 年版，第 35 页。

③ 赵法生：《儒家超越思想的起源》，中国社会科学出版社，2019 年版，第 92 页。

④ 同上书，第 95 页。

⑤ 同上。

显了主体性、人文性。以“敬”为中心的“忧患意识”展现出西周文明不再如殷商一样皈依于神，而是自己担当责任。“在忧患意识的跃动之下，人的信心的根据，渐由神而转移向自己本身行为的谨慎与努力。……尤其是一个‘敬’字，实贯穿于周初人的一切生活之中，这是直承忧患意识的警惕性而来的精神敛抑、集中，及对事的谨慎、认真的心理状态。”①牟宗三认同徐复观的论断，并在《中国哲学的特质》中直接以“忧患意识”概念状述孔子之前的文化传统。他认为忧患意识引发的是正面的道德意识，是对于德之不修、学之不讲的责任感。“中国上古已有‘天道’‘天命’的‘天’之观念，此‘天’虽似西方的上帝，为宇宙之最高主宰，但天的降命则由人的道德决定，此与西方宗教意识中的上帝大异。在中国思想中，天命、天道乃通过忧患意识所生的‘敬’而步步下贯，贯注到人的身上，便作为人的主体。”②在西周文明基础上，春秋思想正是对此“忧患意识”的进一步发展，最终“把传统的宗教，彻底脱皮换骨为道德的存在”。③

赵法生则强调了忧患意识之核心——“敬”与天命的内在关联，“敬的思想之根源，在于对于天命之畏惧”④，“敬德、敬慎威仪与敬身，这些看起来具有明显人文精神的思想，都以敬天信仰为根本”⑤。他重新反省了徐复观对“敬”的阐释，认为他把“敬”阐释为“主动的、反省的、因而是内发的心理状态”，在其自觉性与宗教的“警戒心理”间划清界限，“已经在相当程度上偏离了西周思想的实际”⑥。西周文明之“敬”的“人文自觉与担当精神”是在“对于天命的敬畏与追寻中激发出来的责任意识”⑦，以“敬”为基础的“忧患意识”与宗教信仰不能割裂开来。在此意义上，徐复观、牟宗三的“忧患意识”论断“由于忽

①《徐复观文集》第三卷，湖北人民出版社，2009年版，第33页。
② 牟宗三:《中国哲学的特质》，上海古籍出版社，1997年版，第16页。
③ 徐复观:《中国人性论史·先秦篇》,《徐复观文集》第三卷，湖北人民出版社，2009年版，第66页。
④ 赵法生:《儒家超越思想的起源》，中国社会科学出版社，2019年版，第107页。
⑤ 同上书，第101—102页。
⑥ 同上书，第108页。
⑦ 同上书，第114页。

略了至上神的存在及其重要影响，便不能不构成对于周初人之自觉意识的某种程度的拔高”。[①]

综合上述两点，赵法生认为“重德的人文精神”和“以敬为中心的忧患意识”两者都不能说明西周文明已经脱离了此前殷商宗教的上天信仰，而应当说是一种自然宗教到伦理宗教的变革，是兼顾宗教信仰与人文精神而求平衡。

第二个问题的关键在于孔孟思想中凸显道德主体性的人文精神与上天信仰的关系。

徐复观认为：“春秋时代，已将天、天命，从人格神的性格，转化而为道德法则性的性格。……此一倾向，在孔子有更进一步的发展。”[②]孔子思想中的“天”“天命”主要是指超经验的道德法则，“孔子五十所知的天命，乃道德性之天命，非宗教性之天命”。[③]“他的知天命，乃是对自己的性、自己的心的道德性，得到了彻底地自觉自证。……在孔子心目中的天，只是对于‘四时行焉，百物生焉’的现象而感觉到有一个宇宙生命、宇宙法则的存在。他既没有进一步对此作形而上学的推求，他也绝不肯认为那是人格神的存在。”[④]与徐复观类似，牟宗三也强调孔子之“天”的道德法则性。他认为孔子注重的是“创造原则之天”“创生实体之天”，凸显了人通过“践仁”的主体性契接“创造原则之天”的内在超越维度。在此意义上，孔子重建了“道之本统”：不以三代王者政权得失意识中的帝、天、天命为已足，而是重在讲“仁”以“显发人之所以能契接天之主观根据（实践根据）”，开辟出“从道德主体性以言性命天道”的一路。孟子以道德的“本心”摄孔子之“仁”，“摄性于仁、摄仁于心、摄存有于活动，而自道德实践以言之”，[⑤]从而使人之真正的道德主体性正式挺立。这是明确将存有问题之性提升至超越面而由道德的本心以言之。《中庸》“天命之谓性”

① 赵法生：《儒家超越思想的起源》，中国社会科学出版社，2019年版，第111—112页。
②《徐复观文集》第三卷，湖北人民出版社，2009年版，第83页。
③ 同上书，第90页。
④ 同上。
⑤ 牟宗三：《心体与性体》（上），上海古籍出版社，1999年版，第18—23页。

揭明人之性体来自形上层面的道体，因而性体与道体通而为一。《易传》则讲"乾道变化，各正性命"，直接从形上的道体变化中来讲个体性命之"正"或"成"。在此"宗教人文化"的发展脉络下，传统儒学之天、天命与天道并不是像西方文化的上帝那样成为一个人格神，而是逐步显发为一个"形而上的创生实体"，展现为一种化育万物而又在世界之中的生生之道；相应的，孔子之后的儒学传统更加凸显人之契接天道的主体性维度，而不甚注重人"超越遥契"天命的宗教维度。这一"内在超越"的发展脉络也开启了此后中国哲学的主流方向。

赵法生则强调了孔孟儒学与上天信仰的内在关联，凸显了孔孟之"天"作为人格神与西周之上天信仰一脉相承的涵义。他讲道："孔子的天是宇宙之主宰，是政权变更、文明盛衰、个人德性、贵贱穷达以及自然变化的终极原因，……因此，孔子的天依然是宗周的主宰之天，是宇宙万化背后的决定力量，是一个决定着社会、自然与人生命运的至上神。"[①]"天命之德与巫教宇宙观构成了孔子精神的阴阳两极，建构了孔子的信仰世界，去掉任何一方，我们都将与真正的孔子失之交臂。"[②]因此，孔子思想具有宗教性面相，这种宗教性面相是孔子人文思想的来源和超越根据。孟子以心性论的"尽心知性知天"确立了道德主体性和修养的内在根据，但"存心养性事天"则在性与天之间保留了距离，且须通过养气论来落实。因此，"孟子的天并非单一的义理之天，还有自然之天、命运之天、主宰之天的含义"[③]。孔孟思想的这种倾向影响了此后儒学发展的主要趋势。

衡量上述两种哲学史论断，可以看出两者的根本差别："内在超越论"的"宗教人文化"观点凸显"创造原则"之天、"道德主体性"之人，赵法生的哲学史论断则强调人格神信仰之天、敬畏上天之人。无论是阐释殷商到西周的文明演变还是孔孟之后的思想发展，两者的差异都十分明显。我们也注意到，"内在超越论"的"宗教人文化"观点

① 赵法生:《儒家超越思想的起源》，中国社会科学出版社，2019年版，第182页。
② 同上书，第200页。
③ 同上书，第264—265页。

其实亦曾申明“宗教人文化”历程并不代表宗教的消失，而是发展为一种“人文化的宗教”。徐复观在《中国人性论史·先秦篇》中讲道：“春秋时代以礼为中心的人文精神的发展，并非将宗教完全取消，而系将宗教也加以人文化，使其成为人文化地宗教。”[①]“宗教与人生价值的结合，与道德价值的结合，亦即是宗教与人文的结合，信仰的神与人的主体性的结合；这是最高级宗教的必然形态，……这正是周初宗教的特色、特性。”[②]不过，在阐释西周“人文化宗教”的主要特征时，徐复观还是只强调了人文精神的义涵，而把宗教信仰的义涵几乎淡化殆尽。他曾经讲到“人文宗教之特征”：道德法则之天、非人格神的天命、成为人文仪节的祭神、命运与道德之命……这些概念所表达的“人文的宗教”其实是一种人文精神而非宗教精神。因此第二代新儒家的“宗教人文化”主要是强调宗教向人文之转化，可以说宗教精神已经被人文精神“化掉”了。“宗教人文化”的哲学史论断成为后世儒学凸显道德主体性、创造原则之天的思想源头，亦是第二代新儒家在哲学建构中强调创生实体之天、凸显道德主体性的历史依据。就西周文明的研判而言，我们认为“宗教人文化”观点确实有论断超前之嫌，对西周文明的主体性、自觉性有所拔高。赵法生的反思更注重哲学史的阶段性，理据更为扎实，具有较多的合理性。就孔孟思想以及此后的中国哲学发展趋势而言，肯定孔孟思想中的信仰之天是合理的，但人对信仰之天的敬畏很难说是孔孟思想的主流，亦很难说它形构了此后中国哲学发展的主流方向。

三、“内在超越论”的本体论层面

如果说哲学史论断是“内在超越”之宗教性讨论的深一度分析，那么本体论思考就是“内在超越论”的最根本层面。“内在超越论”的理论内核是一种本体论，以及基于本体洞见而展开的天人关系论。它

①《徐复观文集》第三卷，湖北人民出版社，2009年版，第58页。
② 同上书，第46页。

所探讨的根本问题是"天人如何合一"的问题，展开为"天是什么天""人是什么人""天人是何关系"三个方面。笔者此前曾从天、人、物三方面概括"内在超越论"的基本内涵[①]，具体内容如下：

（1）就天而言，天道作为世界万物的创生本体具有与西方哲学的最终本体以及基督教信仰中的上帝同样高妙的超越属性，但区别于西方哲学与宗教的是，中国哲学之天道不是高不可攀的超绝神明，而是一种创生实体、创造原则。这种体现天道生生动能的创生实体又同时内在于每个生命个体的心中而为其性，对于每个人来说天道都是先天本有、不假外求的内在根基，因此天、天道是"既超越又内在"的。

（2）就人而言，每个人都内在地具有发动道德行为的全部根据，称为良知良能、本心本性，这种内在的道德根基是人之所以为人，所以异于禽兽的最重要特质。同时这内在的心性之根又不仅仅是一个个体的道德根据，而是与世界的创生本体通而为一，或者说作为道德根据的本心本性同时就是创生世界的天道本体。在这个意义上讲，人只要反身而诚，在道德实践中觉悟、"推扩"自己的内在根基，便可以是"即内在即超越"的。

（3）就物而言，同样禀赋了"天命之性"的世间万物，因为自身气禀的缺陷，难以觉悟或"推扩"自己"本体宇宙论地圆具"的性体，因而不能通过道德实践真正具有"天命之性"，与人相比便成为难以实现"超越"的存在。

由以上三点，我们可以看出"内在超越论"的基本义涵。在这种本体思考中，天的本质是创生实体、创造原则，而不是神圣外在、高不可攀的人格神；人是以"性"为根本的人性论意义上的人，人通过道德主体性发明本心，觉知内在性体，进而与天道合一；天人合一的生命超越历程是由心性论理路展开的"内在超越"之路，不是有待于外、弛逐不返，而是反身而诚，当下即是。之所以名为"内在超越论"，就是凸显其由"内"而发、由内在的心性之路契悟天道创生实体

① 吴倩：《儒家终极关怀论的现代建构——牟宗三"内在超越说"论析》，《深圳大学学报》（人文社会科学版）2014 年第 5 期。

的理论特征。

用牟宗三的话说，“内在超越论”的基本精神、“义理之实指”是“在形而上（本体宇宙论）方面与在道德方面都是根据践仁尽性”[①]，“以一个具体清澈精诚恻怛的浑沦表现之圆而神的圣人生命为其先在之矩矱”[②]。它具体展开为“觉知道德主体性”“透至世界本体”“落实为具体实践”三个层次，牟宗三曾借鉴禅宗的“云门三句”加以阐释。第一义是道德义，即“对应一个圣者的生命或人格而一起顿时即接触到道德性当身之严整而纯粹的意义”。这可以称为“截断众流”，意谓斩断一切外物和欲望的牵连，直接把握住人内在本有的“性体”这一最高原则。第二义是形上义，是说本心性体不仅局限于道德界，而是打通存在界，“亦充其极，因宇宙的情怀，而达至其形而上的意义”。“本心仁体”与“宇宙本体”在境界上“同体相即”，获得了绝对性和无限性的意义，牟宗三称之为“涵盖乾坤”。第三义是实践义，“复同时即在践仁尽性之工夫中而为具体的表现”。这指的是道体再由本体界落实于经验世界的现实生活中，通过践仁尽性的工夫体现为真实的决断。这一步使“本心仁体”在实践上呈现为“具体的普遍性”，牟宗三称之为“随波逐浪”。[③]通过以上三个层次，人之道德主体性得以上通下贯，既契接了天道本体的创造原则，亦落实为道德实践中“具体的普遍性”，形成一个完整的圆融的整体。这就是“内在超越”之路的彻底实现，其内在依据是“道德的形上学”之彻底完成。

显然，这种“内在超越论”豁显的是一条由心性论理路走出的天人合一之路。结合此前的哲学史论断来看，“内在超越论”在哲学史上主张“宗教人文化”，强调宗教精神向人文精神的转变，这一转变落实在本体论上就是天由“人格神”转化为“创造原则”、人由“信仰上天”转化为“践性知天”的过程。在此转变过程中，天人合一的方式从殷商宗教时代的“皈依式合一”转变为“宗教人文化”以后的“基

① 牟宗三:《心体与性体》(上)，上海古籍出版社，1999年版，第100页。
② 同上书，第119页。
③ 同上书，第100、118页。

于人性论合一”。从天到人来看，就是“天命下贯而为性”；从人到天来看，就是“尽心知性知天”。以上就是“内在超越”的本体论含义。这条心性论理路的“内在超越”之路是思孟一系、宋明儒学、现代新儒学接力阐发的理路，其观点在宗教观、哲学史、本体论三个层面是贯通如一的。

如果说，对于“内在超越论”之哲学史反思展开为西周文明的人文精神是否取代“皈依于天”的宗教信仰、孔孟儒学的“道德主体性”与信仰之天是何关系等问题，那么进一步的本体论反思有助于我们更为实质性地揭示问题的根本。在本体论层面，“内在超越论”“宗教人文化”主张的实质就是心性论理路的天人合一方式，对此，我们可以反思以下两点：

（1）“内在超越论”凸显道德主体性的心性论理路是否足以在中西对比中凸显儒学的独特性？

黄玉顺认为，这种“内在超越论”不足以凸显儒学的独特性，因为西方哲学尤其是西方近代哲学同样是“内在超越”的。黄玉顺讲道，牟宗三的“内在超越论”形成了中国哲学的“两个教条”：“第一，‘内在超越’是中国哲学，尤其是儒家哲学所特有的东西；第二，他们认为‘内在超越’是比西方哲学和宗教那种‘外在超越’更优越的东西”。[①] 黄玉顺对“两个教条”的一个重要反驳是，“‘内在超越’并非中国哲学的独有特征，而是中西哲学共有的普遍特征”[②]。我们认为，就其确切论域而言，“内在超越论”主要着重在宗教性维度进行儒耶对比。在中西对比方面，与其说它旨在凸显中西方哲学之差异，不如更确切地说它是在儒学与基督教对比意义上凸显中西方宗教性思考的不同理路。换句话说，牟宗三以中国哲学特质为“内在超越”并不隐含着同时以西方哲学特质非“内在超越”的观点。那么，牟宗三如何看

① 黄玉顺:《儒学反思: 儒家 · 权力 · 超越》,《当代儒学》第 18 辑，四川人民出版社，2020 年版，第 3 页。

② 黄玉顺:《中国哲学“内在超越”的两个教条——关于人本主义的反思》,《学术界》2020 年第 2 期。

待西方近代哲学呢？我们认为，牟宗三同意西方近代主体性哲学也是“内在超越”的，儒家与西方近代哲学在肯定主体性、“内在超越”的观点上是有共识的。对此最有力的论据是，牟宗三正是在肯定西方近代主体性哲学之洞见的基础上“援西学入儒学”，借鉴以康德为集大成者的西方近代主体性哲学进行了儒学本体论的现代建构。

牟宗三在儒学诠释中最为强调“道德主体性”，他认为以儒学为主流的中国哲学的特质是“特重‘主体性’（Subjectivity）与‘内在道德性’（Inner-morality）”[①]。在中西对参的学思历程中，牟宗三对于西方近代以来的主体性哲学颇为欣赏，康德作为西方近代哲学的集大成者被牟宗三视为最接近儒学洞见的西方哲学家。牟宗三在不同时期的著作中反复提到这个判断。在《中西哲学之会通十四讲》中，牟宗三强调，“西方哲学与东方哲学之相会通，只有通过康德的这一个间架才可能，其他都是不相干的”[②]。在《智的直觉与中国哲学》中，他进一步申明，“假若中国这一套之本义、实义与深远义能呈现出来，则我以为真能懂中国儒学者还是康德”[③]。那么，康德哲学在何种意义上被牟宗三视为最接近儒学智慧的理论呢？这里最关键的就是康德的“自律道德”观点。李明辉曾经阐述牟宗三会通儒家与康德的三个理论要点[④]，并认为“在康德哲学中，对儒家思想之诠释最有意义的概念莫过于‘自律’的概念”[⑤]。所谓“自律道德”，实质就是道德主体的自我立法，也即道德主体性的自证与自律。李明辉曾经讲道：“康德的哲学观点是一种‘主体主义’（subjectivism）。在知识论上，他扭转‘对象使表象成为可能’的实在论观点，而提出‘表象使对象成为可能’的主体主义观点；……在其伦理学中也包含一种道德观点上的转向，亦即将决定道德

① 牟宗三：《中国哲学的特质》，上海古籍出版社，1997 年版，第 4 页。

② 牟宗三：《中西哲学之会通十四讲》，上海古籍出版社，1997 年版，第 217 页。

③ 牟宗三：《智的直觉与中国哲学》，台湾商务印书馆，1994 年版，序言第 4—5 页。

④ 李明辉曾撰文分阶段深入讨论了牟宗三会通儒家与康德的三个关键点：“一心开二门”的思想间架、“实践理性优先于思辨理性”的观点以及“自律伦理学”的概念，参见李明辉：《牟宗三思想中的儒家与康德》，《当代儒学的自我转化》，中国社会科学出版社，2001 年版，第 65 页。

⑤ 李明辉：《当代儒学的自我转化》，中国社会科学出版社，2001 年版，第 75 页。

法则的判准不置于对象中，而置于道德主体中。克隆纳将康德的这种道德观点称为'伦理学的主体主义'。"[①] 牟宗三正是基于康德肯定主体性的"自律道德"思想认为其与孟子"仁义内在说"的根本洞见相同，并在《圆善论》中借康德的"自律道德"疏解了《孟子·告子上》的相关论辩。进而，儒家思想从孔子、孟子到宋明理学的周濂溪、张横渠、程明道三家，以及其后的象山阳明一系、五峰蕺山一系都是强调道德主体性的"内在超越"理路，这与康德强调"自律道德"的主体性哲学是内在一致的。[②] 在牟宗三看来，不仅传统儒家与康德的根本洞见一致，"道德的形上学"更是在借鉴康德主体性哲学框架建构本体论的同时更进一步，成为康德之"内在超越"智慧的进一步发展。在此意义上，"道德的形上学"是顺应康德问题意识的进一步思考。牟宗三多次讲到，康德所开启的智慧方向若要圆满完成，只有从儒家智慧讲出的"道德的形上学"这一路可走。"如果我们割离道德实践而单客观地看存在之物，自可讲出一套存有论，……儒家可以把它看成是知解层上的观解形上学，此则是没有定准的，由康德的批判即可知之。说到究竟，只有这么一个圆教下的实践的形上学。"[③] 不同于西方思辨形上学的独断前提与推证理路，牟宗三认为"道德的形上学"是康德批判之后唯一可能的形上学理路。牟宗三看来，"道德的形上学"超越于康德之处才是儒学为代表的中国哲学超越于西方哲学的特质所在，体现为两个要点："在道德领域肯定智的直觉"和"在本体领域使实践理性充其极以开出存在界"。在这里，儒家基于道德实践之心性论的本体智慧"不可以西方康德之批判哲学与康德前之独断形上学之异来比观"[④]。在这样一种"道德的形上学"中，"不但儒家的智慧与洞见可藉康德的哲学间架得到支持，康德哲学亦可顺其内在理路而有进一步的开展"[⑤]。

① 李明辉:《当代儒学的自我转化》，中国社会科学出版社，2001 年版，第 76 页。
② 以上论述参考了李明辉论文《儒家与自律道德》《孟子与康德的自律伦理学》，均收入李明辉:《儒家与康德》，广西师范大学出版社，2021 年版。
③ 牟宗三:《从陆象山到刘蕺山》，上海古籍出版社，2001 年版，第 157—158 页。
④ 牟宗三:《心体与性体》(上)，上海古籍出版社，1999 年版，第 27 页。
⑤ 李明辉:《当代儒学的自我转化》，中国社会科学出版社，2001 年版，第 75 页。

因此，“内在超越论”并不否定西方哲学是主体性的、内在超越的。牟宗三并不致力于以“内在超越论”凸显中国哲学相对于西方哲学的独特性，他把这种独特性更多地诉诸“道德的形上学”建构，以此凸显儒学本体思考不同于西方近代哲学的智慧。

（2）在心性论理路的“内在超越”之外，中国哲学传统中是否还包括其他的超越路径？

赵法生通过考察西周礼乐文明揭示了以“威仪”为中心的超越之路。他认为这种超越之路一方面不同于心性论理路的“内在超越”方式，另一方面与上天信仰保持着内在联系。

赵法生通过考证指出，从西周到春秋，作为儒家文明原初典范的礼乐文明经历了一个由“德”到“威仪”、再到礼治之礼的发展历程。其中，“威仪”是一个重要的典范时期。周代中期以后，“德”以“威仪”的形式展现出来，成为后世礼治的先声。“威仪”是“德”在身体气象上的具象化、生活化表现，文王的威仪是文王之德的具体体现，贵族们践行典礼亦展现出与众不同的人格风范。“命、德、礼三者，在其实现过程中，一起向着威仪辐辏，最终体现为某种身体气象，四者之间也因此而构建起某种内在联系：命是终极信仰，是价值之源，……德是价值的内涵，礼是价值的规范，威仪便是价值的人格化表征，它综合了命、德、礼三者，使它们成为活生生的身体样态，成为可以实际仿效的人格典范。”[①]

在赵法生看来，“威仪”代表了“内在超越”理路之外的另一种超越路径。“威仪”既不同于自然身体，也不同于内在本性，而是“礼乐作用于人之血气心知后所显现的独特气象，是自然身体的‘文’化，体现了礼乐对于人之自然性情的升华”。[②]可见，威仪是“承载人性的自然躯体教化之后表现出来的气象”[③]，可以说是一个介于自然与人性之间的概念。赵法生认为，“威仪”包含“自然化的身体”和“人文化的

① 赵法生：《儒家超越思想的起源》，中国社会科学出版社，2019 年版，第 124 页。
② 同上书，第 122 页。
③ 同上。

身体"两个面向，这其中蕴含着人性论理路之外其他可能的超越路径。"血气之躯与人文道德可以在礼乐实践中形成一种和谐共生关系。……这不但肯定了身体在礼乐文明中的重要地位，肯定了自然与道德可以实现有机关联，还在一定意义上预设了气、形、心三者可以相互影响和转化的身心结构。"[①]在此意义上，作为原初典范的西周礼乐文明为我们呈现了"基于人性论的超越理路"之外的其他路径。这是一种"以天命为本源、以德礼为内涵、以此世为场域、以威仪为标志的超越形态"[②]。"命、德、礼、威仪彼此关联，体现了礼乐文明的完整结构，并通过其人格化代表之威仪展现为现实的道德典范。"[③]在这种超越理路中，天命、德礼最终落实于威仪，而"威仪"所代表的身体不再仅仅是思孟一系的人性论视野下需要严格约束、克服的东西。"威仪"代表的身体并非单纯生理性的肉体存在，而是包括血气和心知（或说生理与精神）两个方面。早期礼乐文明以这种身心合一、统合生理与精神的身体作为道德主体。这种身心合一的道德主体也更有利于接续人伦传统。因为，"只要着眼于人伦日用的道德实践，实践的主体就必然是整全的身体而不单纯是人之心性或者理性，不管心性如何良善，不管理性如何清明，它们都注定无法单独扮演道德主体的角色，因为虚灵洞彻的精神，一旦离开了身体，便不能履行父子君臣的伦理职分"。[④]这样一来，早期礼乐文明之身心合一的超越路径既不是皈依于神的外在超越，又不是践行知天的内在超越，而是"即身成道的超越形态"，"外在超越将根本落在了天上的神，内在超越将超越的希望指向了内在的心性自觉，而即身成道的超越形态却将超越的实现指向了一个兼容形与心的整全的身体"。[⑤]在此超越理路的基础上，西周礼乐文明结合了自然与价值，表现为一种基于"威仪"的身体文明："它须以身践德，以身行礼，以身定命，使得命、德、礼最后统统落实到身体上，

① 赵法生:《儒家超越思想的起源》，中国社会科学出版社，2019年版，第122页。
② 同上书，第125页。
③ 同上书，第124页。
④ 同上书，第126页。
⑤ 同上。

身体成了道德实践和天命呈现的器皿，身体也因为承载了德、礼、命的超验价值而焕发出神圣的光辉！”[①]

这种身心一体结构作为儒学的原初典范具有重要的理论价值。我们承认，经过宋明理学、现代新儒学两个阶段的阐发建构，“内在超越”的心性论理路仍是古代哲学的主流，但同时我们亦应正视古代哲学开显出的其他维度。西周文明基于“威仪”的身心合一理路正是一种新的维度。这个维度在根本精神上凸显了注重身体修养的工夫论、注重制度礼法的实践论一脉传统。应该说，这确实是传统儒学的题中应有之义，是凸显观念性、普遍性的天理法则与心性主体之外的另一重要维度，而被思孟一系、宋明儒学乃至现代新儒学之“内在超越”的诠释路径所忽略。这个维度关联于经验世界，侧重于寓道于器、寓理于气的身体、工夫、人伦、礼法、制度、实践的维度。在此意义上，是否需要重建人格神之天与宗教信仰或许是第二义的，在中国现代哲学强大的心性论研究传统之外，重新提出正视另一条传统的问题可能是更为迫切的工作。我们应当努力重拾儒家思想中基于身心结合而谈修养、注重制度礼法而谈实践的传统，追踪其在中国哲学史上的演化历程，努力进行现代重建。这有助于更全面地揭示儒家思想的丰富维度，为儒学在现代转化中更有力地应对现代社会提供坚实的基础。

四、结论与反思

综上而言，笔者认为牟宗三的“内在超越论”包含宗教观、哲学史、本体论三个层面。学界对于“内在超越论”的反思不仅涉及儒学宗教性的讨论，还深入哲学史研判、本体论建构等深层问题。并且，学界对“内在超越论”的反思亦不只局限于牟宗三思想本身，而是透过牟宗三的哲学思考关切到现代新儒学影响下的中国哲学发展倾向、传统重释、政治实践等诸多问题。本文把研究主题限定于牟宗三的“内在超越论”本身，力图在厘清其内在层次与学界讨论的基础上，进

① 赵法生:《儒家超越思想的起源》，中国社会科学出版社，2019 年版，第 126 页。

行初步的反省与回应。学界的“内在超越”讨论所指向的工夫论思考、本体论建构和政治学反省等一系列问题还有待在进一步研究和探讨中逐步揭示。在此意义上，厘清牟宗三“内在超越论”的层次与内涵是一个基础性的工作。

就牟宗三的“内在超越论”而言，我们认为：

1. 牟宗三“内在超越论”的宗教性思考旨在强调儒学宗教精神内在于人伦道德的特点，进而开展儒学与基督教对比，凸显两者注重道德主体性的忧患意识与皈依上帝的恐怖意识之区别。

2. “内在超越论”的哲学史依据是“宗教人文化”论断，认为殷周的思想变迁以及孔孟此后开启的主流方向是以人文精神取代宗教精神。在此过程中，天由信仰之天演变为“创生实体”、人由皈依上天转化为“践性知天”。就西周文明而言，这一论断对于殷周文明的演化历程确有论断超前之嫌，对于西周时期人的道德主体性有所拔高，因而在哲学史上是不够准确的。

3. “内在超越论”在本体论层面凸显了心性论理路的“天人合一”方式，天是“创生实体”之天，人是“尽心知性”的人，超越是由内在的心性之路契悟天道创生实体。在心性论理路的超越方式之外，中国哲学史上还存在其他超越维度，西周礼乐文明基于“威仪”的身心合一之路是一重要典范，可以在中国哲学之超越论的现代建构中发挥更大作用。

4. 牟宗三并不因为肯定儒学的“内在超越性”而否认西方哲学是主体性的、内在超越的。确切地说，牟宗三并不致力于以“内在超越论”凸显中国哲学相对于西方哲学的独特性，他把这种独特性更多地诉诸“道德的形上学”建构，以此凸显儒学本体思考不同于西方近代哲学的智慧。

重思天人之际

——从“内外超越”论自由的安放

郭 萍

当前存在的信仰危机、价值虚无、权力滥用、人欲横流等问题，逼迫着我们深入形而上学层面重思天人之际。为此，赵法生、黄玉顺等学者提出，重建神圣的外在超越以矫正由内在超越而引发的人性对神性的僭越；但与此同时，谁又能否认内在超越通过人性的高扬而使人类摆脱宗教压制的积极意义呢？因此，如果重建外在超越是以抛弃内在超越为代价，恐怕并不是一个恰当的方案。这实质也揭示出内外超越问题的现实指向：如何安放人类的自由。为此，笔者拟先概括内外超越之得失在历史上所引发的自由问题，进而探析其背后的学理根源，再尝试通过对孔孟超越思想的阐释来寻求一种天人共处的自由之路。

一、自由的隐忧：内外超越的得失

（一）内在超越之于自由

当代儒家通过对现代新儒家所坚守的内在超越路向的反思性批判，系统追溯了自思孟发端，到宋明儒学达至完备的心性学体系所形成的中国哲学的内在超越传统；同时还进一步指出，内在超越并非中国哲学所独有，而是轴心时代以来，中西文明的一个共同路向。[1]也就是说，西方虽然因“两希”传统而长期处于内外超越对立并存的局面，但是近代以来，尤其是哲学的认识论转向之后，从笛卡尔一直到胡塞

① 黄玉顺：《中国哲学“内在超越”的两个教条——关于人本主义的反思》，《学术界》2019 年第 12 期。

尔的先验理性主义的发展，伴随着宗教的式微，使得西方文明中的内在超越趋向日渐突出，这其中一个直接的理论标志就是康德对“超越”概念的改造，即宗教神学中与“凡俗”相对的“超越”改为理性哲学中与“经验”相对的“先验”，此时“上帝”不再是一个外在于人的、神圣信仰的对象，而成了一个内在于人自身的理性公设。虽然康德在预设上还保留着“上帝”的不可知性，但很快也被主体哲学的后继者们抛弃。此外，批判借鉴康德的现代新儒学，也宣称人具有“智的直觉”，而将人神之间的界限完全抹平。可以说，不论中西，人文主义在现代的盛行已经将内在超越推向了极致，由此也就实质赋予了人这样一种权利，即人能够拥有甚至应当拥有无所限制的绝对自由，以至于取代全能的上帝。

然而，当前人类自由的种种问题已普遍暴露出“内在超越”并不意味着更高的超越和更多的自由，而是“上帝之死导致人之死”。[①] 我们看到，体现理性至上的绝对自由带来的不是人与自然的和谐，而是对自然的肆虐破坏；体现道德意志至上的绝对自由带来的也不是人伦生活的祥和，而是增加了权力的单极化，或者是恣意妄为的无政府化。因此，后现代主义直接宣告了“终结”时代的到来：从“哲学的终结”（海德格尔）蔓延到“人的终结”（德里达）。就此而言，内在超越潜藏的人性僭越神性的倾向，已经严重破坏了人类的自由。

但是，是否就此抛弃内在超越，转向外在超越，人的自由就可以安放了呢？恐怕未必。毕竟，在人类社会发展中，内在超越的积极价值同样不容忽视。众所周知，近代西方的理性启蒙作为一种典型的内在超越，使人们走出了中世纪的宗教蒙昧，直接推动了现代自由的发展；而在中国社会发展中，宋明儒学通过“立极”“立身”体现出一种开新的面向，其中“立人极”指向“建用皇极”的解构，是对皇权专制的思想抵抗，而以工夫“立身”激发着自我意识，是对传统纲常天理压制个人欲求的反抗。这都客观刺激了个体的觉醒，甚至为现代自

①［德］卡斯培著，罗选民译：《现代语境中的上帝观念》，华东师范大学出版社，2011 年版，第 17—18 页。

由的兴起提供了一种思想的可能性，因此发挥着传统儒学向现代转型的“引桥”作用，而现代新儒家提出发展民主、科学等现代价值，也是承袭宋明儒学的内在超越路向的一个现实成效。

（二）外在超越之于自由

如黄玉顺所说，儒家之所以最终走上“内在超越”之路，除了自身主体意识的觉醒，最为直接而现实的原因是：“西周王权作为世俗权力，通过巫史的龟卜与祭祀、祖先神的请托转达，能够影响甚至操控至上神的天意。这意味着世俗权力对神圣超越者、神圣话语权的垄断。”其现实结果就是导致对自由的压制。这就提醒我们同样需要审视外在超越的得失。

“绝地天通”之前的殷商时代“人神杂糅”，人们不仅崇奉神圣超越的天帝，而且沉迷于神明笼罩的生活，根本没有意识到自身不同于万物的超越性。在这种原始宗教的外在超越观念中，人只是自然自在地存在着，还谈不上自由与否。“绝地天通”之后的西周时期，人们崇信天帝的同时，意识到“皇天无亲，惟德是辅”，这意味着周人开始自觉到自身所承载的主体价值[①]，最终通过周公的“制礼作乐”得到了制度化的确立，由此完成了原始宗教到人为宗教的转变，即如赵法生所说：“周公制礼其实是宗教革命的体现与落实”[②]。

但随之而来的是，人神沟通的渠道发生了关键性改变，即殷商时期“率民以事神”，人人可以与神沟通的渠道被废除。周公强调“皇天无亲，惟德是辅”，声明周王室并非因“命”而是因有“德”而得到上天的眷顾，但同时限定“德”仅为周王室独享，所谓“王其德之用，祈天永命”（《尚书·多士》）“我道惟宁王德延，天不庸释于文王受命”（《尚书·君奭》），也就是说，只有周天子才具有“明德”的能力和资格。因此，周天子就成为神圣之天的唯一代理人，从而独揽神圣话语权，就连原本掌管天人沟通的巫祝卜史也成了王侯的臣属。这是从先

① 周时期，人人自身承载的不是个体主体价值，而是宗族主体价值。
② 赵法生：《儒家超越思想的起源》，中国社会科学出版社，2019年版，第5页。

天条件上直接剥夺了普罗大众领受天命的资格，人们除了通过周天子的解释来知晓天意，别无他法，其结果就是无条件接受周天子的役使，否则就是违背天意。在此局面下，打压自由就是维持神圣信仰所必要且合理的代价。

其实，这种情况在西方中世纪更为普遍，即人获得自由的救赎之路为世俗教会（或王权把持下的教会）所垄断，因为“在基督教影响下的西方，一个人的身份是由上帝决定的……按对中世纪的普遍理解，他们（国王和王后——引者注）受制于神权，这就是说他们为上帝所特选，以作为社会的统治者。但不仅仅国王和王后为神权拣选，其他所有的人也根据上帝的神圣计划占有社会一席之地。确实，不仅是人类，还有创世中的每一物种在神性秩序中，在存在之链中各有其位置……它是生活方式的全部”[①]。

毕竟，不论是天意天命，还是上帝意旨，任何神圣话语最终总是需要通过其代理人的解释才能为世人所知，而不论是王权，还是教会，只要充当了神圣者的代理人，就不可避免地走向对神圣话语的垄断。尽管在西方中世纪，王权与教权交替垄断着神圣话语，而对于自由的压制却并无二致。

综上而论，如今要安放人的自由，需要重建神圣信仰防范人的僭越，但同时捍卫人的自由而不至于复魅，并不是单纯地重建外在超越，或迂回地推进内在超越所能实现的，而是需要重新思考、深入考察内外超越之得失背后的学理根源，进而寻求一种保全内外超越的积极意义，同时避免内外超越隐患的方案。

二、问题的根源：内外超越的“大全”执念

有鉴于此，我们还不能仅仅依据内外超越引发的现实利弊，就直接提供一种矫正方案，而是要对其背后的学理根源作深入的探究。惟

① [美]休伯特·德雷福斯、西恩·多兰斯·凯利著，唐建清译：《万物闪耀：在世俗时代过有价值的生活》，山东文艺出版社，2014年版，第12—13页。

其如此，才不至于因矫枉过正而走向另一种极端。在这方面，黄玉顺已经提供了一种关键性的揭示：人性僭越神性的原因在于混淆了两种性质不同的“超越”。他说：

“超越”“内在超越”“外在超越”等概念的内涵混乱，特别是混淆了内在超越与外在超越的不同主体：外在超越的主体是外在于人的天或帝；而内在超越的主体则是人，是指的内在于人的理性或心性……为此，笔者特意撰文指出：天或帝是超凡的（transcendent），即超出凡俗世界，此即所谓“外在超越”；人的理性或心性是超验的（transcendental），即超出感性经验，此即所谓“内在超越”。而如果将外在超越与内在超越都视为人这个主体的超越，便造成混乱，乃至带来严重后果。①

这一区分对于我们认清内在超越之弊端的原因无疑是至关重要的，但外在超越之弊端是否也与此相关，则不得而知；同时对于为什么会产生两种超越的“混淆”，黄玉顺也没有进一步解释。在笔者看来，这对于问题的解决是极为必要的，因此尚需深入分析。

儒家超越问题的核心概念：心性与天道，本身也是形而上学的核心概念，而海德格尔在考察批判形而上学的过程中，就通过对哲学形上学与神学形上学的区分，指出了两种不同维度的超越，对于我们理解内外超越的关系具有积极的参考价值。他指出：

形而上学思考存在者之为存在者，也即普遍存在者。形而上学思考存在者之为存在者，也即整体存在者。形而上学既在探究最普遍的东西（也即普遍有效的东西）的统一性之际思考存在者之存在，又在论证大全（也即万物之上的最高者）的统一性之际思考存在者之存在。这样，存在者之存在先行被思考为奠基性的根据了。②

① 黄玉顺:《“事天”还是“僭天”——儒家超越观念的两种范式》,《南京大学学报》2021年第5期。

②［德］海德格尔，孙周兴译:《形而上学的存在—神—逻辑学机制（1957）》，参见孙周兴选编:《海德格尔选集》（下卷），上海三联书店，1996年版，第831页。

仅孤立地看这几句话，或许摸不着头脑，而海氏思想研究专家孙周兴教授对这一段话的解释则可以帮助我们了解其中的深意。限于篇幅，笔者则要概括如下：（1）“最普遍者”是“共相”（keinon）意义上的“本质”，“最高者”即“整体存在者”则是“神性”（theion）意义上的“实存（者）”，由此海德格尔端出了形而上学的基本问题结构，即：通过“本质”（essentia）的追问而达到作为“最普遍者”的“超越（者）”，通过“实质”（existentia）的追问达到作为“最高者”的“超越（者）”。这也就将形而上学的发展标志为两个基本方向：追问本质（essentia）的哲学和追问实存（exsitentia）的神学。（2）由于形而上学的追问就是一种“超越”的追问，因此这也使得“形而上学的‘超越’具有两个基本的路向，分别可以康德的‘先验’与‘超验’来加以标识。”其中，在“最普遍特性”的意义上表象存在者整体（即“共相”），就是“本质”向度上的超越，所达到的是“先验之物”（dasTranszendentale），而在最高的、神性存在者的意义上表象存在者整体（即“神性之物”），则是“实存”向度上的超越，达到的是“超验之物”（dasTranszendente）。[①]（3）但是，海德格尔强调，这两个方向并非互不相干，而是始终相互交织、相互论证。[②]他指出：

> 神学从存在学中推出存在者的本质（essentia），存在学则着眼于存在者的实存（existentia），把存在者当作实存者移置入神学所表象的第一根据之中。

这就是说，不论哲学，还是神学都具有追求“本质”与“实存”的绝对统一的倾向，即“普遍的和第一性的存在者之为存在者与最高的和终极的存在者之为存在者的统一性”。这种“统一性”的特点在于：“终极的东西”以自己的方式（居高临下的神授）论证“第一性的东西”，反之亦然，“第一性的东西”也以自己的方式（基础决定论）

① 孙周兴：《海德格尔与作为形而上学的神学》，《哲学与文化》2006 年第 2 期。
② 同上。

论证“终极的东西”。所以，海德格尔判定：“形而上学的本质机制植根于普遍的和最高的存在者之为存在者的统一性。”[①]正因如此，海德格尔一反常识地认为，希腊哲学同样具有神学的特质。

在笔者看来，海德格尔揭示的这种绝对统一性的趋向在形而上学的初建阶段并不明显，但是随着形而上学日臻完备，直至极致的发展便暴露无遗，这其实也就是形而上学追求“大全”的执念。其原因在于，不论是先验维度，还是超验维度，沿着任何一个维度都不能为世界整体提供一种穷尽性的解释：（1）先验—哲学追问的是一切现实存在者得以可能的根据，就此确立“第一性的存在者”作为先天条件，为形而下的存在者“奠基”，而它并不为实质性的价值内容负责。反过来说，各种不同的价值内容都可以据此奠基，康德在《纯粹理性批判》提出理性的四组二律背反就揭示了这个问题。再举一个日常的例子，人们在争吵时往往互相指责对方“缺德”“没良心”，其言下之意不仅是认为自身有“德性”，有“良知”，而且认为其中的实质内容是一个普遍的，但显然，双方赋予“德性”“良知”的实质内容是不同的。（2）而超验—神学追问的是一切现实存在者最终的价值归旨，由此确立的是“终极实存者”作为最高的价值基准，为形而下的存在者“立极”，其本身不为存在者的先天条件做出规定，而是作为实质内容的价值和意义。因此如果二者不同一，那么，不论是哲学的，还是神学的形而上学，都无法成为真正的“大全”，也即其自身无法成为一个绝对完备的体系，从而无法确立一个绝对自足的存在者，对天地万物做出穷尽一切的说明。如海德格尔所说：

> 形而上学是神—逻辑学，因为它是存在—逻辑学。形而上学是存在—逻辑学，因为它是神—逻辑学。如果这里无论何时对有待思索的东西都只需一种说明就够了，那么，形而上学的存在—神学的本质机制既不能从神之逻辑学（Theologik）方面，也不能从存在之

①［德］海德格尔著，孙周兴译：《形而上学的存在—神—逻辑学机制（1957）》，参见孙周兴选编《海德格尔选集》（下卷），上海三联书店，1996年版，第834页。

逻辑学（Ontologik）方面得到说明。[①]

因此，在“大全”的执念下，“本质—先验”的哲学与“实存—超验”的神学都在努力地实现合一，但结果就是形而上学最终走向自我封闭的歧途，同时也导致两种不同路向“超越”的“混淆”。这也就是说，两种超越的“混淆”并不是由于思想家的失误，而是在于形而上学追求绝对统一性的内在趋向。

当然，儒学并没有像西方那样，在“两希”传统的发展与激荡中证实着形而上学的历史上存在着哲学与神学两个不同方向，并且相互关联，而是超验—神学的形上学，与先验—哲学形上学先后独大；同时如不少学者所说，既有的儒家形而上学类型也与西方不同，从哲学角度讲，儒学是基于直觉体验的非实体性的境界形上学，而不是基于形式概念论证的实体形上学；从神学角度讲，儒学是一种“人文宗教”，不具有西方宗教那样的教义教规和教会组织。但是，我们也需要看到，这都是形而上学内部的不同形态的差异，而并不能因此掩盖传统形而上学共同的特质，也即既有的儒家形而上学对于“大全”的执念并不亚于西方。

就宋明儒学、现代新儒学而言，“本体”无所谓“最普遍”的先验根据，还是“最高者”的超验实在的，而是“心即理”“性即理”，心性与天理不是“二本”，也即作为先验根据的心性，同时也就是作为超验实在的天理，所谓“人同此心，心同此理”。也因如此，熊十力强调“良知不是一个抽象概念，而是当下呈现”，而牟宗三等也批判康德的“自由意志”缺乏没有实质内容，而良知本体是一道德实体，而且有“智的直觉”通达最高实在。可以说，心性儒学是一种先验与超验更为“自然”的合一，心性本体既是“第一性”也是“终极性”，也就成了一个自因性的存在者，也即绝对自足的存在者。因此就像海德格尔认

①［德］海德格尔：《形而上学的存在—神—逻辑学机制（1957）》，参见孙周兴选编：《海德格尔选集》（下卷），上海三联书店，1996 年版，第 833 页。孙周兴注明，此处所谓“逻辑学”，海德格尔明言，是指那种思想，它“普遍地从作为根据（逻各斯）的存在方面来探究和论证存在者之为存在者整体”。

为希腊哲学具有神学特性一样，宋明以来的心性儒学本身也具有神学的特性，这也就埋下了人性僭越神性的种子。

同样，西周尊奉的“天帝”不仅是神圣的“终极实存者”，而且以“最高者”的方式论证了“第一性的东西”——“德”——以此作为配享天命的先验根据。如前所说，西周的“德”为周天子独享，也即只有周天子具备领受天命、与天沟通的先天条件。所谓作为“最高者”的论证方式，也就是居高临下的授权方式，拣选一个“天子”并赋予他“牧民”的绝对合理性，也所谓“君权神授”。在这个意义上，神及其代言人也就不满足于普罗大众的敬畏信仰，而是一步步地将他们规训为匍匐在地的奴仆。

那么，这是否意味着人类自由只能在内外超越非此即彼的翻转中无从安放？即要么选择内在超越实现更多的自由，同时承受杀死上帝带来的价值虚无，要么选择外在超越坚守神圣信仰，但不得不以放弃自由为代价？其实也未必然。孔孟的超越思想所呈现的一种内外超越协调并行的格局，为我们提示了一种化解方式。

三、自由的安放：内外超越的协调

通常认为，孔孟的超越思想是突破了殷周的外在超越就此转向了内在超越，但实际孔孟并不同于宋明儒学和现代新儒学那种彻底的、单一的内在超越。这是因为，孔孟身处的春秋战国是一个人文与宗教并行的过渡时期，孔孟思想本身也体现出明显的过渡性，而远没有形成所谓哲学形上学的完备体系，而正是这种过渡性，使得孔孟的形上学思考没有在任何一个维度上体现出“大全”的执念，同样孔孟的超越思想也就不是纯粹的、单一的内在超越或外在超越，而是更多地体现为内外超越的协调平衡。当代儒家对此也有敏锐的觉察，这不仅在黄玉顺的文章中有所揭示，而且赵法生所提出的“中道超越”也深藏着内外超越协调的意蕴。而笔者在此要进一步阐明的是，正是得益于此，人的自由在其中得到了适宜的安放。

（一）自得：自由的先验根据

孔孟将西周时期为周王室专享的“君德”“政德”转化为一种内在于每个人自身的、普遍的“仁德”。“德”字本身与动词“得”相通，所谓“德者，得也”[①]，这种内心天生具有的自觉能动性，也就成为人人都有资格领会天命的先验根据。

孔子以“仁”释“德”，孟子以“心”“性”论“德”，促动了“德”的内在化、普遍化的趋向，形成“‘德’者，得也，自得于心”[②]的观念，打破了王权对最高价值的垄断。

> 正是基于仁德，孔子提出“天生德于予”，实际表明“仁”本身不假外求，是“我欲仁，斯仁至矣”（《论语·述而》），因此“以德配天”不是君王的特权，即使身为布衣也能依凭自身的“仁”而有“德”。这种以“仁”释“德”以及“为仁由己”的主张，可以说是对王权统摄下的宗族自由观念的一种突破。继起的孟子以“性善论”为“德”的普遍内在性提供了一种先验哲学的根据，并且进一步提出人人可以通过“尽心”“知性”而“知天”，而不必依靠君王。这不仅直接否定了君王对“德”的独占，而且根本否定了君王作为上天代理人的合理性。后世儒家，尤其是宋明儒家正是通过发展“德”的内在心性化而建立了“工夫论”，由此为个人与最高价值的沟通提供了系统论证和方法指导，这其实为中国自由的现代转向提供了一种思想途径，因此现代新儒家才主张通过“返本”宋明“开出”民主、科学。[③]

笔者认为，正是孔子对周公思想的突破，表明儒家是在尝试开辟另一条人神交通的途径来打破世俗政权对神圣界的垄断，克服王权对

①〔清〕阮元校刻：《十三经注疏·论语注疏》，中华书局，1980年影印本，第2461页。
②〔汉〕孔国安传，〔唐〕孔颖达正义：《尚书正义》，上海古籍出版社，2007年版，第405页。
③ 郭萍：《殷周之变：中国自由观念的起源》，《宁夏社会科学》2021年第1期。

自由的压制。并且在中国由传统向现代转化的历史进程中，发挥了积极促动作用。

“德”由天授/神授，转变为自身心性的能力，即“自得”，也就意味着人普遍具有自主、自觉、自动的性能，因此孔子说“为仁由己”“吾欲仁，斯仁至矣”，孟子曰：“求则得之，舍则失之，是求有益于得也，求在我者也”（《孟子·尽心上》）。“非不能也，是不为也”，这其中既包括意识的自觉，即觉与不觉的问题，也包括行动的自愿自主、自我决断的能力，即为与不为以及如何为的问题。其实质是确立了人自身就具备自由的先天条件，或者说，自由的先验根据不在于君王、天帝，而在于人的心性，这也就成为儒家内在超越的发端。

而“由己”“自得”作为自由的形式规定，自然展现为一种不断自新的超越过程。事实上，“超越”（transcendence）一词的基本语义就是“超出/越过……的范围/界限”（transcend beyond some limit），其中就包含着摆脱束缚、不受限制的意味，这既是中西“自由”（liberty；freedom）一词的本义，也是古今中外的自由概念所体现的共同含义，即免于……束缚，摆脱……限制（free from some thing）。因此“超越”作为一个突破限制、摆脱束缚的过程，也就是赢获自由的过程，或者说，超越活动总是蕴含着某种自由，而自由本身也意味着某种超越。

（二）事天：自由的超验旨趣

但是，孔孟并没有因自身的仁德、善性的先验根据而认为凡尘之人具有与神圣之天比肩的能力和地位。他们既没有提出类似宋明儒学的“性即理”[①]“性即天”[②]的观点，更没有像现代新儒家那样直言把神圣之天拉落为人的同工、僚属。[③]

①〔宋〕程颢、程颐：《二程遗书》卷二十二上，见〔宋〕程颢、程颐著，王孝鱼点校：《二程集》，中华书局，1981年版；《朱子语类》卷五，中华书局1988年版。

②〔宋〕张载：《张载集》，中华书局，1985年版，第311页。

③ 牟宗三说：“不以相好相知为满足，更进一步，不再要求向上攀援天道，反而要求把天道拉下来，收进自己的内心，使天道内在化为自己的德性，把人的地位，通通参天地而为三的过程，而与天地并列而为三位一体，换句话说，把天地的地位由上司、君王拉落而为同工、僚属。”参见牟宗三：《中国哲学的特质》，上海古籍出版社，2008年版，第37—38页。

相反孔孟认为，所为之“仁”、所尽之“性”的实质内容和价值基准并不取决于自身心性，而是要诉诸“最高者”，作为终极实在的神圣之天，即所谓“天命之谓性”。也就是说，由己是人的性能，心灵机能，而天命则规定了人的性质，即主体性的实质内容。

尽管后世儒家对“天命”做了义理化的解释，如宋明儒家讲“在天为命，在义为理，在人为性，主于身为心，其实一也”[①]，但在原始儒家那里，“天”不仅是外在于人的他者，与“性”内外相分，而且是有意志、能赏罚的神圣超越者。如孔子曰：“天之将丧斯文也，后死者不得与于斯文也；天之未丧斯文也，匡人其如予何？”（《论语·子罕》）所表明的是天对人掌握着生杀予夺的大权，人力无法左右天的意志，如若“获罪于天，无所祷也”（《论语·八佾》）。同样，《中庸》《孟子》也不乏对神圣超越之天的描述，例如：

> 使之主祭，而百神享之，是天受之；使之主事，而事治，百姓安之，是民受之也。（《孟子·万章上》）
>
> 使天下之人，齐明盛服，以承祭祀。洋洋乎，如在其上，如在其左右。诗曰：“神之格思，不可度思，矧可射思？”（《礼记·中庸》）

根据“祭”“享”“齐明盛服”“不可度思”等语汇，可以看出，原始儒家对天保持着一种敬而远之的态度，人神之间的界限非常分明，而且孔子也明确指出，对待天帝神明的明智态度就是保持遥远距离以示敬畏，所谓“敬鬼神而远之，可谓知矣”。这都表明天并不是一个人可以亲近的对象，自然更不敢妄求将“天”收摄为“性”。

在这个意义上，“天命”就是神圣之天的命令，即董仲舒所说的“天令之谓命”[②]。据此而言，“天命之谓性”表明人对自身究竟有什么本性并不能自作主宰，而是天之所命。刘宝楠解释孔子“知天命”时指出：“说文云：‘命，使也。’言天使己如此也。”“知天之所以生己，所

①〔宋〕程颢、程颐著，王孝鱼点校：《二程集》，中华书局，1981 年版，第 204 页。
②〔汉〕班固：《汉书·董仲舒传》，中华书局，1984 年版，第 2515 页。

以命己，与己不负乎天，故以天知命自任。‘命’者，立之于己而受之于天，圣人所不敢辞也。……夫子言‘天生德于予’，天之所生，是为天命矣。”[①]

就此而言，尽心—知性，乃是知天命之性，唯此知性与知天直接关联。也就是说，通过自知天命之性，从而领会天命、天意，这作为所存之心、所养之性的实质内容，其最终目的乃是为了“事天”。

> 存其心，养其性，所以事天也。夭寿不贰，修身以俟之，所以立命也。(《孟子·尽心上》)

这表明尽管人具有草木禽兽所不具有的“由己”的性能，但是人并不能因此与天比肩。相反，人之自由在根本上是对天命的顺应、遵从、应答、实行，这正是人侍奉天的职责和本分。故赵岐注曰：“行与天合，故曰所以事天也。”[②]事实上，孔子之所以能赢获“从心所欲”的自由正是基于他对天命的领会和顺从，所谓“五十而知天命，六十而耳顺”(《论语·为政》)。邢昺疏曰：“‘五十而知天命’者，命，天之所禀受者也。孔子四十七学《易》，至五十穷理尽性知天命之终始也。‘六十而耳顺’者，顺，不逆也。耳闻其言，则知其微旨而不逆也。”[③]更明确地指出了孔子对天命“微旨”的“不逆”。

当然，天命靡常，天意流转，每一种天命都有其时限，绝非恒久不变，如“皇侃疏引王弼云：天命废兴有期，知道终不行也”[④]。也正因如此，“天命”才被哲学化的表达为“变动不居”“上下无常”(《周易·系辞下》)的“易道”。这意味着，人对天命的领会不可能一劳永逸，孔子之所以能领会天命就在于他“知天命之始终”，因此唯有“与时偕行”[⑤]“不违天时”[⑥]才能保持对天命、天意的领会和顺应。

①〔清〕刘宝楠:《论语正义》，中华书局，2016年版，第44页。
②〔清〕阮元校刻:《十三经注疏·孟子注疏》，中华书局，1980年影印版。
③ 同上书。
④〔清〕刘宝楠:《论语正义》，中华书局，2016年版，第45页。
⑤《易·损》:“损益盈虚，与时偕行。”
⑥〔汉〕陆贾:《新语·道基》:“不违天时，不夺物性。”

（三）率性：协调内外超越的自由

结合上述由己的先验根据和事天的超验归旨，意味着人人具有自觉领会天命的能力，也具有顺应天命的行为诉求，此之谓“率性”，而这种不断赢获自由的过程也可说是“率性之道”。郑玄注曰：“率，循也。循性行之，是谓道。”[①]朱熹章句曰：“率，循也。道，犹路也。人物各循其性之自然，则其日用事物之间，莫不各有当行之路，是则所谓道也。”[②]

这一方面表明人具有为仁的自主自觉性，而无须他律驱使，不为世俗权力所规训，甚至不是自觉“克己复礼”的道德自律，而是“从心所欲”；但同时，“由己”的价值意义，并不是恣意妄为，也不是无指向、无目的的消极挣脱，而是合乎天命的活动，也就是“不逾矩”的状态。在这个意义上，“不逾矩”不是强调亦步亦趋的恪守世俗的、既定的制度法规和具体的行为规范，而是指不违背根本的“天道”“天则”。因此，“率性”之为自由，与“为仁由己”“从心所欲不逾矩”的含义一致。

就此而言，自由的实质就是人对自身之德性的循行过程，而这一过程实质意味着自身总是在突破旧的本质规定性（即旧主体性），赢获新的本质规定性（即新主体性），就此自身摆脱了旧有观念或规范的限制和束缚，也就是一种不断超越的过程。事实上，孔子自述“十有五而志于学，三十而立，四十而不惑，五十而知天命，六十而耳顺，七十而从心所欲，不逾矩”（《论语·为政》），其一生就是不断超越自身主体性，就此不断赢获自由的历程。同样，孟子也指出存养心性是一个突破“四心”的端芽状态，使之发展成饱满的“四德”的超越过程。宋道学家以“希贤、希圣、希天”为次第不断“变化气质”以寻孔颜之乐，也都在超越自身主体性的意义上透显出一种自由的赢获。

需要指出的是，上述内容并不能窄化为“克己复礼”的道德修身

①〔清〕阮元校刻：《十三经注疏·礼记正义》，中华书局，1980年影印版。

②〔宋〕朱熹：《四书章句集注·中庸章句》，中华书局，1983年版，第17页。

工夫，而是指示着突破自身现成经验化内容的局限和成见，超越自身的种种“既是”“已是”的主体性，趋向某种“未是”“能是”的主体性的过程。这往往在社会转型时期更为突出，届时自身要摆脱旧时代的主体性，即如梁启超鼓舞国人要“新民”，这就是指近代中国人要摆脱前现代的家族主体性（即人作为家族附庸或臣民的本质规定性），趋向现代的个体主体性的超越。而这种现代中国人的主体性就“已经远不是‘圣人’‘君子’‘小人’那样的话语可以言说的了”[①]。因为“天命之性”总是要随天命流转而更新，因此所率之“性”自然有时代的差异，人们必须顺应新天命而“作新民”。

就此而言，原始儒家虽然确立了心性是自由的先验根据，使得人具有超越的性能，但却并没有侵入实存—超验的神圣领域，而是以“天”的外在神圣超越性为基准充实自身心性，并发挥自身的自觉自主性来践行天命，回应天命。进一步讲，心性作为先验根据的普遍有效性就是在践行天命的超越活动中呈现出来的；同时使人更深广地意识到自身的有限性和天命的神圣与至上。这表明人的自由乃是以神圣天命为归旨的世俗超越，在这个意义上，“人生而自由，却无往不在枷锁之中”，不仅具有政治哲学的含义，而且具有存在论的意蕴。

四、余论

内外超越的协调平衡也明显地体现在西方宗教改革到启蒙运动的过渡时期。路德新教提出神圣界与世俗界划界而治的主张，实质也就是承认了神学的边界性，现实的政教分离的背后乃是哲学与神学对于各自维度的恪守。此外，现代启蒙先驱培根（Francis Bacon）也奉行“二重真理观”（Double Truth Theory），他既肯定理性的力量，同时也尊奉神启，因此他虽然身为“现代实验科学之父”却一生立足启示神学，批判“理神论”；而古典自由主义的鼻祖洛克也强调知识与信仰互

① 黄玉顺：《主体性的重建与心灵问题——当代中国哲学的形而上学重建问题》，《山东大学学报》2013 年第 1 期；人大复印资料《中国哲学》2013 年第 4 期全文转载。

不僭越的原则，一方面抵制宗教狂热，强调宗教不能干涉理性获得自然知识，另一方面坚守上帝对凡俗的神圣权威，强调上帝已超出理性证明的范围，只有在信仰中才能体验到确切的神意。[①] 这就如托克维尔所说：“法律虽然允许美国人自行决定一切，但宗教却阻止他们想入非非，并禁止他们恣意妄为。”[②] 而当今人类自由出现极端性问题（既有人性僭越神性的恣意妄为，也有神性压制人性的宗教复魅）的一个重要原因，就是失去了内外超越的平衡。

当然，不论近代的培根、洛克，还是先秦的孔孟，都是处于一种从宗教蒙昧走向人文启蒙的过渡时期，因此他们的超越思想所呈现的先验维度与超验维度的协调互补，往往不是出于理论自觉，而是过渡时期的一种自发的思想风貌。也正因如此，后继者们并不珍视这种超越观念的内外协调性，而是以克服其“过渡性”“驳杂性”“不完备性”为使命，奋不顾身地、义无反顾地转向彻底的内在超越。于是，我们今天又不得不面对内在超越的种种流弊。所以，对我们而言，如何摆脱历史上内外超越非此即彼的轮回，是比重建外在超越以矫正内在超越之弊更根本的问题；或者说，当今外在超越的重建，势必需要在充分认清内外超越各自的得失，并能防范各自风险的前提下展开。

我们需要从人神和谐共处的意义上，而非人取代神，或神压制人的意义上，重新认识孔孟（也包括培根、洛克等）超越思想的价值，将其中自发的内外超越的协调性，转化为思考超越问题的理论自觉。当然，在此过程中，能否真正放下形而上学的“大全”执念，也即自省并坦然地接受心性与天道、天命分别是关于世界整体的哲学根据与神圣信仰，各有不同的适用范围，而不能也不应该通过相互侵吞来充当“大全”，这恐怕是决定我们能否得当地协调天人关系，能否长远地安放人类自由的“硬核”。

① 郭萍：《人神的变奏——论自由主义与基督信仰》，《哲学与文化》2021 年第 8 期。参见［美］梯利著，葛力译：《西方哲学史》，商务印书馆，1995 年版，第 294 页。

②［法］托克维尔著，董果良译：《论美国的民主》（上卷），商务印书馆，1996 年版，第 339 页。